康巴什 文史资料

第二辑
教育事业卷

中国人民政治协商会议鄂尔多斯市康巴什区委员会　编

学苑出版社

图书在版编目（CIP）数据

康巴什文史资料. 第二辑，教育事业卷 / 中国人民政
治协商会议鄂尔多斯市康巴什区委员会编 ；韩佳颖总撰
稿. — 北京 ：学苑出版社，2024.4
ISBN 978-7-5077-6939-5

Ⅰ. ①康… Ⅱ. ①中… ②韩… Ⅲ. ①地方教育—教
育史—鄂尔多斯市 Ⅳ. ①K292.64

中国国家版本馆CIP数据核字（2024）第079147号

责任编辑： 战葆红

出版发行： 学苑出版社

社　　址： 北京市丰台区南方庄2号院1号楼

邮政编码： 100079

网　　址： www.book001.com

电子信箱： xueyuanpress@163.com

联系电话： 010-67601101（销售部）　010-67603091（总编室）

印 刷 厂： 内蒙古掌印文化科技有限公司

开本尺寸： 710 mm × 1000 mm　1/16

印　　张： 32.5

字　　数： 465千字

版　　次： 2024年4月第1版

印　　次： 2024年4月第1次印刷

定　　价： 105.00元

编　委　会

主　　任：阿拉腾敖日格乐

副 主 任：吕　锋

委　　员：邱晓丽　郝凤林　李　强　韩景伟

执行委员：何永刚　李美荣　李　刚

学术顾问：奇海林　杨　勇

主　　编：吕　锋

副 主 编：韩佳颖　何永刚

编　　著：政协鄂尔多斯市康巴什区委员会

总 撰 稿：韩佳颖

编 写 组：韩佳颖　王世禹　孟　慧　杜水龙

编　　辑：王春霞　刘美茹　杨丽娜　杨小艳

资料整理：杨小艳　李　臻　杨峰岗

翻　　译：高　娃　萨日娜　海　日

校　　对：张　婧　萨日娜　徐　龙

为了美好的教育　我们共同努力

（代序）

孩子是祖国的未来，教育是国家的根本。一座城市也是如此。

康巴什，从始至终，都是在为办人民需要的教育、办人民满意的教育而努力。10多年来，市、区两级党委、政府以及人大、政协各部门对教育工作，一直都在征求意见中改进，在反映民意中完善，康巴什的教育才取得了今天的成绩，并延续和承载着这座城市的发展和希望。

这一点，我们在康巴什工作多年，都深有感触。每一年，区政协征集到的提案、社情民意和委员发言，有关教育方面的内容都占到了1/4。这是一个很大的比例，说明社会各界很多人在关注着教育，而且正迫切需要优质的教育。大家对教育有很多诉求，并期待能达到自己满意的效果。大家通过政协委员传达的意见和建议，有教学内容改革的，有教师队伍建设的，有学校基础设施建设的，有校园周边环境的，有学生文化、素质、心理等各方面教育的，林林总总，五花八门，但字字真切，条条有理，大部分都很切合实际，很有针对性。我们看了之后，非常感动，同时也感到了沉甸甸的责任。政协的领导经常说，我们一定会发挥政协作为专门协商机构的作用，接收各类诉求，把大家的意见和建议交办好。每一年，这些意见和建议经政协呈交后，党委、政府特别重视，凡是符合实际的，都进行了落实。印象最深的一件事是，一名委员提交的

《关于建立康巴什区属高中》的提案得到了高度重视,区委、政府进行了联合办理,并让区政协进行考察论证。2020年9月,区政协组织委员到东胜、伊旗、康巴什的各所高中进行了全面考察,就办学的基础条件、生源结构、政策保障等方面进行了科学论证,给区委、政府提供了一份详细的调研报告。区委、政府经过研究,决定先走合作办学的路子。2021年8月,康巴什区与鄂尔多斯市第一中学采取了合作办学的方式,原北京师范大学鄂尔多斯附属高中更名为鄂尔多斯市第一中学东校区,管理体制上为康巴什的区属高中。第一个区属高中,就这样在各部门的团结协作下,开始运行了,师生和家长都比较满意。

当然,不止政协提案,包括人大议案、区长信箱、区长热线等从各类渠道反映上来的建议和意见,都得到了落实。当然也不止教育类,经济发展、医疗卫生、科技文化、法治、民生等方面的建议,也同样得到了落实。正因为各项工作都得到了落实,才给教育事业创造了良好的发展环境,教育事业才得到了有力的政策支持和坚实的经济保障。否则,康巴什教育事业的发展没有这么顺利,成绩更没有这么显著。一直以来,政府在执行和落实的力度上特别给力,不管是在速度上还是效益上,都非常明显,充分体现了为民亲民的情怀。借此机会,我们为政府的高效务实点个赞。同时,我们还要感谢国家有这么好的一套体制机制,感谢社会主义制度的优越性,感谢这么好的一个时代。我们为生活在这个时代而骄傲!

一个最好的时代,应该有一个最好的教育。反过来说,适应时代发展的教育,才是最好的教育。更具体地说,适应城市发展的教育,才是最好的教育。

康巴什的教育,从始至终,都是在与时俱进、不断创新中发展的,都在顺应时代的发展潮流、适应时代特点、满足时代需求,一步一步走向成熟。其间,也经受了不少坎坷,克服了重重困难,才有了今天的成果。

2002年，康巴什这片土地破土动工，开始建城。2007年开始建设康巴什新区的第一所学校。康巴什的历届领导班子正确把握建城与建校的关系，坚持将教育放在优先发展的战略地位，优先保障教育供给，优先解决教育难题，全力加速教育事业发展壮大。2013年底，康巴什完成了大规模的城市基础设施建设，其中在教育设施建设上，高标准建设各类学校23所，在校学生3万多名，从学前教育、义务教育、高中教育、职业教育到高等教育，教育体系完善，教育质量位居全市一流。短短6年时间，其间还经历了鄂尔多斯经济发展最为困难的时期，不能不说是一个奇迹。学校建起来后，康巴什教育呈现给人们最大的特色是"小班化"。"小班化"就是每个班学生不超过40名，老师有更多的精力照顾到每一个学生，每一个学生能更多地得到老师的个性化辅导。"小班化"坚持了10年左右时间，使康巴什教育短期内获得了显著的成绩，为后来教育的全面发展打下了坚实的基础，积累了丰富的经验。实践证明，"小班化"当时是最符合康巴什实际和时代特色的，一是居住人口少，二是当时还是"一孩时代"，康巴什依据自身良好条件，最大限度满足群众的教育需求，获得了最大的教育效益。随着"两孩"时代的到来，而且康巴什的居住人口越来越多，康巴什实施了"优质教育"和"特色教育"，在保证各学校继续提高素质的基础上，打造了"一校一特色""一校一品牌"，如真爱教育、赏识教育、知行教育，书香校园、运动校园、诚信校园，等等，百花齐放，各具风格。这些教育适应了时代的发展和学生的特点，使学生的文化和品质都得到了提高，群众感到很满意。近两年，时代特点又有所变化，从国家层面到群众和家庭，都对教育提出了新的要求。康巴什区认真落实教育部"双减"政策，从课标、课程到教学方式，全面推进教育改革，在以前的基础上，更加注重了育人为本，提高质量，促进公平。特别是在促进公平方面，实施了集团化办学策略，不断新建启动新校区，新增学位500多个，补充教师300多人，持续保障优质学位供

给，促进各学校协同优质发展，着力破解康巴什教育均衡难题。康巴什的教育成绩至今依然在全市保持领先地位，并向"自治区教育名城"的目标奋进。康巴什的优质教育已经成为响亮的名片，为全区社会经济持续健康发展做出了突出贡献。

康巴什教育虽然取得了不少成绩，但也存在着不少问题。教育发展不平衡的问题还要继续攻坚，择校、择班、择师的现象仍然明显，"双减"政策实施后各项服务保障还要加强跟进，职业教育、高校教育还是我们的薄弱环节，等等，都需要我们一一去解决。常言道：众人拾柴火焰高。要解决这些问题，和以前一样，还需要汇聚社会各界的智慧和力量，需要党委、政府的大力支持，需要各部门齐心协力抓落实。只要我们坚定地走中国特色的社会主义道路，并充分发挥我们制度的各种优越性，不忘初心，牢记使命，认真履职，就一定能够办好人民满意的教育，并逐步实现教育强国的愿望。

"人民对美好生活的向往，就是我们的奋斗目标。"时代在不断进步，人们对美好生活的向往也越来越高。那么未来，人们追求的是一种什么样的教育呢？我们暂时给它起了一个名字，叫"美好的教育"。美好的时代，美好的生活，应该呈现的是一种美好的教育。

康巴什区坚持"美好教育"品牌引领，让每一个生命都美好，让每一处环境都美好，让每一个阶段都美好，让每一门课程都美好，心存美好，践行美好，成为美好！为了实现美好的教育，让我们共同努力。

编　者

2023 年 10 月

目　录

第一章 全新开局的康巴什教育
（2007—2011）

　　康巴什蒙古语释意为"卓越的老师"，作为鄂尔多斯市政治、科教、文化中心，这片沃土在历史上就是人才辈出的地方，这里的发展源于教育、兴于教育、成于教育。这座年轻的城市，孕育着勃勃生机，滋养着莘莘学子。

　　木伦河畔，青春山下，弦歌唱响，薪火相传。古老的鄂尔多斯，新生的康巴什，一株株生机盎然的教育新芽破土而出，经风历雨，沐浴阳光，茁壮成长，枝繁叶茂，硕果累累。

　　一座全新的城市，需要全新的教育，需要适应时代的教育，需要人民满意的教育。教育是城市发展之基，教育是城市发展之希望。康巴什边建城，边办学，建最好的城市，办最好的教育，选名师，建名校，培育优秀人才。鄂尔多斯市人民政府与中国基础教育的排头兵北京师范大学合作创办北京师范大学鄂尔多斯附属学校；鄂尔多斯市人民政府与内蒙古自治区唯一一所"211"大学内蒙古大学联合办学创办内蒙古大学鄂尔多斯学院；鄂尔多斯教育学院与多所大专合并成立鄂尔多斯职业技术学院；鄂尔多斯市第一中学从东胜区迁至鄂尔多斯市政府所在地康巴什区。康巴什区的教育布局雏形基本完成。

第一节　高点起步　精心布局

　　记忆的底片定格在2007年,北京师范大学鄂尔多斯附属学校的创建,以鄂尔多斯市政府与名校合作办学的方式,揭开了康巴什基础教育的序幕,以高点起步,开启了康巴什培英育秀的篇章。一簇人文教育的星星之火在康巴什冉冉升起,为践行一个花开的梦想,教育拓荒者怀着崇高的教育理想,踏上了"扎根乡土,扎根人心"的征程,流金岁月,艰苦耕耘,呕心沥血,薪火传承。

图1-1　2007年康巴什建设场景
（图片来源：康巴什区实验中学档案室提供）

一、高位引进 创办新区教育

康城肇基，描绘蓝图。随着"西部大开发"的春风吹进鄂尔多斯这方热土，鄂尔多斯人凭借丰富的资源和开放的思维，使经济发展水平一跃进入内蒙古自治区乃至全国前列。2006年，鄂尔多斯市委、市政府搬迁至康巴什。政治中心是我们的依身之地，教育是我们的立身之事。康巴什新区①作为市府所在地，把"建设现代化宜居宜业城市"作为主要奋斗目标，在新区建设过程中，坚持生态宜居理念，完成中心广场、"六大文化建筑"和"七大公园"等标志性工程，实现城市绿化面积近3000万平方米，成为中国首座环境艺术示范试点城市，在硬件环境打造上取得了瞩目的成绩。国家《宜居城市科学评价指标体系》包括社会文明、经济富裕、环境优美、资源承载、生活便宜、公共安全六大方面内容。可以看出，宜居城市更注重的是城市软环境的打造。而其中城市社会文明程度的提升，是百姓宜居的重要前提条件。提升社会文明程度的一个重要途径在于加快教育事业发展，只有人的素质提升，社会文明程度才会提升，建设宜居城市的目标才能实现，才能吸引人气、聚集商气。

高瞻远瞩，教育奠基。经济的发展呼唤先进教育作为强有力的支撑，把教育当作重中之重是建设现代化城市的必然要求。康巴什新区是全市的科教中心，承担着为全市经济转型升级提供科技和人才支撑的重任，加快发展教育事业是新区义不容辞的职责，打造优质教育品牌、建设知识型城市是新区的必然选择。只有坚定不移地办好教育、办大教育、办优教育，才能让教育成为新区的名片。就新区来讲，面对激烈的竞争态势，必须找准定位、发挥优势，必须坚持把教育发展当作核心产业来构筑，打造全市科教中心，才能突出新区的发展优势、发展潜

---

① 2008年9月，鄂尔多斯市人民政府批准，将东胜康巴什新区更名为康巴什新区。

力,积蓄城市可持续发展能量。

携手北京师范大学,高位引进。一座新城市的崛起,不仅在于有大手笔、高水平的城市规划建设,而且更要有良好的社会事业。这时鄂尔多斯市和康巴什新区领导以睿智的开放性思维英明决策,提出优先发展教育的策略,用品牌教育拉动康巴什新区经济发展和人气提升。在这样的契机下,支援西部教育的北京师范大学把教育的火种播撒在了鄂尔多斯这片神奇的土地上。政府的教育优先发展战略与北京师范大学的品牌拉动相得益彰。2007年6月15日,鄂尔多斯市人民政府与北京师范大学正式签订合作办学协议,协议商定合作创办"北京师范大学鄂尔多斯附属学校"。北京师范大学鄂尔多斯附属学校是北京师范大学在全国的第19所附属学校,是中国西部第一所。具体由北京师范大学和康巴什新区管委会负责运行管理,校长由北京师范大学委派和任命,学校实行理事会领导下的校长负责制。该学校为小学、初中九年一贯制的公立学校,拉开了新区教育发展的序幕。

优先教育,雷厉风行。康巴什新区党工委、管委会高度重视教育、优先发展教育、全力保障教育,在城市规划中优先布局学校发展,让教育与这座城市同呼吸、共命运。原康巴什管委会副主任余永崇(现鄂尔多斯市住房和城乡建设局党组书记、局长,人防办主任)回忆:

> 康巴什新区管委会成立了以我为组长,北京师范大学鄂尔多斯附属学校校长(现北京师范大学南湖附属学校校长)刘建国、康巴什新区管委会发展招商局局长张韬(现鄂尔多斯市教体局三级调研员)为副组长,康巴什新区管委会财政局张云光等职能局局长为组员的北京师范大学鄂尔多斯附属学校组建工作领导小组。大家分工负责,一边为新建起的学校配备最先进的教育教学设施设备,一边招聘优秀的大学毕业生和引进优秀的成熟教师,一边为教师公寓

图1-2 时任鄂尔多斯市副市长张贵(中)等参加北京师范大学鄂尔多斯附属学校
第一次开学典礼并讲话
(图片来源:康巴什区实验中学档案室提供)

添置生活用具……一切都在紧锣密鼓地进行,直到8月中旬全部到位,保证了学校秋季正式开学。

领导、政策支持,工作有序推进。原康巴什管委会人事局佟澜回忆:

> 康巴什新区管委会高度重视北京师范大学鄂尔多斯附属学校第一批新招聘教职员工的人事工作,保证秋季开学,人员都能到位,召开了专门会议,给予政策方面的支持。8月22日,由康巴什新区管委会人事局与北京师范大学鄂尔多斯附属学校校长刘建国召集新招聘的教职工召开了第一次全体教职工大会,我解读了人事政策、待遇,办理相关人事手续;刘建国校长安排和布置了学校开学前的各项工作。一切工作都在按照程序有条不紊地推进。

校长引领,人员给力,工作高质高效。原北京师范大学鄂尔多斯附属学校数学教师刘登品(现广西师范大学教师)回忆:

那时尽管时间紧、任务重、人手少，但刘建国校长、张燕华教学总监、汪明广副校长和张齐校长助理带领着这支由北京师范大学及其他师范大学优秀毕业生和引进的成熟教师51人新组建的教职工队伍积极地投入北京师范大学鄂尔多斯附属学校这所新学校的建设中。他们一边做着保证9月1日如期开学的招生宣传，一边联系新华书店保证开学老师和学生都有崭新齐备的教科书，一边带领各学科组长到包头各大书店购买教师和学生使用的工具书、教具和其他教学和学习用书等。接着，就是教学总监张燕华老师（原北京师范大学附属中学高级教师）领着成熟教师指导刚刚毕业的大学生一遍遍地写教案、改教案，一遍遍地练粉笔字、板书，一遍遍地说课、讲课和磨课……终于9月1日，如期开学了，学生正式报到注册。因为康巴什是一座新城，还没有常住人口，报到学生一至七年级共124名。

领导带头，率先垂范，集聚声望。原北京师范大学鄂尔多斯附属学校教学处主管、副校长孟慧（现鄂尔多斯市第一中学副校长）回忆说：

因为筹办开学时间短，招生宣传仅限于康巴什和伊旗范围，北京师范大学鄂尔多斯附属学校这所新学校还不被人们所知晓和了解，所以招生数量不足百人，余永崇副主任就率先把自己的女儿送到北京师范大学鄂尔多斯附属学校来，又动员伊旗亲戚朋友们把孩子送到北京师范大学鄂尔多斯附属学校；康巴什新区管委会社会事业管理局乌兰托娅局长（现康巴什区委统战部部长）也把自己的儿子和妹妹的孩子都从东胜转到康巴什北京师范大学鄂尔多斯附属学校来上学，尽管每天都需要往返东胜和康巴什；还有康巴什新区管委会张云光、何永刚等同志也都把自己的孩子送到北京师范大学鄂尔多斯附属学校来，为了康巴什第一所学校的人气和声誉，康巴什新区管委会从领导干部到普通职工都群策群力，竭尽所能，给予北京师范大学鄂尔多斯附属学校充分的信任、支持和帮助。康巴什第一所学校就在大家的呵护下诞生了。

图1-3　北京师范大学鄂尔多斯附属学校初一年级孟慧老师语文示范课
（图片来源：康巴什区实验中学档案室提供）

优质资源落地，新校高位发展。北京师范大学鄂尔多斯附属学校校长助理张齐回忆：

北京师范大学鄂尔多斯附属学校（现康巴什区第三小学校区）坐落于鄂尔多斯市康巴什新区中心地带，毗邻鄂尔多斯市党政办公大楼，占地60亩，总建筑面积1.68万平方米，设有体育馆、形体房、音乐教室、阶梯教室等各种功能教室，建有餐厅、教工公寓和300米环形跑道的操场，教学设施齐全、教学设备先进。2007年9月，北京师范大学鄂尔多斯附属学校一年级至六年级各1个班，初一2个班，共8个班，共有学生124人，教职工51人。

学校依托全国师范类最高学府——北京师范大学,以发挥其教育资源优势为新途径、新模式,积极汲取先进的教育理念,实践最新的教育科研成果,引进先进的教育管理体制,全方位打造一个具有时代性、基础性相结合的信息化、特色化学校,并在当地发挥重要的示范与辐射作用,从而带动整个地区教育的发展。实行小班化教学,学校有英语节、文化节、科技节、体育节和社团活动节等。北京师范大学优秀的教育资源落地康巴什,包括先进的教育理念、顶级的专家指导、精英的师资队伍、丰富的课程设置和高效的课堂教学等。

健全组织机构,实现学校高效运转。北京师范大学鄂尔多斯附属学校校长助理张齐说:

> 当时我们首先健全了学校组织机构,让学校高效运转。一是建立校长委员会,校长刘建国、教学总监张燕华、总务副校长汪明广、校长助理张齐。二是选举党支部委员会,书记刘建国、副书记张燕

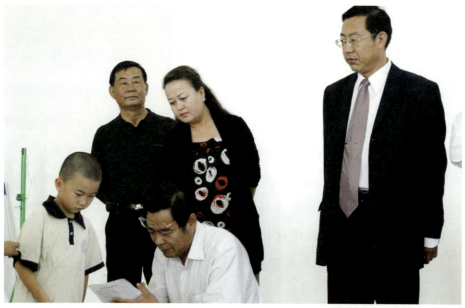

图1-4　时任鄂尔多斯市教育局局长阿拉腾乌拉(前右一)到北京师范大学鄂尔多斯附属学校调研
(图片来源:康巴什区实验中学档案室提供)

华、宣传委员孟慧、组织委员肖菊、青年委员赵磊。三是选举工会委员，工会主席孟慧、工会副主席肖菊、工会宣传委员赵磊、工会组织委员李霄、工会女工委员崔雪莲。四是选拔了环节干部，教学处主管孟慧、教育处主管吕爱卿、党政办主管肖菊、团委书记赵磊、大队辅导员鲍冬雪、后勤主管刘芙蓉。五是选拔了学科组长，语文组郭静、数学组何涛、英语组折艳红、科学人文组严桂连、体育组王克俊、艺术组邬媛等。

健全了组织机构，各部门进行了分工，各司其职，各显身手，开始了康巴什新区教育的探索与创新。

见证康巴什教育星火时刻。原北京师范大学鄂尔多斯附属学校党政办主任肖菊（现佳木斯市桦川县一中地理教师）回忆：

　　2007年9月10日，北京师范大学鄂尔多斯附属学校首次开学典礼暨庆祝教师节大会在升旗广场举行。国家督学、北京师范大学对外合作办学指导委员会专家高玉琛，原北京市督学、北京师范大学对外合作办学指导委员会专家宋宝璋，鄂尔多斯市副市长张贵，鄂尔多斯市教育局副局长王羽强，管委会副主任余永崇，管委会各局主要领导出席了大会，并作了讲话。

高位扎根，彰显蓬勃生命。原康巴什新区管委会社会事业管理局局长乌兰托娅（现康巴什区委统战部部长）在访谈中说：

　　当年康巴什新区管委会机构初建，没有教育局，我任社会事业管理局局长，新建的北京师范大学鄂尔多斯附属学校就由社会事业管理局来主管。我亲自接来北京师范大学派到的北京师范大学鄂尔多斯附属学校的校长刘建国。行政管理上，我可以直接给予这所学校各种支持和帮助；但教育教学业务上，社会事业管理局对这个领域的工作还比较生疏，我就自己率先学起来，同时带领下属学起来，为这座刚刚新办的学校做好各项服务工作。我与东胜区教育局沟通，教师与东胜区一起开展教研工作，学生参加东胜区统一的期末成绩检测，同时又牵线搭桥与东胜区第一中学和伊旗第一中学、第四中学之间开展校际教育教学交流活动，让北京师范大学先进的教育理念融入当地、扎根当地，开花、结果。

阳光体育运动，强健体魄。原北京师范大学鄂尔多斯附属学校体育教师邓威（现鄂尔多斯市第一中学东校区体育教师）兴奋地回忆：

> 2007年10月19日，北京师范大学鄂尔多斯附属学校举行了第一届体育节——全员阳光趣味运动会，所有师生都参与其中，都有项目，在趣味活动中师生、师师、生生互相激励，锻炼了体魄，收获了尊重、友爱、快乐和团结。12月9日又组织了人人参与的冬季全员越野赛，纪念"一二·九"运动，勿忘国耻，振兴中华，强健体魄。那时每天老师跟学生一起做操、跑操，处处示范，时时引领。还有全校的师生跑操比赛、师生体操比赛，让大家在体育活动中锻炼了身体，凝聚了团队，赢得了荣誉感。

这些活动充分体现了北京师范大学鄂尔多斯附属学校以人为本，教学相长的办学思想，而且这些思想开始一点点在师生心里扎根。

专家指导，打造精英团队。2007年11月17日北京师范大学对外合作办学部派来了专家于士斌校长（原辽宁省滨海实验中学校长）担任北京师范大学鄂尔多斯附属学校教学总监。原北京师范大学鄂尔多斯附属学校教师隋东强（现康巴什区实验中学物理教师）回忆说：

> 教学总监于士斌每天每节课都在课堂里，听老师的课，看学生

图1-5　北京师范大学鄂尔多斯附属学校第一届体育节——全员阳光趣味运动会
（图片来源：康巴什区实验中学档案室提供）

的状态,给老师们中肯的意见和建议,指导教师快速成长。一月后推出了三年级语文郭静、四年级英语王雅洁、初一年级数学陈丽丽的优秀教师示范引领课,给年轻教师树立学习的榜样,他还倡导以邻为师,同班研修,共同进步。老师们在他的指导下,一个个都发生了蜕变,课堂变得生动了,高效了。

二课活动丰富多彩,学生全面发展。第二课堂是课堂教学的必要补充,是学校教学活动的重要组成部分。原北京师范大学鄂尔多斯附属学校音乐教师邬媛(现康巴什区实验小学音乐教师)回忆说:

北京师范大学鄂尔多斯附属学校开设了绘画、拼图、棋类、球类、舞蹈、器乐、英语、电影、书法、剪纸、手工、标本、实验等近40个社团兴趣小组,每周二一个下午的二课活动时间,老师人人申报二课,学生人人参与二课活动,每学期末还要举行各二课兴趣小组的

图1-6 北京师范大学鄂尔多斯附属学校教学总监于士斌在每周二教师沙龙上讲话
（图片来源：康巴什区实验中学档案室提供）

汇报展示，学校一派生机勃勃的景象。

通过第二课堂开阔了学生视野，活动形式与内容培养了学生的思维能力、想象能力、动手能力和实践能力；激发了学生的学习兴趣。老师有了发挥各自特长的舞台，学生有了特长，学校成为师生全面发展的乐园。

搭建平台，促进师生全面发展。2007年12月25日，北京师范大学鄂尔多斯附属学校举办"第一届金声文化节"英语节颁奖晚会，并在晚会上举行了学校网站的发布仪式。原北京师范大学鄂尔多斯附属学校英语教师王召老师（现康巴什区第一中学英语教师）聊起当年的英语节至今激动不已地说：

只有124名学生，46位专任教师的新学校却办了一台那么精彩的英语晚会，师生人人都有节目，人人都站在舞台中央，人人都是活动的主角，所有节目都是原创，康巴什管委会各单位领导都来观演和助兴，支持学校的发展。

那是个创业的时代，康巴什管委会的所有工作人员都能拧成一股绳，凝聚成一股巨大的力量彼此支持和鼓励。我经常是学校各种大型活动的英语主持人，那时学校的大型活动都是三语主持（汉语、英语和蒙古语），特别有国际范儿。那样的平台给了我特别多的历练和成长，还有专家的课堂和学术引领，让我的进步非常快。用当时刘建国校长特别爱说的一句话就是："一出生就要让你风华正茂！"

有效教学促使教与学过程的最优化。关注学生的差异和发展，关注教学效益，明确任务指向，主张学生高度参与，促进学生深层理解，三维目标统一，彰显师生生命价值的最优化教学。原北京师范大学鄂尔多斯附属学校副校长孟慧回忆：

学校通过实施"211三案引学"课堂教学模式（"211"是指课堂时间分配，40分钟的课堂总体上切分为三部分，20分钟教师创设问题情景，精讲点拨，10分钟师生互动交流探究，10分钟课堂练习、反馈与点评。三部分独立进行或交互式进行，促使课堂结构的最优化；"三案引学"指教学方法上以集"学案、教案、练案"为一体的三案为载体，师生按"三案"互动教与学，使主导主体作用充分发挥，促使教与学过程的最优化），通过现代教育技术与学科的有效整合，成就现代高效的课堂教学。教学以学生的学习为中心，教学准备时注重研究学生原有的认知准备和情感准备；在教学过程中始终关注学生学习的状态，学习的兴趣、动机的激发以及互动、合作的学习方式的运用，适当的教学策略的选择和实施，学生学习效果的反馈；教学效果的评价以学生的发展为目的。充分重视教师在教学过程的地位和角色。强调教师在教学过程中的主导地位，同时也明确了教师在教学中起激励、组织、引导、评价的角色。追求见解深刻、独具慧眼、旁征博引、循循善诱、充满智慧、精益求精的教学。

研学活动，仪式活动，促进师生成长。开展研学旅行，让学生走进社会、融入社会，有助于他们更加深刻地了解社会、认识社会，感受社会的进步与发展；走向自然，走进博物馆，可以有效加强孩子对学习的兴趣，能丰富中小学生的文化生活，能让素质教育变得可视化。原北京师范大学鄂尔多斯附属学校小学语文教师、教育处主管老师吕爱卿回忆：

2008年4月30日—5月3日，北京师范大学鄂尔多斯附属学校组织了89名学生和20名老师赴北京参加"放飞心情，感受奥运，喜迎奥运倒计时100日"夏令营活动，参观了中华世纪坛、军事博物馆、毛主席纪念堂、首都博物馆、清华大学、北京师范大学等地，并

图1-7　北京师范大学鄂尔多斯附属学校英语节上学生们的精彩表演
（图片来源：康巴什区实验中学档案室提供）

于5月1日在天安门广场参加了庄严的升旗仪式。好多孩子都是第一次来到首都北京，孩子们欢呼雀跃，特别开心。师生们在这次活动中加强了爱国情感和为祖国骄傲的奥运情怀，活动中同学们互帮互助，为童年留下了美好深刻的回忆。那时，学校虽然人少，但特别重视仪式教育。2008年7月1日，北京师范大学鄂尔多斯附属学校举行首届小学六年级毕业班典礼，庆祝第一届六年级12名学生成绩合格，如期毕业，并颁发毕业证。2008年7月9日，北京师范大学鄂尔多斯附属学校组织部分师生亲临现场观看奥运圣火在鄂尔多斯的传递仪式。

通过这些走进学生心里的研学活动、仪式活动，师生都获得了成长。

一方有难，八方支援。情系灾区，爱汇暖流。守望相助，心意相连。灾难面前，需要携手同行，这是中华民族的传统美德，也是我们薪火相传的精神支柱。原北京师范大学鄂尔多斯附属学校小学数学老师陈星

图1-8　北京师范大学鄂尔多斯附属学校四年级王雅洁老师英语示范课
（图片来源：康巴什区实验中学档案室提供）

迪回忆:

　　北京师范大学鄂尔多斯附属学校刘建国校长听说四川发生了
"5·12"汶川大地震。第一时间代表学校慰问了两位四川籍的老师
王准和我,还有一位临时工周昌琼及家人;特向全校师生发出倡议:
号召全体师生发扬中华民族"一方有难,八方支援"和"扶贫济困,
助人为乐"的传统美德,节约一周零花钱,捐献一份爱。全体党员都
自愿上缴了特别党费,并号召全体师生解囊相助,全体师生共为灾
区人民捐赠人民币 17673.5 元、衣物 257 件,并及时将善款和物资送
达受灾群众手中。献出一份爱,送出一片情。这次献爱心活动,生
动地诠释了中华民族的传统美德——大爱无疆。

　　苦中作乐,彼此依靠,温暖对方。原北京师范大学鄂尔多斯附属学
校小学语文老师高琴,说起当年初到康巴什的感受:

　　宏伟的市政府大楼,恢宏的成吉思汗广场,据说 100 天就建成

图1-9　北京师范大学鄂尔多斯附属学校师生参观军事博物馆研学活动
(图片来源:康巴什区实验中学档案室提供)

的管委会大楼，还有正在兴建的几大标志性建筑和一座座住宅区，忙碌的建筑工地和几乎无人居住的新城……白天，鄂尔多斯市委、市政府和康巴什新区管委会各单位都有工作和办事的人；到了晚上，免费公交接送各单位职工回东胜的家。只有北京师范大学鄂尔多斯附属学校的老师和康巴什管委会的单身职工晚上居住在这座新城里。这里只有加油站（现鄂尔多斯国际会展中心）有个很小的便利店，可以购买东西，老师们经常会把那里的东西一扫而光。离学校很远有个哈巴格希办事处，那里有个小银行，可以取钱；有个邮政局，可以邮寄东西。去那里，是要步行的，因为车一般是打不到的。每周必须到东胜或者伊旗去购买生活日用品，否则，生活就会不便利了。想要下顿馆子，也必须到东胜或者伊旗。尽管生活有些不便利，但我们平时工作、学习、锻炼、吃住学校都管，世外桃源一般的生活，清净充实，好好工作就可以了。大家在学校一起备课、学习、研讨，辅导学生，批改作业；一起包饺子，一起分享美食；一起回教师公寓，同宿同起；一起锻炼身体，组织趣味体育活动；一起过迎新年元旦晚会，各教研组设计了丰富多彩的活动：走秀、时装设计秀、三句半、小合唱、舞蹈、乐器、独唱、游戏和抽奖……你经历着我的经历，我经历着你的经历，彼此依靠，温暖对方。

她深情地说：

现在想起来，都很怀念那些纯粹而充实的日子。

领导关怀、鼓励和支持，勇立潮头。原北京师范大学鄂尔多斯附属学校档案室老师郭春梅整理档案发现，各级各部门领导都特别关注康巴什第一所学校北京师范大学鄂尔多斯附属学校的健康发展，中央教科所所长袁振国，内蒙古自治区教育厅副厅长倪培林，内蒙古自治区团

委副书记王晓东，内蒙古自治区教科所刘彦泽、副所长郭天祥，鄂尔多斯市教育局局长阿拉腾乌拉、副局长郑军，康巴什社会发展局局长乌兰托娅、副局长严念龙等；康巴什党工委书记石艳杰，主任高志华等领导；中国教育学会会长顾明远，国家督学高玉琛，北京市督学宋宝璋，北京师范大学校长董奇、副校长樊秀萍，北京师范大学对外合作办学部的领导和专家等对北京师范大学鄂尔多斯附属学校多次进行了视察、调研、指导、指示、关怀、鼓励和支持，让这所高起点、高质量、高标准的学校高位发展，积聚人气，推动城市内涵式、可持续发展。档案室里至今留存着这些珍贵的照片。政府行为是办好教育的关键。鄂尔多斯市委、市政府及康巴什新区党工委、管委会在北京师范大学鄂尔多斯附属学校办学过程中给予了极大的重视和支持，倾注了大量心血。

步履坚实，砥砺奋进。2008年6月1日，北京师范大学鄂尔多斯附属学校隆重举办了"庆祝建校一周年暨揭牌仪式"，北京师范大学党委委员、副校长樊秀萍，鄂尔多斯市政协副主席安源，鄂尔多斯市教育局

图1-10　北京师范大学鄂尔多斯附属学校教师读书倡议

（图片来源：康巴什区实验中学档案室提供）

副局长郑军等出席典礼并讲话。樊秀萍表示,北京师范大学鄂尔多斯附属学校一直以来得到了鄂尔多斯市委、市政府和各级有关部门的大力支持,今后将不负众望,力争在三年之内以强大的办学优势、先进的办学理念、优秀的师资队伍、完备的教学设施把北京师范大学鄂尔多斯附属学校打造成鄂尔多斯市的优质学校,为进一步推动鄂尔多斯基础教育事业的发展做出贡献。

图1-11　时任康巴什新区党工委书记石艳杰(左一)、管委会副主任丁挨玺(中)等
到北京师范大学鄂尔多斯附属学校调研指导工作
(图片来源:康巴什区实验中学档案室提供)

　　康巴什新区教育布局雏形基本完备。康巴什新区除创办了北京师范大学鄂尔多斯附属学校这所九年义务教育一贯制基础教育学校外,还结束了鄂尔多斯市没有大学的历史。2008年7月,鄂尔多斯市人民政府牵手自治区唯一一所"211"重点大学——内蒙古大学,创办内蒙古大学鄂尔多斯学院,集理、工、文、经管专业学科;2009年10月,鄂尔多斯教育学院与多所大专合并成立鄂尔多斯职业技术学院;2010年8月,鄂尔多斯市第一中学、蒙古族中学等从东胜区迁至鄂尔多斯市政府所在地康巴什,康巴什新区的教育布局雏形基本完成。

图 1-12 自治区团委副书记陈晓东（前中）到北京师范大学鄂尔多斯附属学校视察

（图片来源：康巴什区实验中学档案室提供）

图 1-13 北京师范大学党委委员、副校长樊秀萍在北京师范大学
鄂尔多斯附属学校庆祝建校一周年暨揭牌仪式上讲话

（图片来源：康巴什区实验中学档案室提供）

二、理念先进　引领全面发展

崇礼治教,达德树人。一所学校一定要理念先行,有科学精准的自我定位。原北京师范大学鄂尔多斯附属学校校长刘建国说:

> 北京师范大学鄂尔多斯附属学校继承了北京师范大学百年的文化氛围和先进教育理念,建立"科研统领、育教行一、总务保障、体系监控"的新型办学模式;确立以高起点、高质量、高标准地创建现代化、国际化、信息化名校,培养基础扎实、能力过硬、品德高尚的信息化、国际化新型人才的目标;结合实际提出了"育人为本、和谐发展、服务社会、勇于创新"的教育理念;坚持以德育为先导,强化信息技术教育和外语教学,充分开展兴趣小组活动,全面挖掘学生潜质的办学特色;并以"达德、悟学、崇朴、勉行"为校训;秉承北京师范大学传统,以北京师范大学校训"学为人师、行为世范"为师训。全面打造"使人由其诚,教人尽其才"的校风;"循循善诱、身体力行、融会贯通、卓尔不凡"的教风;"善学好问、温故知新、勤而敏思、学以致用"的学风。北京师范大学鄂尔多斯附属学校将建设成为一个数字化校园,凝练出"书香、科技、艺术、绿色"的文化内涵。学校采用以校长负责制为核心的"纵向直接指挥+横向共议协调+主管责任制"的管理模式和管理机制。即:校长通过校长办公会、行政会等民主商议后做出各项决定,然后下达任务给各部门负责人,再由各部门负责人层层落实学校的各项工作和任务。建立了教师年终考核制度、干部及行政人员年终考核制度、班主任及班级学期考核办法、教研组长及教研组学期考核办法、学生成绩检验与评价制度、职工年终考核制度。

实施校本教研,追求教师专业成长。北京师范大学鄂尔多斯附属学校特别重视教师专业发展,认为教师持续、有效的发展是学生发展的基础。原北京师范大学鄂尔多斯附属学校副校长孟慧回忆:

　　北京师范大学鄂尔多斯附属学校突出校本教研,提升教师专业成长。坚持"专业引领、骨干带动、同伴互助、自我反思、自主发展"。力求开展多种形式教研活动,促进教师专业化发展,提高教师教学水平,为提升质量打好坚实的基础。有集体备课,资源共享。集体备课是教师校本教研、合作研讨的一种有效形式,它要求同学科或相关学科的教师为实现相同的教学目标和完成共同的教学任务,通过集体讨论、共同研究、合作攻关、智慧碰撞等形式制定出教学预案。集体备课的过程其实就是教师自我矫正、反思提升、完善提高的过程,要求老师们有效地对备课思想、资源、技术、方案进行再设计、再补充、再创造,实现智慧的碰撞和资源的共享,激发群体的合作意识和探究能力,更准确地把握课堂、吃透教材,实现整体教学水平的提高,也是青年教师健康成长的有效途径。萧伯纳说,你有一种思想,我有一种思想,交流后每个人都拥有两种思想。通过集体备课让每一个参与者收获更多的思想和方法,助推自己的专业成长,这正是集体备课的价值所在。建立、健全了学科教研活动制度,提高教师对教科研工作必要性、迫切性的认识,使教师在先进教育理念的指导下自觉参与课堂教学改革及教学研究工作,加强有效的校本教研。开展学科问题诊断,开展公开课活动,提升了每个教研组成员的业务水平。开展"请进来""走出去"的研训活动。"请进来"为了受益于全体教师,北京师范大学鄂尔多斯附属学校利用北京师范大学这一得天独厚的条件,邀请了专家每月进行教学诊断和指导。"走出去",分批次选派教师外出学习培训,多方面创造条件

图1-14　北京师范大学鄂尔多斯附属学校校长刘建国(后中)与第一届
六年级师生在北京鸟巢的研学活动
（图片来源：康巴什区实验中学档案室提供）

为教师提供提高和培训的机会，使老师们有机会获取先进的教育教学信息，学习先进的教育理论和实践经验。开展师带徒、同伴研修活动。新学校年轻教师居多，为了缩短年轻教师成长周期，加强对年轻教师的指导与帮助，提高年轻教师的教学理论水平与教学应变能力，发挥学校骨干教师的带头作用。根据北京师范大学鄂尔多斯附属学校的实际情况积极开展师带徒、同伴互助活动。师徒、同伴之间定期互相听课，探讨教学中的有关的问题，以此来促进教师业务素质的真正提高。开展听课评课听讲座系列活动。认真落实听课评课制度。提倡教师推门听课教师，要求教师每学期听课在40节以上。除了在校内互相听课外，还参加外出听课听讲座等活动，听课活动的经常化、随堂化使课堂更开放、更有效，同时还给教研活动提供无尽的资源，加上听课后教师之间正式或非正式的评议活动，促使了群体间的相互学习，共同提高，听讲座则带给老师更新的

观念,科研型教师群体初见雏形。推行精彩的四课(观摩课、示范课、研讨课和汇报课)活动,为教师间的相互学习和相互提高提供了机会。要求每位教师都要上好常态课,把常态课上成精品课,对于常态课,随机推门,跟踪改进,加强岗位练兵。练内功,提高教师业务素质。教师在做中学,在实践中领悟,使老师走上学习中研讨、实践中总结、总结中提高的成长历程。每年举办一届教师基本功大赛和课堂教学竞赛,历练和锻造年轻教师,促进他们的成长和成熟。强化学习促提高。坚持以教师自学为主,个人自学与集体研讨相结合,倡导教师写教学反思、教育随笔和心灵感悟。教学沙龙,实现教师的"以邻为师,资源共享,共同进步"。人文关怀,经常关心教师的工作、学习、科研和生活情况,对教师进行人文关怀,让教师时刻感受到学校在关注自己的成长与进步,从而产生了一种积极、向上的原动力,促进个人的专业化成长。最终,通过校本教研和其他有效的教研培训活动,打造了一批善于钻研、业务精湛、德艺双馨的教师队伍。

顶级专家引领学校和教师发展。原北京师范大学鄂尔多斯附属学校数学教研组长陈丽丽回忆:

2008年4月2日,北京市数学特级教师,北京东城区教研中心数学室主任,北京数学学会常务理事、副理事长,中国数学学会《数学的实践与认识》与《数学通讯》编委明知白教授到北京师范大学鄂尔多斯附属学校进行数学教学视导,对数学组进行备课、上课的指导,并亲自给老师们上示范课,面对面、手把手地指导教师,让老师们都深深地喜欢上了数学,发现了数学教学的乐趣,更加坚定了数学老师对数学的热爱,让我受益一生。这也是我第一次与这么知名的顶级数学名师近距离的接触、受教。

图1-15 北京师范大学鄂尔多斯附属学校语文组教师在研读和分析教材
（图片来源：康巴什区实验中学档案室提供）

良好教育生态接踵而至。原北京师范大学鄂尔多斯附属学校小学数学老师何涛谈到当年的"小二现象"，一脸的自豪。她说：

刚刚才创办不到一年的学校，成立不到一年的二年级，教师个个优秀，学生个个好学，营造了良好的教学场域，被学校领导称为"小二现象"。何涛老师担任班主任，兼任数学老师，从刚开始的不会教小学低年级的数学课（我之前一直从事初中数学教学，因为当时班级少，我主动请缨带小学一、二年级的数学课），天天琢磨，一见人就讨论我的小学低年级数学教学，跟着了魔似的，不到半个月，摸到了门路，师生都沉浸在善思好问、趣味多多的何老师数学课堂中。我还把自己掌握的教育教学方法与本班的语文老师张海燕、英语老师杨雪分享，并且一起研讨，找到很多实用有趣、学生喜欢的教育教学方法，一时间二年级所有同学都喜欢上了我们的老师，课堂上积极思考、发问，师生享受课堂。"小二现象"风靡学校，各年级、

图1-16 全国著名数学教学专家明知白老师(前中)指导北京
师范大学鄂尔多斯附属学校数学教学工作
（图片来源：康巴什区实验中学档案室提供）

各班级教师纷纷学习、效仿,成为北京师范大学鄂尔多斯附属学校当时最亮丽的风景线。

英语特色明显,研学开阔视野。原北京师范大学鄂尔多斯附属学校国际部主任郑淑娟介绍说：

　　北京师范大学鄂尔多斯附属学校从一年级就开设英语课,以国家课程和地方课程实施纲要为基础,加强英语教学的课程建设、模式探究、文化创设等,让学生快乐地学习英语、享受英语、使用英语,使所有学生提高口语的交际能力和英语的运用能力,形成浓厚的英语学习文化和氛围,并了解和理解各国的文化,为成长为国际化的未来人才打下基础。每年举办一届的英语文化节,还有英语短剧表演,英文歌曲比赛,英语演讲比赛,"圣诞节"校园巡游等系列活动,此外"每日一句"学英语、英语沙龙、英语广播、英语竞赛培训小组等多项常规活动也充满了吸引力,这些都已经形成了北京师范大学鄂尔多斯附属学校英语活动的特色品牌。一、二年英语课只说不写，以国际部为依托，以独特的中西结合精英人才培养为体系，聘请外籍教师，在各年级开展纯正的英语口语教学，每个孩子都能在趣味英语学习中操一口流利标准的英语；学校还在寒暑假组织师生参加国内、国际冬夏令营活动，打开师生的眼界，感受不同的文化。北京师范大学鄂尔多斯附属学校组织过美国夏令营、英国夏令营、澳大利亚夏令营、日本冬令营、荷兰夏令营和海峡两岸等海外和港澳台夏令营活动；也组织过北京奥运夏令营、上海世博夏令营、西安世园夏令营等活动。研学活动，是师生都特别喜欢的活动，"读万卷书，行万里路"，通过这些活动，师生增加了体验，增长了见识，增强了本领。

先进的教育理念让孩子受益一生。王溥容（2007—2010年在原北京师范大学鄂尔多斯附属学校就读）的父亲王福厚一见到北京师范大学鄂尔多斯附属学校的领导和老师就感激地说：

当年如果没有到北京师范大学鄂尔多斯附属学校就读，我想都

图1-17　北京师范大学鄂尔多斯附属学校外教DAVID在上一年级英语口语课
（图片来源：康巴什区实验中学档案室提供）

不敢想我的孩子能以优异的成绩考到北京三帆中学（北京市西城区名列前茅的初中学校），又顺利地被北京师范大学第二附属中学（北京市名列前茅的高中学校）录取，与北京优秀的孩子一起享受最优质的教育教学资源，并考上国外名校。这是一种新的教育理念对我和我的家庭的冲击和影响，相信在北京师范大学鄂尔多斯附属学校就读的孩子们会跟我的孩子一样都是这样的受益者。

北京师范大学鄂尔多斯附属学校完善民主治校的运行机制和保障机制。肖菊回忆说：

> 北京师范大学鄂尔多斯附属学校坚持民主办学、民主治校。北京师范大学鄂尔多斯附属学校的领导干部非常注意倾听群众意见和群众呼声，通过各种方式关心和了解教师，重视教师提出的建议和意见，并有针对性地予以解决。同时，北京师范大学鄂尔多斯附属学校坚持走家长治校之路，特别重视家长的意见。每学期召开三次大型家长会，一次家长开放日，每次召开家长会和家长开放日都会给家长提供为学校提建议和意见的平台，如：在家长开放日的时候给家长发放满意度调查问卷，对于家长关心的问题学校能够及时给予回应和解决。调查问卷显示：家长对学校的满意度达98％以上，学生在校幸福度达99％以上。

三、凝心聚力　教育成果初现

为每个孩子提供适合的教育。原北京师范大学鄂尔多斯附属学校英语老师张琳回忆：

图 1-18　北京师范大学鄂尔多斯附属学校一年级学生英语口语课上的口语表演
（图片来源：康巴什区实验中学档案室提供）

　　我是第一届一年级的班主任，兼英语老师。北京师范大学鄂尔多斯附属学校一年级就开始使用北京师范大学出版社出版的小学一年级英语教材，他们的英语课堂灵动而有趣。往往是伴随着一首学生喜欢的英语儿歌开启他们的英语课热身活动，接着就是精心设计的英语对话游戏，孩子们特别喜欢，享受课堂。而且一、二年级英语课是没有手写的练习和作业的，考核就是英语口语闯通关游戏，老师和学生都很喜欢，很期盼，也很享受。我觉得这才是真正适合孩子们的小学低段英语教学。

　　为孩子成长搭建舞台。原北京师范大学鄂尔多斯附属学校小学部语文教师杨絮说：

　　我曾经在写作团体实习和工作过，就把这些资源拿来，搭建平台，把孩子们平时用心写成的那些生动有趣、富有哲理、充满正能量的优秀作品推荐给那些写作团体，参加小小作家比赛，有好多孩子的作品发表，极大地激发了孩子们的写作积极性。学校也给孩子们搭建数学竞赛、英语口才大赛、小小音乐家、小小画家、经典朗诵等比赛平台，让孩子参与其中，得到锻炼，增长才干。那时感觉，每个孩子都有无限潜力，老师就是发现者、引领者和指导者，让学生成为更好的自己。

北京师范大学鄂尔多斯附属学校首届小学六年级学生毕业了。原北京师范大学鄂尔多斯附属学校小学部英语教师折艳红回忆：

> 经过一年的学习，2008年6月，第一届六年级12个孩子毕业了。从最初的6个孩子到毕业时的12个学生，虽然只有12个孩子，但是老师们每天精心备课，一遍遍地磨课，争取堂堂都是精品课；作业和练习反复地精选、修改，让它们成为最适合学生的巩固训练；测试题无数次地命制、修改、打磨，让它们能真正助力孩子的升学。12个学生，不仅六年级这个班的班主任高琴老师和代课老师在努力，还举全校之力服务于这12个学生，终于孩子们个个以优异的成绩升入本校初一年级。还记得那张毕业照，学生只有12个，服务他们的领导和老师是他们的好几倍。

参加东胜区统一测试，成绩斐然。原北京师范大学鄂尔多斯附属学校教学总监于士斌回忆说：

> 当时主管工作的社会事业管理局局长乌兰托娅还是觉得应该有教学质量的检测，但是社会事业管理局又无法完成这样的工作，乌兰托娅局长就与东胜区教育局积极沟通，促成了康巴什新区各年级的教学检测纳入东胜区教育局的代管。2007年冬季北京师范大学鄂尔多斯附属学校参加了东胜区四年级、初一年级的期末统一测试，成绩名列前三名；2008年7月北京师范大学鄂尔多斯附属学校

图 1-19　康巴什新区管委会副主任丁挨玺（后左二）、社会事业管理局局长乌兰托娅（后右三）
为北京师范大学鄂尔多斯附属学校师生颁奖
（图片来源：康巴什区实验中学档案室提供）

又参加了东胜区三年级、六年级和初一年级的期末统一测试，成绩较上次又有提升，初一年级成绩已处于东胜区第一。这下，乌兰托娅局长的心才踏实下来，她也知道北京师范大学鄂尔多斯附属学校办学理念、方向和质量是经得起检验的，她更加坚定、自信地带领老师们走在创办一所优质学校的路上。

学习型教师队伍、管理队伍建设。原北京师范大学鄂尔多斯附属学校化学教师、团委书记赵磊回忆说：

那时候北京师范大学鄂尔多斯附属学校特别重视学习型教师队伍、管理队伍建设。学校每周召开一次党员会，每周召开一次干部会，每周召开一次教师大会。新建立的学校统一思想，达成共识最重要。这些会议有政策理论的学习，有教育教学理念的引领，有工作的布置与反馈，有优秀课堂的展示，有成长经验的分享，有比赛，有表演，有表彰；还有训导与警示。这些会议让老师们在理念上、文化上、管理上认同北京师范大学鄂尔多斯附属学校，并且一点点内化，根植于内心、扎根、生长、开花和结果；让老师们在教学上、学习上、管理上快速提升，适应学校和新区的加速度发展。这支团

队尽管年轻,人均年龄不足26岁,但个个都能独当一面。校长刘建国40岁刚出头,校长助理张齐不到30岁,教学处主管孟慧33岁,教育处主管吕爱卿24岁,团委书记赵磊23岁,党政办主管肖菊23岁,大队辅导员鲍冬雪23岁……他们年轻而有活力,有着最新的理念、最强的执行力、最快的反馈。这样一支学习型教师队伍、管理队伍让学校走上了健康、快速、可持续发展的道路。2008年7月24日—27日,北京师范大学鄂尔多斯附属学校组织近40位教师赴宁夏银川参加了由北京师范大学亚太国际教育培训中心和银川市教育科学研究所联合举办的"第五届新课程背景下全国教研员、教研组长、骨干教师教科研素养提升高级研修班",因为是假期,基本就是一次全员参加的培训。教师和干部常态化、多层次、多角度、多方式、多样态的教育教学培训学习,教师、干部结合本职工作进行感悟和内化,教师专业化成长迅速提升。

北京师范大学鄂尔多斯附属学校探索有利于辐射北京师范大学优质教育资源的附校合作模式,建立健全名校合作机制。时任康巴什社会事业管理局副局长严念龙回忆说:

北京师范大学鄂尔多斯附属学校与北京师范大学各附属学校建立了联系,在北京师范大学平台形成了学习、教研共同体;同时在康巴什社会事业管理局的牵线搭桥下,与东胜区十二小学、东胜区一中、东胜区实验中学、伊旗一中、伊旗四中等结成了兄弟学校,通过与兄弟学校之间的互通有无,北京师范大学鄂尔多斯附属学校对当地的教育情况有了更深地了解,也更好地融入鄂尔多斯教育的大家庭中来。这种与北京师范大学附校的纵向联系和与当地学校的横向交流和对比,使北京师范大学鄂尔多斯附属学校在办学思路上更加明晰,即在继承北京师范大学的教育传统的基础上,充分考虑

图1-20　北京师范大学鄂尔多斯附属学校学期末全员教师校本培训
（图片来源：康巴什区实验中学档案室提供）

地方特点，摸索出适合当地的基础教育道路。

根植北京师范大学，高雅的校园文化濡染师生。北京师范大学鄂尔多斯附属学校科学老师黎伯树说：

> 北京师范大学鄂尔多斯附属学校校园里的每一个建筑的命名都来源于北京师范大学和北京师范大学鄂尔多斯附属学校的理念和文化，有达德楼，悟学讲堂、知音教室、修身体育馆、励耘餐厅和兰蕙公寓等；校园里的每一面墙壁、每一个廊道、每一块黑板都有高雅的文化濡染师生，引领师生的精神世界。

北京师范大学鄂尔多斯附属学校郑重承诺：把学校办成政府放心的单位，把学校办成市民信赖的场所，把学校办成优质教育的窗口，把学校办成学生成长的摇篮，把学校办成教师发展的平台，把学校办成

图1-21 北京师范大学鄂尔多斯附属学校微期刊《北京师范大学
鄂尔多斯附属学校科研园》
（图片来源：康巴什区实验中学档案室提供）

教工温馨的家庭,把学校办成教育创新的基地,把学校办成让人骄傲
的品牌。

第二节　兴办名校　培育人才

　　"康巴什"正像她的名字那样,是孕育老师的地方,是老师造梦、寻梦、追梦的教育乐土。而这方乐土的营造者康巴什党工委、管委会高瞻远瞩,优先发展教育,科学谋划,引进北京师范大学先进教育资源,打造优质教育,赢得了学生和家长的认可,社会美誉度不断攀升。有人戏称,康巴什教育一出生便"玉树临风"。正如一名记者所写的,康巴什新区教育北京师范大学鄂尔多斯附属学校教育新秀,经过一年的发展,就实现了三级跳,这恰是对所有关心支持和奉献康巴什教育的领导和老师们的最佳赞誉。

图1-22　时任鄂尔多斯市教育局局长阿拉腾乌拉(中)等一行到北京师范大学
鄂尔多斯附属学校调研指导工作
（图片来源:康巴什区实验中学档案室提供）

一、全面推进教育公平

有学上,上好学,上家门口的名校。原康巴什新区社会事业管理局副局长刘向晨回忆:

> 2008年9月,哈巴格希中心学校这所农村学校完成了彻底撤并,不再保留,原来所有学生都无条件并入了北京师范大学鄂尔多斯附属学校,尽管这些孩子都是当地原来农牧民和移民的孩子,但是北京师范大学鄂尔多斯附属学校遵循着"有教无类,因材施教"的教育主张,让这些农牧民和移民的孩子都享受到北京师范大学鄂尔多斯附属学校优质的教育教学资源。当地农牧民家长们都骄傲而幸福地向周围的人说,他们的孩子上了家门口的名校——北京师范大学鄂尔多斯附属学校。感谢政府领导关心农牧民和移民的生活,感谢北京师范大学鄂尔多斯附属学校的领导和老师们关心和爱护他们的孩子。

北京师范大学鄂尔多斯附属学校经过一年的快速发展,在当地的美誉度也急剧攀升,东胜、伊旗的小学生、初中学生大量涌入康巴什新区,到2008年9月,学校规模扩大到23个教学班,学生896人,教职工人82人,康巴什的居民和住户也不断增加,拉动了康巴什新区的人气,更多的服务业商户在康巴什新区寻找商机,并定居下来。

办好学校,惠及百姓。原北京师范大学鄂尔多斯附属学校校长刘建国回忆:

> 2008年9月9日上午,鄂尔多斯市委、市政府组织召开了庆祝第24个教师节座谈会,作为北京师范大学鄂尔多斯附属学校校长

的他也参加了此次座谈会。市委、市政府领导指出："北京师范大学鄂尔多斯附属学校是第一座在康巴什新区建立的学校,这个学校一定要办好,一定要把北京师范大学先进的办学理念、办学思路引进来,促进鄂尔多斯教育事业的发展。"这对北京师范大学鄂尔多斯附属学校来说,无疑是一种肯定和鼓励,北京师范大学鄂尔多斯附属学校将乘着发展的东风继续向前迈进。

学前摸索,幼小衔接。康巴什新区有了一所小学、初中九年一贯制的学校,却没有学前教育。原北京师范大学鄂尔多斯附属学校小学部英语教师梁晓红说:

> 2008年秋季开学,根据当时鄂尔多斯市市直单位、康巴什新区管委会职工和当地住户的实际需要,北京师范大学鄂尔多斯附属学校又开办了2个学前班,共69人。那时,我和李娜老师被学校安排到学前班担任班主任,有了学前班,解决了在康巴什上班职工孩子

图1-23　北京师范大学鄂尔多斯附属学校第一届学前班的小朋友
(图片来源:康巴什区实验中学档案室提供)

的就读问题,同时也促进学校对幼小衔接的研究,让一年级的新生适应小学生活更快。

不放弃每一个孩子。原北京师范大学鄂尔多斯附属学校小学语文教师吕爱卿回忆说:

那时候吃住在学校,政府和学校给教师的待遇比较好,老师们都没有后顾之忧,我们把时间和爱都给了学生。2008年秋季,哈巴格希中心校的学生都合并到北京师范大学鄂尔多斯附属学校来,原来乡村学校的学生基础特别薄弱,老师们每天课间、课后放学,甚至周末都在手把手、一对一地给那些底子薄、跟不上课程、学习困难的学生义务补课。我班上的一个小男孩学习特别困难,我每天变着法子,一会儿编儿歌,一会儿编顺口溜,一会儿编故事,想尽各种办法去帮助他,直到他跟上了班级的学习步伐。家长特别感谢我,还送来了一面锦旗。这极大地鼓舞了我,坚定了我的教育初心。还有一些移民的孩子,家庭经济特别困难,老师就自掏腰包,给他们购买了

图1-24 北京师范大学鄂尔多斯附属学校信息技术老师陈星迪老师正在上信息技术课
（图片来源:康巴什区实验中学档案室提供）

学习资料、学习用品和小奖品等，激励他们努力上进，改变现状；学校还会免除他们的伙食费。学校的领导和老师不抛弃，不放弃任何一个学生，也赢得了孩子们和家长们对他们的信任、支持和感激。

启用新校区，集聚人气，拉动康巴什经济社会发展。随着北京师范大学鄂尔多斯附属学校规模的不断扩大，当时的校区已经不能满足需要，经过康巴什新区党工委、管委会的决策，集聚新区人气，拉动新区经济社会发展，北京师范大学鄂尔多斯附属学校要发挥重要作用。原北京师范大学鄂尔多斯附属学校小学一部主任王雅洁回忆说：

2008年10月6日，北京师范大学鄂尔多斯附属学校正式启用小学一部校区（现康巴什区实验小学校区），小学四、五、六年级全体师生近500人，11个班迁入新校区。小学一部校区占地44亩，一期总建筑面积1万平方米，办学规模为24个班，一至六年级各4个班，班级容量最大为40人，多余的教室用作功能室，开展二课活动。小学一部校区设有体育馆、形体房、音乐教室、阶梯教室等各种专业教室，以及食堂、教工宿舍，教学设施齐全、教学设备先进。考虑到中学和小学两个校区分开后将会给学校的管理工作带来不便，北京师范大学鄂尔多斯附属学校领导早就开始有目的性地培养年轻干部，让他们做相对有经验主管的副职，尽快了解部门工作职责、工作内容、工作流程和工作标准等，这样经过一年的锻炼，许多优秀人才脱颖而出，可以胜任，独当一面。所以北京师范大学鄂尔多斯附属学校小学一部的干部选用很顺利，当然校领导和环节正职也会经常指导新手们的工作，他们也经常请教汇报，很快就进入正常轨道运行。

良好的硬件设施是学校教育教学质量的有力保障。北京师范大学

鄂尔多斯附属学校装备了先进的数字信息教学设备,使课堂教学更生动、更直观。学校每一间教室都安装有完备的多媒体教学设备,使每个学生都能够在视与听方面全方位地接纳课堂知识;崭新的计算机教室是培养学生信息素养、信息意识的场所。原北京师范大学鄂尔多斯附属学校计算机教师王准回忆说:

> 在这里信息技术课堂上,学生可以通过互联网自由地获取知识,拓宽了知识领域,开阔了视野,丰富了自我;学校体育馆、舞蹈教室、操场、篮球场等运动设施一应俱全。

一学年来,康巴什新区不断为北京师范大学鄂尔多斯附属学校添置各种硬件设施以打造现代化、数字化的校园,如LED显示屏,可以更快捷地让师生了解学校的各种信息和通知,校园网设备让学校的网络更加安全,也使学校的网络资源使用更加合理。

事业留人,待遇留人,安居乐业。北京师范大学鄂尔多斯附属学校是一个工作、学习的优秀平台,平台上还有来自北京师范大学对外合作办学平台的各种优秀资源,吸引着全国各地的优秀毕业生和名优教师选择北京师范大学鄂尔多斯附属学校。原北京师范大学鄂尔多斯附属学校会计焦健说:

> 北京师范大学鄂尔多斯附属学校给每个教师都提供免费教师公寓,吃饭和交通都有补助,按照最新的北京绩效工资方案,结合康巴什新区给予各种优惠政策待遇,老师们的工资待遇要高于当地其他旗区,这吸引着优秀毕业生和名优教师竞相来北京师范大学鄂尔多斯附属学校工作;鄂尔多斯市、康巴什新区又为北京师范大学鄂尔多斯附属学校2007年、2008年入职的教师集体团购由鄂尔多斯市教育局牵头筹资兴建的园丁南区的限价房81套。这样,北京师

范大学鄂尔多斯附属学校的老师们有了归属感、获得感和幸福感，都在康巴什新区安居乐业了。

二、着手跟进素质教育

文化育人，礼仪树章，推进德育工作。文化是一种文明进程的积淀，校园文化是学校文明进程的积淀。北京师范大学鄂尔多斯附属学校秉承北京师范大学的文化基因，不断总结提炼办学过程中积淀在学校文化中的精髓，充分挖掘学校文化内涵，从而构建北京师范大学鄂尔多斯附属学校的学校文化。以文化人，才是学校教育的高阶追求。原北京师范大学鄂尔多斯附属学校政治老师彭飞说：

北京师范大学鄂尔多斯附属学校校训：达德、悟学、崇朴、勉行。

图1-25　北京师范大学鄂尔多斯附属学校校园文化展板
（图片来源：康巴什区实验中学档案室提供）

41

达德:唯德与贤,能够服人;大礼鸿宝,乃德之聚。北京师范大学鄂尔多斯附属学校教师以崇德敬业为本,北京师范大学鄂尔多斯附属学校学子以尚礼好学为荣。悟学贵心悟,守旧无功;勤学励志,创新求实;旧学商量加邃密,新知培养转深沉。崇朴:中华文化,崇尚质朴。返璞以归真,返璞以求实;归朴万事简,归朴千般易;崇朴身心安,崇朴天下定。勉行:行动见真旨,实践出真知。靡不有初,鲜克有终。故学贵有恒,行贵有持。八字校训是北京师范大学鄂尔多斯附属学校立校之基,育人之本,师生追求进步力量之源。实施"以礼治教,知书识礼"的德育工作,将"礼"全面而深刻地落实到学生日常的教育生活中,将礼文化体系具体规划为政治教育、理想教育、养成教育、诚信教育等十个专题,与时俱进、高山仰止、三省吾身、和而不同、少成若性等三十个系列。这是一所有文化的学校,学校的每一面墙壁都在用文化濡染师生;这是一所有礼仪的学校,师生每天最重要的事情就是相互敬礼、问好;这是一所和谐的学校,教师儒雅大气,学生健康活泼,校园书香氤氲。校园文化润泽师生,这就是他理想中的学校模样。细雨湿衣看不见,闲花落地听无声。

坚持"以礼治教"的德育理念,营建文明博雅的校园文化。学校努力把营造和谐的人际关系,温馨的人文环境,奋发向上的精神状态,以及充满激情的工作状态作为附校人奋斗的目标。在教育方面,学校坚持有效德育,并倡导"以礼治教"的德育理念。原北京师范大学鄂尔多斯附属学校大队辅导员鲍冬雪说:

北京师范大学鄂尔多斯附属学校老师们在德育工作中无处不渗透着教师对学生的爱,正如"爱自己的孩子是人,爱别人的孩子是神"。用爱去教育是最深入、最能涤荡人心灵的教育方式。学校教育处每个学期对学生进行系列主题教育,如:养成教育、安全教育、

图1-26　北京师范大学鄂尔多斯附属学校2008年北京奥运会倒计时100天北京奥运研学活动
（图片来源：康巴什区实验中学档案室提供）

生命教育、奥运教育、爱国主义教育、爱校教育、环保教育等，并积极开展"班级文化阵地建设评比"活动，努力创设文明的学习环境、丰富学生的精神生活，为学生养成良好的品德，塑造积极向上的班级文化氛围，促进学生身心健康成长。为了培养学生的自立、自理能力，促进学生养成良好的生活习惯，加强学生自我管理能力，附校又组织成立"学生自我管理委员会"。这些活动的最终目标是形成文明博雅的校园文化，以文化立校，用教师崇高博雅的人格魅力来影响每一个学生。让每一个学生的思想在校园生活中得到升华，让学生道德的生命在校园中自主成长。

社会实践活动、研学活动、全面推进素质教育。原北京师范大学鄂尔多斯附属学校科学教师杨宁回忆说：

5月，北京师范大学鄂尔多斯附属学校会组织所有年级所有师

生的春游活动,让师生用眼睛、耳朵、鼻子等感官去感受春天的气息;北京奥运会倒计时 100 天,组织自愿参加研学活动的师生走进北京感受奥运的氛围,走进清华、北大感受世界一流大学的科学与人文,走进科技馆、博物馆、故宫博物院接受科技与文化的洗礼;组织师生参加鄂尔多斯奥运火炬接力赛,为北京奥运会加油、助力和呐喊;暑期组织师生走进历史古都西安、南京等研学实践,感受厚重的历史,文化的璀璨;秋天,还会组织师生去田野郊游,采集树叶,制作标本,拍下照片,留下岁月的静美;寒暑假里,再来趟国际交流学习,师生感受异国文化、风俗、教育和生活的不同,增进国际理解和国际教育,有了国际视野。行走的学习,让师生亲近了文化、科技、历史、自然、生活、风土人情等,开阔了师生的眼界,增长了见识,提升了素养,深受师生和家长的喜爱。生活在北京师范大学鄂尔多斯附属学校的师生眼界、格局也变大了。

素质教育发展的好典型、好示范。原康巴什区社会事业管理局蔡美玲回忆说:

2008 年 9 月 16 日,鄂尔多斯市教育局局长阿拉腾乌拉、副局长郑军等一行到北京师范大学鄂尔多斯附属学校调研指导工作。检查组一行认真听取了北京师范大学鄂尔多斯附属学校校长刘建国关于学校的办学规模、办学理念、师资队伍建设、生源情况介绍,并仔细察看了校园环境、学生食堂、计算机机房和实验室,检查组看到学校各项工作井然有序,充分肯定了学校建校一年多所取得的成绩。市教育局局长阿拉腾乌拉指出,北京师范大学鄂尔多斯附属学校师资来源好,教师队伍年轻,硬件环境一流,教学设备利用率高,在短短一年中打造出了自己的办学特色,具有办高质量示范校的条件。北京师范大学鄂尔多斯附属学校应尽快制定更加长远的详细的发展规划，努力把学校打造成为本地区各方面的示范学校。

北京师范大学鄂尔多斯附属学校坚持走优质和高效办学之路，以学生的全面发展为本，以教师的终身专业化发展为本，以学生的可持续健康发展为本。建立了"科研统领、育教行一、总务保障、体系监控"的新型办学模式；确立了"高起点、高质量、高标准地创建现代化、国际化、信息化名校，培养基础扎实、能力过硬、品德高尚的信息化、国际化新型人才"的目标；结合实际提出了"育人为本、和谐发展、服务社会、勇于创新"的教育理念；学校坚持以德育为先导，强化信息技术教育和外语教学的办学特色。

健康、和谐、可持续发展。原北京师范大学鄂尔多斯附属学校副校长孟慧回忆：

2009年4月8日，北京师范大学党委常委、副校长樊秀萍对北京师范大学鄂尔多斯附属学校办学方向进行重要指示，并提出"控

图1-27　北京师范大学鄂尔多斯附属学校参加教育部重大课题研究的获奖老师
（图片来源：康巴什区实验中学档案室提供）

图1-28　北京师范大学鄂尔多斯附属学校校长刘建国在浙江金华学术研讨会上分享经验
（图片来源：康巴什区实验中学档案室提供）

制规模、保证质量、平稳发展、循序渐进"十六字方针。北京师范大学鄂尔多斯附属学校明确了学校办学方略：一、突出"一个推进"，即推进学校"健康、和谐、可持续发展"。二、直面"两个挑战"，一是外部形势的挑战，主要教育形势发展迅速。二是内部挑战，即如何传承优秀成果，突破瓶颈，继续深化发展。三、凸显"三条办学理念"。一是以人为本，师生"共赢"的立校理念。二是宽严适度，和而不同的治校理念。三是尊贤重能，质量第一的兴校理念。四、坚持四项治校原则。一是坚持事业、待遇、感情"三留人"的用人原则。二是坚持"理念先行，榜样示范、整体推进"的工作原则。三是坚持"降低成本、提高效益、开源节流、凸显特色"的目标管理原则。四是坚持"开放式、可持续、适度超前发展"的办学原则。五、完善"五个办学机制"。一是进一步完善民主治校的运行机制。二是进一步完善民主治校的保障机制。三是进一步健全以校长负责制为核心的"纵向直接指挥+横向共议协调+主管责任制"的管理模式和管理机制。四是进一步建立客观公正的、可持续发展的多样化可操作性的科学评价制度机制。五是积极探索符合附校特点有利于辐射附校优质教育资源的合作模式，建立健全名校合作机制。在教育教学探索过程中，北京师范大学鄂尔多斯附属学校在教学方面实行"有效教学"模式。以有效教学为核心，以构建学习型组织课堂为载体，以培养学生自主学习、终身发展为目的，鼓励教师采用多种方式、充分调动学生的学习积极性、激发学生对学习的内在动力，养成良好的学习习惯，不断提高学业成绩、综合学习能力。德育工作以"以礼治教"为理念，以养成教育为核心，以文明礼仪教育为重点，以奥运后教育为着力点，以学生自觉行动、自主管理为突破点，扎实、有效地开展教育工作，努力从学生生活中提取、发现教育元素；坚持安全教育观，充分利用学生学习生活中出现的问题进行预防性教育，整体提高学生的道德境界和社会适应能力，努力提高学生综

图1-29　中国教育电视台《七彩星球》主持人青青姐姐(后右四)与北京师范大学鄂尔多斯附属学校校长刘建国(后右三)为"七彩星球鄂尔多斯少儿电视艺术团"揭牌
（图片来源：康巴什区实验中学档案室提供）

合素质。2008年11月1日,中国教育电视台《七彩星球》栏目组来到北京师范大学鄂尔多斯附属学校进行拍摄,主持人青青姐姐与刘建国校长为《七彩星球》栏目在北京师范大学鄂尔多斯附属学校成立"七彩星球鄂尔多斯少儿电视艺术团"进行揭牌。2009年4月,北京师范大学鄂尔多斯附属学校团委荣获"鄂尔多斯市五四红旗团支部"称号。北京师范大学鄂尔多斯附属学校继续深入思考有效教学和有效德育,以求全方位地打造一个具有时代性、基础性相结合的信息化、特色化的学校,在当地基础教育领域发挥重要的示范与辐射作用,孵化了北京师范大学乌兰察布附属学校,从而带动整个地区教育的发展。

根植沃土,创建未来。根据北京师范大学和鄂尔多斯市教育局的指示精神,2009年3月北京师范大学鄂尔多斯附属学校教代会通过了《北京师范大学鄂尔多斯附属学校三年发展规划(2009—2011年)》。《北京师范大学鄂尔多斯附属学校三年发展规划(2009—2011年)》分析了学校的发展背景、现状、机遇和挑战,明确了学校的办学宗旨、办学目标、发展要点等,提出了保障措施等。《北京师范大学鄂尔多斯附属学校三年发展规划(2009—2011年)》明确了学校的方向和阶段目标,促进全体教职工进一步了解学校,增强教职工的忧患意识,切实把学校发展和新区发展紧紧联系在一起,学校内部自下而上,民主参与,广泛讨论,凝聚共识,调动积极性,最大限度地得到了教职工的支持;尊重学校实际,尊重师生员工的意愿,尊重当地社会要求,考虑社会发展的进程,有战略高度,从实际出发,创办优质、特色学校,指导学校工作,并以此凝聚师生员工的目标和智慧,鼓舞师生员工的士气,为学校的发展贡献才智。

三、加强教师队伍建设

独特的办学体制和管理体制,充分发挥校长的办学自主权。北京师范大学鄂尔多斯附属学校校长刘建国说:

北京师范大学鄂尔多斯附属学校实行理事会领导下的校长负责制,校长有较大的办学自主权。学校内部实行校长领导下的主任及各部门主管负责制。学校采取"能进能出"的教师聘用方式,教职工年度考核实行"末位淘汰制",无论年轻教师还是骨干教师都在自己的岗位上兢兢业业,认真钻研业务。经考核不合格的教师学校会考虑将其转岗,转岗后仍不能胜任本职工作的人,学校会与其解除劳动合同。2008年,北京师范大学鄂尔多斯附属学校与一名教师解除聘用合同;2009年,学校与一名教师解除聘用合同。这种"能进能出"的聘用方式使得教师们不再有"铁饭碗"的被动思想,充分调动了每位教职员工的工作积极性,真正实现了人员的动态管理。

图1-30 北京师范大学鄂尔多斯附属学校教师参加北京师范大学平台学术研讨会
(图片来源:康巴什区实验中学档案室提供)

北京师范大学鄂尔多斯附属学校响应鄂尔多斯市人事制度改革的要求,进一步细化岗位设置,完善"以岗定人"的聘用制度。北京师范大学鄂尔多斯附属学校拥有相对独立的财务核算体系,康巴什新区财政局根据学校每个月的用款计划拨付当月各项经费,学校按照年初预算的要求在一定范围内有自主支配经费的权利,康巴什新区审计局每年对学校财务进行年度审计,保证学校各项经费支出合法、合规。这种相对独立的财务核算体系大大提高了学校经费的使用效率。根据北京师范大学与鄂尔多斯市人民政府签订的《合作办学协议》,为强化与完善学校各项管理,全面推行校长负责制,使校长的权利和义务得到有力保障,使校长发挥更大的职能优势,康巴什新区财政局每年额外拨付人员经费的10%作为校长基金,这部分经费主要用于学校基本建设、处理突发事件、学校贫困人员的救助与丧葬抚恤、教师培训、专家来校指导及教师绩效奖励等费用支出。校长基金的设立是北京师范大学鄂尔多斯附属学校体现校长人性化管理的重要举措,有利于激励全体教职员工的工作积极性,充分实现"多劳多得"的分配制度,有利于改善学校的教育教学设施及办学环境。校长具有对校长基金的独立使用支配权,基金的使用支配接受教职工代表大会的监督以及上级部门审计,让权力在制度的笼子里运行,保证学校健康、可持续发展。

管理体制创新,激发发展潜力。北京师范大学鄂尔多斯附属学校实行"理事会领导下的校长负责制,校长领导下的学部主任负责制"逐层管理模式,各学部设党政办、教育处、教学处、科研室、总务处、团委和大队部等机构,以条块结合(并设"学监"沟通)的运作模式进行分块管理,管理过程中从大处着眼,细化管理过程,规范管理行为,切实做到人人参与管理,事事有人管理,形成了"严、细、实"的管理作风,"老中青优势

图1-31　北京师范大学鄂尔多斯附属学校科学人文组组长严桂连在教学沙龙上进行教学分享
（图片来源：康巴什区实验中学档案室提供）

互补、小学中学一盘棋、上下协调一致、干群和谐同心"的管理机制，促管理以达精细化，聚底蕴以求内涵化。年轻教师成长迅速，成熟快，能胜任教学工作，部分年轻教师脱颖而出，如吕爱卿老师教学录像课获得国家级二等奖，郑淑娟老师教学录像课获得国家级三等奖，郝慧老师被评为第三届鄂尔多斯市级教学能手，邓威老师获得鄂尔多斯市级教学基本功大赛一等奖，近30篇教学论文获得国家级、自治区级和市级奖励。原北京师范大学鄂尔多斯附属学校英语教师陈霞说：

很感谢学校的管理机制，每学期教师可以根据自己的定位和意愿填报一次工作意向表，学校会根据老师们的工作意愿和实际能力，会给予适当的调整，把适合的人放在适合的岗位，人尽其才，各显神通。我曾经是小学的英语老师，但工作中的成就感不足，所以就提出了自己的意愿，先上初中，又申请上了高中，我带的学生高考英语成绩143.6分。这样让我既发挥了自己潜质，获得了成长机会

和平台,也很有效能感和成就感。北京师范大学鄂尔多斯附属学校各学部老师根据能力和意愿,是可以在学校各学部间自由流动的,用人政策自由灵活,这既让老师们找准了自己的定位,做到了人尽其才,又激活了学校的办学活力,很多老师从中受益,这些政策也很受老师们的青睐和推崇。

用现代理念和现代技术打造现代高效课堂。教学质量是学校的生命线。北京师范大学鄂尔多斯附属学校副校长孟慧说:

北京师范大学鄂尔多斯附属学校重视教学管理。一是建立了完备的教学质量监控体系。包括"考试—评价—分析—措施—改进"五个环节,对学生学习情况和教师教学情况进行定性和定量分析,环环相扣、步步落实。北京师范大学鄂尔多斯附属学校设立教学总监,零距离指导教学。同时成立校内教学咨询小组和教学专家咨询委员会,定期邀请专家听课指导,全方位把脉教学质量。公平的评价监督体系为教师专业化发展提供了不懈的动力,教育公平在学校激励机制运行中起到不可替代的保障作用。二是实行有效教学,全面推行"211三案引学"模式。在多媒体现代教学技术与学科整合过程中,学校运用探究式教学方法,激发学生主体的学习热情和自主学习意识,以达到课堂教学效益的最大化。"三案引学"是指教学方法上以集"学案、教案、练案"为一体的三案为载体,师生按"三案"互动教与学,使主导主体作用充分发挥,通过"以教师为主导,以学生为主体,以训练为主线",使学生高度参与教学,帮助学生实现对知识的深层次理解。教学效果的评价以形成学生的主体学习地位为目的,充分重视教师在教学过程中的主导地位和对学生激励、组织、引导、评价的角色。三是零距离的教学管理。校级领导和教学干部教学管理迁移至课堂,每学期听课150节,提升课堂领导力。我承担一个班的教学任务,一学期基本听课300多节,及时指导教师。另外还手把手指导年轻教师如何命题、精选习题等。学校零距离的教学管理和指导极大促进了教师的专业化成长,老师们基本一学期就可以胜任教学,一年就在教学上有自己的特色了。

搭台建梯,促进教师专业化成长。原北京师范大学鄂尔多斯附属学校学部主任许彦芳回忆说:

北京师范大学鄂尔多斯附属学校特别重视教师的专业化成长,教师专业化发展是一所学校的核心竞争力,学校多渠道、立体化促进教师的专业化成长。一是严把教师入口关,新教师由北京师范大学平台经专家团队笔试、面试等多个环节的考核,方被录用;还要接受平台一个月的培养方才入校,入校后还要见习成长合格后才可以登台上课,所招聘教师基本是教育部直属六所师范院校、"985"院校毕业的本科生和研究生。二是师德为先,立身为范。北京师范大学鄂尔多斯附属学校教师的基本要求:立德树人、忠诚教育、关爱学生、为人师表、严谨治学。三是以老带新,携手并进。"青蓝工程",给年轻人安排师傅,师傅每周至少听徒弟3节课,徒弟需要每节课都听师傅的课。但我徒弟的课,我也会每节都听,所以我的徒弟成长比较快。课堂是开放的,同头课的老师或者其他年级的同学科的老师等都可以到任何一个老师的课堂里听课。以邻为师,相互学习,共同提高。四是以赛促长,以研促长。每学期都要组织所有教师"三笔一话"、演讲、课堂教学、课件制作、教学随笔、教学反思、教学论文、教学设计、教具制作等比赛,反复强化教师基本功。五是坚持每周教学沙龙,每学期初和末的校本培训。坚持从一线发现好课,每周二以沙龙的形式组织全体教师进行研讨交流;每学期初、末都要通过2—3天的典型示范、先进引路的方式引导全体教师学习先进教学经验,分享同伴教学成果,激发教师成长动力。六是"走出去、请进来",依托北京师范大学的优质教育资源,邀请各学科教学专家轮番来校作专项指导,同时分批次组织教师赴北京师范大学组织的专项培训,与北京师范大学平台兄弟学校结对共建,成立了各学科学习共同体,部分教师已经向专家型、研究型、学者型名师队伍迈进。我和学校许多优秀的教师与东胜区一中、伊旗一中和四中的老师同课异构,给来观摩北京师范大学鄂尔多斯附属学校的领导老师们上公开示范课。北京师范大学鄂尔多斯附属学校一时间成为搅动鄂尔多斯教育的"鲶鱼",各个学校争着来学习观摩和效仿。

初见端倪的教育新秀。2009年6月26日北京师范大学鄂尔多斯附属学校第一届初二学生参加了由市教研室组织的初二生物、地理会考。其中生物均分79分,位居全市第一;地理均分76分,名列前茅。2008年、2009年参加东胜区各年级统考,均取得第一名的好成绩。教师论文、课题、教学比赛在内蒙古自治区、北京师范大学等平台纷纷获奖,许彦芳老师多次给东胜区第一中学、华研中学等学校做公开示范课,孟慧老师多次给伊旗一中、四中等学校做公开示范课,何涛、王雅洁和杨絮等给东胜区十二完小等学校做公开示范课。

第三节 高精定位 创优理念

教育承载着康巴什这座年轻城市美好的梦想。康巴什领导始终把教育发展摆在突出重要的战略地位，给予教育事业特殊的关心和支持。注重优质教育资源和优秀教师团队的引进，与北京师范大学合作创办北京师范大学鄂尔多斯附属学校，面向全国择优招聘教师，执行全鄂尔多斯市最高水平的教师绩效工资，师资力量水平大幅跨越，教育教学质量显著提升；康巴什领导始终坚持建设区域教育中心的发展方向，保持目标的坚定性、政策的连续性、投入的稳定性，在发展最为艰难的时期，优先保障教育供给，优先解决教育事业发展中遇到的大大小小问题和阻碍，全力加速教育事业发展壮大。虽然只有北京师范大学鄂尔多斯附属学校一所十二年一贯制学校，但学校的每一点进步和发展都深深牵动着康巴什领导的心，都凝聚着他们的心血。他们经常亲临学校调研视察，看望师生，指导工作，为学校的蓬勃发展指明方向，注入动力，给予政策、资金、人才、待遇等诸多方面的支持。北京师范大学鄂尔多斯附属学校先进的办学理念、幽雅的教学环境、一流的校园设施、优秀的师资队伍、阳光儒雅的学子、优质的教育教学质量就是对这些为康巴什教育倾注心血的拓荒者最好的馈赠。

用北京师范大学教育品牌拉动发展，开放性思想开启合作办学新模式。一座城市吸引人之处，不仅在于有大手笔、重细节的城市规划建设，而且要有良好的城市配套设施，例如：良好的教育、医疗、交通等公共服务资源。康巴什新区刚刚走过三年，在创建宜居城市环境的同时，亦开始全力打造良好的教育品牌。北京师范大学鄂尔多斯附属学校自成立以来，充分体现了北京师范大学在西部地区的办学理念和鄂尔多斯市委、市政府引进北京师范大学优质教育资源辐射当地基础教育的办学初衷，用开放式的办学赢得了社会各界的赞誉。2009年10月，鄂尔多斯市人民政府又与北京师范大学签订了《高中部办学补充协议》，并从2010年秋季开始招生。鄂尔多斯市人民政府及康巴什新区党工委、管委会在学校办学过程中给予了极大的重视和支持。特别是康巴什新区党工委、管委会对学校建设和发展倾注了大量的心血。在学校三年的跨越发展中，康巴什新区投入巨大，共拨付人员经费1526.6万元，公用经费862.4万元。2008年10月，北京师范大学鄂尔多斯附属学校新建中学校园动工，立项耗资共6462万元，2010年9月投入使用。这也是康巴什新区党工委、管委会重视教育、用北京师范大学品牌教育拉动新区全面发展的重要举措。

一、初始课改　构建体系

北京师范大学鄂尔多斯附属学校坚持实施"教在今天，想到明天"的课程思想，围绕"为今日素质和明日发展奠基"的办学宗旨要求，初步建立具有学校特点的课程方案和支持体系。原北京师范大学鄂尔多斯附属学校校长刘建国说：

> 首先，提升校长和教学干部的课程领导力。其次，培训教师，让教师成为课改的践行者。最后，系统思考，全面构建学校课程体系。
>
> 提升校长和教学干部的课程领导力。北京师范大学鄂尔多斯附属学校利用"走出去"和"请进来"的方式，一是对校级领导进行课程领导力的学习培训和内化，结合学校实际，逐步提出学校的课

图1-32　北京师范大学鄂尔多斯附属学校杜钰老师的五年级数学合作探究课
(图片来源:康巴什区实验中学档案室提供)

程思想、规划和方案。二是对教学干部进行课程领导力的学习培训,让他们对学校的课程思想、规划和方案进行细化和完善。校领导和教学干部参加北京师范大学平台和全国课程领导力的理论层面和操作层面的培训,并亲自去学习观摩北京十一学校、北京史家胡同小学、北京清华附中和北京师范大学附属实验中学等全国顶级先进学校的课程改革和课程建设。眼界决定境界,北京师范大学鄂尔多斯附属学校开始了课程改革和课程建设顶层设计和实践探索。

培训教师,让教师成为课改的践行者。一是校领导、教学干部和邀请专家一场场培训教师,有教学理念的更新,有教学方式的变革,有教学模式的打磨,有教学设计的创新⋯⋯二是老师们在教学实践中处处用心、精心地实践,课堂上惊喜多,收获也多了。三是每周教学沙龙大家的分享,还有一节节的研究课,课程改课的教学比赛课等,老师们的专业能力也得到了前所未有的提升,教学质量也有了大的提高。在康巴什新区社会事业管理局乌兰托娅局长的努力下,北京师范大学鄂尔多斯附属学校以东胜区学校的名义参与市区等各级各类教学赛事,提升教师专业水准。2010年5月,北京师范大学鄂尔多斯附属学校鲍冬雪老师被评为鄂尔多斯市中小学音乐教学能手;张海燕、李莉老师荣获2010年东胜区青年教师基本功大赛一等奖。

　　系统思考,全面构建学校课程体系。北京师范大学鄂尔多斯附属学校坚持以学生发展为本,立足学校实际,满足学校每个学生发展的不同需要,为每个学生提供适合的教育,着眼于学生的素质化、社会化和个性化发展,培养具有深厚科学素养、浓郁人文精神、现代公民意识、强大创新能力以及广阔国际视野的先进人才。按照"重基础、多样化、有特色、有层次、综合性"的课程结构,从当地、学生、教师和学校的实际中寻找课程资源,构建了学科课程、德育课程、社团课程三维交叉课程体系,逐步形成了北京师范大学鄂尔多斯附属学校的课程特色。国家课程、地方课程和校本课程全面展开,学期末评选星级精品校本课程;体育课实现走班教学,形成各自体育技能;德育课程实现系列化、规范化和流程化。三十多个社团,实施走班制,每个学生根据自己的兴趣、爱好来参与,教师就这些进行校本课程的开发和设计,为每个学生的全面及个性发展提供成长的空间和展示的平台,面向学生、家长和社会举办特色成果汇报展示活动。整体的课程特色为基础广博、多层拓展、多元开放、自主选择。

科技创新社团课程,搭建学生科技探索平台,激发创新和创意智慧,组织开展争当科技之星、科技探究等活动。原北京师范大学鄂尔多斯附属学校科技老师王海军说:

　　北京师范大学鄂尔多斯附属学校以科技发明、创新活动、比赛、社会调查和实验等为依托，开展常态化的科技教育。参加各种科技创意发明赛、科学研究论文赛、参加中国科学院课题研究、微电影比赛、科普剧比赛、电脑设计制作比赛、创新未来设计比赛、服装设计比赛、科学实验操作比赛、鸡蛋撞地球比赛、LOGO设计比赛、3D设计打印、通用技术作品比赛和机器人比赛等。大批优秀作品参加中国科协主办的青少年科技创新大赛、中央电教馆的全国中小学生电脑制作大赛、中国科学院的课题研究、中国少年科学院的"小院士"论文答辩、全国科学表演大赛、明天小小科学家、全国NOIP大赛、宋庆龄基金会的发明大赛和全国机器人大赛等重大活动。

综合实践课程异彩纷呈。北京师范大学鄂尔多斯附属学校团委书记赵磊说：

通过开展实践活动，引导学生自我管理、自我教育和自我提升。开展考察体验类活动。组织学生到快乐农场、爱国主义教育基地、

图1-33　北京师范大学鄂尔多斯附属学校二年级李思萱的科技小制作"天下第一钻"
（图片来源：康巴什区实验中学档案室提供）

科普教育基地、博物馆、图书馆、艺术中心、大剧院、会展中心、鸟巢、世博园、北大清华、国外名校等各类国内外教育活动场所进行考察调查与实践体验。根据课程活动要求,指导和组织师生设计、实施社会调查研究的课程和实践体验的项目,培养学生主动探究和体验的兴趣。开展社会服务活动。组织学生参与公益活动、文明宣传、保洁护绿、为孤残老幼送温暖、献爱心等活动,鼓励倡导学生参加符合自身特点的社区服务,传播文明理念,倡导团结互助精神,普及文明风尚、维护生态环境,遵守交通秩序,把学生社会服务与劳动锻炼结合,让学生在社会服务过程中感受经济社会发展,增强社会责任感。

学校有什么样的课程,就有什么样的办学特色,就有什么样的人才培养。以课程建设为中心,充分整合和利用校内外教育资源,为师生创

图1-34 北京师范大学鄂尔多斯附属学校初三学生走进养老院看望孤寡老人
(图片来源:康巴什区实验中学档案室提供)

造良好的教学情境和条件,构建满足学生需要的特色化、个性化和品牌化课程,促进学生全面而健康的发展,促进教师专业化的发展,促进学校可持续发展,每一个北京师范大学鄂尔多斯附属学校教师都争做课程建设的思考者、开拓者和践行者,每一个北京师范大学鄂尔多斯附属学校学生都是参与者、受益者和发展者。

二、培根铸魂　为人师表

强师德,铸师魂,学为人师,行为世范。北京师范大学鄂尔多斯附属学校肖菊说:

> 北京师范大学鄂尔多斯附属学校为贯彻落实《教育部关于进一步加强和改进师德建设的意见》,以"学"铸师魂、以"规"约师德、以情"扬"师德、以评"导"师德的办法,建设一支德才兼备的高素质教师队伍,更好地推动学校教育事业的科学发展。

以"学"铸师魂。北京师范大学鄂尔多斯附属学校始终把加强

图1-35　北京师范大学鄂尔多斯附属学校肖菊老师参加学校"强师德,铸师魂"师德演讲比赛
(图片来源:康巴什区实验中学档案室提供)

教师有关师德理论的学习作为师德建设的基础和前提,制定详细的学习计划,通过师德理论的学习,使教师对师德问题有清晰、明确的认识,树立以身作则、为人师表的思想,利用定期组织的教工政治学习、党员大会等时间,以各种灵活的形式,学习与师德相关方面的材料,采取"一学二议三写"的方法武装教师头脑。一学:学习文件与学习先进相结合。组织教职员工学习《教师法》《教育法》、"五五普法"学习读本等法律法规;学习《公民道德建设实施纲要》《教育部关于进一步加强和改进师德建设的意见》等文件和相关规定;学习义务教育理论,学习典型人物的先进事迹,组织收看电视录像片《忠诚》。学习形式采用自学和集中学习相结合,以自学为主。通过学习,老师们从思想上认识到师德师风建设的重要性,认真、彻底地检查和深刻反省自己的从教行为,深入剖析师德师风问题的根源,确立正确的世界观、人生观、价值观,树立强烈的责任心、进取心、事业心,提高师德水准,爱岗敬业,无私奉献,确立终身学习的理念,做到自我学习、自我修养、自我提高。二议:开门纳谏与整改落实相结合。以开展"新起点、新突破、新跨越"大讨论活动为契机,认真按照科学发展要求,组织全体教师对照北京师范大学鄂尔多斯附属学校可持续发展研讨会议题,深入排查北京师范大学鄂尔多斯附属学校在发展、改革、稳定等方面需要解决的突出问题,以"如何加强师德师风建设"为主题进行解放思想大讨论,共收集到意见建议71条。北京师范大学鄂尔多斯附属学校把大讨论活动与"后示范"、师德师风建设等工作结合起来,增强解放思想的针对性,紧密联系广大师生的思想实际,着力探索促进北京师范大学鄂尔多斯附属学校各项工作科学发展、加快发展的新思路、新途径、新举措,在解放思想中统一思想、凝聚力量,为推动北京师范大学鄂尔多斯附属学校科学发展、加快发展注入强大动力。同时,对大讨论提出来

图1-36　北京师范大学鄂尔多斯附属学校教师"学为人师,行为世范"师德培训大会
（图片来源:康巴什区实验中学档案室提供）

的问题进行全面分析和归类梳理,逐项列出,归纳梳理出影响和制约北京师范大学鄂尔多斯附属学校科学发展的突出问题和制度障碍,群众反映强烈的热点、难点问题,以及党性党风党纪方面存在的突出问题,并将整改落实方案挂到网站的公告栏里,向党员、群众、社会公布。对重要事项作出公开承诺,自觉接受监督。三写:师德师风与党性修养相结合。以开展"创先争优"活动为契机,紧紧围绕"建设学习型政党"总体要求,主动把创建学习型党组织纳入党建工作的重要内容,认真做好党组织学习阵地建设工作,充分发挥党建栏、党员QQ群、网站、社区共建等阵地作用,努力把党组织建设成为党员学习教育的课堂、锤炼思想的熔炉和团结奋进的堡垒。

以"规"约师德。严格的制度管理是实施目标管理的前提,规范教师管理,提高师德水平,离不开制度做保证。北京师范大学鄂尔多斯附属学校从完善管理规章、改革教师评价制度入手,不断规范和优化教师行为,先后建立、完善了《党总支工作制度汇编》《安全管理制度汇编》《行政人员岗位职责》《学生工作制度汇编》《学生社

团管理办法》《教师管理制度汇编》《后勤管理制度汇编》《班级管理制度汇编》等，进一步规范了各项工作的管理，做到用制度管人、管事，提高工作效率，形成行为规范、运行协调、廉洁高效的管理体系，激发了教职员工的工作积极性和创造性，保证了各项工作有章可循，有效地避免了工作中出现缺位、越位、错位和推诿扯皮等现象。制度的完善，使各项工作职责分明，赏罚有据，调控有序，有章可循，对规范教师行为、提高师德修养，确实发挥了有效作用。

以"情"扬师德。北京师范大学鄂尔多斯附属学校在加强教师职业道德建设的同时，也在努力使教师在精神方面和物质方面能得到鼓励和改善。不但做好对教师"传、帮、带"的教育学习工作，还从教师的实际出发，关心教师的工作待遇、福利和生活情况，维护他们的应有权益，为他们排忧解难；组织参加文体活动，促进他们的身心健康，让他们体会到工作带来的愉快和成就感，体会到集体的温暖，这样他们才会安心，才会努力去研究并解决工作上存在的问题，去严格要求自己和不断地提高自己的品行和德行，才会迸发出更多的光和热。

维护教师合法权益。要使教师敬业精业，全身心投入工作，首先必须维护他们的合法权益，让教师获得应有的权利：在涉及部门整体发展和教师切身利益的事情上一律公开，坚持公开、公正、透明的原则。通过党务、政务公开，维护教师对学校党政管理的知情权、监督权；执行上级有关规定，结合教育教学的实际需要，积极组织教师参加各种专业和教学技能培训，支持教师学历进修，保护教师的继续教育权；积极选拔、推荐教师参加"教代会"，保障教师的参政议政权、选举权和表决权。让每位教职工积极参与到学校的建设、管理中来，做学校的"主人翁"。

图1-37 北京师范大学鄂尔多斯附属学校党员老师包班跟进二年级
（图片来源：康巴什区实验中学档案室提供）

　　给予教师人文关怀。对教师实行人文管理，做到严中有情，注重思想感化，以心换心，以情感人。为优化教师心理环境，领导班子与教师开展谈心活动，沟通思想，把师德教育内容有机地融入其中，帮助他们解开思想上的疙瘩，澄清模糊观念，使其认识到加强师德修养的重要性和必要性。党员干部联系青年教师，与他们谈心，帮助他们成长进步，使他们尽快成熟，积极向党组织靠拢。同时，注重为教师心理减负，从工作环境、领导与群众的关系等多方面给教师减轻心理压力，满足教师工作的成就感，使师德教育更有说服力，更有实效性。利用节假日走访困难教职工，到医院、家里慰问生病老师，给生孩子的教师送上一份礼物，教职工婚丧嫁娶，工会都要把爱心和关怀送达，把工作做得暖人心、稳人心，尽量把好事办实、实事办好，让教职工满意。

　　开展"党员群众结对共建"活动。结对教师党员利用他们的学习、工作经历和丰富的经验对年轻教师进行教育、教学、管理、学习

图1-38　北京师范大学鄂尔多斯附属学校组织党员教师到反腐倡廉教育基地学习
（图片来源：康巴什区实验中学档案室提供）

等方面的指导，给予他们生活和学习上的关心与辅导、情感和心理上的关怀与疏导，做到思想上扶"志"，学习上扶"差"。让年轻教师感受到关怀，使年轻教师不仅学会学习、学会生活，更学会做人，让年轻教师切身感受到党的温暖、集体的温暖和同事的温暖。

积极组织教师参加学校组织的各类文体活动，如羽毛球赛、排球赛、文艺表演、校运会等，组织开展春游、秋游活动，让广大教职工既增进了身心健康，又培养了兴趣爱好，提高了自身修养，还感受到了集体活动的快乐和大家庭的温暖。

以"评"导师德。年轻教师有正气，教师有士气，离不开评先导向。典型靠培养，先进靠树立，严格师德建设，正确评价师德行为，是培养典型、树立先进、提高师德水平的有效措施。评比表彰，树立典型。组织全体教职员工推荐、评选"优秀教师（教育工作者）""教学能手""我身边的好老师"及"师德标兵"。评选活动达到评出干

图1-39　北京师范大学鄂尔多斯附属学校党员教师黎伯树示范课
（图片来源：康巴什区实验中学档案室提供）

劲、激发积极性的目的，保证评选过程中的公正、公平，把大家信得过的先进评出来，避免凭印象看人。年轻教师采取自荐、推荐→工作业绩展示→投票→评议→公示→上报的程序进行，注重了过程的规范性。组织教师积极参加北京师范大学鄂尔多斯附属学校"榜样的力量"评选活动，组织党员积极参加北京师范大学鄂尔多斯附属学校教师"共产党员示范岗"申报活动，评出"优秀教师（教育工作者）""教学能手""我身边的好老师""师德标兵""榜样的力量""共产党员示范岗"。及时将活动中的典型事例、先进人物、创新做法、成功经验和实际成果，通过媒体进行宣传，扩大活动的影响力和渗透力，在广大师生中营造开展师德师风建设活动的浓厚氛围，通过各种渠道的宣传，让全体教师充分理解开展活动的意义，从而积极参与到活动中来。

国运兴衰，系于教育；教育成败，系于教师；教师素质，重在师德。只有坚持在管理中讲师德、教育教学中育师德、学生中树师德、社会上扬师德，才能建设一支人民满意的教师队伍。作为康巴什区第一所学校的北京师范大学鄂尔多斯附属学校就是这样去锻造自己的教师队伍的。

三、依法治校　规范管理

制度管理是最公平的管理，也是最民主的管理。北京师范大学鄂尔多斯附属学校奉行"事事有制度、处处有制度、人人有制度"管理目标。管理制度奠定学校现代管理格局，制度之间相互补充，相互联系既保证了各项工作的有效开展，又激发了广大教职员工的工作积极性，从而使学校向轨道明确，人心凝聚的良好态势发展。教代会保证了制度的科学性，本着制度"在实践中完善，在实践中科学"的原则，认真收集各种制度在具体实践中出现的漏洞与不科学的地方，集中起来利用每年一次的教代会进行修订。"制度先行，考核断后"已经成为北京师范大学鄂尔多斯附属学校的基本工作程序。

北京师范大学鄂尔多斯附属学校建立现代学校制度，制定学校章程、学校发展三年规划和制度汇编。原北京师范大学鄂尔多斯附属学校刘建国说：

> 北京师范大学鄂尔多斯附属学校实行理事会领导下的校长负责制，本着"问题要解决在班级、年级，事业要成功在班级、年级"的原则，构建校长负责制下的年级主任包干责任制与教研组长学科备考制相结合的网状组织结构。现代学校制度的内涵是依法办学、自主管理、民主监督、社会参与。北京师范大学鄂尔多斯附属学校积极完善现代学校制度建设，把教师、学生、学生家长参与学校管理作

为突破口,以人为本,集思广益,拓宽民主参与渠道,实现学校内涵发展。

　　完善制度建设,让制度的力量看得见。首先完成了《北京师范大学鄂尔多斯附属学校章程》的编制,紧接着完成了《北京师范大学鄂尔多斯附属学校三年规划》,这两大条例为接下来的各种制度的制定奠定了基础。其次完成了《教师职称评聘办法》《教师师德考核办法》《教师绩效考核办法》《教学质量奖奖励办法》《教学常规考核条例》和"五大龙头"条例的制定。"五大龙头"的条例具体如下:一是《专业技术人员职称评聘方案》,方案促进了校内职称评聘公平公正进行,激励了老师们的工作积极性。二是《教师百分量化考核方案》,让年度考核、评优选先、超工作量绩效发放等有章可循,调动了教师的工作积极性,保证了公正与公平。三是《师德师风考核方案》,全体教师对师德师风要求进一步明确。四是《教学常规考核条例》,规范了教学常规管理,提升了教学质量,加速了教师专业化成

图1-40　北京师范大学鄂尔多斯附属学校教代会全体教师研讨各项制度
(图片来源:康巴什区实验中学档案室提供)

长的速度。

　　民主参与，让教师成为学校的主人。学校是我家，发展靠大家。构建民主管理体制，体现教师的"主人翁"地位，让他们平等参与、共同决策，有话语权、监督权、评价权和选择权，才能变被动为主动，找到自我，发展自我。尊重教师的权利和需求，采纳意见和建议，宽容失误和误解，给他们以更多的信任和期待，才会激发其内在动力，为了共同的愿景和目标而努力。一是参政议政，增强教师民主管理意识。教代会制度，每年召开一次教代会，让教师代表参与学校重大决策的决定，参与对学校领导、处室、部门的评价。定期召开座谈会、茶话会，用好校长邮箱和监督电话，及时反馈基层信息、意见和建议，使师生关心的难点、热点问题得以及时解决。对评优选模、晋职晋级、财务管理等涉及教职工切身利益的事情和学校重大事项，严格执行校务公开，接受师生员工监督。教职工参政议政，增强了民主管理的意识，激发了参政议政的积极性，体现了教职工的"主人翁"地位。二是全员育人，班级每位教师都成了导师。学校构建了"学校监督、年级实施、学生自治"三级全员育人管理网络，落实了"全员育人导师制"和"一岗双责制"，形成了教师人人为导师、学生个个受关爱的良好氛围。在班级教师团队建设中，学校把全员育人工作纳入班级教师团队评价指标，制定了《全员育人班级团队考核评价办法》，从教师值班、班风与学风、全员育人、考试成绩等方面进行过程评价和阶段评价。教育处、年级组每月对各班级团队进行一次过程性评价，公示各团队及成员贡献成绩，教学处与年级组在月考、期中、期末共同进行阶段评价。班级教师团队评价结果由年级组每学期汇总一次，每学期根据班级团队过程与阶段评价成绩总和评选前三分之一班级团队为全员育人优秀班级团队，学校颁发奖牌，通报表彰。三是评优选模，让教师说了算。凡涉及职工切身利益的事情,让职工说了算,调动了教师工作的积极性。北京师范大学鄂尔多斯附属学校出台了《关于评优选模、晋职晋升管理办法》,让教职工平等参与、共同决策,有话语权、监督权、评价权和选择权。基本程序是:首先根据上级下达的指标,按系列(教学、服务)分配到各级部和处室候选人(实际指标的2—3倍)指标。其次,各级部和处室根据候选人指标推荐候选人,推荐条件:(1)符合基本条件;(2)优秀班级团队和创优备课组团队成绩排名优秀。最关键的是第三个环节,年级组(处室)全体教师对候选人进行满意度表决。最后,学校评审工作小组对推荐人选进行资格审查,总支会议研究通过并公示。严格执行程序,没出现一个找领导要荣誉的现象。

自治自理,让学生成为有社会责任感的人。坚持立德树人,加强社会主义核心价值体系教育,完善中华优秀传统文化教育,形成爱学习、爱劳动、爱祖国活动的有效形式和长效机制,增强学生社会责任感、创新精神、实践能力。强化体育课和课外锻炼,促进青少年身心健康、体魄强健。改进美育教学,提高学生审美和人文素养。一是三团建设,确保学生话语权、评价权、参与权。学校成立了学生助教团、评议团、志愿团,让学生能直接与校长对话,能评价学校工作,能参与社会公益活动,确保学生有话语权、评价权、参与权。北京师范大学鄂尔多斯附属的学生助教团有88名学生代表,是从三个级部的所有班级中民主推选产生,通过学生助教团从学生中广泛搜集管理意见,及时修正管理中的偏差,使管理更符合实际,更贴近学生。借助学生评议团,及时对学校餐厅、宿舍等服务给予评价,进一步提升服务水平。通过学生志愿团组织开展各项志愿服务活动,为校园建设、校园环境保护以及大型社会活动等公益事业提供志愿服务,培养学生的公民意识、奉献精神和服务能力。二是活动育人,

提高学生自我管理能力。按照"人格自尊、道德自化、职责自勉、行为自律、矛盾自解、生活自理"的自主管理模式，引导学生主动参与各种富有学校特色的主题教育，在活动组织中充分发挥学生的主观能动性，提高了学生自我管理的能力，不断增强责任意识、公正意识、自律意识和团结合作意识。北京师范大学鄂尔多斯附属学校多年坚持由学生自己组织开展全校性运动会，如2009年的秋季运动会，九个年级参加人数总计1603人，达到学生总数的99%左右。其中学生裁判员达124人，学生运动员达1387人。实行优秀班级竞争组织升国旗仪式，定期开展"读书节""科技节""体育节""艺术节"以及体现学校特色的"金声文化节"等活动，让学生在活动中涵养心灵，启迪智慧，强健体魄，展示风采，陶冶情操。三是学生评教，给老师找足优点。学生评教这种方法，有时不够合理，但是绝不能弃之不用，需要有一个适应的过程。如果教师用爱心对待每一个学生，就一定会赢得学生的信任。在新形势下，北京师范大学鄂尔多斯附属学校既坚持学生"评教"，又不断完善学生"评教"办法，科学利用学生"评教"结果。北京师范大学鄂尔多斯附属学校一改以往给老师分等级、"挑毛病"的做法，通过给教师找优点的办法评价老师。每学期组织两次问卷调查、不定时开座谈会，从教师的教学态度、教学能力、教学组织、师生之间的交流等方面设计了10项评价指标，让学生选出每位教师所具有的优点，按优点多少给教师排序评价。通过评教评选"学生最喜爱的教师"等活动，发现教师的亮点，激发老师工作的积极性，促进了师生关系的和谐。

合作共赢，让家长成为学校教育的同盟军。随着教育的发展，北京师范大学鄂尔多斯附属学校在实际教育工作中不断地思考，办人民满意的教育首先是让家长参与到学校的教育工作中，真正行使自己的知情权、参与权和监督权。学校积极探索家长委员会建设，凝聚家长力量，整合家庭教育资源，让家长成为学校教育的同盟军。一是问计家长，坚持家委会参与学校管理。根据《内蒙古自治区普通中小学家长委员会设置与管理办法》的要求，按时召开家长委员会代表大会，及时增补家长委员会成员，确保组织健全、制度完善。为家长委员会参与学校管理、参政议政创设良好的工作氛围。建立了家长委员会听证制度，参与对重大违纪学生的处理，化解家校矛盾、和谐家校关系。拓宽家长与学校沟通的渠道。设立家长开放日，支持家长走进课堂、餐厅、宿舍，了解学生学习生活情况；随时与学生、教师交流，欢迎家长对学校的教育教学工作提出建设性的意见。二是广取民意，创新家长评议学校工作办法。由学校家长委员会负责，通过班级—年级—学校三级家长委员会，采用座谈会、调查问卷、电话调查等方式，对学校的教育教学等工作进行评议，并将评议结果通过一定的形式反馈给教师本人和学校领导班子，充分发挥评议的成效，发扬长处、整改不足，更好地改进学校和教师的工作。学校组织专人对评价的结果进行分析并对家长的意见和建议分类整理并将改进措施及时反馈给家长。三是追求实效，创新家长会和家访召开形式。改变了以往班主任为主角、任课教师为配角、家长为听众的家长会模式，班级家长会实行会前家长约谈教师的办法召开。由年级组印发"家长约谈任课教师表"，将家长意见和期望汇总整理好后反馈给任课教师，教师充分准备后定时定点定人进行小范围交流。学生家长每次可以根据需要预约1—2位教师进行"一对一"座谈，深入了解学生的学习和思想情况。教师走进家庭真正地了解到了家长的需求，掌握了学生在家庭中的表现，感动了学生，亲密了师生关系，和谐了家校关系，实现了每个家长都能了解自己孩子在校情况的愿望。

依法从严治教，加强规范管理，维护教育良好形象。北京师范

大学鄂尔多斯附属学校办学两年成绩喜人。2009年9月开学,北京师范大学鄂尔多斯附属学校发展到32个教学班,学生1394人,教职工125人。2009年10月,鄂尔多斯市人民政府与北京师范大学正式签署《高中办学补充协议》,从九年制到十二年一贯制,北京师范大学鄂尔多斯附属学校发展的脚步清晰而凝重,文明的传承绵延不息。规范教育收费行为,坚决制止乱收费;深入推进义务教育阶段改制学校清理与规范工作。深化政务公开、校务公开,全面推行教育收费公示制度。推行教育行风评议制度,接受群众和社会监督。促进教育公平,解决好农民工子女就读问题。

落实学校安全责任制和责任追究制。北京师范大学鄂尔多斯附属学校全面加强安全教育,上好"开学安全第一课",普遍开展安全演练。加强寄宿制学校、学校公共卫生和交通安全等方面的管理。大力开展校园植树活动,积极建设绿色校园,努力使各学部绿树成荫、鲜花盛开。深入推进节约型学校建设。积极倡导和培育尊敬师长、关心同学、热爱学校、热心公益的优良校风,形成蓬勃向上、文明和谐的校园文化,使学校成为学生喜欢、家长放心、社会满意的和谐校园。

四、创新激励 实施绩效

教师是学校发展的核心竞争力。原北京师范大学鄂尔多斯附属学校教学总监于士斌说:

北京师范大学鄂尔多斯附属学校采取专家引领、定向培养,课堂比武、全员练兵,课改带动、校本研修,课题研究、科研推动等措施,打造了一支深受学生和社会欢迎、团结向上、爱岗敬业、治学严谨、德艺双馨的教师队伍。

用好政策，严把教师入口"三关"。根据北京师范大学平台和政府签订的协议，北京师范大学鄂尔多斯附属学校具有教师招聘自主权，为了严把教师入口关，北京师范大学鄂尔多斯附属学校确定教师入口"三关"：第一关是学历关，新毕业教师学历必须是教育部直属师范院校、"985"院校和"211"院校。引进教师必须是市级以上教学能手，否则不予考虑；第二关是面试关，面试采用评委团合议制，评委团全部通过方可录用；第三关是能力关，所有新聘用教师试用期为一年，一年中通过学校的各项考核者方可转为北京师范大学鄂尔多斯附属学校正式教师，否则解聘。

激活校内聘用，变被动发展为主动发展。根据学校管理体制的变化，北京师范大学鄂尔多斯附属学校教师实施年级聘用制度。具体操作办法：第一步，确立学部主任负责制度，班主任班级负责制；第二步，学部主任聘任班主任；第三步，班主任聘任学科教师。没有

图1-41　北京师范大学鄂尔多斯附属学校邀请北京师范大学平台专家入校指导青年教师
（图片来源：康巴什区实验中学档案室提供）

被聘任的教师由教学处安排工作，或者待岗学习。

优化职称聘评，消除职业倦怠。改变靠资历评职称的惯例，制定《北京师范大学鄂尔多斯附属学校专业技术人员职称评聘（晋级）方案》，岗位评聘五年一个周期，考核期内积分排名，根据岗位数量，依次推荐。

优化绩效考核，实现优劳优酬。创新激励机制，增加教师绩效。

改变根据职称进行绩效考核的办法，制定《北京师范大学鄂尔多斯附属学校绩效考核方案》，落实以岗定酬、以绩定酬、以劳定酬的目标。

助力教师发展就是助力学校发展。重视教学检查和教研活动，循环推进，保证了教师发展的系统性。教学常规月检制度，教学处每月组织教研组长对教师常规教学的备、讲、批、辅、考等环节的落实进行一次检查，检查结果全校公示。月检制度起到了既鼓励先进，又鞭策后进的作用，有效地保证了教学常规活动的高效性。教

图1-42 北京师范大学鄂尔多斯附属学校邀请北京师范大学平台语文、数学、英语专家入校指导
（图片来源：康巴什区实验中学档案室提供）

研活动以"立足课堂,着眼素养,活动强化,常态推进"为策略形成了"九大教研活动"。(一)集体备课,分年级、分科目,由备课组长组织,每周集备一个半天,全面研讨下周的教学内容,准备下周的各种材料。(二)教育教学沙龙,每周周二下午,或分年段进行,或全校统一进行。分别进行理论培训、经验交流、示范课观摩等教学活动。(三)教学大赛,以"励耘杯"冠名,每学期举行一次,内容涉及教学基本功的方方面面,全员参与,进行评比奖励。(四)教师生涯规划,教师写作生涯规划书,在规划上明确自己的优势和劣势,从而明确自己的奋斗方向。(五)"十个一"工程,根据教师专业化成长要求,规划出教师自我发展的"十个一"工程。每个学期末根据教师"十个一"的完成情况进行量化考核。(六)教师阶梯式培养,全面考评北京师范大学鄂尔多斯附属学校教师素养,对北京师范大学鄂尔多斯附属学校教师进行层级划分,共分为入职教师、称职教师、教坛新秀、骨干教师、校内名师。根据所在层级分配教学任务,确定发展策略,推荐评优选先等。(七)名师工作室,学校制定了在校内名师中选择首席名师,由首席名师组建名师工作室,名师工作室自主选择成员,通过名师工作室引领学校的学科建设。(八)师徒结对,学校在指定师徒关系的同时鼓励校内名师和骨干教师带徒,对师傅予以相应的待遇,进而对师徒实施捆绑式的考核。"九大教研活动"既保证教师业务素养的提升,又保证了学校教学质量的提升,同时还解决了康巴什新区没有教研员的短板。

优先教育发展,加大教育投资力度。2010年5月26日,康巴什新区党工委书记石艳杰,副书记、管委会副主任高志华,丁挨玺,社会事业管理局局长乌兰托娅,建设局局长张琳,党政办公室主任白广华等领导视察指导北京师范大学鄂尔多斯附属学校,加大政策和资金支持北京师范大学鄂尔多斯附属学校发展。优先发展,意味着

图1-43　北京师范大学专家顾明远(中)、时任常务副校长董奇(右二)等
到北京师范大学鄂尔多斯附属学校指导
（图片来源：康巴什区实验中学档案室提供）

在任何时候任何情况下，都要优先考虑、优先谋划、优先保障。康巴什新区在教育方面投入了大量的精力、人力和物力，收到了显著的成效，康巴什新区教育集聚人气的效应已经凸显。康巴什新区把教育摆在更加突出的位置，综合运用法规、政策、公共财政等手段，大力支持和引导教育优先发展，切实做到了经济社会发展规划优先安排教育事业、财政资金优先保障教育投入、公共资源优先满足教育需要，使教育事业发展得更好、更有成效。

厚植根基，稳步发展，实现新跨越。2010年北京师范大学鄂尔多斯附属学校首届中考取得全市八个第一的好成绩。鄂尔多斯市人民政府与北京师范大学签订补充协议，创办北京师范大学鄂尔多斯附属学校高中部，并于2010年秋季开学开始招生，招收4个班，180人，中学部校区启用，举行揭牌仪式。北京师范大学鄂尔多斯附属学校向全国招录副校长、教师，共录用122人。北京师范大学鄂尔多斯附属学校孵化了北京师范大学乌海附属学校、北京师范大学包头附属学校，同时辐射引领这些学校的发展。

2010年秋季鄂尔多斯市第一中学从东胜区迁至康巴什新区,校园占地面积540亩,建筑面积4.2万平方米,教育教学设施处于全国一流水平,并迎来新发展,5名学生考取清华大学或北京大学。内蒙古大学鄂尔多斯学院实现二本偏上的优秀生源的招生目标。鄂尔多斯职业技术学院新校区投入使用,院系不断完善,招生人数逐年增加。

康巴什新区党工委、管委会的教师激励政策激发了广大教师的工作激情,增强了教师对康巴什新区和北京师范大学鄂尔多斯附属学校的认同感与归属感。一种教育的愿望从最初闪现到永驻心田;一种教育的追求从教案设计到教育实践;一种教育的理念从星星点点到渐成体系,康巴什教育人把最火热的青春、最旺盛的精力、最澎湃的生命都奉献给最热爱的教育事业。这样的千锤百炼,老师们的教学风格锻造成熟;这样的千思万想,学校的教育思想酝酿形成;这样的千方百计,康巴什新区党工委、管委会带领康巴什首批教育人步入了教育发展的新阶段。

第四节　教育立城　教育兴城

　　2010年,鄂尔多斯市教育事业提出了"立足学有优教,坚持教育事业均衡发展"的目标。全市开始实行十二年基本免费教育,免除高中阶段鄂尔多斯籍学生学费和教科书费,使高中阶段在校学生顺利完成学业。三年内以旗区为单位实现基础教育优质均衡发展,五年内实现全市范围内的基础教育优质均衡发展。今后,鄂尔多斯市将以夯实基础、优化布局、提升内涵为重点,进一步提高教育现代化水平,增强教育为经济社会跨越式发展服务的能力,推动教育事业实现更高层次的发展,

图1-44　时任鄂尔多斯市市长廉素(中)到北京师范大学鄂尔多斯附属学校调研
（图片来源:康巴什区实验中学档案室提供）

到2012年基本建成中西部地区教育强市、到2015年全面实现教育强市的发展目标，使鄂尔多斯市教育改革发展水平进入内蒙古自治区前列。

教育强则地区强，教育兴则地区兴。康巴什新区党工委书记石艳杰强调，现代化城市必须匹配现代化教育。城市的兴起是人类文化演变史上的革命，城市文明与城市经济深刻地导致了文化的变迁，把社会推向全新的生活尺度和模式。康巴什新区党工委、管委会立足城市长远发展的角度，始终把教育当作产业来培育构筑，坚持办"大教育"，致力于"算大账"，教育成为促进人气聚集、助推经济发展的有力引擎；始终把教育当作改善民生"六大任务"之首，给予教育事业特殊的关心和支持，教育作为城市经济发展关键因素，不仅为城市发展提供必要的人才和知识准备，而且教育产业本身的发展，也将会有效地促进城市经济的发展。因此，康巴什新区党工委、管委会把教育置于新区发展的大局去考量和权衡，不仅把教育当成人口素质提高的方式及各种人才培养的摇篮，同时也应充分发挥教育的其他功效，等同于社会其他产业一样，

图1-45　2010年7月西部基础教育论坛在鄂尔多斯国际会展中心召开
（图片来源：康巴什区实验中学档案室提供）

加以有效的引导和发展,使教育不至于隔绝于社会大产业链之外。

石艳杰指出,学生本身就是一种稳定的长期旅游者,而且还会吸引一部分家长和亲友落户康巴什新区。初步统计,康巴什新区因教育聚集的人口近半数,有力推动了城市的交通、房地产、旅游、餐饮、文化等事业的发展,进而为城市就业人员创造大量的就业机会,促进城市第三产业的发展壮大。教育与城市发展同步、与经济发展同步,相辅相成、相得益彰。

一、教育与新区共成长

西部基础教育论坛,辐射引领教育发展。思路决定出路,方向决定未来,办优质教育首先要有先进理念的支撑。教育是人一生中最重要的内容,而教育价值观又是教育的生命和灵魂。改革开放30年来,我国基础教育取得了巨大成就,西部基础教育事业也取得了长足的进步。为进一步促进西部基础教育的发展,在《国家中长期教育改革与发展规划纲要》颁布实施的新机遇下,北京师范大学与内蒙古自治区鄂尔多斯市人民政府共同举办首届"西部基础教育论坛"。论坛以"均衡发展与质量提升"为主题,旨在充分发挥北京师范大学在基础教育领域的资源优势,为提升西部基础教育水平服务;同时搭建平台,广邀基础教育领域的研究和实践专家就《国家中长期教育改革与发展规划纲要》在西部的贯彻、落实进行探讨。2010年7月21日至23日,北京师范大学鄂尔多斯附属学校协办,由康巴什新区管委会、鄂尔多斯市教育局与北京师范大学对外合作办学部联合主办的"首届西部基础教育论坛暨北京师范大学附属学校校长办学思想研讨会"在鄂尔多斯市康巴什新区举行。中国教育学会会长顾明远教授,教育部基础教育检测中心副主任胡平平、北京师范大学党委常委、副校长董奇,市人大常委会副主任苗秀花,

图1-46　2010年7月北京师范大学鄂尔多斯附属学校（高中部）揭牌
（图片来源：鄂尔多斯市第一中学东校区档案室提供）

市政协副主席安源等出席论坛并发言，参观和指导了北京师范大学鄂尔多斯附属学校的工作。

开启康巴什新区高中教育的新篇章。2010年7月23日北京师范大学鄂尔多斯附属学校高中部正式揭牌，中国教育学会会长顾明远教授，教育部基础教育检测中心副主任胡平平、康巴什新区管委会副主任丁挨玺、鄂尔多斯市教育局副局长刘海军以及北京师范大学合作办学附属学校校长应邀出席揭牌仪式。

风雨兼程育桃李，薪火相传创佳绩。新业绩拉动新发展，2010年9月开学，北京师范大学鄂尔多斯附属学校发展到60个教学班，学生2525人，教职工214人。2010年10月，北京师范大学鄂尔多斯附属学校成立党总支，下设小学党支部、初中党支部和高中党支部。2011年1月，初一年级参加东胜区期末统一测试，取得总分、语文、数学、英语、历史、地理、生物、政治"八个第一"的好成绩。北京师范大学鄂尔多斯附属学校十二年一贯制发展,三个校区(小学一部校区、小学二部校区、中学校区),四个学部(小学一部、小学二部、初中部和高中部),康巴什新区完成了基础教育阶段的完整布局。能力当家,业绩说话,2011年中考,北京师范大学鄂尔多斯附属学校初中部位列全市第二,六个学科获全市第一;2011年7月,北京师范大学鄂尔多斯附属学校高中部首次参加"2020—2021学年全市普通高中高一年级教学质量检测",取得总均分全市第二,政治、历史均分全市第一的好成绩。

推动教育与新区共成长。石艳杰给予北京师范大学鄂尔多斯附属学校的厚望是"领学风之先,重德才之范,推动教育与新区共成长"。

石艳杰在新区庆祝第26个教师节暨表彰奖励大会上作重要讲话:

我代表新区党工委、管委会向不辞劳苦、辛勤耕耘在教育战线上的广大教师致以节日的问候,向受表彰的先进集体和优秀个人表示热烈的祝贺,向所有关心支持新区教育事业发展的社会各界表示

图1-47　康巴什新区在北京师范大学鄂尔多斯附属学校庆祝第26个教师节
(图片来源:康巴什区实验中学档案室提供)

衷心的感谢！

强国必先强教，新区党工委、管委会始终把教育摆在优先发展的战略地位，累计投入20亿元用于建设学校、完善教育的功能设施，构建起从学前教育至高等教育完善的教育体系，呈现出良好的发展态势。

教育是基础性、先导性产业，是功在当代、利在千秋的事业。建设现代化中心城市核心区，就必须夯实教育这个基础，抓住教育这个先导，打造一支高素质的教师队伍。她向广大教师提出四点希望和要求：第一，要以身立教，为人师表，做崇高师德的力行者；第二，要教书育人，传道授业，做优秀的"人类灵魂的工程师"；第三，要更新观念，开拓创新，做实施素质教育的优秀园丁；第四，要不断学习，与时俱进，做终身的示范者。

新区的发展希望在人才，关键在教育。一定要真正把教育摆在优先发展的战略地位，办人民满意的教育，办发展需要的教育，为建设现代化中心城市核心区提供强有力的智力支持和人才保证。

二、教育优先　领跑发展

时任康巴什新区管委会主任高志华指出：

一座城市，没有产业可以引进，没有资源可以购买，但优质教育所形成的"磁场"，对于一座城市的影响和提升是不可替代的，是引进不来，也是购买不来的。这个支撑作用在康巴什新区表现得尤为明显，教育在聚集人气和促进城市品质形成方面，基础性作用将越来越突出。从建城之初，康巴什新区坚定不移地把教育事业作为最大的民生工程，摆在整个经济社会发展体系中的优先发展战略地位,坚持发展规划上优先安排教育,组织领导上优先考虑教育,管理体制上优先强化教育,财政预算上优先保障教育。通过鄂尔多斯市人民政府与北京师范大学合作办学的成功实践,帮助新区教育实现高起点、高标准起步,不仅取得良好成效,还为康巴什新区基础教育打下了扎实的基础。康巴什新区要始终坚持教育优先发展战略。这些年来,康巴什新区在教育方面投入了极大的精力、人力、财力、物力,教育事业取得了长足的发展和可喜的成绩。要坚持把教育摆在更加突出的位置,即使面对困难增多的整体经济大环境,在财政吃紧的情况下,新区党工委、管委会依然将坚定信心和决心,在财政支出方面优先保障教育投入,在公共资源配置方面优先满足教育需求,全力支持和促进教育持续发展。强调"抓教育就是抓经济,抓经济必须抓教育"的发展理念,切实增强全局观念、长远观念和协作意识,采取扎实有效的措施,多方创造条件,帮助广大教师消除后顾之忧,提升教师的归属感和幸福感,吸引更多的优秀人才从事教育工

图1-48　2010年秋季开学新成立的北京师范大学鄂尔多斯附属学校高中部教师合影
（图片来源:鄂尔多斯市第一中学东校区档案室提供）

作、喜欢教育工作,而且乐于为新区的教育出力添彩,不断壮大教育工作队伍。

时任康巴什新区管委会主任高志华为北京师范大学鄂尔多斯附属学校题词"康巴什教育的领跑者"。

体制创新,人文浸润。原北京师范大学鄂尔多斯附属学校校长刘建国说:

　　在学校的管理过程中,学校秉承"桃李不言,下自成蹊"的人生信条,逐步形成"崇礼治教,达德树人"的办学思路,不断践行"做一个努力并用心做学术的教育界人"。学校对于一个学生的影响不是知识、不是分数,而是在校园生活中逐渐形成的人生态度、价值取向、思想品德和行为习惯。如何让北京师范大学鄂尔多斯附属学校的学生带着优秀的品质走出校园,带着学校优秀文化的气息走出校园,那么,北京师范大学鄂尔多斯附属学校的核心文化就要像阳光、雨露一样照耀、洒落每个学生的心田,深入每个学生的骨髓,变成学生的自觉行动。北京师范大学鄂尔多斯附属学校有很好的办学理念,但是如何将理念落实到每一个学生的身上、落实到每一个教师的身上,有这么几个方面可以有所改变:一是校长对于核心文化的解读和坚守,校长是核心理念的倡导者和传承者,校长对于理念的解读和践行就是校长领导力的核心素养;二是课堂落实学校的核心文化,课堂是教育的主阵地,课堂应该培养学生有生命的学科素养,让学校文化浸染到课堂的人文气息里、浸润到学生的生命气息里,所以每所学校都应该有符合学校核心文化的课堂教学文化,让课堂不再是简单的知识传授、不再是没有生命温度的教育;三是教师彰显学校文化,一所优秀的学校,一定是充满着人文气息,充满着生命的激情和干事创业的热情。教育就是一个生命对另一个生命的影

响,教育一定要关注到心灵的丰富,一个心灵丰富的教育者才会有心灵作用下的美好行动。教育是一个慈善的事业,只有教师善良了、教师美好了,才能把真善美的种子播撒到学生的心田,只有教师对学校的文化理解了,才能把学校的核心理念浸润到学生的生命里。所以要想让教师带着激情热情去工作,要想让教师不厌教,学生不厌学,应该解决三个问题:首先是要让教师认可学校核心价值观,培养教师的正气;其次是要让教师心灵丰富,心态阳光,让教师正心;最后是要解决教师的专业发展问题,让教师正能。当一个教师心态阳光,心灵丰富的时候,他自然就会热爱学校、热爱生活、热爱学生。北京师范大学鄂尔多斯附属学校虽然刚刚起步,却坚守核心理念不动摇,在现代学校制度体系的建设中,将文化贯穿教育的每个环节,北京师范大学鄂尔多斯附属学校越来越有文化的味道。经过三年的时间,北京师范大学鄂尔多斯附属学校的课堂焕发生命的活力;经过三年的努力,北京师范大学鄂尔多斯附属学校的课堂是老师带着学生走向知识的殿堂,学生在课堂上学会思考、学会表达、学会合作、学会质疑,最终学会学习,成为综合能力强、综合素质高的人;经过三年的努力,北京师范大学鄂尔多斯附属学校学生作业负担相对较轻,有一定的自我成长空间;通过三年的努力,北京师范大学鄂尔多斯附属学校的教师对教材有比较全面的把握,在实践中成长、在研修中提升、在不断地提升中培养一批名师。

内涵发展,构建"知行课堂"双循环体系,提升课堂教学效率。原北京师范大学鄂尔多斯附属学校副校长孟慧说:

北京师范大学鄂尔多斯附属学校课堂教学改革在继承"211三案""1355工程"的基础上,逐渐形成了现在的"知行课堂"。"知行课堂"体系由两大系统构成,内循环系统和外循环系统。内循环系统简要地概括为"知行课堂六大要素":一个核心、两个抓手、三项技术、四个课堂、五项原则、六个感悟。重视过程管理,稳扎稳打,强化了教学过程的扎实性。(一)学科集备会,每个学科每周举行一次集体备课会,对下周的教学内容进行集体备课。为此我们制定了《北京师范大学鄂尔多斯附属学校集体备课制度》。(二)考试分析会,每月月考后,由各年级组主管校长组织本年级组全体教师进行月考成绩分析会。(三)班教会,每两周举行一次班级教导会,由各班主任组织本班级任课教师召开一次。邀请本年级组主管领导、教学处、教育处相关领导参加。(四)教研组长沟通会,每月由教学处组织各学科教研组长进行一次教研组长沟通会,对各学科的学科建设情况、教学开展情况进行沟通汇报。学校与教学有关的领导出席会议。(五)教学干部联席会,根据教学实际情况,由教学校长主持每周召开一次教学干部联席会议。解决日常教学过程出现的一些问题。"五大教学会议"保证了校长的"问题解决在班级、年级,事业成功在班级、年级"的教学管理理念的落实,也实现教学管理的高效性。

滋兰树蕙,坚持"知行德育"。原北京师范大学鄂尔多斯附属学校初中部教育主管张芝介绍:

北京师范大学鄂尔多斯附属学校以"让学生喜欢教师,让学生喜欢学校,让学生喜欢学习,让学生拥有梦想,让学生获得能量,让学生把握生命"为学校的战略目标,以培养"知行合一"全面发展的卓越公民作为学校"知行德育"的总目标。"知行德育"做好"三个坚持":坚持德育文化观,坚持德育生活化,坚持德育课程化。"知行德育"具体从习养、情感、健康、认知、礼仪、交往、励志"七个维度"开展活动,从"三个层次"具体实施"知行德育":一是实施常规德育,常规德育跟着教学走,确保习养主线贯穿,秩序井然,解决一个底线问题;二是实施主题德育,主题德育跟着时代走,确保思想正能量,行动正方向,确保办学理念落地扎根,解决一个与时俱进问题;三是实施特色德育,特色德育跟着自己走,确保德育符合学生成长的需要,确保德育创新化、个性化,解决一个品牌化、走出去的问题。从知行德育的"七个维度"出发,把理想信念教育、社会主义核心价值观教育、中华优秀传统文化教育、生命健康教育、生态文明教育五项内容纳入校本课程体系,并按照以下的分阶段德育目标,制定了《知行德育课程体系》和《知行德育校本课程实施方案》。在"知行德育课程体系"指导下,积极开发、实施习养教育、生命教育、中华优秀传统文化等德育课程,并结合学校和学生实际积极开展相应的主题教育和实践活动,初步完成了习养教育、生命教育、礼文化、中华优秀传统文化、汉字听写、研学旅行实践等一批校本德育课程和班本德育课程。积极探索学生习养教育、日常管理和学校、班级精细化管理,重视学生的行为习惯养成教育,积极培育"知行文化"。高中部在"全员育人积分管理"的基础上开展了"争创七星"的评选活动。家校共育,建设开放式德育格局:(1)积极倡导家访活动,家访的作用不是现代沟通工具所能代替的,因此我校要求班主任老师利用节假日对学生进行家访。要求每学期必须对班级三分之一的学生进行家访。(2)构建现代家校沟通网络现代化沟通工具的及时性,是传统沟通方式所不及的。学校积极倡导班主任根据工作的需要创建不同形式的现代化沟通方式,确保家校24小时的无缝衔接。(3)创新家长会模式,开办家长学校改变过去简单通报学生在校情况的家长会为集通报与培训为一体的家长学校。开办"附校知行家长学堂",对家长开展有计划、成系列的家长学校讲座,讲座学习从线上到线下分校级、年级、班级不同层次,有集中讲座、有自由学习;在班级、年级和学校不同层面开展家风家训的展讲,影响、教育家长重视家庭对学生的身教言传，形成良好的家庭育人氛围；通过开好家长会，家委会会议等，凝聚家校合力，使家校工作协同发展，助力学校发展。开展研学旅行活动，丰富了德育教育的内涵。国内、国际的研学活动，到2011年7月为止，已经举行了18次，北京师范大学鄂尔多斯附属学校师生走进不同地区、不同学校感受不一样的教育、风土人情与文化。制定《班主任培养三年规划》和年度分层培养计划，通过优秀班主任经验分享，校区两级班主任主题研修、班主任培训、班主任技能大赛、班主任述职等活动的开展，助力班主任队伍的建设。制定《班主任百分考核条例》对班主任日常工作进行量化考核评比，根据评比结果发放班主任津贴，根据量化考核结果进行评优选先。系列的教育管理制度，不仅改变了学生的精神面貌，也改变了学风校风，同时也培养了班主任队伍。

"金杯银杯不如老百姓的口碑。"家长的认可就是对学校教育最大的褒奖。北京师范大学鄂尔多斯附属学校首届初三毕业生彭世豪同学的家长在发言中深情地说：

> 说实话，两年前我们把孩子送到这里读书，也是经过多方考察，反复权衡才下定决心的。两年来，校领导和老师强烈的责任心，给我们带来了安心。看着孩子在学校里快乐地生活，健康地成长，养成了很好的学习习惯，得到了很好的培养。作为家长，我很庆幸当初为孩子选择了北京师范大学鄂尔多斯附属学校。

选择北京师范大学鄂尔多斯附属学校，助力孩子全面发展。鄂尔多斯市第一中学伊金霍洛校区校长陈峥说：

> 儿子要上初中了，我和爱人多方面考察和调研，决定把孩子送到北京师范大学鄂尔多斯附属学校。不仅因为它有骄人的中考成

绩,更因为它的育人理念——为每个孩子提供适合的教育,为每个孩子提供需要的教育。我的孩子初中三年得到了最好的锻炼,最全面的发展,学校的理念先进,教师优秀。

多元发展,特色彰显。北京师范大学鄂尔多斯附属学校重视课程建设,多元发展,彰显了办学特色。原北京师范大学鄂尔多斯附属学校教育处主管牛瑞峰介绍了北京师范大学鄂尔多斯附属学校多元特色课程。

一是实施校本课程,校本课程强调趣味性和开放性,以满足不同学生的需要为目标,让学生有更多选择的机会发展自己的兴趣和特长,学生的积极性和创造性得到了充分的发挥,个性化教育的目的逐步实现;促进了教师专业能力的不断发展,教师能够根据自己对学校和学生的了解,开发出符合本校特色和适合学生个性发展的课程,使自己的能力和价值得到最大的发挥;从本地、学生、教师和学校的实际中寻找课程资源,构建了国家课程、内蒙古自治区课程、校本课程、兴趣小组课程四维交叉课程体系,逐步形成了学校的办学特色。

二是丰富的社团活动,张扬学生的个性。创新学生社团的活动形式和品位,增加社团活动参与面,建设社团活动场所,增强社团指导力量,六十多个社团,实施走班制,每个学生根据自己的兴趣、爱好来参与,教师就这些进行校本课程的开发和设计,为每个学生的全面及个性发展提供成长的空间和展示的平台,面向社会、家庭举办特色成果汇报展示活动,为每个学生的个性化发展提供选择机会,培养适合这个时代的具有创新和实践能力,拥有艺术和体育素质的新型人才推进了办学的多元化。丰富课程体系,充分整合和利用校内外教育资源,为师生创造良好的教学情境和条件,构建满足学生需要的特色化、个性化和品牌化课程，促进学生全面而健康的发展，促进教师专业化的发展，促进学校可持续发展，打造优质特色学校。

三是充分挖掘艺术教育的潜力，拓展艺术教育的空间和方向。深入贯彻《全国学校艺术教育实施纲要》，注重内涵发展，确立"以艺辅德，以艺益智，以艺健身，以艺促劳"的艺术教育目标，确保艺术教育的规划和落实，使艺术教育走上规范化、精致化的轨道。不断丰富艺术教育内涵，拓宽艺术教育途径，逐步形成了具有显著特色的艺术教育课程体系，组建一批艺术特色兴趣社团，使学生在艺术的海洋里畅游，在艺术的乐园中成长，使他们在学习艺术的同时享受快乐，体验成功。努力打造了一支高素质的艺术教师队伍，培养了优秀的艺术特长生。不断提高全体学生的艺术素养和综合素质，普及高雅艺术，关注学生主动发展，营造健康向上的校园文化氛围。培育学生的艺术气质、艺术素养，提高学生综合能力。

四是彰显科技教育特色，全面提升学生的科学素养和创新精神。为了更好地实现"发现和培养拔尖型科技人才，为国家培养、输送高素质的科技人才"的培养目标。不断加强科技教育理论内涵的探讨，完善学校科技教育的内容构成。通过科技教育有效地促进素质教育的全面推进，培养学生创新精神和实践能力。科技教育以科技社团课、通用技术课、研究性学习课为组织形式，以科技发明、创新活动和比赛等为依托，开展常态化的科技教育。如：各种科技创意发明赛、科学研究论文赛、参加中国科学院课题研究、微电影比赛、科普剧比赛、电脑设计制作比赛、创新未来设计比赛、服装设计比赛、科学实验操作比赛、鸡蛋撞地球比赛、LOGO设计比赛、通用技术作品比赛等。参加了中科院地理所的课题——"城市居民生活用水能耗测试研究"。学校将继续开展更多更好的科技活动，给学生

提供发挥创新思维的平台。

五是综合劳动实践课"快乐农场",收获体验和知识。综合实践基地占地14000平方米,平均分给各班级,负责管理,剩余的分给老师,由工会负责管理。师生们利用课余时间在师傅的辅导下翻地、起垄、施肥、播种、浇水、除草、搭架等。学校后勤和教育处进行统一筹划,总体安排,在浇灌等大型设施建设上提供帮助。"快乐农场"综合实践基地整体呈长方形梯田状分布,错落有致,埂界分明,地广稼密。基地的北端及中部有红砖铺就的两条大路,直通到该缓坡的顶端。该基地主要以种植蔬菜和粮食为主,如土豆、韭菜、芹菜、香菜、西红柿、丝瓜、黄瓜、茄子、辣椒、葱、白菜、萝卜、蚕豆、花生、玉米、荞麦和沙盖等,还种了鲜花。绿植相对高密度的覆盖减轻了雨水对该缓坡泥沙的冲刷,有效地防止了水土流失,也让校园绿意葱茏,生机盎然。种植的过程中,学校把综合实践教育与之相融合,使之成为我校素质教育的有机组成部分。同时,它集劳动、趣味、技术于一身,兼备了培养动手能力与培养品行等多项教育功能,是对学生进行素质教育的一种有效手段。

三、教显育盛　泽被一方

不觉栉风沐雨,只知负重上行。原北京师范大学对外合作办学平台教学总监樊海杰评价:

新生的北京师范大学鄂尔多斯附属学校,在艰苦中奋斗,在发展中图强,温暖的亲和力、强大的凝聚力、高尚的人格魅力升华为璀璨的北京师范大学鄂尔多斯附属学校精神;作为新生的北京师范大学鄂尔多斯附属学校,在教学上卓越、在教育上高效、在科研上实在,出色完成"三年将学校办成鄂尔多斯地区优质学校"的办学目标。

一所优质学校就是一个优质品牌,而品牌也是资源。北京师范大学鄂尔多斯附属学校经过三年的跨越式发展,在当地赢得了良好的口碑。原北京师范大学鄂尔多斯附属学校小学部学部主任张丽红回忆,北京师范大学鄂尔多斯附属学校的学生不仅学业成绩优良,而且全面发展,学校的啦啦操在全国比赛中荣获一等奖,足球在北京师范大学平台多次获冠军,学校被授予足球特色学校、英语特色学校、科技教育示范校。正如原北京师范大学常务副校长董奇所说:"只有成绩并不是北京师范大学,北京师范大学让孩子全面发展、个性化发展。"

一所学校的发展,需要有先进的思想来作指导,只有高瞻远瞩,以先进的理念指导我们的行动,才能在创业的过程中,飞速发展,立于不败之地。办扎根的教育,办人民满意的教育,北京师范大学鄂尔多斯附属学校的名校效应,受到了《当代校园》杂志社的关注,采访了北京师范大学鄂尔多斯附属学校校长刘建国,并将采访内容刊登在《当代校园》"名校方阵"栏目中,如下:

北京师范大学鄂尔多斯附属学校是一所建校仅四年的新学校,从第一年仅招100多名学生到如今的2000多名学生,发展迅速,办学成效显著,社会影响力日益彰显。正在成长为当地万千学子仰慕的学习殿堂,承载着莘莘学子的理想与梦想。

今天的附校,朝气蓬勃,昂然向上,让我们看到了一种成熟与自信。通过这篇专访,让我们走进学校,寻找附校跨越式发展的背后的深层原因,感受这位与理想同行的校长如何捧着一片真情办教育的艰辛历程。

教育，让每个人成为最好的自己

杜永生：在一篇文章里，你提出要做"会呼吸"的教育，这种说法很生动，也很新颖，它表明你的一种教育观。具体而言，这是一种什么样的教育观？在办学过程中，你是如何贯彻和实施这种教育理念的？

刘建国：我赞同这样一句话，"教育就是帮助每位学生发现最好的自己"。学生就像一粒种子，蕴藏着不可忽视的生命能量。但是，目前有许多不符合教育规律的因素在干扰着教育，影响着学生的成长。所以，我一直努力让教育可以自由地呼吸，就像人一样，人只有呼吸才能吸纳天地精气，以养生命，以资生长。

对教师，学校一方面帮助其理解和形成先进的教育理念、大教育观；另一方面积极促进教师对本土文化的吸纳，倡导学术民主，进出自由，极力为教师提供成长和发展的平台，促进老师吸新吐旧。

就学校而言，我们尊重教育规律，坚持大胆创新，走内涵式发展的道路，办当地老百姓需要的、满意的教育。

这样的教育，就是我追求的"会呼吸"的教育，会接"天地精气"的教育，也是我的理想教育。它一方面是能接"大教育之气"；另一方面能接当地实际之"地气"，通过这样的"呼吸"，从而形成一种"有生命"且充满活力的教育。

杜永生：教育界的人常说："好校长就是一所好学校。"对此，大家是见仁见智，但这句话提醒我们思考：在学校这个系统里，校长到底扮演一个什么角色？有人说，校长这样一个职位，就是要会服务别人，鼓舞别人，成就别人。这种观点，你认同吗？作为校长，你是如何看待校长这个职位的？

刘建国：子曰："己欲立而立人，己欲达而达人"，作为教育，其目

图1-49　北京师范大学鄂尔多斯附属学校师生欧洲研学活动
（图片来源：鄂尔多斯市第一中学东校区档案室提供）

的简单讲就是"成就人才，服务社会"。培养人才必须有一批优秀的教师，一个好校长一方面为学生的成长创造有利条件，促其成才；另一方面则是鼓舞、培养教师从教课型向专家型教师发展。做到上述两点，学生、教师就有所"立"，有所"达"，校长也就实现了"立""达"的愿望！

由此看来，校长不只是成就了他人，更是成就了自己——把自己的教育思想通过前二者的配合而付诸教育实践。所以，作为校长，我认为校长既是学校的领导者、引导者、启发者，又是实践者！

"扎根的教育"让内在的力量更强大

杜永生：今年附校的中考成绩令人欣喜，作为第二届毕业的初中生，他们的成绩是附校办学质量和水平的重要证明。今天的学校可以说是"小荷才露尖尖角"，你如何看待学校的核心竞争力，这四

年来,学校在提升竞争力方面,采取了哪些重大措施?

刘建国:学校的核心竞争力就是师资、师资,还是师资!只有教师才可以实现"每堂课,都让学生更专注;每堂课,都争取更有效率"。

两届中考都取得了多个第一的优异成绩,靠的是我们这支敬业勤勉、无私奉献的教师队伍。在这里,我要衷心地感谢他们,对他们说,你们是我心中最优秀的集体,你们辛苦了!

作为鄂尔多斯市首善之区兴办的第一所学校,这四年来,我们肩负着重要的历史使命,他们深知责任重大,在艰苦的环境里,不抱怨、不倦怠、勇担责任,为学生奉献一腔热爱。目前教师已形成"为人师表,立德树人,教书育人、关爱学生,无私奉献"的核心价值观。

在教学中,我们大胆创新、探究新型教学模式。由倡导有效教学"211三案引学"模式,进而推行"1355"工程(1个模式——"211三案引学"模式,3项技术——多媒体技术、考点技术、训练技术,5为主——以发展为主旨、以学生为主体、以教师为主导、以课本为主源、以练习为主线,5个度——复习旧课高效度、导入新课强力度、传授知识参与度、巩固练习多角度、课堂总结高浓度)。借此,学校基本实现了以现代教育理念打造高效课堂的目标。

杜永生:作为北京师范大学的附属学校,大家能感觉到还有一

图1-50　北京师范大学鄂尔多斯附属学校师生参加中国西部青少年科学营研学活动
（图片来源:鄂尔多斯市第一中学东校区档案室提供）

股看不到的力量，像一只无形的手在推动着学校的前行，这就是学校的文化或者说软环境。请你说说这种文化在学校的发展过程中发挥了什么样的作用？

刘建国：北京师范大学倡导办有文化的教育、扎根的教育，我们在办学过程中深刻领会北京师范大学百年来积淀下来的对教育的一种深刻的理解，继承了北师人百年的文化底蕴和先进教育理念，把它们融入师生的工作、学习、生活中，如果你在学校时间稍微长一些，你会发现学校处处都有北京师范大学文化的烙印。

具体来讲，我们根据北京师范大学文化的精神，结合学校实际提出了"育人为本、和谐发展、服务社会、勇于创新"的教育理念，并提炼出了"达德、悟学、崇朴、勉行"的校训；秉承北京师范大学传统，以北京师范大学校训"学为人师、行为世范"为师训；全面打造"使人由其诚，教人尽其才"的校风；"循循善诱、身体力行、融会贯通、卓尔不凡"的教风；"善学好问、温故知新、勤而敏思、学以致用"的学风。

这些文化凝聚了师生的思想，正逐渐固化为学校的一种素质，一种习惯。我们认为学校不仅促进学生在知识方面的增长，同时更要增强学生的内在力量。而对北京师范大学优秀文化的传承，不仅正在转化为学校一种内在的力量，更通过教育和潜移默化地影响，成为强大学生和教师内心的正能量。我想，这种影响和作用对学校的发展起着深远和重大的意义。

杜永生：学校建设"草原名校"的办学定位让人眼前一亮，目前的发展，离你设想的目标还有多远？

刘建国：还有很大的一段距离，在鄂尔多斯地区，经过四年的发展，我们的小学、初中教育已经形成良性循环，并且已经得到当地百姓的认可，也确实成为这一学段的领头羊，称为"草原名校"也算名

不虚传。但高中刚刚起步，还没得到更深层次的信任；其次，我们下一步的目标，是努力发展高中办学，奋力向自治区高中示范校迈进。

好教育，是关注生命的教育

杜永生：今天，很多人都在谈"好教育"，但不同的人对"好教育"有不同的理解，作为校长，你心目中的"好教育"是什么？它被老师、学生和家长接受吗？

刘建国：关于"好教育"的认识可谓仁者见仁、智者见智，众说纷纭，千姿百态。我想，好的教育是学校给学生最好的礼物。教育的目的是让学生将来可以服务于人、服务于社会；好的教育不仅在于个人发展，更在于人性发展和完善。

叶澜教授说过，"教育是直面人的生命、通过人的生命、为了人的生命质量的提高而进行的社会活动，是以人为本的社会中最体现生命关怀的一项事业。"这意味着，一方面，我们按照国家的需要培养人才，为每个青少年提供适合的教育；另一方面，要使师生在学校感受到每天的学习、工作过程有成功、创造和发现的喜悦，感受到生命的欢乐和享受。因此，我们提出这样的口号"把校园变笑园"。

有人说，你把学校学习的东西全忘掉，剩下的东西就是教育。我想，如果一名学生在离开学校多年以后，能够对附校期间的学习充满了快乐、美好的回忆，作为一名教育者，我会感到很知足，这就是我心中的"好教育"。

杜永生：好学校是什么样的？美国教育同行认为一所好学校有一个标准：第一，走出这所学校的学生对这个学校的认可；第二，这个学校所在社区对这所学校的认可；第三，走出这所学校的学生对母校的回报。您如何看待这样一个标准？

刘建国：我想，这样的标准有它的道理。学生对学校的认可，对母校的回报，都说明学生对他所接受的学校教育是认同甚至是感激的，这就说明学校至少基本满足了学生当年求学的需求；社区对学校的认可，则可以看出家长对我们的教育是满意的。

对照这样的标准，附校部分实现了其中的要求，我们还需要进一步努力。

杜永生：作为内蒙古第一所北京师范大学附属中学，备受关注，作为校长，面对政府、家长、学生和教师等各方面期盼，一方面感觉自豪，但我想，你会更感受到更多压力，在这里请刘校长谈谈，十年后的附校在你的脑海中是个什么样子？今天，为十年后的未来做了什么样的准备？

刘建国：将来的附属中学，我希望首先是学校永远保持饱满、昂扬的精神与斗志，将北京师范大学的文化进一步发扬光大，今天我们以师大为荣，明天师大以我为傲；其次，形成独特的办学特色，有自己的教育教学风格，让"会呼吸"的教育落地生根、茁壮成长；最后，希望学校经过十年的发展，进入自治区一流学校之列！

办教育，压力无时无处不在，像原海尔公司总裁张瑞敏说的"如履薄冰，战战兢兢"那样。但我想，压力是一种责任，也是一种动力。我们办教育，办理想的教育，不仅是一种自我挑战，更要面对旧有的思想、传统教育的压力，教育始终是在改革与创新中突破、前行的。

陶行知先生"捧着一颗心来，不带半根草去"的精神，激励我们为了理想的教育，还要板凳坐得十年冷！

好的学校，面向未来。好的教育应注重人的社会化和人的个性化的和谐统一。北京师范大学鄂尔多斯附属学校倡导的"会呼吸"的教育正是这样，是以人的发展为本，做适合学生的教育，赋能的教育，指向学生健全人格养成的教育，是师生需要和喜欢的教育。

101

做扎根的教育，即扎根乡土、扎根人心、扎根国家。只有扎根的教育才是为民、想民、惠民的教育，才是人民满意的教育。北京师范大学鄂尔多斯附属学校正笃定前行，向着自治区示范高中努力奋斗！

四、师资强健 保驾护航

优质教育创造美好生活，雄厚师资是优质教育的必要保障。一个人遇到好老师是人生的幸运，一所学校拥有好老师是学校的光荣。北京师范大学鄂尔多斯附属学校秉持"用优秀的人培养更优秀的人，高素质教师实施的教育就是素质教育"的信念与追求，会聚全国一流人才，为孩子的成长保驾护航。学校拥有一支由卓越管理团队、资深领航名师、把关骨干教师和优秀青年教师组成的高优教师团队。一个好校长就是一所好学校，一支卓越的学校领导团队是一所学校的卓越引领力量。以刘建国校长为总校长的学校管理团队办学理念先进，治校经验丰富，凝聚力强，对学校发展定位精准，引领北京师范大学鄂尔多斯附属学校向着质量和特色的一流名校蓬勃发展。

原北京师范大学鄂尔多斯附属学校副校长孟慧就教师队伍建设的专题讲话节选。

从大数据看北京师范大学鄂尔多斯附属学校教师队伍建设情况：

（一）从教师课堂教学获奖看，人数多，层次高，奖项类广。

（二）从教师科研成果看，课题精，发表论文多，校本教材和专著呈上升趋势。

（三）从教师培训（走出去，请进来）统计看，人次多，层次高，范围广，经费投入多（每年20万元左右）。

（四）从教师选拔入口看，部属师范院校多，学历高，基本功扎实，教学技能好。

（五）从学校课堂教学模式"1355"看，课堂教学高效，教学质量优异。

（六）从学校礼文化教育"12345工程"看，教师儒雅大气，学为人师，行为世范。1.一个阳光大课间。2.第二课堂活动。3.三爱教育即爱祖国、爱家乡和爱劳动。4.四个良好习惯即道德、生活、学习和健身习惯。5."五有""五无"教育。"五有"即课堂有纪律、课间有秩序、言行有礼貌、心中有他人、人人有爱好。"五无"即校园无死角、墙壁无污迹、门窗无尘埃、地面无纸屑、桌面无划痕。

（七）从小学统测、初中统测和中考、高中统测看，位于全市前列。

（八）从教师后备干部培养看，人数多，素质高，能独当一面。到北京师范大学平台附校挂职锻炼干部4人，北京师范大学平台到北京师范大学鄂尔多斯附属学校进行校长研修9人，学部主任4人，副主任4人，书记3人，副书记1人，团委书记2人，大队委2人，主管16人，副主管8人，行政干事50人，教研组长27人，年级组长12人，备课组长64人，副校长2人，校长助理6人。

北京师范大学鄂尔多斯附属学校教师队伍建设归因：

（一）重管理。一是加强学校制度建设，努力实现科学管理。遵循国家制定的教育法律法规、条例和政策，依法治校；完善部门职责，健全制度，畅通渠道，强化执行，建立简洁、高效的管理机制；在建立基本的制度保障机制基础上，以学校整体价值观和教职员工的价值体现为指向，根据绩效工资改革的要求和岗位设置聘任的要求，制定了完善的考核、评价、奖励和聘任制度，改革分配方法，把教职员工的工作绩效、专业发展与自身利益紧密结合，建立和完善

了一套切实可行,高效务实的考评、管理、表彰等机制,调动了全体教师的积极性。二是管理体制创新,领导班子得力。实行校长领导下的学部主任负责制,学部还设有党支部、副主任、党政办、教育处、教学处、科研室、后勤、团委、教研组、备课组和年级组等机构,以条块结合的运作模式进行分块扁平化管理。落实精细化管理,真正形成了事事有人管,事事有人做的局面,实行领导参与,分工协作,责任到岗,谁主管谁负责。管理中实施校长负责、中层领导参与、教师监督的民主管理体制。凡学校重大事情,均要通过校委会讨论,教代会通过,确保了决策的正确性。通过人才引进、内部选拔等有效的管理人才任用机制,已逐步形成一个思路清晰,率先垂范,团结和谐,具有较强执行力和影响力的领导班子。

(二)铸师魂。一是学校核心理念:做会呼吸的教育、做有礼的教育。二是构筑干部核心价值观:器识为先、真理是尚、德能双馨、追求卓越。

(三)强师技。一是实施青年教师培养方案,利用师徒结对、教学沙龙等形式为青年教师提供支持,实行名师引领、教学咨询小组跟进、教学领导零距离指导、专家视学等制度。重点加强学习培训和教师基本功大赛和课堂教学大赛等,搭建教师成长平台,促进青年教师快速成长。二是实施名师培养计划,建立名师工作室和班主任研修室,打造名师队伍,切实发挥骨干教师的示范引领作用。三是加强专业化引领,促进教师专业成长:1.集体备课。2.对各年级各备课组的试题、学案、教案、课件等进行收集和整理,做到资源共享,实现效益最大化。3.引导教师阅读、反思。4.鼓励教师承担科研课题,开展校本教研。5.加强教师的选拔、培训和培养。

(四)勤服务。一是增强中层主动服务意识,使领导班子成为学校工作的坚强核心,校领导为中层服务,中层为老师服务,老师为学生服务,一切工作为学校发展服务的主动服务意识。二是不断提高教师待遇,改善教师生活条件。为无房教职工组织集体团购经济适用房,为经济困难职工提供廉租房,为单身教师提供免费集体宿舍。解决教师的住房之忧,救济困难职工,增加教师的归属感。三是为教师健身开放健美操室、舞蹈室、体育馆和游泳馆,倡导教师健康的生活方式,积极组织教师参加文体活动和赛事,增强教师的幸福感。

北京师范大学鄂尔多斯附属学校以人为本,可持续发展,以制度管理为基础,以逐步形成团队文化为终极目标。培育以执行为取向、以控制为特征的学校干部管理文化,以效率为取向、以竞争为特征的学校教师管理文化;以育人和创新为价值取向、以引领与合作为特征的学校师德管理文化。培养干部、教师核心精神,增强管理团队的凝聚力。

与时俱进,奏响华章。北京师范大学鄂尔多斯附属学校从无到有,从小到大,从规范到特色,凭借优异的办学成果,成为鄂尔多斯市基础教育的中坚力量。北京师范大学鄂尔多斯附属学校弘扬博大精深的北京师范大学精神,秉承"学为人师,行为世范"的师训,坚持个性发展的办学理念,建设理论,建设队伍,建设质量,建设特色,建设校园;开拓创新,硕果盈枝:教师队伍居鄂尔多斯市先进行列,教学质量属鄂尔多斯市上游,两届中考,两届全市第二;高中全市统测,全市第二;英语和科技特色教育突出;国际教育蓬勃发展,校园环境美丽宜人;赢得北京师范大学基础对外办学素质教育示范校、突出贡献奖、校园文化实验校;鄂尔多斯市职工道德先进单位;康巴什新区文明单位、初中教育教学优质学校、养成教育先进学校、校本课程成果校。李盛桃夭,灼灼其华;桃李不言,下自成蹊!

北京师范大学鄂尔多斯附属学校经过四年的发展,已经展现了一所年轻学校的蓬勃生机和良好的发展势头,已经奠定了学校逐步走向成熟、树立品牌的坚实基础。北京师范大学鄂尔多斯附属学校的每一点

图1-51　北京师范大学鄂尔多斯附属学校学生实践活动课——跟着交警叔叔学交通指挥

（图片来源：鄂尔多斯市第一中学东校区档案室提供）

成绩，每一次进步，都镌刻着附校人的忠诚与执着，诠释着附校人的智慧和奉献，凝聚着附校人的汗水和热情；北京师范大学鄂尔多斯附属学校的每一次跨越，每一项突破，离不开各级领导的指导和关怀，离不开社会各界的大力支持。夙夜耕耘，兀兀穷年，奠基蓄势，才有北京师范大学鄂尔多斯附属学校的风华正茂。

教育是绕不开的民生话题，关系到千家万户孩子的成长成才。在建区之初，康巴什新区就始终坚持将"高起点规划、高标准管理、高水平办学"作为矢志不渝的奋斗要求，着力构建高质量教育体系，励精图治、精准施策，加大教育投入、优化办学条件、强化师资力量，教学质量逐年提高，全力打造康巴什优质教育品牌，不断使教育同地区经济社会发展要求相适应、同群众所想所盼相契合，教育发展成果惠及全市。

风雨如磐，见证成长，孜孜以求，薪火相传，展望康巴什教育发展，已是满眼春色，无限风光！它昭示着往者的奠基和创业，也召唤着来者的传承与开拓。

第二章 发展中的康巴什教育
（2012—2014）

    2011年是康巴什新区独立办学的开局之年,也是新区教育的规范建设年。8所学校同时启动,15年免费教育全面实施。新区教育起步要实现"条件现代化,教师优质化,教学小班化,管理精细化,学校品牌化"为重点,主攻学校建设和优质规范两个发展要务,以强化队伍建设为着力点、学校文化建设为切入点、学生和谐全面发展为出发点。就这一阶段康巴什教育的发展,编者采访了鄂尔多斯市人大常委会副主任石艳杰。

    石艳杰谈到当时为发展康巴什新区的优质教育实施的一些政策、合作办学、学校建设用地、教师编制等一些具体情况讲道:

图2-1 鄂尔多斯市人大常委会副主任石艳杰
（图片来源:编者采访）

鄂尔多斯市委、市政府始终给予康巴什新区的教育事业极大的支持和保障，不仅在学校基本建设上投入数十亿的资金，市政府出面与北京师范大学签订合作办学协议，康巴什新区教育起点就高，发展速度很快。同时，在教师招聘、教育经费支出等方面均给予了重大帮助，其中有一个比较直接有力的支持，就是批准成立了康巴什新区教育体育局，这在当时自治区所有的开发区内是不多见的，自此康巴什新区走上了自主办学的道路，我们制定"优先发展、均衡发展、质量立校、品牌立校"的发展思路，康巴什新区的教育事业实现跨越式发展。

第一，突出优先发展这一根本，全力营造尊师重教的浓厚氛围。一是把"优先"体现在政府支持上。为加快教育事业发展，成立独立的教育管理机构，标志着新区教育工作迈上了规范化管理的新平台，准确把握城市发展对教育的新期待、新要求，善于指导教育工作，制定完善教师绩效考核评价机制。加大资金投入，只要有利于教育发展，花多少钱都值得，关键要把资金用好，我们进一步完善基础教育管理体制，加大财政对教育的统筹和投入力度，保证教育财政拨款增长高于财政经常性收入增长；保证在校生人均教育费用逐步增长；保证教师工资和学生人均公用经费逐步增长。当时，财政每年拿出100万元作为教育专项奖励基金，表彰做出突出贡献的集体和个人。二是把"优先"体现在社会关注上。在确保实现财政投入"三个增长"的基础上，通过赞助、学校冠名、设立基金等方式吸引社会资本投资新区教育事业，逐步形成以政府投资为主，社会各界广泛参与的教育投融资体制。积极探索实施企业助学帮扶制度，鼓励大企业帮助建学校、小企业帮助搞配套，动员全社会力量捐资助学、出资办学，在全社会真正形成尊师重教的良好风尚。

第二，突出打造品牌这一关键，全力建设具有区域影响力的一流名校。按照"外引内联"的发展思路,新区打造了自己的教育品牌,为我们探索出一条加快教育发展的高效、便捷之路。后来,我们大力推广强强联合的办学模式。加强与国内外高校深度合作、联合办学,全力打造3所自治区级示范高级中学。充分依托院校的学术优势和资源优势,加强交流合作,更新教育理念,创新管理方法,促进各学校共同提升、共同进步,全面提高教育教学质量。加大创建新的教育品牌政策扶持力度。当时党工委、管委会在软硬件建设方面,加大对学校的支持力度。通过内培养、外引进、深挖掘等方式,多引进在教学科研上有很深的造诣,成就斐然的区级、国家级优秀教师,发挥"名师效应"带动更多教师成为教学能手和学科骨干。关心教师的工作和生活,切实帮助解决广大教师住房、社会保障、医疗保障等工作生活困难,解决教师后顾之忧。积极打造特色学校。因地制宜,因校制宜,实施教育创新,形成各学校独具魅力的校园精神、校园文化,各级各类学校办成"学校有特色、教学有特点、学生有特长"的新型学校,打造充满生机和活力的强势教育品牌。

图2-2　采访鄂尔多斯市人大常委会副主任石艳杰
（图片来源：编者采访）

第三，突出优质均衡这一基础，全力构筑适应现代化城市发展需要的教育体系。加快学校均衡布局和建设进度，在保证新建学校按期投用的基础上，着手开展新区长远教育布局规划建设工作，超前谋划、提前建设，切实解决入托难、就学难的问题，让教育真正成为新区的优势，成为促进城市人气聚集最现实的拉动力之一。要兼顾个体均衡发展，坚持实行小班化教学，走"小而精"的发展道路，班容量要低于自治区标准5—10人，实施一对一教学模式，不放弃、不忽视每一名学生，努力实现均衡发展、整体提升。大力发展职业教育，依托全市以及西部地区采矿、化工、装备制造以及现代服务业发展，将职业教育与产业发展相结合，积极探索订单式培养和连锁办学等形式，为产业转型升级培养应用型、技能型人才。坚持教育机会均等，我们要高度关心和解决好弱势群体的教育问题，使流动人口子女、城市零就业家庭、农村贫困家庭子女、残疾儿童等都能享受到平等教育，保证他们与所有少年儿童一样，在同一片蓝天下，享受到同样的阳光。

第一节 "强基提质"发展教育

　　康巴什新区全面贯彻党的教育方针,坚持立德树人根本任务,抢抓发展机遇,积极进取,攻坚克难,多措并举推进教育优质均衡发展,全力办好人民满意的教育。

一、加大保障力度　夯实教育基础

　　2011年,康巴什新区党工委、管委会高瞻远瞩,谋划教育新篇章。时任新区党工委书记石艳杰在新区校(园)长聘任暨新教师上岗动员大会上讲道,新区作为市政府所在地,是全市的科教中心,承担着为全市

图2-3　快乐的孩子们
(图片来源:鄂尔多斯教育在线)

经济转型升级提供科技和人才支撑的重任,加快发展教育事业是新区义不容辞的职责,打造优质教育品牌、建设知识型城市是新区的必然选择。只有坚定不移地办好教育、办大教育、办优教育,才能让教育成为新区的名片,成为社会进步的活力因子,成为服务全市经济社会发展的重要力量。就新区来讲,面对激烈的竞争态势,我们必须找准定位、发挥优势,必须坚持把教育发展当作核心产业来构筑,打造全市科教中心,才能突出新区的发展优势、发展潜力,继续城市可持续发展能量。

突出"优先发展"战略。一是在资金投入方面突出"优先",加大对教育的统筹和投入力度,确保实现财政投入的"三个增长",即保证教育财政拨款增长高于财政经常性收入增长;保证在校生人均教育费用逐步增长;保证教师工资和学生人均公用经费逐步增长。在此基础上,还通过赞助、学校冠名、设立基金等方式吸引社会资本投资新区教育事业,逐步形成以政府投资为主,社会各界广泛参与的教育投融资体制。积极探索实施企业助学帮扶,鼓励大企业帮助建学校、小企业帮助搞配套,动员全社会力量捐资助学、出资办学,在全社会真正形成尊师重教的良好风气。二是在校舍建设方面突出"优先",已投用的学校要加快施工进度,保证按时开学。新开工的学校,保证提前竣工。北区、北部核心区、赛车城片区等新拓展的区域要先建学校,要让学校等学生,而不是学生找学校。学校建设的标准和档次要超前,在质量上不打折扣。

构建平等的教育环境。石艳杰提到,人民群众的根本利益是实现个人的全面发展,人的发展与教育息息相关,每一个人的前途命运,都依赖教育的发展进步。新区政府力争实行十五年免费教育,让每一个适龄的孩子能够及时入园、入学,也绝不落下一个因为家庭困难或生理缺陷而不能正常学习的孩子。无论是干部子女,还是农民子女,无论是职工子女,还是打工者子女都要一视同仁,千方百计地为孩子上学提供方便条件,让每一位家长放心。

注重队伍建设。着力打造具有区域影响力的师资力量。一要全力打造名师和名校长队伍。通过内培养、外引进、深挖掘等多种方式，跨地区、跨区域多引进在教学科研上有很深造诣、成就斐然的区级、国家级优秀教师来新区工作，把最新的教科研成果及时应用到新区各级各类学校的教育实践当中，发挥"名师效应"，带动更多教师成为教学能手和学科骨干。二要切实提高教师待遇。要关心教师的工作和生活，稳步提高教师的工资待遇，实现教师工资高于其他地区、其他行业；设立教育专项奖励基金，表彰做出突出贡献的集体和个人；要优先解决教师住房问题，关注教师子女就业、配偶工作等问题，让新区的每一名教师生活上水平、工作无羁绊。

突出学校管理。提高学校教育教学质量。学校管理的关键在于校长，校长是学校的灵魂，一位好校长能办出一所好学校，没有一支优秀的校长团队很难打造出一流的名校。要进一步加大校长的培养培训力度，全面推行校长聘用制和校长职级制，不断拓宽选拔任用渠道，面向全区、全国选拔聘用校长，建设一支有先进办学理念、精通教育教学管

图2-4　招聘校园长笔试现场
（图片来源：《康巴什教育》）

理、治教治学有方、勇于开拓创新的专家型、学者型校长队伍。

积极打造特色学校，因地制宜，因校制宜，实施教育创新，形成各学校独具魅力的校园精神、校园文化，把新区各级各类学校办成"学校有特色、教学有特点、学生有特长"的新型学校，打造充满生机和活力的强势教育品牌。

为了加快教育事业发展，新区成立独立的教育管理机构，2011年新区教育体育局成立，标志着新区教育工作迈上了规范化管理的新平台。在相关制度方面，制定《新区中小学幼儿园办学条件标准》《校园长任期目标责任制及聘任制》、制定招聘教师工作细则等制度，促进基础教育高标准、高质量、均衡发展。提倡小班化教学，要实现小规模、小班容量办学，幼儿园不超过500人，小学不超过1000人；小学班容量不超过35人，初中不超过40人，让教师有充分精力关注到每一个孩子。实施在建工程跟进监督、学校管理督导评估、教学质量定期检测、学生德育工作

图2-5　时任鄂尔多斯市教育局局长樊俊平(右二)调研康巴什新区中小学幼儿园在建项目进展情况
（图片来源：《康巴什教育》）

与实践结合等一系列措施,致力于办好每一所学校,让每个学生接受公平、优质的教育,创造适宜生命优化成长、个体潜能充分开发的教育新局面。

二、坚持全面发展　提升教育质量

"十一五"以来,康巴什新区始终把教育摆在优先发展的战略地位,遵循"全面、优质、高端、特色"的办学理念,通过"外引内联"等手段,积极引进优质教育资源,不断完善教育体系,持续加大教育投入,深入推进教育惠民,教育事业取得长足发展。2014年成为自治区首批全国"义务教育发展基本均衡区",中小学教育硬件环境达到自治区一类标准。

基础教育多彩多姿

一幢幢教学楼干净整洁,传来琅琅的读书声……色彩明亮的塑胶操场上,孩子们兴高采烈地嬉笑玩耍……校园里,这样朝气蓬勃的景象随处可见,这是康巴什新区基础教育高质量发展的生动现实。基础教育是立德树人的事业,是提高民族素质的奠基工程。对此,康巴什新区全力构建高质量基础教育体系,推动基础教育优质均衡特色发展。

2011年是康巴什新区独立办学的开局之年,这对康巴什教育来讲,注定是不同寻常的一年。新区党工委、管委会把教育摆在更加优先发展的战略地位:新区教体局成立,8所学校同时启动,招聘教师191名,招生2436人,15年免费教育全面实施。新区教育起步要实现"条件现代化,教师优质化,教学小班化,管理精细化,学校品牌化"。

8月23日,康巴什新区教体局召开新学期教育工作部署会议,会议总结了近期教育体育局的工作,重点安排部署了各学校新学期教育教学工作,动员广大教育工作者坚定信心,锐意进取,开拓创新,努力实现

图2-6　2011年康巴什新区教师招聘考试现场
（图片来源：《康巴什教育》）

新区教育的高起点发展，开创教育事业发展新局面。

在工作部署会上，时任新区教体局局长郝凤林首先发表重要讲话，围绕新区8所新开办学校全面启动、实现高起点发展这一核心内容，从七个方面予以安排部署：

图2-7　时任康巴什区教体局局长郝凤林
（图片来源：康巴什区教体局）

一是起步管理与学校建设同步推进,保证各学校顺利开学;二是大力营造"新学校、新起点、新气象"的开学氛围,努力为学生报名开辟绿色通道,提供绿色服务;三是以师德教育为重点,加大教师队伍建设力度;四是以实施"规范建设年"为契机,建立并规范各类制度与规划及方案;五是做好德育、安全等工作,特别是要确保开学期间施工安全、食宿安全、交通安全等;六是落实教学质量一把手计划,保证新开办学校高质量办学;七是思考并打造学校特色,坚持从起点走内涵发展的路子,提升学校办学品质。

2011年,康巴什新区与北京师范大学合作创办的北京师范大学鄂尔多斯附校,已有在校生2000多名,鄂尔多斯市第一中学和鄂尔多斯市蒙古族中学整体搬迁至新区,基础教育体系初建,教育品牌打造成效初显。

学前教育抓普惠

人生百年,立于幼学,学前教育是终身学习的开端。康巴什新区的学前教育于2011年正式起步,虽然起步较晚,但新区学前教育起步之际,适逢国家、自治区、市启动学前教育三年行动计划,新区以此为契机,紧密结合新区经济社会发展实际,研究制定了《康巴什新区学前教育三年行动计划》,进一步强化政府责任,大力推进标准化幼儿园建设,着力强化园所规范化管理,注重优化教师队伍建设,将学前教育发展作为教育现代化建设的重点任务和民生幸福的重点领域,加快构建学前教育事业以公益性为主、办学体制以公办为主、经费投入以公共投入为主、师资队伍以公办教师为主、管理以教育行政部门为主的管理体制,着力完善加快学前教育发展的政策措施,全面提升了学前教育事业快速优质发展的水平。

2011年,康巴什新区的学前教育确立了"重点中心区、优先北区、覆盖全新区"的教育工作思路,一次性规划建设中小学、幼儿园共18所,其中新建幼儿园8所,同年开办投用4所,秋季计划启用4所,新区学前教育承载能力将达到2200名幼儿的水平。规划新建的幼儿园,全部按照自治区示范园标准建设,

图2-8 时任康巴什新区党工委书记石艳杰(中)调研新区
新建学校进展情况
(图片来源:《康巴什教育》)

教学区、生活区、活动区、功能区布局合理,各种教育教学设施齐备完善。

2011年秋季起,康巴什新区公办幼儿园对本市户籍所有适龄入园幼儿免全部保教费,资金全部由新区财政补贴,这是康巴什新区积极响应市里提出"将学前教育纳入财政保障范围,用3年时间全面普及鄂尔多斯籍学生15年免费教育"的又一重大举措。2012年,免收在新区就读的所有幼儿的保教费,财政补贴近400万元;同时认真开展了幼儿教育"两免一补"和营养早餐工程等专项工作。

学前教育是国民教育的第一阶段,也是十分重要的社会公益事业,直接涉及人民群众最关心、最直接、最现实的利益。发展学前教育既要解决有没有的问题,更要下大力气解决好不好的问题。家长们的希望是,自己的孩子能够就近入园,入一个优质的幼儿园,入一个便宜的幼

儿园。就近、优质、便宜是家长们的迫切需求，而康巴什新区当时的状况是普惠性幼儿园不足，这个问题需要破解。为了多渠道扩大普惠性学前教育资源，加快解决学前教育资源不足问题，康巴什新区认真贯彻落实国家、自治区、市关于加快普惠型幼儿园建设相关会议和文件精神，围绕"质量、品牌、服务"三大主题，加大普惠性幼儿园建设力度，通过新建、改扩建普惠性幼儿园等措施大力拓宽公办学前教育资源。

时任康巴什新区党工委副书记、管委会副主任杨满喜在市人大常委会评议调研康巴什新区学前教育工作座谈会上讲道：

> 要着力强化园所规范化管理：一是严格执行"分区划片，就近入学"的招生原则。根据主要住宅小区分布划分了4大片区，由教育体育局集中组织学生登记，按照登记信息进行划分，确保就近入园。二是全面推行小班化教学，我们坚持"宁可多建一个幼儿园，也不能

图2-9　蒙古族幼儿园的孩子们
（图片来源：《康巴什教育》）

多招收一名学生"的原则,全面推行小班化建设,各幼儿园班容量不超30人,每班配备2名教师和1名保育员。三是加强园所文化建设。新区幼儿园在起步之际就特别注重园所文化建设,对各园的办园理念、办园目标、发展思路等予以明确,并邀请北京等教育发达地区的专家进行指导,各园都形成了鲜明的教育特色,蒙古族幼儿园的民族艺术教育,第一幼儿园的自主教育,第二幼儿园的爱心教育,第三幼儿园的润泽教育,都受到了孩子家长和社会的广泛认可。四是加强管理与指导。按照《康巴什新区学前教育三年行动计划》新区成立了学前教育工作领导小组,制定了推进学前教育标准化建设实施方案、幼儿园综合督导评估方案,对已建成的4所幼儿园进行分类定级,经过自查,4所幼儿园均达到市一类甲级幼儿园标准。五是确立常规管理框架体系。各幼儿园以"整体建立幼儿园的基础管理体系"课题研究为抓手,以行政管理、综合服务、保教常规、教师队伍建设等4个模块为载体,基本构建起了幼儿园常规管理基础框架体系。

时任新区蒙古族幼儿园园长白乌云娜谈到蒙古族幼儿园的办学思路:

走特色路,办特色园,是我们蒙古族幼儿园的基本思路,在继承发扬蒙古族优秀传统文化的同时,将优秀的民族传统文化与现代的教育理念相结合,让每一个孩子接受到良好的艺术文化熏陶。同时,我园推进、开展、探索0—6岁托幼一体化教育模式,努力整合现有各项教育资源的优势,力争形成教育的合力。针对0—6岁的不同阶段婴幼儿年龄特点,制定出符合我园实际的教育教学模式。倡导建立新型家园共育关系,激励教师不断进取、认真专研教学业务,积极向社会展示我园独特的教学风采。

具体措施包括：

第一，高度重视提升教师各方面的艺术修养，从而提高幼儿的艺术感受力、艺术接受力。教育的本质是让受教育者获得身心发展。我园本着"让幼儿在艺术熏陶下茁壮成长，不断提高幼儿的综合素质，为幼儿一生的健康快乐发展奠定基础"的办学理念，通过多种形式开展艺术教育，让幼儿在艺术的熏陶下各方面能力得到发展。注重幼儿社会实践能力锻炼。结合地区公共教育实践活动资源，积极组织不同年龄段的幼儿参加社会实践活动。组织实施抗灾防火地震演练，不断提高幼儿的社会实践能力和应对危险现象的实践能力，培养其良好的心理品质。

第二，认真做好家长工作，积极探索新时期家长工作的新方法。我园积极建立新型"家园共育"模式，即互相信任、互相尊重、互相学习、互相支持。首先，我园由各班选举家长委员成立园级家长委员会，让家长为幼儿园的发展献计献策，对幼儿园的整体运作本着理解、支持的态度进行督导，充分发挥家长委员会的作用及职能。其次，通过组织多种形式的家长活动，帮助家长建立全新的育儿观念，有效地促进幼儿园、家庭和社会在教育上的同步同向进行。

第三，在教师队伍建设中贯彻"用爱教育，用心养育"的基本理念。我园力争建设一支作风好、理念新、创新意识强、淡泊名利、甘于奉献的教师队伍；建设一支会研究、肯钻研、业务精，进取创新、求实奉献的骨干教师队伍；建设一支为人师表、爱岗敬业，合格加有特长的幼儿教师队伍。所有教师人人是模范，个个赶先进，形成梯队，研训结合分层共进，走上专业能力可持续发展的轨道。

第四，塑造良好的外部形象，展示我园独特的教学风采。将幼儿园的有关信息及时、准确、有效地传播出去，让社会各界充分了解我园的办园理念和特色，争取上级领导和家长对幼儿园教学活动的

图2-10　校(园)长、环节干部现场观摩康巴什新区各校
（图片来源:《康巴什教育》）

认可和支持,以提高幼儿园知名度和美誉度。我园在充分发挥园内宣传栏积极作用的同时,精心策划并印制了《康巴什新区蒙古族幼儿园》月刊,为创建和谐美好的幼儿园校园文化打下基础。

2011年10月27日,康巴什新区全体校园长随教育局领导一行赴准格尔旗、伊金霍洛旗两地参与全市中小学、幼儿园管理工作现场观摩研讨会。一个星期的时间,园长们接受了专家关于学校、幼儿园建设与管理方面的指导与点评,聆听市教体局阿拉腾乌拉局长工作报告以及鄂尔多斯市知名幼儿园园长交流汇报,参观了多所幼儿园、小学的环境,深入教师和孩子当中与他们交谈,收获很多,受益匪浅。

时任新区第一幼儿园园长史丽芳参加全市教育管理观摩研讨会之后谈道:

为期三天半的全市中小学幼儿园管理工作现场观摩研讨会,对于一个初出茅庐的幼儿园园长来说是一次实践学习的大好时机。在向同行学习的过程中引发了我的一些思考：

第一，要改变观摩视角。以前我主要关注的是自己分管的工作内容，没有站在幼儿园全局管理的角度去学习与思考。本次现场会的观摩与研讨对我来说是一次挑战，挑战一个新任园长的观察能力、思考能力与辨析能力。虽然只观摩了准格尔旗的三所幼儿园，但我看到了准旗幼教的整体情况，注重在环境创设中激发孩子的学习欲望，让孩子在动手中动脑。例如：龙口幼儿园利用乡村资源，给孩子们提供了动手学习的机会与平台。我把孩子们制作的各种手工制品用相机一一拍下来，带给我们的城里孩子与老师，让大家共同分享乡村孩子的快乐。薛家湾第二幼儿园，更加体现了幼儿的动手探索，尤其是科学区与公共活动区，让观摩者也不自觉地与孩子们玩了起来。薛二幼在环境中体现出了游戏化的学习模式。陈锁明园长在研讨会上的几句话总结的简约而到位：每个幼儿园都有自己的特色，即本土化、科学化、民族化。要求大家在观摩的过程中要"用心去观察，用脑去思考，用行动去实践"。

第二，政策引领教育先行。在会议期间，我感受到了上级领导对幼儿教育的空前关注与支持，让我备受鼓舞。市局局长在总结讲话中，肯定了我市教育工作中的成绩，同时也点出了存在问题，让大家总结经验，把问题当成研究的课题，加强学校规范管理。另外，还对我市教育发展规划做了明确的解读：即注重软实力的提升。要走"创新思路、提高质量、提升素质、完善机制、明确目标、均衡协调"的发展之路。到2013年投入24亿元，新建幼儿园127所，2012年全市学前三年幼儿入园率要达到90%，基本普及学前三年教育，到2015年达到95%。

第三，借鉴园长们的管理经验。会议安排了12位园长进行经

验介绍与交流，我认真听取了每位园长的经验谈，对我的启发很大。东胜区第一幼儿园在践行幼儿园内涵式发展中，从教师培训入手，分享经典、分享感悟，注重教师的思想提升，注重快乐教研。这正是我园在教师教育理念提升值得借鉴的学习模式；东胜区伊克昭幼儿园的托幼一体化管理模式为我市地区的早期教育开辟了良好的开端；伊金霍洛旗第一幼儿园以区角游戏、体育游戏为依托，注重幼儿的社会性发展，实践了幼儿的游戏学习模式。这次交流与研讨，体现了我市幼儿园管理模式的多样化、特色化。为我的园所管理提供了新的思路。

时任新区第三幼儿园园长刘洁在参加全市中小学幼儿园管理工作现场观摩研讨会有感而发：

在一个星期的时间，我们接受了专家关于学校、幼儿园建设与管理方面的指导与点评，聆听市教体局阿拉腾乌拉局长工作报告以及鄂尔多斯市知名幼儿园园长交流汇报，参观了多所幼儿园、小学的环境，深入教师和孩子当中与他们交谈，收获很多，受益匪浅。认为我们应该从以下几个方面做出努力：

一是为孩子成长创设适宜环境。幼儿教育的目标，从眼前来说，是要给孩子一个幸福而有意义童年，让他们身心健康地生长；从长远来说，是要为孩子拥有一个幸福而有意义的人生创造良好的基础。要想让孩子在幼儿园过得幸福和快乐，我们必须从环境创设入手，给孩子创设一个对他们有吸引力，满足他们好奇心，创造性，激发他们丰富潜能的物质环境，和温馨和谐的人文环境。在这个环境中，孩子在游戏，探索和胡乱涂鸦中满足了自己的兴趣和发展的需要，心灵得到的滋养。在这个环境当中教师要善于发现，鼓励和引导孩子，切勿压抑和损害。通过好奇心、创造力、自信心的生长，形成他们独立思考和行动的能力。什么样的土壤长什么样的草,什么样的环境产生什么样的人。孩子年龄越小,环境对他们的陶冶功能越大。

二是努力提高教师队伍的整体素质。在孩子的心目中,老师是绝对权威,老师说的话是绝对真理。因此,教师的素质太重要了。而一个幼儿教师最基本的素质是懂孩子,爱孩子。不愿把整个心灵献给孩子,我们就不可能走进幼儿的心灵世界,也就不可能真正了解幼儿身心特点。教师的爱心是孩子自尊心和安全感的来源,也是孩子好奇心、学习兴趣,探索行为产生的前提条件,如果教师没有爱心,孩子来到幼儿园会有一种畏惧心理,提防心理,会出现一系列的防御行为,少言寡语,心情焦虑等等。针对现在幼儿教师队伍的年轻化,自我意识比较强烈,个性比较明显,责任心欠缺,所以提高幼儿教师师德修养是首要任务。其次,要通过多种形式,如名师工程、鼓励教师提升自我修养、教学互助、专家引领、教科研等多种形式努

图2-11　康巴什新区首届保育员培训活动现场
（图片来源:鄂尔多斯教育在线）

图2-12 康巴什新区首届保育员培训课程活动现场
(图片来源:鄂尔多斯教育在线)

力提升教师专业精神和专业知识的培训,为教师的成长提供好的管理机制和成长平台,打造一批高素质的教师队伍是重中之重。

三是加强园所文化建设,使幼儿园成为教师和孩子成长的精神乐园。通过学习与交流,我感到园所之间真正的差距就在文化上。环境决定生态,生态决定状态,要想改变一所幼儿园,首先要提升其园所精神。园所精神文化是内在的东西,它的外在表现就是一个幼儿园的园风,其中管理者的工作作风对幼儿园的园风起决定性的作用。

所以一流幼儿园最硬的指标是一个好的管理者,带出一批好的教师队伍,创造出一流的园所文化,才能为孩子创造出好的成长环境。有了好的成长环境,孩子才能有一个幸福快乐的童年。

2013年10月17日,首届保育员培训在康巴什新区第二幼儿园进行,由时任第二幼儿园园长苗永艳主讲,对新区100多名保育员及教师进行探究性专业培训。

培训围绕"幼儿园一日活动常规及保教工作细则""班级物品摆放、卫生消毒工作规范"等内容展开细致讲解。10位保育员分别从就餐点准备、洗毛巾、清洁水杯、整理床铺等环节进行了实操演练。培训对新区"保""教"并重的学前教育发展产生积极的影响。

学前教育还要重视的一个问题是幼儿教育小学化的倾向。若在幼儿园中开展"小学化"教育，不仅无法起到和发挥出幼儿园教育的作用与功能，反而会影响到幼儿的成长与发展。教育部2011年颁布了《科学保教防止和纠正幼儿园教育"小学化"现象十不准》，明确禁止在幼儿教育实施过程中，教授小学内容。针对幼儿园教育"小学化"的倾向，康巴什新区各幼儿园采用不同教学方法，尊重儿童天性，在活动中育人，让幼儿在游戏中找到自我，找到存在感，规范共性、张扬个性，真正发挥出了幼儿园教育的作用和价值。

安全管理工作也是幼儿园教育教学阶段中的重点问题，与幼儿的成长和发展息息相关。幼儿园面临的安全问题有它的特殊性，它和小学

图2-13 康巴什区第五幼儿园举行防震安全演练活动
（图片来源：康巴什区第五幼儿园提供）

不同,和中学更不同,涉及幼儿学习、活动、成长、生活的方方面面,在这些环节都要加强管理,确保孩子的安全。康巴什新区幼儿园实行"层层把关,防范第一,定人定岗"的安全管理模式,园长牵头成立安全小组,将各项安全管理工作细化分解,具体责任到人;建立幼儿园安全工作的各项规章制度,做到各岗位有章可循、违章必究、不留盲点、不出漏洞;建立并完善"不定期检查和日常防范相结合""检查和整改相结合"的安全管理制度,做到"及时检查、及时整改、检查和整改相结合",消除安全隐患;在各幼儿园全面开展宣传,每月对全体教职工进行安全教育,增强教职工的安全急救知识和责任感。通过现场互动培训、观看事故资料片的方法,进一步让大家认识到自己肩负的责任重大,引以为戒、加强责任心。在幼儿园园舍维修、参观、迎接检查中,严格执行人防、物防、技防新标准的幼儿园建造法规,开通门禁系统、视频监控系统、消防控制系统、门卫一键110联动报警系统等;幼儿园的电气控制柜、配电箱、食梯、电器、灭火器、消火栓、大型玩具等,有专人负责检查把关;设置安全员、班级保育教师,对幼儿园各个楼层、班级、户外活动场地进行巡视检查,确保幼儿园的安全保卫工作万无一失;多方位张贴安全标识、创设安全教育环境,凸显了园所安全环境标准化,强化了安全教育效果。人防、物防、技防并举,让孩子能够安全地、快乐地在幼儿园里面生活成长。

2013年11月15日,在康巴什新区第一幼儿园召开幼儿园基础管理体系研究阶段性总结汇报会,参加会议的有时任新区教体局局长郝凤林、副局长李美荣,以及8所幼儿园园长,中小学德育校长。新区第一幼儿园园长史丽芳呈现了整日管理框架图;新区第二幼儿园园长苗永艳详细介绍了综合服务部管理的具体内容以及每一项的操作流程、跟踪评价体系;新区第三幼儿园保教主任程惠汇报了一日保教常规的具体内容和流程;新区蒙古族幼儿园园长白乌云娜对行政管理中执行力的运用做了详细的解读；新区第六幼儿园园长思咏梅就保健工作做了深入细致地分解，通过这次汇报会，体现出每一所幼儿园管理均是从自身的实际出发，从基础入手，做得扎实到位。

12月5日、6日，自治区教育厅基础教育二处干部李洁一行对新区申报自治区示范园的蒙古族幼儿园、第一幼儿园和第三幼儿园进行了评估验收。时任市教育局副局长郑军、托幼办副主任高俊志、新区教体局副局长李美荣等陪同验收。

新区蒙古族幼儿园传统游戏构思精巧，通过游戏激发幼儿自主学习，培养幼儿亲身体验，探索能力及动手操作能力，从而提高幼儿身心全面和谐发展；新区第一幼儿园承担国家级课题研究档案资料记录翔实，指导家长亲子阅读有方法、有成效；新区第三幼儿园充满了智慧与生命的气息，回归生活的体验、快乐参与的探寻、师生家长全情投入，气氛和谐。3所幼儿园优美的园所环境，回归教育本真的和谐，真正促进幼儿身心健康、体智德美全面发展，完整地呈现康巴什新区优质的学前教育现状。验收组专家认为：康巴什新区这3所幼儿园具有国际化标准，办园理念先进，老师幸福，家长幸福、幼儿更幸福。

在鄂尔多斯市委、市政府的正确领导下，在市人大和市教育局的关心和指导下，康巴什新区顺利接受学前教育现场会的检阅，加强了与兄弟旗区及北京、上海等发达地区的交流合作，不断完善学前教育发展机制，加快构建学前教育事业以公益性为主、办学体制以公办为主、经费投入以公共投入为主、师资队伍以公办教师为主、管理以教育行政部门为主的发展体系，着力提高师资队伍素质，加强幼儿园规范化管理，学前教育整体水平不断提高，初步形成覆盖中心城区、辐射康巴什北区的学前教育网络。

2012年康巴什新区教育贯彻执行《国家中长期教育改革和发展规划纲要》及自治区、市、新区"十二五"规划，落实新区党工委、管委会

2012年第一次全体会议精神,实施"优教工程"战略,坚持以人为本,全面实施素质教育;以"校园文化建设年"为主题,以学校规范化建设为基础,以提升内涵为主线,逐步实现以文立校、以文兴校、以文育人的目标;以建立名师专家库为契机,全面提升教师专业化水平;以提高课堂质量为核心,构建科学的课程体系,实施小班化教学,打造新区教育品牌。

义务教育重均衡

扩充教育资源,提供更多的优质教育服务。一是推进教育资源建设。研究制定《关于加快推进义务教育学校现代化达标建设的实施意见》,配合康巴什新区住建局完成中小学幼儿园校舍安全建设工程。积极争取项目补助资金,做好新建、加固项目建设和设施、设备功能提升工作。制定《康巴什新区2012年学校装备明细》,配合康巴什新区财政局全力跟进新建学校的功能室及各类器材设备进驻工作。二是推进教育信息化建设。加强对新区教育信息、教育网络的统筹管理,建设康巴什新区教育门户网站和教育资源信息库。推进校园网建设,完善各学校教育资源。会同康巴什新区科信办,全力做好"数字校园"建设工程,搭建警校一体化的学校安全管理平台。加强现代信息技术与教育教学的有机结合,建立康巴什新区《电教和实验设备应用考核标准》,组织开展新区信息技术和实验教学考试工作。

深化义务教育改革。严格执行义务教育课程计划,落实课程标准,改进教学方法,提高课堂教学效率,切实做到优质轻负减轻学生的课业负担;做好外来务工人员子女义务教育工作。

康巴什新区有3万多名外来务工人员,其中达到适龄就学的儿童和青少年1000余人。为妥善解决符合条件的务工人员子女在新区就学问题，康巴什新区教育体育局始终坚持"同城待遇"的原则，把进城务工人员子女招生计划纳入区域招生规划，努力拓展公办学校教育资源，加强统筹协调，全面放低门槛，积极开辟绿色通道，破解外来务工人员子女上学难。针对进城务工人员子女流动性大等特点，康巴什新区教育体育局采取"一次报名、全程服务"的机制，符合条件的进城务工人员子女，在暂住地就近学校报名，无论该校录取与否，均无须到第二所学校报名，若报名学校学额已满，由新区教育体育局统筹协调解决，保证学生好上学。为此，新区教育体育局还结合学籍管理系统，整合共享各校报名信息，进务工人员子女只需在一所学校报名，其报名信息即在全区学校共享。

2011年9月，康巴什新区招收基础教育阶段新生共2345人，其中进城务工人员子女1025人，占新生总数的43.7%。2012年4月，对将在新区就读的外来人员子女进行统计，共有856人，占新区2012年计划就读学生总数的40.5%。

为进一步促进教育公平，康巴什新区对义务教育阶段进城务工人员子女在校学生实行免借读费、学杂费、课本费和作业本费等政策，在学前教育阶段免保教费，与鄂尔多斯户籍幼儿同等待遇，既做到了外来进城务工人员与本地户籍学生的"同城待遇"，也做到了在新区就读的学生15年免费教育，这在鄂尔多斯市属于首家。在校就读的进城务工人员子女与鄂尔多斯市籍孩子享受完全同等的义务教育免费政策。低保家庭、福利机构监护对象等进城务工人员子女在此基础上住宿费减免，同时资助残疾学生生活护理费、设立奖学金等。

为确保进城务工人员子女享受公平优质教育，康巴什新区进一步加强进城务工人员子女教育工作研究，提高进城务工人员子女教育的针对性和实效性。如康巴什新区第三小学针对矿区职工子女的特点,对在校生实行一日养成教育和灵活多变的赏识教育,帮助职工子女积极改变生活方式,养成儒雅、上进、文明的好习惯,并通过"小手拉大手"的方式,促进矿区职工的文明修养,打造学校、家庭、社会三位一体的素质教育氛围。

2012年,康巴什新区的95%以上的进城务工人员子女在公办学校与当地学生一起就读,一同享受小班化教育和免费教育,一起与当地的孩子切实享受着鄂尔多斯市改革开放所带来的发展成果。

针对康巴什新区外来人员增加,教育主管部门正在研究制定《康巴什新区外来人员子女就读管理办法》,在制度层面上形成外来人员子女与鄂市户籍在读学生的"同城待遇"政策,并持之以恒地加以实施,进一步推动教育公平,让孩子们在同一片蓝天下共同成长。

(文章来源:《康巴什教育》2012年4—6月刊)

做好招生及入学工作,提高教育普及水平。一是做好学生情况调研工作。开展2012年适龄儿童情况调研,制定《2012年新区招生工作计划》,开展招生宣传、新生登记、划片分区、注册信息等。二是推进学生电子学籍管理。整理完善2011年康巴什新区在籍学生学籍库,建立2012年康巴什新区就读学生学籍。严格按照《鄂尔多斯市学生学籍管理办法》,组织开展新区电子学籍管理人员培训。进一步规范学生入学、转学、休学(杜绝辍学)等程序,组织人员深入学校和班级进行学生人数核对。三是启动"双高普九"前期统计工作。根据《国务院关于基础教育改革与发展的决定》精神,高水平、高质量普及九年义务教育,基本满足社会对基础教育的需求,重视发展幼儿早期教育。

推进学区制改革,努力推进优质教育资源重组和优质教育资源效益最大化,缩小校际间办学差距,破解择校难题,推进"阳光入学入园",实施"阳光分班"。各中小学、幼儿园将依托小规模办学、小班化教学这一实际,出精品、育英才、创品牌,进而创建具有新区禀赋的品牌学校、品牌教育。

2013年9月2日,又到一年开学季。康巴什新区7所小学和8所幼儿园如期开学。至此,新区19所中小学、幼儿园全面开学,而且每所学校、每所幼儿园的新生入学名额都已爆满。

"哎呀,总算是如愿以偿,这颗心终于可以放在肚子里了!"当天上午,康巴什新区第一小学校门外,在市内一事业单位就职的刘红艳目送女儿兴高采烈地跑进校园后,长长地松了口气:"4月份秋季入学新生集中登记的时候,鄂尔多斯国际会展中心展厅门前那队排得才叫长龙,很多家长都说一小有名,想让孩子到一小就读,可把我担心坏了。虽然听说我们住的揽胜苑小区属于一小的片区,但那么多人,谁知道最后能不能分进去呀!孩子上学是大事,这一个夏天我们全家的心都被提到了嗓子眼儿!"

据新区教体局局长郝凤林介绍,在新生入学逐年增长的形势

图2-14 学生认真上课
(图片来源:康巴什区融媒体中心提供)

下，今年新区新生再次突破3000人，着实为新区教体局带来了惊喜。"这说明了广大家长对新区学校、对新区教师的认可，说明了新区教育在全市的影响力、辐射力、吸引力持续增强。"近年来，新区党工委、管委会始终坚持打造全市优质教育中心这一目标不动摇，始终坚持工程进度不停、财政投入不减、小班化信心不动摇，使教育成为新区新的名片的愿景逐渐成为现实。截至目前，新区已累计投入资金20亿元，建成各级各类学校26所，其中，新区直属学校、幼儿园共19所，软硬件建设全部达到自治区一类标准，科学合理地分布在新区的各个区域。

"同时，今年秋季新生入学人数大增，尤其是择校现象严重，也给新区教育带来了惊喜的压力。"郝凤林坚定地表示："其实，家长们完全可以放心，新区的每一所学校、每一所幼儿园都很优秀！面对压力，我们的'小班化'不会变，教学质量不会变！"在《新区招生工作计划》中，新区教体局严格划片分区，对新区入住居民的适龄儿童实施就近入学原则；对新区务工人员的子女，按照租住地也划分到相应片区内；对其他旗区到新区求学的学子，根据各学校的学生人数进行均衡分配。每个学校的校（园）长，接到教体局分配下来的名额，如果超出了"小班化"的人数，完全有权拒绝接收。"小班化"人数是新区校（园）长办学的红线，不可逾越。（文章来源：《康巴什》2013年第3期）

高中教育强质量

规范管理与建设，提升教育发展能力。一是组建成立康巴什新区教育专家团队。新区组建成立以北京、上海等地知名教育专家和东胜等地本土专家为主体的新区教育专家团队，就学校的发展定位、队伍建设、文化特色、学科教学等给予全程指导，推动新区教育在更高水平发展。同时借助专家团队资源，与全国名校建立联系，提升新区教育水平，打造优质特色教育。

二是推进教科研机构建设。组建成立康巴什新区教科研中心，高标准引进一批专兼职教研员，制定康巴什新区教科研工作中长期规划，康巴什新区"十二五"科研课题研究规划。继续加强兼职教研员队伍建设，全面加强课堂教学"小课题""小现象"的开发与建设，通过教研员的示范、指导、引领、跟踪，全面推进"有效教学、高效课堂"中心教科研工作。

三是推进教育督导体制建设。成立康巴什新区教育督导室，做好新区教育督导机构建立和督学聘任工作。开展教育督导理论与实践的研究，修订完善《康巴什新区中小学办学水平综合督导评估方案》及评估指标体系、教育督导公告制、问责制等相关制度。加强对各学校教育教学过程检查指导，建立定期督查通报制度。

四是加强区域和校际之间的合作。新区教育将在竞争中加强交流，在开放中追求均衡，在合作中实现共赢，发扬新区教育人吃苦耐劳、团

图2-15　康巴什新区教体系统家长"教子有方"经验交流会
（图片来源：康巴什区教体局提供）

结协作、追求卓越的精神和校（园）长们身体力行、敢为人先的工作作风，按照"一带一"的方式，开展校际及地区间教育交流，加快新学校建设速度，完善已建成学校，并用教育目标和思想强化教师干事创业能力，统一思想，提升教师，发展教育。

五是优化教育发展环境。优先发展民族教育，在师资储备、环境建设、资源开发等方面制定优惠政策；关心和帮助北区学校的建设与发展，在资金投入和业务指导等方面予以倾斜，在师资调配、学生就学及食宿等方面重点予以关照；高度重视学校安全及周边环境治理工作，联合相关部门加大学校安全检查和隐患排查力度，加强校园周边环境治理，全力为广大师生营造和谐、安全、幸福的工作和学习环境。

加强高中学校建设。推进北京师范大学附属学校高中部特色项目建设工程，鼓励和支持普通高中发展学校特色，打造特色品牌。鼓励和支持高中学校改革人才培养模式，积极探索创新人才培养的途径和方法。加快北京师范大学附属学校国际化建设，探索高中教育国际化管理模式，通过开展师生国际交流、培训、论坛等活动，提高高中教育国际化水平。不断挖掘和推广高中学校管理建设的成功经验，促进新区教育内涵发展和多样化发展。

2013年，新区党工委、管委会始终把教育摆在新区经济社会发展首要位置，始终做到教育投入不减少、工程进度不放慢、小班化信息不动摇。康巴什新区教体局对新区教育整体发展思路进行深刻思考：一是提出"主体多元、立体育人"为核心理念的品牌教学理念，在区域层面指导和拔高学校教学理念。二是"零距离"对接服务师生及家长。局机关每次督导检查，在80%的教师中进行座谈交流，在70%以上的家长与学生中进行问卷调查，随机按比例与家长代表进行座谈。在全体学生中进行学生能力和行为素质考评，针对座谈及调查中发现的问题及时提出整改措施，及时反馈学校，并进行跟踪整改落实。实现家庭、学校教育同步,提高家长、社会对教育的满意度。

康巴什新区教育体育局宋军同志谈道:

作为铿锵前行在现代化道路上的开放城市,康巴什新区的教育必将随着全国教育改革和发展的主旋律脉动,迎来前所未有的发展契机。要始终让教育成为城市发展的内生动力,坚持教育优先发展,就是要切准时代的脉搏,摆正教育的位置,理顺发展的思路,培育创新的人才。具体要做到:

第一,与时俱进切实提升教育公共服务的水平。

教育作为一项基本公共服务,在社会转型和快速发展的新的历史时期备受瞩目。随着知识经济时代国际竞争的日趋激烈,国与国之间的竞争,很大程度上取决于人才的竞争,取决于对创新型人才的培养和掌握。同理,城市与城市之间的博弈,归根结底取决于包括教育在内的软实力的强弱。

在人力资源大国向人力资源强国转化的过程中,教育的价值进一步凸显。以人为本、执政为民施政理念的不断弘扬,使得教育服务社会、服务民生的功能得到进一步释放。如何打好服务这张牌,成为摆在教育面前刻不容缓的任务。党的十八大报告提出2020年"基本公共服务均等化总体实现,全民受教育程度和创新人才培养水平明显提高"的新要求,朝着这一奋斗目标前进,就必须牢记教育的服务宗旨,更加关注教育公共服务价值的实现。

适应时代的进步和社会的发展,最大限度地满足人民群众的需求,教育必须做出有的放矢的调整与回应。全方位、无缝隙地构筑教育基本公共服务体系,千方百计增加教育机会,保障教育有效供给,提升教育公共服务水平,放大教育的服务能力,是实现教育现代化的必由之路。公益性和普惠性,决定了教育的最高价值追求是为人民服务。党的十八大报告提出"坚持教育优先发展,全面贯彻党的教育方针,坚持教育为社会主义现代化建设服务、为人民服务,把立德树人作为教育的根本任务,培养德智体美全面发展的社会主义建设者和接班人"。全面准确地阐释了新时期教育事业发展的基本方向和路径,为现在和今后一个时期教育改革和发展确定了基调。

第二,分层递进不断优化教育的布局与结构。

就康巴什新区的基础教育而言,义务教育与非义务教育各有侧重。义务教育涵盖小学和初中,非义务教育中既有高中又有学前,层次鲜明、任务迥异。基础教育的高端是为高等教育输送合格学生,高考就成了一道必须迈过的门槛,学前教育就成了基础教育的奠基工程。高考恰如中国教育改革的一面明镜,折射出教育政策的演进与变革。在就业压力加剧的当下,对一个人进行远距离观察最简洁的办法就是看其所毕业的学校,从高端往下延伸,一直到幼儿园学前教育,基础教育的全过程都笼罩在竞争的氛围之中。基础教育的这种现实状态,决定了康巴什新区教育改革的难度。

目标明晰,分层推进,实现康巴什新区教育的内涵式发展。康巴什新区正迎来改革开放新的历史机遇期,教育理应顺应城市的发展实现自身的飞跃,为率先科学发展、实现美丽跨越和加快建设现代化首善新区做出自己的贡献。

深化教育改革,全面实施素质教育,着力提高教育质量,培养学生创新精神和实践能力,是康巴什新区教育发展的主题。落实到基础教育领域,需要理性思考、沉着应对,立足现实、着眼未来,以大手笔、大气魄统筹规划,谋划康巴什新区教育发展的大计。需要办好学前教育,均衡发展九年义务教育,基本普及高中阶段教育,加快发展现代职业教育,推动高等教育内涵式发展,积极发展继续教育,完善终身教育体系。需要大力促进教育公平,合理配置教育资源,让每个孩子都能成为有用之材。

抓大放小，面向未来，提升康巴什新区教育的内生性品质。本着"寻标、对标、达标、夺标、创标"的精神，瞄准国内外一流教育标准，深入分析和挖掘本土教育优势，放大优势，产生辐射，带动新区教育实现跨越式发展。

教育是有规律可循的科学事业，尊重规律、尊重科学，是实现教育高位运行的基本前提。一直以来，建立现代学校制度，都是很多人津津乐道的话题，其实，人们往往忽略了单一归因、制度万能的危害性。时下，为建立现代学校制度、为各种标准化而进行的检查、评比与督导甚多，大一统的规范建立起来了，个性化的特色缺少了用武之地，而这种个性化的特色恰恰就是极为宝贵、可遇而不可求的内生动力，是一种最具生长力的教育文化。只有抓住文化这个根本的、内生的动力，才可以促进教育高水平、高质量的发展。

第三，改革创新培育和塑造城市的教育品牌。

自诞生之日起，康巴什新区就是一座孕育品牌的城市，但教育品牌的培育和塑造相对滞后。高等教育初具规模，大学应有的功能仅仅冰山一角；高层次人才，尤其是驻新区硕士、博士，除了党政部门之外，其他行业寥寥无几。基础教育刚刚起步，但优质资源底蕴薄、积淀浅，相对于人民群众对优质教育资源的渴求，依然不足；全市领先、全区驰名、全国认可的名师仍然凤毛麟角，屈指可数。

建设优质学校，是培育和塑造城市教育品牌的前提。一所学校的优劣，很大程度上取决于学校的文化积淀、办学特色、师资力量、教育效益、管理水平和生源质量。义务教育阶段的学校建设，需要走优质化和均衡化的路子，非义务教育阶段的学校建设，则需要走多样化和特色化的路子。新区建设的步伐日益加快，以小班化、个性化教育为特色的康巴什新区学校越来越多，初见成效，为优质学校建设积累了经验。传统文化、草原文化、民间文化、科技文化、生态文化、环境文化、节能文化等主题素材,其实都可以为学校教育所吸纳,为优质学校建设提供可参考的视角。

优化课堂教学,是培育和塑造城市教育品牌的基础。中小学生的课业负担过重,一直是舆论关注的焦点。解决这个问题,只有一条路径可走,那就是切实研究、大力解决课堂教学的效益与质量。解决这个问题,不能靠形而下的手段,即推行教学模式、教学法之类浅层次甚至有违教育规律的办法,只能靠形而上的举措,即加大教学研究的力度,用科学而有效的课堂教学艺术唤醒学生的求知欲与好奇心,增强课堂的魅力,优化教学的流程,追求低负担、高效率、低耗时、高质量的教学境界,实现学生在教育实践中的积极成长。

挖掘本土名师,是培育和塑造城市教育品牌的关键。教育发展,教师为上;教师发展,名师为重。名师关键不在于凭空硬生生地造,而在于将教学实践中深受学生喜爱,在国内有真正知名度的名师挖掘出来,为其健康成长创造适宜的环境,提供发展的平台。名师队伍建设十分重要,要有识别名师的慧眼,要有使用名师的气度,更要有对假冒伪劣名师"打假"的勇气和胆量。名师队伍建设应当遵循人才成长的一般规律,回归常识,营造风清气正的教育人才成长环境,坚决杜绝嫉贤妒能、任人唯亲的不良风气。

总之,办人民满意的教育,创康巴什新区教育品牌,就是要秉持以世界眼光谋划未来、以国际标准提升工作、以本土优势彰显特色的理念,让每一名孩子成长,让每一位教师优秀,让每一个课堂精彩,让每一所学校卓越。唯有如此,康巴什新区教育才能距现代化的目标越来越近,康巴什新区作为全市的科教中心城市的功能才能越来越凸显。(文章来源:《康巴什社会科学》2013年11—12月)

2013年暑期,康巴什新区教体局经过对新区教育整体发展思路的深刻思考,提出了"主体多元、立体育人"的教育核心理念。主体多元,实质上是对育人观、质量观、教育价值观的一个浓缩。育人观,就是指让每个孩子都有主体性、让每个孩子都有自信心;质量观就是让学生个性发展有特长,为全面发展打基础,让教师成为最佳的教师,让学生成为最佳的学生;价值观就是让学生快乐成长,为人生打好底色,让教育价值体现在未来。立体育人,这是方法论,就是构建从课内到课外、校内到校外、书本内到书本外的教育网络。

在这一理念的指导下,新区将建立并完善与之相应的决策团队、专家团队、执行团队、评估团队,各团队围绕"适合的教育才是最好的教育"这条主线,以"一校一品"工程为载体,逐步推出"塑造品牌教师、打造品牌学科、成就品牌校(园)长、锻造品牌德育项目、构建品牌教研体系"的网络化工程。

时任康巴什新区第一中学教师李美荣谈到一中的教育教学工作:

> 新区一中是在康巴什新区管委会、教体局的高度重视和关怀下创办起来的崭新学校,它凝聚了各级领导和社会各界的殷切期望和诸多心血。这才使这所新办校能站在较高的起点上,在较短的时间内步入较快的发展轨道。我们将认真贯彻落实康巴什新区教育体育局的教育精神,坚持用先进的教学理念指导学校的教学工作,注重培养学生的尝试、创新精神和实践、应用能力。

> 康巴什新区一中将牢固树立"让每一位学生都充分发展、让每一位教师都施展才华、让每一位家长都收获希望"的教育教学理念,精心打造人文校园、书香校园、活泼校园,不断增强竞争力,努力实现"一年具规模、三年显特色、五年创示范"的教育教学目标。

> 第一,以学生为主体打造高效课堂。首先,要体现出学生的主体地位。教师要尊重学生的个性,为学生的成长提供一个宽松和谐

的育人环境。课堂上要关注每一位学生,鼓励学生课堂上发表不同意见,保护学生的自尊心,激发学生的自信力。多对学生给予表扬鼓励,就会形成课堂上生生、师生的互动交流。在课堂上应该追求活动形式的灵活性,但更应该注意活动的有效性,不能为了活动而活动。还可以从学生获得信息的渠道是否具有多样性上来考察。教师在引导学生积极活动的过程中,应该努力扩大学生获得信息的渠道,让学生在搜集整理信息的过程中得到有效的训练,从而使学生的学习能力不断地提高,有效地促进学生的全面发展。其次,老师要让学生体验到成功的愉悦。当学生出现不尽如人意的时候需要教师去努力寻找他的闪光点,去鼓励他,激励他。当学生失去自信心的时候,用真情去开导他,当他有了一点进步的时候,就热情地去赞扬他,使他看到自己的优势,体验到成功的愉悦。只有这样,学生才会充满自信地去迎接学习的挑战。再者,要体会到研究的魅力,为高效课堂奠基。教师要提升自己的研究能力,在不断地研究中体会到研究的魅力。教师水平越高,就越解放。对于这点李强校长指出:要想使自己的研究尽快地转化为能力,在研究中还要注意广泛地积累和占有资料,把报纸、杂志和别人的经验都看成是自己的宝贵精神财富,并经过观察、思考和不断的总结,努力使其成为指导提高自己的精神食粮。

第二,全面落实差异教学不让一个学生掉队。学生是有差异的,而教学则要求所有学生都有所发展(包括困难学生)。而"分层递进",就是一种强调适应学生个别差异,着眼使各层学生都能在各自原有基础上得到较好发展的课堂教学。我校在实践的过程中,要求我们的教师要处理好知识的系统连贯和课与课之间的衔接联系,且采用分组协作,又一定要把握好协作的"度",同时,还要进一步加强课外辅导与课内的协调。

第三，实施尝试教学法为学生的成功奠基。一是创设尝试情境，激发求知欲望。老师应为学生主动尝试学习，建构认知结构，进而培养创新能力创设良好的情境，使学生在情境中激发求知欲望。从教学实际出发，创造与教学内容相适应的情境，达到陶冶学生审美感受，激发学生阅读、学习兴趣，帮助学生正确、迅速、深刻地理解教学内容，提高教学效率的目的。二是提供尝试条件，培养创新精神。教学中，教师要为学生提供探究问题，学习新知识的条件，在课堂上，教师应尽可能地减少对学生的束缚，使学生在老师的指导下，通过自己的努力，以及与同学的共同探索，发现知识规律，培养创新精神。教师的职责主要不在于"教"，而是应起"导演"的作用，如何引导学生"去学"；不能满足于学生"学会"，而是更重于如何使学生"会学"。三是注重尝试过程，培养思维能力。学生在通过尝试得出结论的同时，尝试的过程是不容忽视的，它对于培养学生的思维能力是任何教学手段都不可替代的。

第四，提升教研水平强化教学实效性。以尝试教学研究为中心，教研科研有机融合，通过课堂教学实践形成一些典型性、普遍性、现实性的问题加以探索和研究，各教研组、备课组积极制定好各组的课题计划和活动计划，做到有准备、有主题、有质量，坚持理论与实践相结合，在深层次上开展教学研究、教改试验，实现教师人人有研究的课题。通过学校教师QQ群、校讯通、公共邮箱、个人邮箱和博客群初步形成网络教研格局，为教研交流、信息发布提供一个好记且私密的沟通平台。进一步加强教师业务学习，提高教师的业务能力，全体教师在课堂教学中做到"六个有效"（有效备课、有效选题、有效训练、有效讲评、有效自学、有效补差）；教学手段上抓好"五个关键点"（常考点、新考点、失分点、能力点、支撑点）。认真学习、把握和运用课标、教材，认真研究近几年的鄂尔多斯中考试题，

特别要研究所教学科的新课程标准,做到以新思想、新理念来统领教学。把教学"五认真"真正落实到教学管理的全过程(认真备课、认真上课、认真选编、认真辅导、认真组织考试)。

2013年,康巴什新区第一中学、北京师范大学鄂尔多斯附属中学的中考取得了全市第一的好成绩;其高考取得本科上线率全市第二的好成绩。在全市实验考试、小学科学实验抽考、信息技术考试中新区均取得了全市第一的好成绩。

在经历了从无到有、从有到优的华丽蜕变后,2013年,新区教育迎来新一轮检验——北京师范大学鄂尔多斯附属学校(高中部)第一批高中毕业生参加高考,新区一中第一批初中毕业生参加中考。令人欣喜和振奋的是,随着中高考两场大战的尘埃落定,新区以位居全市前列的优异成绩实现了漂亮的"开门红",为声名鹊起的品牌教育再一次别上了一朵漂亮的小红花。

今年是新区首届高中毕业生参加的高考年,也是新区首次承办全国高考考务工作的一次高考年。北京师范大学鄂尔多斯附属学校(高中部)共有127人参加高考,其中115人上了本科线,本科总上线率为90.6%,位居全市第二。该校的乔柏阳同学更是被对外经济贸易大学、首都经济贸易大学、北京理工大学、上海海事大学同时录取。

新区今年的中考成绩同样傲人。北京师范大学鄂尔多斯附属学校参加中考人数为465人,最高分为757分,考入市一中人数为64人。新区一中参加中考人数为54人,考入市一中6人,考入北京师范大学鄂尔多斯附属学校17人。

2007年9月,北京师范大学鄂尔多斯附属学校的成立标志着新区的教育事业从高起点启航。六年来，新区一所所学校如雨后春笋般拔地而起，新区的本土教育也在吸取、借鉴了优秀教育资源的基础上，走出了富有特色的高品质教学之路。而2013年的中高考更是让新区大放异彩，毕业生们以优异的成绩让新区教育再一次熠熠生辉。

"我和孩子的爸爸都在新区上班，当初是为了方便才让孩子来新区读的初中。说实话，当时我们真担心新区的'小班化'，是数字意义上的'小班化'。后来，随着时间的推移和学校与家长之间交往密度的不断加大，我们不仅了解了学校'小班化'，生动活泼、主动和谐的教育形式，而且看到了'小班化'对孩子学习成绩、个性发展和综合能力的提高起到的明显效果。今年中考，新区学校更是用实实在在的成绩展示了'小班化'的教学成果。作为家长，当得知孩子被市一中录取的那一刻，除了对学校、对老师的感激和感谢之外，我挨个给身边的亲戚朋友打了电话，告诉他们，让孩子到新区学校就读，绝不会后悔！"学生家长王华娟这样告诉记者。

"小班化"教学是新区教育的一大特色，要求班容量小学控制在35人以内、中学控制在40人以内，师生比例控制在1:8的范围内。"小班化"教育有利于拓宽学生的活动空间，丰富课堂教学组织形式，强化积极的人际互动，关注学生的个别差异，从而有助于培养不同层次学生的学习兴趣、学习习惯、学习能力、创新精神和创新能力，充分调动学生学习的积极性，挖掘其内在的潜能，激发其主动探究的欲望，促进每一个学生全面而富有个性的发展，让学生充分享受各种教育资源。正因为 "小班化"教学的严格保持，才保证了新区教育的优良品质。

在新区的教育事业规划里，"努力把新区建设成为我市教育国际化的先导区、教育现代化的示范区、优质教育的集聚区"既是现实

所需的物化目标,又是科学发展的内涵"名片"。在新区这个蕴藏着巨大能量的花坛内,相信,通过"条件现代化、教学小班化、师资专业化、管理精细化、学校品牌化"的精心栽培,无数的莘莘学子如绽放的绚烂花朵,会引来赞誉无数;具有新区禀赋的品牌学校、品牌教育会声名远播,越来越响!(文章来源:《康巴什》2013年第3期)

2014年,在"主体多元、立体育人"的目标引领下,康巴什新区的基础教育进一步发展。

在学校管理方面,康巴什新区的学校规范管理和特色发展同步进行。2011年康巴什新区教体局提出了用三年的时间规范学校管理,各学校也以规范建设年为契机,积极响应,多管齐下,基本走上了规范化轨道,并向内涵、特色发展。如北京师范大学鄂尔多斯附属学校的教学管理、第一小学的书香校园建设、第二小学的家长工作、第三小学的养成教育、第四小学的快乐教育、第五小学的主题阅读等。思想引领已经成为学校管理的核心和灵魂,正在潜移默化地影响着学校师生的行为。

康巴什新区第一小学提出了以"真爱育真人"的办学思想,学校通过共读苏霍姆林斯基的《给教师的建议》以及霍懋征的《没有教不好的学

图2-16 康巴什新区第一小学校园
(图片来源:康巴什区第一小学提供)

生》等书籍,通过召开读书交流会,讲爱的故事等活动,正在将以"真爱育真人"的思想变成老师和学生的自觉行动;第二小学通过每周一次的环节干部读书交流会、教师共读一本书、家校持续交流互动、幸福五娃评选等活动将幸福教育的理念渗透到学校管理的方方面面;第三小学将关注师生的精神成长作为教育的出发点,努力践行赏识教育,将"优雅阳光、自信大方"作为学生的培养目标,通过课堂教学、课外实践等方式来实现学生的培养目标;第四小学提出快乐教育,并且通过人文关怀、乐动课程、多元评价来推动快乐教育的实施。这些思想和理念正在潜移默化地影响和引领着师生的行为,并且逐渐变成了一种文化的自觉。

康巴什新区第二中学老师彭玉霞在谈初中班级管理时讲:

班级管理在学校教育教学中有举足轻重的地位,班级管理的好坏直接影响班级的教育教学质量和学生的全面发展。

要进行班级管理,第一,要做到全面、快速了解每位学生。每接一个新班,先要建立班级学生档案,档案上应该包括学生所有的基本信息和资料。班主任力争在最短时间内熟悉这些材料,对每个学生的基本情况进行细致的了解。然后,班主任利用军训、课余时间和每个学生聊天,通过细致地观察,了解学生在学习生活中的习惯、表现和情绪变化规律,进一步掌握每个学生的性格,以便在今后的管理中针对不同的学生特点有切实有效的方法,从而及时、有效地开展教育工作。第二,要细心倾听,耐心沟通。在班主任工作中,"倾听"充分了解学生情况。班主任应是学生的良师益友,作为班主任不仅要传道授业解惑,还应像朋友一样善于倾听学生的心声,了解他们的内心世界,随时随地同学生"换位思考",想其所想,晓之以理、动之以情、导之以行,平等沟通,耐心指引,这样才能真正成

为学生们学习生活中的益友,并教育学生关心、爱护班集体,培养强烈的集体荣誉感。第三,要真心关怀,客观评价。学生需要关爱,而诚挚地关爱来自班主任亲切的话语,细致入微的体贴和关怀。学习生活中,难免会出现一些情况:学生之间闹矛盾,学生遭遇挫折,班级某种不良风气显现等,更需要班主任亲切、真诚地关怀。发现不良情况,班主任应主动接近学生,关心爱护学生,所谓的"亲其师,信其道",一切事情就会迎刃而解。班主任将会成为学生信任和爱戴的老师,并在今后学习生活中作为榜样加以仿效。同时,班主任对每个学生客观公正地评价,有利于学生树立前进和战胜困难的勇气,促进学生健康地成长。第四,确立班级发展目标,重视班委班风建设。对于一个班集体而言,没有目标,就如无源之水,无本之木,做事就没有动力。制定班级发展目标不能由班主任一人说了算,要由班级同学共同制定,体现学生是班级的主人。制定切实可行的目标,学生就会自觉克服缺点,团结协作,为实现共同目标而努力。

北京师范大学鄂尔多斯附属学校高琴在谈小学班级管理时讲:

首先,班主任要爱学生。在平时的班级管理中,作为班主任要多倾注一些爱,让爱唤起他们学习和生活的自信心。小学生处于儿童期,身体发育尚不成熟,心理发展处于较低阶段,特别需要班主任对他们的关心和爱护。爱学生,主要是培养学生的亲情意识,在充满爱的环境里健康成长;爱学生,就是充分利用正面的教育和循循善诱的引导,让学生不断发扬自身的优点和长处,学会用积极的态度去克服缺点和不足;爱学生,就是使学生树立爱心意识,在社会、学校和家庭里都用一颗充满友爱、热情之心,去面对每一件事,每一个人。要多把爱洒向家庭有实际困难的学生,让他们从班集体中感受到大家庭的温暖。给学生营造一个温馨、和谐的班级氛围。其次,班主任要和家长通力合作,家校合力,培养孩子良好的学习生活秩序。包括帮助学生养成良好的学习习惯、培养学生具有良好的品德。第三,班主任要以真诚的情感激励学生。要做好新时期的班主任,就要了解当今不同年龄阶段学生的心理特点,特别是情感特点,要在不断地学习中,用真诚言行教育学生,使学生获得良好的情感体验和被尊重的心理感受。

班主任在平时工作中,注重学生情感倾向,特别是对性格暴躁,自尊心过强的孩子的引导。所以培养孩子自信、自强,做学生的好朋友成为班主任的一大乐事。

在教学工作方面,康巴什新区各学校都根据本校实际出台了相应的教学管理制度和流程,并且在不断地完善,尤其是第二中学的教学管理系统完善便于操作,第一小学、第三小学、附属小学校教学三年规划科学合理值得借鉴。新区各学校一把手都高度重视教学工作,各校相继建立了校领导兼课、听课制度。校长听课已远远超过评估细则要求的每学期60节,第一中学校长李强和第二中学校长王玉琼听课都能达到150节以上,第二中学副校长白江桥达到190节,校长们针对听课中发现的问题进行专题讲座。除此之外,环节以上干部的示范课,给予老师们的不仅是课堂教学的指引,还有内心情感与精神的鼓舞。第四小学副校长王晓丹、附属小学主任张丽红、何涛都亲自带课、讲示范课、听课记录达80节。第一小学校长王蕾蕾每天穿梭于各个教室之间,对青年教师听课指导,每一次教研中心组织的教研活动王校长都亲力亲为,从不缺席;第二小学校长洪岩不定期地听推门课、师带徒课、参加学校课题研讨;第三小学校长刘小霞对学校的研究性学习更是了如指掌,每一次的听课、研讨、交流都要参加。

各学校的教学工作更是强调从细节入手,强化备课环节。首先是各校对于备课的分类更为细致,如学期教学计划、整册教材梳理、单元计划、课时计划。各中学特别善于利用集体备课的时间来让同学科的老师们对整册教材单元目标先有整体的认识。第一小学、第三小学学期初组织教师梳理整册教材,教师对教学内容、课前五分钟训练、课间游戏、知识拓展延伸等进行整体规划,具有课堂教学前置性。其次是青年教师备课质量高,工作精益求精。各中小学能在开学之初就备课方面进行细致培训,青年教师在备课时从知识技能、过程方法、情感态度三个维度确定教学目标;教师写教案,书写认真、规范,板书设计精美,及时进行二次修改补充和教后反思。第二小学青年教师的教案书写规范,字迹美观,板书设计精美,教学设计思路清晰,重难点突出,是青年教师的示范。再次是教师有教学反思意识,第一中学教师的教学反思质量普遍较高,学校特别重视教学反思的整理与积累,每一次大型的讲课活动之后既有教师深刻的教学反思,又有校领导深刻的总结发言,这样就让活动的主题更加鲜明,活动的意义更加深刻。第五小学和第三小学在此也有自己独特的做法,第三小学要求教师每一课写出具体的得与失,每一单元认真写一次教学反思;第五小学业务校长组织专题研讨会指导教师如何写反思,教师的反思着眼点小,有针对性,能结合教学具体记录课堂教学的小问题、小现象、小收获。

关于提高教学质量,康巴什新区第一中学教师张玉庭谈道:

　　教育教学质量是一个学校生存和发展的前提,也是评价一所学校优劣的重要依据。首先,加强制度管理和激励是提高教学质量的保障。学校需要制定完备的规章制度来调控师生的教育教学行为。例如,康巴什新区第一中学建校三年,特别重视制度建设。在"创造幸福教育,享受教育幸福"办学理念的指导下,经过全体教职工近三年的努力,逐渐形成了幸福德育、幸福课程、幸福教学、幸福行政四大管理板块，各科室都形成了比较完善的制度，如教科室17个制度，德育处35个制度，综合办15个制度，工会5个制度，各项年度力求科学、合理、有效，为学校的教育教学保驾护航，真正做到管理横向到边，纵向到底。其中教科室的制度主要是指导、监控、评价、激励教师的教学，德育处的制度主要是管理、规范师生的行为，综合办和工会的制度保障后勤和对教师的人文关怀，总之学校的教育教学以制度为指导，在制度下得以监督，用制度完成评价，用这些制度推进学校工作，挖掘教师潜能，增强教学的后劲，从而实现依法办校，让全校教师有"智者不惑，仁者无忧，勇者不惧"的职业归属感和幸福感，从而真正践行我校"幸福教育"的办学理念。

其次，加强教师的专业成长是提高教学质量的关键。康巴什新区第一中学特别重视对教师的业务培训，而且形式多样，内容丰富。从讲授人员上来看，我校采取知名专家、本土专家和草根教师相结合的原则。三年来，学校先后邀请知名专家讲学、培训，钟琪"如何提升教师培训的实效性"、余映潮"板块式语文教学"、刘银华"和谐教育—教师职业幸福的生成"、洪锡寿"你在为谁工作"。也邀请本地名师，安排我校一线骨干教师登台主讲，如鄂尔多斯名师荣赛娜、奇斯琴老师，我校李杰老师"班级管理心得"、张玉庭老师"累并幸福着"、王新梅老师"我的二班"、贾丽清老师"以水一样的情怀，做山一样的事业"、马言国老师"走近孔子，走进孔子"，以自己的教育故事谈自己的职业收获和职业幸福，老师们感同身受，特别是对年轻老师启发很大，感触颇深；从培训形式来看，形式多样，如专题培训、教师讲座、教师研讨、业务考试、教学风采等，让教师始终有新鲜感，并且争取让每一位教师都学有所获，学有所得；从培训内容来看，既有高端大气的先进教学理论的培训，又有朴素实用的教学、教育管理经验的展示，也有温暖幸福的教育故事的分享，还有创新课堂教学的探索等等,业务培训从教师的内在需要出发,立足于学校的实际需要,使我校教师的教育观念得到更新,能力得到提升,问题得到解决。另外,我校大力号召全体教职工要好读书,读好书,通过"书香浸润人生"系列活动,打造书香校园。学校还制定《青年教师培养计划》,通过业务学习、集体备课、师徒结对、同课异构、基本功大赛等多种形式帮助青年教师尽快实现角色转换、专业成长。

再次,强化集体备课和教学落实是提高教学质量的核心。首先依据《康巴什新区一中集体备课制度》规范我校各学科备课组的集体备课的流程:活动策划→个人自备→集体研讨→二次备课→教学实践→教学反思。教学后记要有针对性,做到言之有物。其次为了使集体备课能够真正落到实处,各备课组务必做好"四定"(定时间、定地点、定内容、定中心发言人);"五统一"(统一教学目标,统一教学重点、难点和关键,统一课时分配和进度,统一作业布置、训练和活动,统一单元测试或阶段性诊断测试)。同时行政领导蹲点参加备课组的集体备课,对自己所负责的学科的集体备课进行监督、指导和评价。另外,邀请新区教研中心的教研员参加我校备课组的集体备课,对我校各学科的教学进行诊断、指导。通过近一年的强化,我校的集体备课让老师们感到集体力量的强大,也得到教研员们的好评。

最后,丰富的二课活动是提高教学质量的必要补充。康巴什新区第一中学从建校以来,就特别重视学生的课外活动,争取让孩子们爱玩,更要会玩,要玩得高雅,玩出水平。学校共有22个社团,数量多,内容丰富(文、体、艺都有涉及)。学校要求三个年级的同学根据自己的兴趣和特长,最少报名参加一项社团活动,学校选聘业务精湛的专业老师在每天下午5:20—6:00进行授课,文学社的激扬文字、话剧社的激情四射、书画社的挥毫泼墨,运动场的飒爽英姿等,都是我校的亮丽风景,一年一度的校园艺术节,所有精彩节目就是孩子们社团学习成果的集中展示。

总之,教学质量的提高是一个系统工程,需要各科室、各年级、各学科全体老师的通力合作,既要有制度的保障,又要有个体的努力。同时教学质量的提高又是循序渐进的过程,既要有高远的目标,又要有务实的推进,既不能急于求成,也不能止步不前。我相信在我们全体师生的努力下,康巴什新区第一中学的教学质量一定会更上一个台阶。

康巴什新区第五小学校长蔡成瑞关于课程体系建构的思考(节选):

课程是学校生存与发展的根本所在,没有好的课程设计和有效的课程实施,就没有学校教育的高质量,更谈不上谋求学校长远发展之计,新区五小圆满完成了新建校启动工程,进入规范运行的阶段,构建清晰的课程体系,为学校的长远发展奠定基础。

我校的办学理念是"学习,从问号开始"。从问号开始的学习理念,还原了学习的根本途径,还原了思维的本质规律,还原了教育出发的原点,围绕办学理念确立的"好学、会问、有学问"的培养目标便是学校课程构建的方向指引。基于学校特色课题"主题学习"做课程建设的优势起点与助推动力,学校的课程建设不再局限于某一精品课程的单一打磨,而是深研办学实际现状,对学校全部课程进行整合,归类分层进行整体课程体系的综合建构。

三个类别(三大领域)分别是:拜问人文经典的人文确养类课程,追问科学之谜的科学素养类课程,叩问艺术殿堂的身心健康类课程。三层分别是:我好学的基础类课程,我会问的拓展类课程,我有学问的研究类课程。在明确了三类——三层的课程结构之后,学校进一步确定了课程的维度、内容、深化载体与目标定风。课程的

实施方式主要有课堂学习、主题阅读、选修课程、主题讲座、探究体验、主题研究、主题文化节等。

而三类三层的课程实施抓手就是学校的特色课程：主题阅读。主题阅读即主题学习，就是以各科教材为主，在单元"主题"上做文章，探索教材、教材之外的相关阅读、相关实践传动内容之间的主题共性，进行有机整合，系列规划。主题学习的结构是"一体两翼"，一体就是以教材为主体，"两翼"就是指主题下的拓展学习与实践传动。主题学习恰当地把基础课程与拓展课程以及研究类课程以主题进行整合，完成知识的向内纵深与向外延伸。

职业教育门类全

截至2014年，康巴什属地内另有职业类院校2所：鄂尔多斯职业学院、鄂尔多斯生态环境职业学院。

鄂尔多斯职业学院

鄂尔多斯职业学院（前身为原伊盟师范学校、教育学院、广播电视大学），2007年4月经自治区人民政府批准，2009年4月在教育部备案，由鄂尔多斯市人民政府兴办的一所公办全日制普通高等职业院校。2011年鄂尔多斯职业学院搬入康巴什新区新校区，至此，鄂尔多斯职业学院进入内涵式发展新阶段。

学院现设化学工程系、资源工程系、自动化与信息工程系、机械工程系、建筑工程系、人文系、基础部7个教学系部及内蒙古电大鄂尔多斯分校和1个国家职业技能鉴定所。学院开设民族传统技艺、煤矿开采技术（自动化开采方向）、机电一体化技术、汽车运用与维修技术、物联网应用技术、电子商务、应用化工技术、煤炭深加工与利用、建筑工程技术等38个专业。其中煤炭深加工与利用专业已通过国家"中央财政支持高

图2-17　鄂尔多斯职业学院教学楼
（图片来源：康巴什区教体局提供）

等职业学校提升专业服务产业能力建设项目"验收，机电一体化技术专业是2012年中央财政支持的职业教育实训基地建设项目。学院现有自治区精品课程4门，院级精品课程8门；在建的院级重点专业6个，精品课程23门，优秀教学团队4个。

　　鄂尔多斯职业学院构建"校政行园企"的办学机制，在办学过程中把企业引进学院或者把学生送到企业构建校中厂、厂中校育人模式。此外，学校组织开放日活动，组织学院生源基地的各合作中职学校师生到学院参观，开放实验实训基地，鼓励师生课余时间到实训车间或者实训室开展技能学习与培训，同时，学院实训基地向社会开放，培训社会人员和企业职工，为企业生产加工产品。这些举措，为全面推进校企合作、建立生源基地、广泛开展校际交流等方面发挥了积极作用，也为提升学院服务产业能力、共同培育人才、打通中职高职、专本科衔接，创造了持续发展的环境。

鄂尔多斯生态环境职业学院

2013年,鄂尔多斯市农牧学校正式从达拉特旗整体搬迁至康巴什新区。2014年,教育部批准在鄂尔多斯市农牧学校基础上成立鄂尔多斯生态环境职业学院。

鄂尔多斯生态环境职业学院的发展定位是全面适应自治区经济发展和产业结构调整,以农、林、牧、水类专业为优势,突出以生态恢复与建设、环境保护与治理、资源节约与利用为特色的多学科协调发展,重点构建覆盖农林牧渔、环保气象与安全、资源开发与测绘、水利、土建、制造、轻纺食品、旅游、财经等领域的专业集群。2014年9月开始首批高职招生工作。2014年12月,学院被评为全国环境教育示范学校。

学院深入开展校企合作,成立卫生、化工、机电等7个职业教育集团;推进"校企合作培养",企业技能人才进入院校指导教学,职业院校专业教师到企业实践。2013年7月,为对接市场,保障就业,使校企合作能够实质性地开展,鄂尔多斯市教育局组织开展"走经济开发区(园区)对接企业行业产业"活动。先后到蒙西高新技术产业园等8个经济开发区(园区)进行实地调研,召开现场座谈会,深入了解企业行业产业发展

图2-18 鄂尔多斯生态环境职业学院
(图片来源:康巴什区教体局提供)

图2-19　学生们在上实验课
（图片来源：康巴什区教体局提供）

状况和技能型人才需求情况。这些围绕地方主导产业在专业设置和办学模式上有益探索，既培养了地方企业需要的高技能人才，又拉动了就业，推动了地方经济社会的发展。11月，鄂尔多斯市人民政府在鄂尔多斯生态环境职业学院举办"企业招聘进校园专项行动"启动仪式暨大型招聘会，全市中职学校3000余名毕业生参加了招聘会。

学院秉承"修天地技能，塑绿色品格"的办学核心理念、"院企互动、产教互通、学做互生"的教学理念和"人本强校、精严兴教"的管理理念，探索职业教育发展的新思路。以"德育为先"为核心，加强学生日常管理和养成教育；坚持"技能为本"，深化"做学合一"的教学改革。

学院实行"校企合作"，通过订单招生、委托培养等形式，与神华集团、华能集团、中煤集团、国家电力集团及奇瑞汽车、青年汽车、富士康集团、伊泰集团、京东方集团等知名国有、民营企业建立了长期稳定的实习、用人合作关系，毕业生的就业率达到98％以上。

高等教育桃李初成

2008年,内蒙古大学鄂尔多斯学院正式成立,成为鄂尔多斯市高等教育进入新阶段的里程碑。内蒙古大学鄂尔多斯学院按照内蒙古大学的本科教学质量规范和管理制度从严要求,确保了良好的教学秩序和优质的教学效果。

2011年至2014年,学院教师共发表省级以上论文149篇,出版教材专著5部,参编著作及教材3部,获批内蒙古自治区级科研项目13项。获批6项发明专利和4项使用新型专利。2014年学院教师和学生在全国大学生数学竞赛、中国机器人大赛暨RoboCup公开赛、全国大学生数学建模竞赛等各类比赛中获得国家级奖励22项,内蒙古自治区级奖励39项。

在招生与就业方面,2011年,学院成立了毕业生就业工作领导小组,学院就业指导中心还组织开展了为期一个月的创业培训,举办了第一届公务员模拟考试,邀请用人单位举行专场招聘会12场,组织学生参加在呼包鄂等地举行的大型人才招聘会5次。2012年,学院招生报到488人。学院积极开展就业指导、职业咨询和专业技能岗位对接培训,7月,学院首届483名毕业生顺利毕业,毕业生一次就业率达92%。2013年,学院招生报到521人,2013届毕业生一次就业率达91%。2014年,学院新增机械工程和汽车服务工程两个本科专业,本科专业达到11个,初步形成了以工学为主,艺术学、管理学协调发展的学科体系。

内蒙古大学鄂尔多斯学院自成立之日起,就一直秉持内蒙古大学"开明、开放、开门"的办学理念,不断加强与社会各界及国外高校的交流、合作,取得了显著的成绩。2011年,蒙古国教科文部副部长库兰达女士、蒙古国总统顾问伊照日格图、诺贝尔物理学奖获得者、美国斯坦福大学教授道格拉斯·奥谢罗夫、日本向阳学院关野美代子、韩国青云大学对外协力处处长崔昌源教授、国际教育学院林泰显博士、德国纽伦堡艺术学院考察团、日本鸟取大学考察团及国际书法联盟各国（地区）艺术家访问鄂尔多斯代表团先后到学院进行访问交流。3月7日,韩国全州VISINON大学洪淳直总长、李昌植部长访问学院,代表VISINON大学与学院签署了《内蒙古大学鄂尔多斯学院与韩国VISION大学友好合作实施方案》。学院开展了合作培养研究生教育和继续教育,扩大了办学类型,与企业签署合作协议,挂牌成立了25个校外教学实习基地。2012年,武汉理工大学校长张清杰、中国矿业大学教务处处长高井祥、辽宁大学商学院院长唐晓华等到学院交流访问,与学院领导就科研合作、科技创新及人才培养等深入交换意见,达成初步合作意向。韩国能率协会教授曹秀根、美国西部研究所行政总裁DonaldW.Collins、中国台北大专体育总会高校交流访问团及内蒙古大学2012国家孔子学院奖学金来华留学生"感知中国"内蒙古自治区经济文化社会体验团到学院进行了访问交流。学院邀请中国人民大学国际关系学院教授金正昆等知名专家学者举办讲座10次。邀请合肥工业大学教授陈无畏、宁夏大学教授陈育宁、内蒙古大学教授刘永信、瑞典隆德大学研究员刘炬、武汉理工大学教授卢红、内蒙古军区文工团国家一级作曲家刘庆欣等专家学者举办学术讲座24场。2014年,学院获得《聘请外国专家单位资格认可证书》,随后聘请乌克兰籍外教进行钢琴教学,填补了学院无外教的空白。内蒙古大学与台湾彰化师范大学签署《合作交流协议》,协议由内蒙古大学鄂尔多斯学院与台湾彰化师范大学相关院系具体实施。

特色学生工作方面,学院通过开展心理健康问卷调查、"5·25"心理健康宣传月活动及举办心理健康教育讲座等,进一步完善了学生心理健康教育服务体系。学院邀请内蒙古应用心理学研究院心理咨询与治疗专业委员会讲师团,坚持把心理健康教育经常化、科学化,形成了心理健康教育的长效机制,召开身体残疾等不同类别学生座谈会,开展了

图2-20　内蒙古大学鄂尔多斯学院主楼
（图片来源：康巴什区教体局提供）

谈心谈话活动。解决了学生中的各种心理问题。2012年，学院启动了大学生心理教育信息平台，学生心理健康教育体系得到提升和完善。

2013年，学院举办第三届社团文化节，第四届校园文化节，"青春飞扬"旅游文化主题晚会，"精恒杯"汽车知识竞赛，冬季越野赛等各类文体活动87次。5月20日，参加内蒙古大学进行的"中国梦·感恩行"主题演讲比赛。6月18—20日，在第二届高等院校蒙古语汉语书写诵读中华经典选文比赛内蒙古大学分赛决赛，学院团委被中共鄂尔多斯市委宣传部、市精神文明建设委员会和市红十字会评为鄂尔多斯市首届志愿服务之星集体。

学院充分发挥高校"两课"、主题班团会、新生入学教育等思想政治教育阵地的作用，组织开展了"我的中国梦"主题团会、"与信仰对话"主题教育实践活动、"保护母亲河、爱我鄂尔多斯"大型植树活动等系列大型活动。还举办了第四届校园文化艺术节暨鄂尔多斯大学生校园歌手大赛、第五届主持人大赛、汉字听写大赛、全区大学生辩论赛内蒙古大

图2-21　内蒙古大学鄂尔多斯学院首届计算机应用大赛
（图片来源：康巴什区教体局提供）

学鄂尔多斯学院选拔赛、导游风采和技能大赛、电子产品设计大赛、砥砺之音系列晚会、感恩晚会、桥梁模型大赛、春季趣味运动比赛、广场舞等丰富多彩的校园文化活动。

分阶段总结新区教育发展历程，可以肯定地说，新区教育事业正在实现由小到大、由弱到强的历史性转变，已初步构建起从学前至高等、从普通到职业的较为完善的教育体系，教育事业的战略地位日益突出、办学条件明显改善、教师队伍人心凝聚、各项工作齐头并进，呈现出良好的发展态势和巨大的发展潜力，具备了打造区域教育中心的基础和条件。

三、吹响冲锋号角　绘就发展蓝图

在经济发展新常态下更要认识到教育发展新常态，而教育的最大的新常态就是回归本质，育德为先，德才兼备，要把立德强能，提高教育教学质量作为根本主题，要围绕"培养什么人、怎样培养人"，深刻思考教育事业在经济社会中的地位和作用，更加理解和满足老百姓对子女接受更好教育的新期盼，要进一步增强加快教育改革和发展的紧迫感和责任感。

积极适应新常态,科学引领新常态,确保全市教育工作再上新台阶,鄂尔多斯市召开全市教育工作会议部署全市教育工作要点:一是以立德育人为教育的根本方向,要把思想品德教育融入课堂教学、学生管理和学习生活各个方面,要推进课程体系、教学内容和教学方法改革,要全面开展经典诵读活动,强化公民意识、公民素养、公民教育,要注重品德、智力、知识、能力相统一的学生评价体系建设。二是以多元化理念推动学前教育健康快速发展,要更加注重民办幼儿园的建设、帮扶工作。三是以信息化推动基础教育均衡发展,借助并应用好远程教育系统,让不同学校的孩子身临其境享受全市乃至全国优质教育资源。四是以骨干精品专业建设推动高等教育和职业教育快速发展。五是教师队伍建设带动教育教学质量提升,着力培养一支懂教育、有经验、善管理的校长队伍,加快提升教研员的教研、指导服务教学的能力,要加强教师的在职培训,特别是加强教师的品德、作风、能力精神。六是以校园足球带动学校体育发展,以足球为驱动,带动其他体育项目,让学生一生中有一项运动伴随终身。七是要坚持依法行政、依法治校,要坚持教育优先发展,保证教育的法定投入,认真开展督导检查、安全教育及党风廉政建设。

时任市教育局局长樊俊平作了《深入实施立德强能工程,不断深化教育综合改革,全面推进鄂尔多斯教育转型发展》的工作报告。他指出,从教育发展主要矛盾的变化和教育发展基础看,全市教育已经步入转型发展新阶段,即从以基础建设、规模扩张为主向以提高质量、优化结构为主转变,要实现教育的科学发展、均衡发展、内涵发展,要牢固树立教育环境也是投资环境的理念,要着力打造凝心聚力,吸引人才的地方教育名片,实现建成国家西部地区教育强市的目标。面对新形势、新要求,他强调,实现全市教育转型发展,要以立德强能为主线,以完善教育治理体系和提升教育治理能力为切入点,力争实现"五大转变"目标。

立德强能，就是既关注学生知识积累、实践能力和创新能力的培养，更要关注学生行为习惯、思想素质和道德品质的养成；既关注教师的专业成长和发展，更关注师德素养的提升。完善治理体系和提升治理能力，要坚持人本化原则、服务性原则和精细化原则。五大转变，就是评价方面，从片面追求升学率转向追求人本价值和终身发展；师资方面，从片面追求专业技能转向师德素养和专业能力提升；学生培养方面，从标准化模式转向个性化、多样化培养；质量评价方面，从注重学科成绩转向个性特长和综合素养；管理方面，从依靠行政手段转向思想引导和专业引领。

他表示全市教育工作的总体要求是，围绕"推进立德强能，提高教育质量"这一中心，着力促进教育公平、着力调整教育结构、着力强化依法治教，全面深化综合改革，全面推进教育转型，全面加快教育治理体系和治理能力现代化。主要任务：一是把方向，落实立德强能根本任务，重点是贯彻落实好市人民政府即将出台的《关于深入实施立德强能贯彻的实施意见》，就师资建设、德育体育美育等工作进行安排部署，特别指出，市里要制定《中小学行为规范》和《中小学文明礼仪规则》，引导学生养成文明行为习惯，要认真学习习近平总书记系列讲话精神，践行社会主义核心价值观，建立完整的德育课程体系。二是转观念，深化教育领域综合改革。重点是建立政府管教育、学校办教育、社会评教育的新格局；重点推进全市中小学课程建设与管理工程，抓好教育教学和考试评价制度改革。三是促转型，促进各级各类教育协调发展。今年的重点是组建鄂尔多斯应用技术学院。四是保基本，为推进教育改革发展提供保障。包括学校建设工程、校园安全管理、教育惠民工程等。

时任康巴什新区教育体育局局长郝凤林在谈到康巴什新区教育的发展时讲：

要保证"十二五"新区基础教育优质发展。首先,要发挥三个优势。在未来五年,保证新区基础教育持续更好地发展的优势主要体现在三个方面:一是硬件水平。经过几年的建设和发展,新区基础教育在硬件建设上发生了根本性的变化,巨大的资金投入,基本上保证了基础教育的办学条件,新区教育正在向现代信息化方面迈进。二是软件水平。新区教体局成立后,实行"优势互补的干部教师资源的调整性配置"已经开始产生明显效果,基础教育与周边旗区的起步差距逐步缩小。三是外部环境。内蒙古自治区已被纳入国家发展战略,无论从政治、经济环境上看,还是从对各种人才的水平和境界的要求看,都为新区基础教育走向现代化开辟了光明的前景。

"三个优势"中的前两个优势是康巴什新区基础教育高起点发展的内部环境,是基础;后一个优势是决定未来康巴什新区基础教育获得持续更好地发展的外部环境。认识和把握这两个环境的现

图2-22 时任康巴什区教体局局长郝凤林(右三)深入课堂指导教学工作
(图片来源:康巴什区教体局提供)

状和变化走势，并不断促其成为更有利于推动康巴什新区未来基础教育持续更好地发展的环境优势，这是一个战略上的必需。

其次，要落实三个课题。目前，新区基础教育领域正在开展三大课题研究，亦即"现代信息技术学科整合研究""学生良好习惯养成研究"和"有效课堂教学研究"。这三大课题研究直接地作用于中小学的课堂教学。虽然三大课题的研究刚刚起步，但其研究的价值和作用则是巨大的。如果这三大课题研究真正地落在了实处，取得了预期的效果，那么康巴什新区的基础教育将出现蓬勃生机，蕴含着无限潜力。

"现代信息技术学科整合研究"是新区与北京师范大学等院校的合作项目。这项应用性的研究不仅能更新现有新区基础教育的教学软件，使课堂教学走上现代信息化轨道，而且将改变教与学的方式，转变教师的教学方式观和学生的学习方式观。以现代化信息技术为支撑的课堂教与学，将使传统的新区基础教育课堂教学面貌发生根本性、革命性的转变。

"学生良好习惯养成研究"包括对中小学生的良好的生活习惯、行为习惯和学习习惯"三大习惯"的养成。"三大习惯"研究已经作为新区基础教育的一项基础性工程。同时，在基础教育阶段为学生打下坚实的"三大习惯"基础，也是对学生未来生存和发展负责的一项目标性工程，是办人民满意教育的实在之举。将"三大习惯"的养成教育纳入德育、智育、体育、美育以及劳动教育，这是新区在基础教育的目标和实现目标手段上的新认识。如果此项研究达到了预期目的，康巴什新区基础教育便获得了可持续的更稳、更好、更快发展的基础。

"有效课堂教学研究"是新区围绕提高课堂教学效果，以便为学生更好地发展而采取的果断选择。有效教学研究的内容包括"有效

备课""有效上课"和"有效教学反思"三个部分。"有效教学研究"是一项立足于课堂教学、导引教师不断专业化发展的可行之路。这项研究如能始终如一地有效开展下去，不但我们的课堂教学能获得不断优化的效果，而且还能逐渐形成一支有实力、有境界、有成就、有影响力的优秀教师群体。

"三大研究"相互联系、相互作用，并形成一个影响和作用于新区基础教育、保证学生全面、和谐、健康发展的强势。无论新区基础教育的内外环境如何变化，这三大研究都不能动摇。只要将这三大研究更坚定、更清晰、更有效地进行下去，康巴什新区的基础教育就会形成真正的强势，才会有真正的魅力。

此外，组织指导新区教育的专家团队，与北京、上海等地顶尖教育专家和学校建立合作关系的发展模式，已经步入了正轨。他们依据新区经济社会和教育发展需要而制定的若干重大教育改革战略和策略将陆续出台并付诸改革实际，这些来自我国教育学术高端的改革思维毫无疑问地为新区的教育发展提供了发展的新动力，必将推动新区教育进入更加广阔的发展天地。

再次，要挖掘三个内涵。走进"十二五"，新区基础教育应该是"内涵发展"的教育，即均衡的、开放的、有特色的教育。"均衡"意味着新区的基础教育不仅要实现办学条件在硬件上的均衡，更要逐步实现办学条件在软件上的均衡，也就是实现在"教育智慧"上的"均衡"。这是保证使受教育者获得均等的学习条件和机会的关键因素。教学实践中，我们发现，教师的"智慧教育"对学生的发展起到了不可估量的作用。因为，单纯的物质条件的"均衡"，不能真正地满足学生的发展需要；只有在"教育智慧"上也尽量地实现"均衡"，这才算是为学生提供了真正的"均等"。

"开放"意味着新区的基础教育不仅仅是"吸纳式"的，更应该是有影响力的"输出式"的。吸纳外在先进的办学理念、办学经验,输出内在的办学理念、办学经验,实现这"两个方面"形成交流和互补的局面,这是新区基础教育"开放"的真正要义。

"有特色"意味着康巴什新区的基础教育要办出新区的本土特点。发掘潜能,张扬个性,拓宽胸怀——这是未来新区基础教育做好、做大、做出特色的基本要求。更深层面上讲,"特色"意味着"创新","创新"就必须走基础教育的"研究之路"。

目前,新区基础教育在"均衡"方面成效显著。近些年所采取的一系列小班化教学策略,所进行的一系列旨在提升学校干部教师队伍整体水平的各种培训等,都是实施"均衡"策略的有效举措。今后,新区基础教育应该迈出更大的步伐,使"均衡"成为新区基础教育的显著特点。

开展三个联合。新区基础教育要实现内涵发展,必须认真对待和努力做好"三个联合",即"名师联合""校际联合""高校和教育研究机构联合"。

"三个联合"体现了新区基础教育的"整体""开放""均衡"的特点。"校际竞争"应该是"校际联合"后的"竞争",应该是"高校和教育研究机构联合"后的"竞争"。"联合"实际上就是"开放",就是要促成区域基础教育的均衡化。"封闭"的基础教育是不能获得真正意义上的发展的。获得高等院校及其科研机构在教育资源上强力支撑,让高校的教育科研植根于康巴什新区基础教育的实践层,使高品位、极具应用和移植价值的基础教育的科研成果直接惠及新区,保证通过基础教育科研提升基础教育的境界,从而形成康巴什新区基础教育的区域特色。

基础教育的性质和使命决定了基础教育必然是联合的、互惠的、均衡的教育。因此新区的基础教育必须进一步扩大联合步伐,

加大均衡力度,彻底打破基础教育领域的任何封闭保守的办学局面。联合的步子越大、联合的力度就会越大;联合的起点越高,联合的质量就会越高;均衡的幅度越大,均衡的效益就会越大。因此,一定要实现真正意义上的"三个联合",造成"三个联合"在发挥功能上的立体的、系统的、具有强大辐射力的态势,以此作用于康巴什新区基础教育的各个方面。

最后,实现三个提升。这"三个提升"是实践品位提升、经验水平提升和理论思维提升。

"实践品位提升"的唯一办法就是坚定地走"科研兴教、科研兴师、科研兴校"这条道路。"内涵发展"的办学实践必须是有"规划"的实践;"规划"又离不开科研性的设计。所以,学校发展的各样规划都应该纳入宏观科研思维之中。

"经验水平提升"是指在办学实践过程中要及时总结、及时反思。没有及时总结的实践必然是自然的实践,而自然的实践是不可能有真正的效果的。而经验总结水平的高低,又决定了每一次实践的效度和探进的深度与广度。

"理论思维提升"的目的是要获得规律性的发现。任何办学管理上的发现,任何教育教学规律性的探索,都是以理论的形态为其最后作为的。没有教育理论思维上的成熟,就没有教育实践上的深化,所谓基础教育的实践创新也不可能实现。只有教育理论与教育实践的统一才能更好地为教育发展提供动力。

实际上,"三个提升"都是围绕一个目标开展的,这就是基础教育的"内涵发展",而寻求教育内涵发展的根本途径就是进行教育科研。无论是教师的专业化发展、学生的个性和谐发展,还是学校的特色化发展,都离不开教育科研的力量。学校各个方面的工作都应该而且必须进入研究的境界,纳入科研的轨道。只有这样,学校的整体办学才有新希望、新突破。

东风吹来满目春,教育之花别样红。在鄂尔多斯市委、市政府的坚强领导下,新区教育人敢于拼搏,勇于挑战,锐意改革创新,新区教育必将继续稳步前行,在高质量发展的道路上阔步前进。

第二节 筑巢引凤 广纳英才

一、建机制"引才"

教师是立教之基、兴教之本。

坚持内涵式发展,不断聚集优秀教师和教育专家团队是康巴什新区教育的一大优势。师资是兴教的根本之道,新区始终注重高起点引进教育人才。

严把人才"引进关"。2011年康巴什新区启动了全方位引进和招聘优秀教师的计划,通过内培养、外引进、深挖掘等多种方式,跨地区、跨区域引进在教学科研上有很深造诣、成就斐然的区级、国家级优秀教师来新区工作。康巴什新区所有学校选拔校园长和教师主要通过从教育部直属院校招聘、考试招聘、引进三个途径。无论是哪种途径,高要求、高透明、公正、公开都是校园长、教师选拔的首要标准。

按照新区党工委、管委会对新区教育的总体部署要求,为体现新区教育的"高起点规划,高标准建设,高质量办学"的特色,依据《新区校园长及教师招聘计划》,引进名优校(园)长的标准是:符合"中学高级教师职称,5年以上中小学校(园)长或副校(园)长的管理经验,有先进的教育教学理念,年龄在45周岁以下"的招聘条件,并具备"静下心,想做事;懂业务,善管理;研究型,专家型"的校(园)长素质。通过笔试、面试、调查考核的方式,聘用业务突出的优秀校(园)长。他们的共同特点是:业务水平高——都有从教学一线的优秀教师成长为学校环节干部、副校长到校长的经历，堪称业务上的专家；管理能力强——在原学校无论是从事教学还是学校管理工作，都做出了重大贡献，在当地教育界及社会上有极大的影响力；执着做教育——他们都有赤诚的教育情怀，一直在教育上静心学习，潜心研究，成绩卓著，堪称学习型、研究型的校长。

教师招聘主要通过三种途径：一是招聘部属院校优秀毕业生，招聘小组的专家成员，深入北京师范大学、东北师范大学等教育部直属的几所师范大学，在投递简历的应届毕业生中，采用当场面试、模拟讲课、调查考核的方式招录优秀毕业生。二是考试招聘全日制本科以上师范类高校毕业生，通过委托第三方，采取异地出题、武警监考、专家评审进行笔试、面试。三是引进盟市级以上的教学能手和学科带头人，要求：引进教师必须是在中小学幼儿园工作的盟市级以上教学能手、学科带头人；现学历必须是大学本科以上且专业对口的一线教师；年龄在40周岁以下。采用聘请专家现场提问、讲课面试的方式，进行严格选聘。招聘的全程工作都做到了公开、公平、公正、择优，从校（园）长到教师的选聘，实现了百里挑一，好中选优。

二、搭载体"育才"

康巴什新区不仅大规模引进人才，而且还进行尖端化培训，使教师队伍不仅实现了量的扩张，还有了质的提升。

康巴什新区制定了《康巴什新区教师培养和培训计划》，对招聘教师进行分层、有序、成系统的岗前培训。2011年8月4日上午，在鄂尔多斯市国际会展中心300人报告厅内，隆重举行了康巴什新区教师培训开班仪式。本次培训分两个阶段，形式多样，首先安排"师德培训"，目的是让即将上岗的教师指导先做好人才能教好书，师德的境界是"人的教

育"，做到心中有人，目中有人，师即为人师；然后安排团队协作活动，目的是培养教师的团队意识，以"我是团队，团队是我"为行事准则，增强团队间的凝聚力，做到高效地完成教育教学任务；经过几天的密集培训后，开展了心理健康拓展训练，在"你是谁？我是一名人民教师。你为何而来？我为使命而来……"的庄严呼喊中，让教师明白自身肩负的崇高使命——教书育人，明白爱是教育的源泉，要做到心中有爱，设身处地为学生着想；同时针对大部分教师来自全国各地，在几天的强化培训中会出现一些心理压力的情况，心理健康老师适时介入，进行了心理减压和疏导，接下来展开课业培训活动，由新老教师组合，专家带队分科目、分年级、分学校组织备课、说课、评课，让所有新上岗的教师参与到课程中，接收必要信息，梳理教学程序，为接下来的课程设置做好准备；课业培训结束后再进行班主任培训，主要形式为专家讲学借脑提高；最后，以教师基本功汇报展示结束集中培训活动。培训第二阶段以各校（园）自行组织校本培训为主。

时任康巴什新区教体局郝凤林局长对参加培训的教师提出四点希

图2-23　时任康巴什区教体局局长郝凤林在第27个教师节表彰大会上讲话
（图片来源：康巴什区教体局）

望和要求：一是高度重视、积极参与；二是认真学习，丰富自我；三是为人师表，严于律己；四是注重形象，迈好起步。开班仪式结束后，东胜区著名校长荣赛娜老师做了精彩的师德培训讲座，她指出教师职业的最高境界是"人的教育"，教师要做到心中有人、目中有人，长达三个小时的讲座让所有培训教师受益匪浅。

当日下午，新区教体局组织新教师参加体验式培训，为期十天的培训由深圳教育专家李荣华老师的团队担任指导。丰富多彩的活动使新教师很快地融入了团队，身心获得了愉悦和发展。8月15日，康巴什新区教师岗前培训工作顺利结束，共有215名教师和8名校（园）长参加了此次培训。本次培训是严格按照教育部和自治区教育厅关于新聘用教师培训的相关要求组织实施的。培训围绕教师职业道德修养、班主任工作、新课程理念、教育科研和教学技能等主题展开，在对学员进行通识培训的基础上进行学科培训。坚持一切从实际出发，突出培训的针对性和实效性，采取专题讲座、观摩研讨、案例分析、交流互动、拓展训练等模式，整个培训内容丰富、形式多样，对教师的专业成长意义重大：有利于教师进一步熟悉教育政策，了解新区教育现状；有利于教师掌握课堂教学要领，丰富教育教学方法和手段；有利于教师了解教育科研的基本原理，形成现代教育意识；有利于教师提高对素质教育的理解和认识，树立正确的人生观、教育观、价值观。

2011年8月15日，新区教师专业能力大赛在会展中心隆重举行。本次大赛由新区教体局主办，旨在体现新区教育特色，展示新区教师风采，丰富广大教师的文化生活，提升教师的教育教学技能。大赛包括演讲、案例分析、才艺展示三项内容，参赛教师各显神通，各尽其才，用行动证明了教书育人的实力，用真爱抒发了敬业奉献的情怀，使整个比赛过程高潮迭起，令人难忘。本次教师专业能力大赛内容丰富，形式多样，异彩纷呈，受到新区党政领导及广大教师的广泛关注，产生了良好

的社会反响。

2011—2012年新区各学校组织参加由北京教育学院主办的鄂尔多斯市中小学教研员异地研修为期15天的培训共两期。教研员是教学活动的组织者、引导者、协调者,更重要的是服务者。培训让他们在思想、认识、观念、修养等方面有了很大提高,达成了共识:教研员走多远就能带教师走多远。全体参训教研员一致认为,应该更新观念,做称职的教育人;不断学习历练,提高专业水平和专业能力;努力实践,服务于学校,提高新区中小学教学质量。

部分教师谈参加鄂尔多斯市教研员异地研修培训心得。

康巴什新区教研中心郭建荣:

这次研修培训为我今后的工作既提供了理论支撑,指明了方向,又为具体操作提供了模板,对我这位急需充电以更新知识结构,提升理论水平的人来说无异于雪中送炭。通过这次研修学习,我在收获着专家的思想精髓和理论精华,京城教研员的教研成就,获得最新教科研信息的同时,也有了真切的感悟。首先,学习是教师专业发展的关键之所在。这种学习包括政策层面的学习和专业层面的学习。此外,作为教师一定要勤读书,多读书,读好书。只有坚持不断地学习,才能真正地提高自己的理论水平,只有靠高深理论水平的支撑,才能更好地促进专业水平的提升与发展。其次,学校不仅是学生发展的场所,也应当是教师专业发展的场所,学校在创设良好的学习氛围的同时,还要形成竞争与合作的有效机制,从而激发教师的潜能,引导教师具有教学研究意识、研究精神和研究态度,使广大教师逐步成为新时期教师专业化发展所要求的研究性教师。第三,教研员是教师专业发展的引领者、帮助者、服务者,先进课改信息的提供者,只能靠自己对教学理论的深入探索,对新课标的精心研读，对学科本质的准确把握，对教学手段的正确选择，对课改信息的及时收集，并能经常深入课堂切实了解教师的需求，才能打动教师，折服教师。因而，教研员就必须更加勤奋学习，潜心钻研，不断提升自身的理论水平和专业技能，必须拥有系统的教育理论和丰富的实践经验。

康巴什新区教研中心刘美茹：

这次学习，我受益匪浅，不仅使我对教研工作有了更深层的认识，同时提高了我的专业理论水平，给今后教研工作指明了方向。下面是我本次学习的一些体会：第一，更新观念，做称职的教育者。北京教育学院谢志东教授以鲜活的实例，让每个培训者领会到：我们的教育中处处存在着法律法规，引导教师依法治教，是教研员的职责。首先教研员要学法，有一种努力改变自我、完善自我的进步动力。并在教研活动中向教师传授有关教育知识。第二，学习历练，提升专业素养和专业能力。教研员不仅仅要会听课评课，会搞教研活动，教研是高水平理论知识的引导，是多元学科专业功底的指导，是课堂教学实践经验的传授，是领导、组织、协调、指导、管理的体系，既是在理论与实践中架起一座桥梁，又是知识与教师的桥梁。北京教育学院年轻的博士刘加霞"做深度的教学反思，促教师专业发展"讲座，经过深度思考，说理深刻，观点明确，我们也体会到刘教授说的一句话"教研员走多远，就能带领教师走多远"真是意味深长。第三，立足本职，挖掘教师的职业需求。培训让我懂得教研员的多重角色：传播课改动态的信息员，教科研规划的设计员，教学研究的辅导员，专业发展的服务员等。但无论承担什么角色，首先任务必须挖掘教师的职业需求。第四，研究学生，探究提高教学质量的策略。教授们在培训中多次提出：面对新课程，我们应树立

一种大教育观,今后的工作绝非单纯地研究学科教学,而是研究教育。应把研究的重点放在教师如何"带着学生走向知识"而非"带着知识走向学生"。研究如何"用教材教",而非"如何教教材"。根据新的课程理念,教材只是教学的一部分,教材是一种教育资源。教研员要把握这一理念,引领教师树立新的学生观:教育是激发学生的求知欲望,发展潜力,培养良好习惯的过程,学生不再是知识的存储器,教师有意识地给学生创造成功的机会,让学生在实践中体验成功的愉悦。因此教师的一切教学活动都应以学生为主体,研究学生,把学科结构与学生的思维结构整合起来,踩准学生学习的兴奋点,减少教学时间的浪费,讲究策略提高教育教学质量。

康巴什新区第一小学教研员于丹:

在这短暂的培训期间,让刚刚踏上教研员岗位的我,受益匪浅。它犹如雪中送炭,给予我温暖与力量,犹如雨后甘露,给予我给养与滋润,使初出茅庐的我,对教研员的工作方向、工作方法以及工作定位有了重新的诠释与定位。每一天的学习对我来说都是在不断充电的过程,无论是理论学习,还是实践观摩,对我今后的工作都有着至关重要的帮助。以下就谈谈这次培训给予我的帮助和我的一些感触。第一,更新教育观念、加强职业修养,做一名优秀的教研员。这是马宪平教授讲座的标题,也是对教研员的要求和各方面工作的指导性讲座。这堂课,对我进行了理论性的指导和在实际操作中职业标准衡量的方向指引。整堂课,马教授从理论的高度,结合实际情况加以分析,使我受益。讲座最后能真正改变你一生的五句话,更是令人深思。优秀是一种习惯;生命是一种过程;两点之间最短的距离不一定是直线;只有知道如何停止的人才知道如何加快速度;放弃是一种智慧,缺陷是一种恩惠。第二,深入学校,深入课堂。在培训的过程中,深入特级学校参观学习也是本次收获的一大亮点。在这期间,我们先后到了北京第二实验小学、北京昌平中学、北京史家胡同小学进行参观学习。走访过的学校,感触最多的就是学校的办学理念和教育思想。这让我深深感悟到,一所真正有内涵的学校,并不在于它的硬件设施有多好,也不在于它的可利用资源有多丰富,而是在于学校踏实的理念和思想,并把这些扎实的落实到每一处,哪怕是一个小小的角落。

深入老师的课堂,更是令人惊叹不已。老师们精彩的课堂,扎实的基本功,教学中优秀的教学方法,更是让我开阔了视野,拓展了教学思路,对今后教师的教学专业性发展有了更远的方向性目标。

康巴什新区第一小学教师阿音嘎:

针对此次培训我想谈以下几点自己小小的收获:第一,敬业乐群担负责任。教研员所担负的职责,是为了一个地区、一个城镇、一所旗县的教育,为了教师的长期发展而做服务、研究、指导工作;教研员的引领决定着这个地区的教育方向,正如陈雁飞院长所提到的"教师走多远就能带学生走多远,教研员走多远就能带老师走多远"。我深深地感受到自己所肩负的小学英语教研员的职责与责任,面对着康巴什新区新型的一所城市,面对着几所小学里的几十位老师,担负起小学英语学科带头人的责任,以真挚的服务态度,专业水准利益于我们的老师。第二,行德则兴德育为先。我认为一名真正的教研员,应该将教育的价值观和德育观放到首位,让我们的英语老师明确地了解到面对学生能给予正面的、积极的人生价值观,在自己的教学中适时地、恰当地、灵活地引导学生正确的情感价值导向。设计的教学环节考虑"以学生为本"的思想,按照学生的需求,教授英语知识,让学生愉快地学到英语语言知识。第三,教学相

长共同进步。包括团队协作互相尊重包容、自身文化底蕴对教学工作的点滴渗透和组织教师们对课程教材深入研讨以及教师也需要学法知法懂法守法。

2012年8月13日,康巴什新区2012年新教师岗前培训在新区一中拉开帷幕,新区教体局领导及新区2012年新招聘教师参加了开班仪式,并聆听了新区特聘专家、全国特级教师荣赛娜做的师德专题讲座。

部分教师谈参加新教师岗前培训心得:

康巴什新区第二中学教师赵巧英:

来到康巴什,怀着疑虑和不安;坐在阶梯教室,振奋而激动;培训结束时,怀揣着喜悦和收获!重新思考过,告诉自己:你找对了方向!"方向对了,行动和努力才有价值和意义!"培训过很多次,少有这里这样的严肃认真,授课的不论是专家还是领导,都那样专业,那样见解独到。荣赛娜校长的德育专题,李美荣局长的班主任专题,都结合自己的教育实践,如数家珍,娓娓道来,深深感染着我们,也感动着她自己。陈锁明院长高屋建瓴,他谈:"今天我们怎样做教育?"一语惊醒梦中人。当教育越来越走向浮躁和功利,我们怎样坚守并捍卫它的本源,使之健康而充盈活力,是每个做教育的人值得深思的问题。秦智林校长谈教师的职业幸福感,给我感受最深的是"教师要有阳光心态"——当教育越来越重要、越来越复杂、越来越困难时,教师在重重重压下挣扎、憔悴、身心疲惫时,怎样找到幸福感,获得精神的升华,做自由、幸福的群落?

十多年的教育教学生涯,一路走来,的确积累了很多的技能,可重新把学生做过,一切又都似乎需要重新开始。教师,就是为每个孩子在黑暗处点灯的人。相信孩子,为每个孩子在黑暗处点灯,这是李美荣局长在讲座中所说的话。关注孩子,孩子不是盛装知识的容器。赏识孩子，是人性最深刻的原则！陈院长的话，使我更坚信曾经的方向是对的，赏识孩子，不只为成绩的提高，更是为了心灵的健康！阳光面对每一天，做幸福教师。"思维好一点""快乐多一点""态度决定一切""好思维、好心情、好状态、好人生"几乎所有的老师都提到这一点。也许正是因为怀着这份热爱，这么多年来才走得这么快乐，活得这么幸福吧！带着谦卑，带着自信，带着孩子，走向更广阔的天地！生活在康巴什的日子，我会倍加努力，倍加珍惜！

康巴什新区第一中学教师石婷：

荣校长教给了我一个字——道。荣校长认为，道就是教书育人的境界，作为一名老师，首先要进入这么一个高的境界，其次才讲技能、论知识。荣校长的高境界，首先要求教师有深厚的感情。探求学生的内心深处，这就要求我们深入学生，与学生真诚交流、沟通。其次是对人的尊重。要尊重学生表达的权力，尊重学生休息的时间、尊重学生的兴趣爱好。第三，要有强烈的责任感，荣老师讲到责任的时候，我感受到了做一名老师的任重道远。道，除了是一种高的境界外，我认为也是一种选择的方向。脚下的这条路方向走对了，脚步走好了，那么以后的行动和努力才会更有价值和意义。

陈院长教给了我一个——恕。理解学生，老师应多一分理解，少一分冲动；多一分微笑，少一分愤怒；多一分关怀，少一分冷漠。老师要做"仁师"，能将心比心的教育学生。我认为在宽恕学生的基础上，要处理学生问题，要做到"通情达理"。先"通情"，首先从感情上感化他们，用真情实感打动他们，然后再"达理"，给他们以道理说服，我想这样做，学生才能彻底平息自己内心的不满、叛逆。

李局长教给了我一个字——爱。如果说前面两位学者是深层次、宏观的讲授，李局长的报告确是最实用、微观的传授。她脸上总

有的会心微笑传递着她这次讲座的主题——爱的教育。从李局长讲的示例中我们发现，其实爱是有技巧的，不是盲目的爱，更不是糊涂的爱。对于有些学生，一个会心的微笑、一个肯定的点头，足以让他信心满满，日日如此，月月如此，这样细微的爱却能让一个学生成长，而老师仍然是他们心中最高大的形象。李局长的教学案例中，爱学生不仅仅单单是针对学生个体，还要做好与家长的沟通。学校教育离不开家长的支持和配合，所以老师和家长要互相配合，家长会是最好的桥梁。

秦校长教给了我一个字——悟。秦校长在四个小时的讲座，充分说明了一个字的重要，即"悟"。养鱼养水，养树养根，养人养心，教师传道授业是"台面上"的工作，走下讲台，教师应该做更多的反思、自省。尤其是对我们年轻教师来说，只有不断地反思，总结自己在讲台上的不足，尤其是反思学生在课堂上的问题和建议，才能追求更大的进步。无论是哪位专家学者的讲座，对于我们这些刚步入工作岗位的新人来说都是弥足珍贵的，我会在以后的教学工作中，践行各位专家学者的建议，做一位优秀的一中老师，做一位合格的人民教师。

康巴什新区第二中学教师刘明华：

我很荣幸能参加康巴什新区教育局组织的新教师岗前培训活动。这次活动不仅让我这个有十几年教学经历的人再一次体会到了教育的无限魅力，而且还再一次激活了我十几年前的教育梦想，让我再一次沐浴了中国教育改革的春风。这次活动给我最大的感受用一句话概括就是"教育就是一个字——爱"。这个爱字的内涵是什么呢？第一，爱在忠。俗话说："干一行，爱一行。"既然选择了光荣的教育事业，那就该热爱它、拥护它，这是原则问题。这八天来，做专题讲座的每一位专家，他们都在身体力行对党的教育事业的热爱，不论是知名的付宜红教授、陈锁明主任、荣赛娜校长还是各位新区教体局的负责辅导新教师的老师们，他们无不都是很好的例证。更让我感动的是东胜区二中的秦智琳校长，起初，他并不是一个学识高深的人，但是从他的经历：研究数学解题技巧、研究数学解题方法、课堂教学艺术、现代教育技术、课堂教学模式、校园文化等，我想，能够促使他对教育激情不老的关键在于他忠诚于党的教育事业。我认为，一个人的人生道路中选择是非常多的，你能做到忠于党的教育事业始终如一、不离不弃，是一件很不容易的事。第二，爱在生。作为一名教师，如果能做到爱生如子、爱生如己，那就达到了教育的最高境界。这次培训中李美荣局长以感人的个人成长故事，生动形象地向我们诠释了"大爱无言"的内涵，不仅让我认识到了作为教师热爱学生的重要性，李局长还教会了我如何去爱我的学生，最具体可操作的就是赏识教育，听了她的讲座，我决心从今往后，我要把自己有限的生命投入无限的热爱学生的工作中去。不再让那些为人父母的人为了孩子的教育东奔西走、茶饭不思，至少我会竭尽全力为我所做着的事付出所有，把我的学生当成我的孩子来教育。小言之是对学生、家长、自己负责，大言之是为社会、国家负责。第三，爱在钻。这个"钻"字的意思就是刻苦钻研，我听完各位专家的讲解后深深地认识到自己平常所做得不足。尤其是教材和学生的研究还不是全面和精益求精。我绝不想也绝不能做一个对学生一问三不知的老师，或者是导致学生厌学的老师。因此，教师自觉坚持学习和参加业务培训是非常重要的。第四，爱在思。这个"思"是指思考与反思。思考对于一个教师来讲它非常重要，课前要深思熟虑要精心设计好每一个教学环节，在课堂活动中要注重训练学生的思维，在课后要认真反思，对自己当天的教育教学活动进行认真审视和分析。这也是各位讲课的专家们对我们的殷切期望。第五,爱在积。这里的"积"是指主动积极地去整理平时的教育教学资源及教育教学中的小技巧等等,比如说是某些细小的教育学生成功的片段,或是平常对某一教学环节突然产生的灵感等,及时地把它们整理出来,记在工作笔记本上。教师要做一个生活中的有心人,听从专家的劝诫,留心平常的生活。关注每一个学生的成长。第六,爱在合。这里的"合"是指要学会与同事、学生合作。我们教师,要学会与同事合作与学生合作,更加高效地完成教育教学任务。与时俱进,适应这个飞速发展的社会,这是每一位专家讲课中都涉及的重要内容。第七,爱在新。这个"新"字的意思是指创新。作为一名在新的教育理念引领下的教师,应积极吸收新的教育教学观念,必须树立以生为本、以生为主的教学观念,努力改变自己的课堂教学行为,帮助学生发展他们的能力,开启学生的心智和良知,完善他们的人格,尊重学生的权利、需求,全面理解学生,增强自我服务意识,同时要融入人文关怀。教学中也要力求对教学目标、教学内容、教学过程、教学模式等进行创新。要周密思考,认真改进,努力提高学生的学习兴趣,全面培养学生的创新能力。

借助教育专家团队资源,建立健全教师培养培训制度,形成了新教师岗前培训、后备干部培训、骨干教师培训、北京师范大学康巴什校(园)长培训等全覆盖的培训网络。康巴什新区以"走出去"的方式,选派校(园)长、中层干部、优秀教师、青年骨干等到北京、重庆、成都、上海等地学习;启动了首届北京师范大学校长培训班、教育系统后备干部培训班;组建成立了新区教育特聘专家团队,引领新区教育。

部分校长谈参加校长培训班的培训心得:

康巴什新区第二中学校长王玉琼：

特别有幸，能够成为全国校长发展学校第八期培训班的学员，在为期十一天的培训中，我获益匪浅。这次培训，共聆听了十三位国内外知名教育专家、学者和校长的高水平讲座，对鄂尔多斯市内名校进行了实地考察，与校长培训班的学员面对面交流经验，总结大会上听取了学员代表见解独到的发言。这些活动提高了我的理论水平，开阔了视野，丰富了实践经验。尤其是听了北京市广渠门中学吴校长《关于校长修身与学校管理实践与反思》的报告深有启发。回想自己几年来做管理的经历，深为感慨：当一名校长真不容易，做一名好校长更不容易。而自己与一名好校长的距离相差甚远。好在本次培训让自己在当校长的道路上走得更稳妥一些。

好校长应当随时随地善于学习，做一个终身学习者；好校长要善于修身；好校长应当率先垂范，以身作则，树立威信；好校长应当具有良好的沟通能力；好校长要全面了解学校实际情况，工作作风雷厉风行；好校长应当从根本上更新管理工作理念，创新管理工作思路，探索新的管理方法，树立新的教育观、人才观、教师观、质量观，使学校步入健康的发展之路；最近，新区校长研修室下发了一则材料，是教育部2012年关于义务教育学校校长专业标准的征求意见稿。拿到以后我看了很久，发现自己与标准要求相差太远，因此，不断学习、努力修身，尽快提高自身专业水平和创新能力可能是我此刻作为一名校长最深切的感受。

以"请进来"的方式，借助特聘专家团队资源，邀请27名知名专家学者到康巴什新区讲学，就校园文化建设、师德师风、课堂教学、幼儿园基础管理体系等专题讲座和跟踪辅导。

康巴什新区第一小学数学老师王丽：

　　我有幸参加了由北京师范大学教育培训中心组织的"全国小学数学著名特级教师创新力课堂教学观摩活动"，在与全国著名特级教师面对面、零距离地接触后，可谓不虚此行。活动中，专家谈到了以下几个观点给我的感想颇深：数学课一定要在"深入""浅出"上做文章、要给孩子一个有意思、有意义的数学课堂，要追寻数学课堂的真、善、美及多角度地呈现给孩子一个生活化的课堂。我们要提供给孩子们需要的、有意义的、有意思的、立体的数学课堂。要想给孩子们这样的课堂，我要引用姜昆老师的一句话：教师要广泛地涉猎知识，只有这样你才能带着你的孩子飞得更高，走得更远。

康巴什新区第二小学校长李红：

　　有幸听了华东师范大学周彬教授的讲座，我不仅钦佩他的口才，更加钦佩他的博学多才。他把课堂的前因后果剖析得非常透彻、非常到位。很喜欢他说的一句话："虽然每所学校都提倡建设高效课堂，但大家都清楚，真正的高效课堂永远只是一个吃不到的饼；真正得到的饼，则是如何让自己的课堂教学变得更高效一点。当我们把关注的重点，从如何画一个理想的但却是永远吃不到的饼，转向如何做一个让自己吃得更可口的饼时，对待课堂的态度才会变得更加务实起来。"我觉得这句话比喻得太恰当啦，周教授也真正悟出了高效课堂的实质所在。作为一名教师，首先应该让学生接受你，只有接受了教师，才能接受你的课堂，你才能走进学生的心灵，了解学生的真实想法。这样，才能让学生融入你的课堂，学会并掌握你所教授的知识。这就对教师自身的能力提出了更高的要求，周教授列举了课堂教学能力四要素：口才、逻辑、知识面和态度。要让自己的课堂变得高效起来，并不只是对老师的课堂教学行为提出了要求，更是对老师如何定义课堂教学，如何清晰课堂教学目标，如何系统规划课堂教学过程,这就对课堂教学思考和设计提出了更高层次的要求。

此外,康巴什新区拓宽教育人才培养渠道,打造高素质的教师团队。选拔优秀教师组建成立了班主任研修室、名师工作室,发挥"名师效应",带动更多教师成为教学能手和学科骨干。

部分教师谈参加班主任研修活动的感想与收获。

北京师范大学鄂尔多斯附属学校小学一部教师杨絮:

班主任研修活动让从事班主任工作七年的我特别受用,这几年里,我曾经参加过各种各样的教育培训与学习,但是,参加系统的班主任研修,而且是新区教体局局长亲自指导的活动,这还是第一次。我详细了解研修的任务、内容、方式,我对研修活动产生了浓厚的兴趣。在这个研修活动中我最为受用的还是研修的论坛,那里的案例分析里有很多高招,涉及我们所从事的班主任工作的方方面面,一个个活生生的教学案例,正是我们这些平凡的班主任曾经做过、正在做着、将要做的平凡事情,然而,当我们每天默默无闻地埋头做事时,可曾思考和总结过这些琐屑而平凡的事件背后所蕴含的教育哲理? 学习每一个案例,我都觉得感受颇深,受益匪浅。我们做班主任,如果不能与时俱进地提高自身的素养,不善于总结经验教训,不善于按班主任工作规律办事,工作效益不良的困境是难以摆脱的。我将抓住这个难得的学习机会,用心学习、积极思考、不断总结,要以一个优秀班主任的标准来要求自己,用自己的光和热去照亮和温暖每一个孩子的心灵。

班主任论坛以案例为切入点帮助全体班主任提高现代班主任管理艺术,同时帮助班主任迫切需要解决的学困生转化、学生沉迷网络、青

少年逆反心理、家庭教育与学校教育如何衔接等棘手问题。

艺术教育协会是艺术教师以"出诊"的方式巡回各学校授课，实现人力资源利用最大化；同时弥补了音乐、美术教师的不足。

名师工作室，是以市级以上骨干教师为名师工作室负责人，通过设立微讲座、博客、QQ群等方式，带动工作室全体人员参与优质课的设计、讲授，逐步形成名师小团体。这些优秀教师将在秋季开学后深入各学校，对各学校的新老教师进行跟踪培训，保证各学校的教师队伍在优秀教师的带领下不断提高教学水平。

康巴什新区小学数学名师工作室教师王丽谈道：

> 名师工作室是研究的平台，成长的沃土。一直以来都是在网络上和杂志上见过"名师工作室"的字眼，对"名师工作室"的理解也一直都是建立在专家的概念上。2012年10月份，怀着敬畏之心，我成了康巴什新区小学数学名师工作室的一员。在一年的活动中，我对工作室有了重新的认识：名师工作室就是一个"平台"，在这个平台上天高任鸟飞，海阔凭鱼跃；名师工作室是一所私塾，这所私塾能为每个成员量体裁衣，规划并实现理想；名师工作室是一个学习研究的共同体，这个共同体不图名利，只求成长，甘愿奉献；名师工作室是一则高地，这则高地终将成为新区教育教学改革的制高点。走进名师工作室，我得到了名师的亲自指导，也得到了同伴的支持和帮助，虽然只有短短一年的时间，可是我的专业水平却有了质的跨越。
>
> 今后，我将把这份心情化作更加饱满的教育热情，以更加严谨求实的态度投入教学教研中，勤学善思、开拓创新，用实际行动做一个名副其实的名师。

康巴什新区英语名师工作室教师马婷谈道：

转眼间，名师工作室已经开展了一年了。自从参加工作室以来，我们同步更新自己的教研思维，慢慢地从教研的角度去审视课堂，研究课堂，开始学着针对课题研究内容留心身边的案例。坚持反思总结尝试和创新。上学期，我们潜心研究听说课与读写课两种基础课型，通过成熟教师带动引领，让青年教师的课型逐渐规范。每次讲课都有课堂实录，通过观看实录，"研评"每一节课，真正做到评课不留死角。

一年来，我们先后邀请了东胜区伊克昭中学钟淑珍老师、王斌老师；北京师范大学鄂尔多斯附属中学刘桂林老师、鄂尔多斯市教研中心贺海燕老师、康巴什教研中心刘成梅老师、李薇老师，康巴什新区一中顾玉洁老师、东胜第五中学贾老师等与名师工作室的成员同课异构，课后给予了评课指导以及充分的肯定。本学期，活动室成员一行赴北京学习了一周，参加了北京十八中学的名师示范课，课后听了刘道义和吕晓兰的专题讲座。这些让学员们受益匪浅，真正树立起了"要做最好的英语老师"的意识和信心！

此外，我们还多次去东胜讲课交流。课后，成员积极踊跃地交流心得，大胆表达自己的想法与见解。课不磨不精，在热烈的讨论中，在专家和名师的指导下，老师们普遍感到了对构建新的课堂教学模式，发挥学生的主体作用，是高课堂教学效益，有了更深的理解，对自己的课堂教学实践有了很大的启迪作用。

尽管在一年的学习中，大家都有了长足的进步。但由于我们是名师活动室的第一批成员，我们一路摸着石头过河，边走边试，走了不少弯路。在工作中也有一些不足，希望在以后的工作中能够尽量避免。

康巴什新区小学语文名师工作室教师杨丽娜谈道：

在工作室的学习,我感受到这个集体给我这名年轻的成员带来了太多的欢乐与收获,也让我在这个团队中迅速成长。也许这一年我并没有值得夸耀的荣誉,值得骄傲的成绩,但工作室的老师们好学上进、乐于奉献,勇于开拓的精神给予了我很大的动力,让我在教育教学实践的岗位上迈着坚实的步伐。成长是一个过程,是一份快乐。加入工作室之前,我对自己的业务要求不是很高,每天都是按部就班地完成学校交予的各项任务,没有静下心来好好想想究竟应该怎样精心地设计一堂语文课;怎样巧妙地引导学生在最短的时间里掌握阅读的方法;课标里的要求和建议到底应该怎样去实施。只知道一味地闭门造车,埋头苦干。加入工作室后,我开始以名师工作室成员的标准来严格要求自己。我告诉自己,走进名师工作室,我将不再平凡,也不允许自己平凡。在业务上一定要刻苦钻研,把自己的每一节课都当成公开课来上,备课时心里一定要时时刻刻装着学生,让课堂高效起来,让学生轻松起来,让语文课生动有趣起来。对待自身更是严格要求,为人师表,以身作则,循循善诱。工作室为了能让我们年轻教师尽快成长,指导我们平时注重学习先进教育理念,不断地充实自己,组织我们积极参加市、区和学校组织的各类教研活动。

无论是每一次的讲课还是听工作室成员们的课,我都能满载而归。上一阶段工作室主要研修的是"高效阅读教学"这一课题。我们工作室就阅读课堂进行了一系列研讨。在听课的时候,我时时被成熟教师们真实的课堂,精心的预设所折服,感受到了自己提升的巨大空间,也学到了太多的本领和技能。

工作室成员在课后研讨时就本节课所体现的教学模式进行深入探讨和交流。成员们在郭主任和张老师的引导启发下,集思广益,交流的内容小到课堂上的一个小小的知识点,大到课型的研究,都能让我掌握许多课堂上"疑难杂症"的处理方法。

每一次活动结束后,工作室的研究成果就会给我带来潜移默化的影响,我会把研讨的收获都迁移到自己的教学活动中去。备课的时候,充分的"备学生",做足预设,整堂课的构思都以学生为主体。讲课的时候,认真聆听学生,努力把"讲"变成"引导",把"话语权"还给孩子。最大限度地让孩子们参与到"主导"课堂,真正体现学生是课堂的主体的理念。课后,认真反思,二次修改教案,全方位反思自己的课堂。

2013年9月22日下午,康巴什新区校长工作室启动仪式在康巴什新区第一小学举行,成员10名。校长工作室,是指派历史沉淀久、有一定的管理艺术的校长为校长工作室负责人,会议明确新区校长工作室主要职责是建好一支团队,完成一项研究,辐射一个区域。教体局副局长兼一小校长王蕾蕾表示,借助校长工作室这一平台,充分发挥名校长的辐射带动作用。工作室通过座谈、撰写管理理论调研文章、参与外出培训等,提高校长群体整体素质。2013年新区校长工作负责人是新区第一小学王蕾蕾校长,她围绕课程设计、实效德育改革、自能高效课堂构建、学校文化建设、家校合力育人、教师专业发展、学校品牌培植等工作,和成员做了深度论证交流,进一步达成共识:为办成学生向往、教师幸福和家长满意的学校而努力。

同时,康巴什新区也注重在实践中历练干部,在打造优质教育的繁重任务重锤炼队伍,广大教师且行且思,心中装着事业,装着建设美好新区的责任,在创城志愿服务中动真碰硬,在那达慕大会上全力以赴,在五进社区中彰显党校教师风采,构建起了立体式、多角度、全方位的教师培训模式。

三、优环境"留才"

"大学不在于有大楼,而在于有大师。"办优质教育,必须有优秀教师。好校长是一所学校的灵魂,优秀教师是一所学校的重要财富。留住教育人才,打造教育人才平衡态势,确保教师引进来、留得住、安心任教。是实现康巴什新区教育均衡发展,推进教育公平的重要保证。

用心用情才能留住人才,只有解决了教师现实的生活问题,才是优秀人才留得住的治本之道。时任康巴什新区党工委书记石艳杰在新区校(园)长聘任暨新教师上岗动员大会上强调,一定要切实提高教师待遇。要关心教师的工作和生活,稳步提高教师的工资待遇,实现教师工资高于其他地区、其他行业;设立教育专项奖励基金,表彰做出突出贡献的集体和个人;要优先解决教师住房问题,关注教师子女就业、配偶工作等问题,让新区的每一名教师生活上水平、工作无羁绊。康巴什新区为符合相关条件的在职教师给予相关购房优惠,在铭鑫尊园、神华小区、园丁北区、文澜雅筑等小区为教师团购限价房。

2011年康巴什新区教育局承诺,对引进的地区名优校长和省级以上名优校长、教学能手免费提供一套130平方米左右的住房,服务6年以上产权归本人,同时可以考虑配偶的工作调动。制定《新区引进名优教师配偶安置工作办法》《新聘教师食宿管理条例》,协调管委会安排好教师的居住、购房、饮食等工作,实施好"教师关爱工程"。关爱教师身心健康发展,定期安排教师进行体检。做好教师心理咨询、压力缓解和心理疏导工作,建立教师休假休养机制。提高教师社会地位,全区各级各类服务行业和窗口单位为教师设立绿色通道,区内景区、休闲娱乐提供优惠政策。形成全社会尊师重教的良好氛围,真正让教师在康巴什工作生活拥有成就感、优越感和获得感。

制定《康巴什新区教师绩效工资考核管理办法》，指导学校建立绩效考核细则，做好教师绩效工资的分配和发放工作，体现优教优酬、多劳多得的激励原则。

制定《康巴什新区教育杰出人才培养管理办法》及奖励标准，组织开展全市教育系统先进集体、优秀教师、优秀班主任、优秀教育工作者以及校园长表彰奖励工作及"新区人民满意的教师""我心中的好老师"评选工作。

部分优秀教师、优秀班主任、优秀教育工作者以及校园长：

记市级优秀班主任康巴什新区第一小学王慧：

王慧老师曾向家长承诺过：要创造一间教室，一间能够让学生全面发展的教室，一间人格成长室，一间让孩子与教师一起享受幸福教育生活的教室。为了这个梦想，王慧老师努力践行自己的承诺，走入教师专业阅读行列中；努力帮助一个又一个孩子认识自己、发现自己、相信自己；努力引导学生家长走出自己家庭教育的误区；努力书写一部属于自己班级学生、教师、家长的传奇。她一直坚定

图2-24　康巴什新区庆祝第二十九个教师节暨表彰大会
（图片来源：康巴什区教体局提供）

地认为：只有努力才会创造奇迹。

王慧老师从参加工作之日起，便走上专业阅读之路，她坚持阅读各类书籍（学科专业知识、教育学、心理学和人类文化知识等相关书籍），持之以恒，使自己的知识结构逐步完善，为最大限度地提升自己的工作能力打下扎实的基础。王慧老师说，作为一名教师，要不遗余力，不断充实、完善自己，要时刻想着孩子的将来，做好今天的教育。"没有爱就没有教育"是康巴什新区一小的办学理念，这也是王慧老师在学校时经常挂在嘴边的话，她是这样说的，也是这样做的。让每一个孩子健康快乐地成长更是她的工作目标。王慧老师不断地加强班级文化的建设，两年来，王慧老师努力发挥小班教学的优势，精心准备晨诵，用行动践行新教育儿童课程。她坚持每周给家长写一封信，两年中，为家长写了75封信，努力唤醒家长学习先进的教育理念和方法，并应用到自己的家庭教育之中。

一间教室，应该是一群有着共同梦想的人，共同书写一段生命的传奇。王慧老师努力让一个个生命在这间教室里绽放，让每一粒"小种子"都能开出一朵娇艳的花。

记市级优秀教师康巴什新区第二中学安文莲：

安文莲老师是康巴什新区第二中学的一名数学教师，从1992年参加工作以来，一直工作在教育的第一线，有着20多年初中数学教学的经历。尽管在以前的工作中取得了一定的成绩，但她仍然严格要求自己，在自己的教育教学工作中不懈追求。特别是来到康巴什新区二中，安老师更是不敢有丝毫懈怠，她常说：在新区我深深感受到一个成熟教师对于初为人师的年轻教师的意义，他们要向你讨教教育教学的经验方法，更关注你对教育教学的态度及那份热情和忠诚，要做师之师。安老师是数学学科组长，她用自己的人格魅力影响着学科组的每一位老师。

安老师教七年级数学,她爱她的学生,有时顾不得照顾家人,常常回到家,也想着学生。甚至引起爱人的抱怨"你只爱你的学生"。为了减轻学生的负担,提高学生的成绩,安老师对每一节课都精心设计,精编精选每一道习题,课上注重激发学生思维,每一节课后都进行细致认真的反思,并不断改进,提高课堂效率。经过安老师的不懈努力,她的学生对数学产生兴趣,学生成绩有很大提高。

安老师带领大家团结协作,群策群力,发挥集体的智慧,使数学成绩稳步上升。安文莲老师作为一名引进教师,在平时的工作中始终注意自己的工作作风、工作态度,给青年教师树立榜样,在教育教学方面指导帮助青年教师。

从教20年来,安文莲老师注重提高教育教学理论水平,在课堂教学方面积累了很多宝贵的经验,在教材的处理和把握上都有自己独到的见解,她的工作作风、工作态度和人格魅力更是影响着康巴什新区第二中学每一个人。安老师是二中的楷模,也是新区教育的楷模。

记市级优秀班主任康巴什新区第一中学谢军梅:

谢军梅是康巴什新区第一中学的语文教师,2011年毕业于北京师范大学,现正在攻读北京师范大学教育硕士学位。她是我国21世纪以来的首届公费师范生。2007年9月,作为北京师范大学新生代表,在教师节前,受到温家宝总理的亲切接见。2011年6月,毕业前夕,温家宝总理再次来到北京师范大学,参加了首届公费师范生的毕业典礼并发表深情演讲。会后,谢军梅和她的同学们与温家宝总理、国务委员刘延东等国家重要领导人合影留念。2011年7月,她带着祖国与母校的期望和嘱托来到鄂尔多斯,在康巴什这片

教育沃土上开始了教师生涯。

来到康巴什后，谢军梅老师得到了施展才华的舞台，在教师培训等各项活动中表现突出，成为新教师中的杰出代表。谢老师把满腔的热情全部倾注到了学生身上和教学中，所带的班级班风正、学风浓，班级的各项活动和教学成果始终在年级中名列前茅，受到各界好评。一年多以来，她所带班级在学校每个月的考核中成绩优异，多次被评为"优秀班集体"。她的11班在2013年6月被评为"康巴什新区优秀班集体"，她本人在2013年9月教师节来临之际被评为"鄂尔多斯市优秀班主任"。除班主任工作外，谢老师还担任两个班级的语文教学工作，教学成果显著。

作为班主任，谢军梅老师把"动之以情、导之以行、晓之以理、持之以恒"作为关心学生的座右铭。她相信学生，尊重学生，不以成绩论学生，给予所有学生关爱。谢老师始终相信每一位学生都有自己的创造强项，允许有差异。谢军梅老师深深地热爱着教育事业，她爱每一位学生，爱每一份工作。谢老师说："虽然不能保证每一个同学都成名成家，但我会尽自己的全力让我的学生都成人，成为善良的人，快乐的人，对社会有用的人。"

记康巴什新区优秀教师第三小学周莹璐：

"为者常成，行者常至。"康巴什新区第三小学的周莹璐老师二十多年如一日，行走在教书育人的路上，探索、发现、奉献、创作，以满腔的挚爱与热情与孩子们一起成长，实现生命的蜕变。

周老师从教二十多年来，她努力探索素质教育的新途径，教中研，研中改，积极实践新课程标准，善于创新，其"趣、实、活、新"的教学风格深得学生的喜爱和同行的认可。课堂上，她积极践行"自主、合作、探究"的学习方式，把学习的主动权真正交给了学生，把课堂还给了学生，她所带班级学生的自主学习能力日渐增强，语文学习的兴趣浓，综合素质高，成绩优异。在学校举办的书法、讲故事、手抄报等各类比赛中，她班内的学生表现突出，成绩名列前茅。

她走在教学改革创新的前沿，三年来，周莹璐老师在康巴什新区教育热土上辛勤耕耘，经常承担公开课教学。周老师在作文课、阅读课教学等方面都做了有益的探索，对青年教师起到示范引领的作用。她承担新区教研室组织的作文教学研讨课，受到教研员和听课教师的高度评价。周老师刻苦钻研教育教学理论，勤于教育教学研究，先后获得"内蒙古自治区教学能手""市级学科带头人""市级优秀教师""康巴什新区优秀教师""第一届中国李献西式好老师"……这些荣誉是对周莹璐老师教育路上不曾止步、不断实践的褒奖。

周老师从教二十一年，当了二十一年的班主任，这是周老师引以为荣的事。她不但是一名出色的语文教师，也是一位优秀的班主任，所带班级师生关系和谐、融洽，班风、学风受到大家的一致好评。

为了调动学生的读书兴趣，每带一个班，周老师都要送孩子们一人一本书，并在扉页上写一句有关读书的名言。学生们如获至宝，课下经常专心读书，教室里溢满书香。

"把孩子交给周老师，我们放心。"家长们质朴的语言就是对她教育工作的最大肯定。教育的路上，周老师继续前行。古人云："知易行难。""知者"可贵，"行者"更可贵。她用行动诠释着教育者坚定的信念，用行动书写教育人生的美丽和幸福。

记康巴什新区优秀教师第四小学王晓丹：

2012年，王晓丹满怀激情来到康巴什，背负众望成为第四小学

一名语文教师。王老师利用课余时间读各种教育专著探究教育的发展趋向；读教育学、心理学等专著掌握学生发展的阶段特点；读当代教学名家的课堂实录来指导语文的教学技巧；读中外名著、诗词来厚实文化底蕴；读《人民教育》《小学教与学》等杂志刊物接受新思想的启迪，通过阅读不同内容、不同领域、不同类型的书籍使王老师的知识结构更加坚固而丰富。

两年来，她同第四小学和第四小学的语文学科一起成长。在学校语文学科成熟教师偏少的情况下，她带着语文老师走上了一条摸索与钻研的道路。从浅试辄止地学习练兵，到困顿迷茫地寻找出路，再到课堂探究高效的细致琢磨。王晓丹老师扎实的工作得到领导的赏识，她晋升为副校长，负责学校教学管理工作。基于快速发展的新区教育现状，首要任务就是教师队伍建设。第四小学实践"快乐教育"，王老师认为在理念践行中，首先以教师快乐工作为基础，当教师自身有了快速的专业化发展，那么他们就是快乐的。她领着老师们集中练习书写基本功、坚持着每周一的"乐思读书会"、努力为老师们创设学习的平台。同时，领着老师"走出去""请进来"，最大限度地利用地区、校际资源以促发展。通过引领师德、细化常规、钻研教研、扎实校本等一系列教师专业化培训，她和老师们走在一条实践与学习相结合、感悟与研修相结合、个体潜能开发与群体智慧共享相结合的成长之路。

记康巴什新区优秀教师教研室李薇：

李薇老师2012年9月调入康巴什新区教研室，从事语文教研工作。她抱着对教育挚爱的情怀扎扎实实、兢兢业业地开展工作，用至纯至善的心灵去追求教育的艺术和人性的美好。她用高起点规划教研工作、高标准建设语文教师团队、高水平发展语文教育事业的理念来实践着自己对教研工作的热爱与付出。

李老师从多个方面强化对语文教学常规工作的指导:一是加强教学常规管理与检查。李老师分别从备、讲、批、辅、考以及写好教学反思六个方面指导老师潜下心来钻研教学,真正把功夫用在研读教材上,用在整合教材资源上,用在教学环节的精心设计上,用在学生课堂活动的真正落实上。二是加强校本教研工作的指导。指导教研组长工作主要是抓实教研组的集体备课、抓好青年教师的培养与磨炼、对将要开展的教研活动做周密的安排与部署。三是加强毕业班教学工作的指导。李老师与老师们共同拟定了初三年级语文的复习规划,找准突破口,明确复习策略,凸显复习效果。四是加强集体备课活动的指导。逐步完善了"个人主备主讲,集体研讨探究,打造精品,经验共享"的集体备课思路,倡导每个老师都做小专题研究,形成个人与集体研究成果集,全力促进教师专业成长,全面提升教师专业素养。

李老师从2012年9月开始用两种策略双管齐下,抓好对优秀青年教师的培养。一是教研员对这些教师的跟踪培养。通过追踪听课的方式来关注教师的课堂教学,重点放在教材教法的培训上,持续关注好教师的教育教学能力、正确把握教学目标能力、系统把握学科知识的能力和课堂驾驭能力的培养。二是发挥好学科专家工作室的巨大作用。邀请全国中学语文学会专家余映潮老师进行为期三年六次集中培训,着眼于训练全体教师的课堂教学技能,在大量的教学实践活动中让参加培训的教师经受历练,从而提高教学设计水平。

李老师计划用六年的时间从八个教师发展的制高点来打造一支优秀的语文教师团队,这八个制高点是第一奋斗目标——课堂教学技艺精湛;第一基本功——能用多种方法解读教材;第一研究课

题——有效率的课堂教学;第一科研能力——提炼能力;第一写作训练——学科教学论文的撰写;第一学术历练——小专题研究;第一进修策略——拥有学科专业杂志;第一有利于终身发展的好习惯——静心做事,细节到位。

李老师规划并开展了系列化的教研活动和专题化的教学研究,进行系列化的专题讲座来夯实教师的专业基本功;开展系列化的讲课活动来关注课堂教学的实效;践行一学年一次的教学主题研讨,并形成一个循序渐进的序列活动;开展形成序列的课题研究;成立语文学科名师工作室,她计划用三年的时间,与老师们围绕创建具有我区鲜明特色的"中学语文高效课堂教学方式"重点课题的研究展开教学实践活动,最终形成研究性成果集,同时打造出新区的语文名师团队。

李老师曾这样对老师们说:"生命本无价值,除非你选择或赋予它价值。幸福本不存在,除非你创造并感受它的温暖。而我们对待生活的最好态度是:当看清生活的真相后,我们依然热爱生活。"

记康巴什新区优秀园长第二幼儿园苗永艳:

2011年8月,康巴什新区向社会招聘教育人才,苗永艳成为第二幼儿园的园长,和一同分配到这所幼儿园的十一名教师共同组成了一个新的集体——康巴什新区第二幼儿园,没有经过历练的环节管理人员和助手,没有能够进行专业引领的成熟教师。幼儿园坐落在缺少公共设施和生活设施的全新统筹园区,除了必需的设施设备,她干净得像一张白纸,而他们,就是将要描绘她的第一批画师。回想三年前,苗园长说:"我们十二个人从四面八方赶到这所幼儿园,站在一片工地面前时,内心充满了无助和不知所措。而今天,我们为第二幼儿园骄傲!"

苗园长从不愿说辛苦，她宁愿说幸福。她有永远做不完的工作，对工作的要求始终是"好一些，再好一些"。他们的出发点永远是孩子、家长和为之奋斗的事业。

"我爱孩子，始终小心翼翼地仰视他们。"在几年从事幼儿教育与管理的过程中苗永艳园长深受陈鹤琴先生与陶行知先生以及孙瑞雪老师关于儿童教育思想的影响，对幼儿教育和孩子的成长有了自己的一些看法和思考，因此在开园初期提出了"爱、自由、规则"的办园思想，致力于建设"至真至爱、育善育美"充满人文精神的园所文化，以自然、社会、生活，参与、实践、体验为切入，为幼儿的身心健康和终身发展奠定基础。

在荣誉面前，苗永艳园长总是平和谦逊地说："成绩是第二幼儿园所有人的，我们要感谢一直以来支持和帮助我们的各级领导，感谢一直陪伴着我们，支持信任我们的各位家长，谢谢你们！"

记康巴什新区先进教育工作者第二中学校长王玉琼：

走进康巴什新区第二中学，被浓郁的书香气息吸引着。建校两年，康巴什新区第二中学校园文化给人厚重的感觉，是王玉琼校长高瞻远瞩、潜心规划，以自己深厚的文化底蕴，高尚的人格魅力凝聚康巴什新区第二中学群体力量奋斗的结果。王校长在近三十年的教育教学中，从普通的中学语文教师，走到今天成为康巴什新区第二中学的校长，她一直奋斗在第一线，获得了各级授予的许多荣誉，但她永远是那么谦和，那么平易近人。

二十多年来王玉琼同志本着"捧着一颗心来，不带半根草去"的精神，把爱的阳光洒向她的学生。爱的是自己认准的事业，勤的是自己找准的坐标，而舍的是属于自己的时间和活动。她对待学生始终坚持两点原则，一是必须尊重学生，做学生的知心人，保护学生自

尊心;二是从不苛求学生,只要学生有点滴的进步就给予肯定表扬。她奋战在教学第一线,不断用心血和汗水浇灌出累累硕果。她多次被评为旗、市级优秀共产党员、先进女工、"三八"红旗手。她虽没有惊天动地的壮举,但却用平凡而崇高的师德之光,照亮了一片清纯的天地。

在新课改的研究中,她把建立新型的师生关系融入日常的教学,力争创建宽松、民主、平等的课堂气氛,激发学生的情感,形成积极的学习动机。教学中,她集编、导、演于一身。她以学生为中心,以学生发展为本,全员参与,全程参与。学生从以前的绿叶转变为红花,个性充分得到发展。由于善于钻研,所以王玉琼同志多次在全旗、全市、全区承担公开课的任务。也因此收获了旗级教学能手、旗级优质课、创新课教师称号,被评为市级学科带头人、教学能手、优质课教师、创新课教师。2007年,她被评为自治区第三批学科带头人,2009年,她被评为鄂尔多斯市优秀教师。这些荣誉记录了她在教学领域里坚实的足迹。

2010年至2012年,王玉琼应聘到北京师范大学鄂尔多斯附属学校初中部,担任副校长一职,主持初中部工作。她首先是一名管理者,初中部二十个班大到教育教学,小至饮食起居都要兼顾;其次她还是一名普通的教师,到校之后,她就挑起了初三毕业班语文教学的重担,学校成立初三工作室,她挑起初三工作室主任的重担。2011年和2012年,北京师范大学鄂尔多斯附属中学成为一匹黑马,连续两年学生平均总分获全市第二的好成绩。2011年鄂尔多斯市初中毕业升学考试中,她所带的毕业班的语文成绩位居全市第一。2011年,被康巴什党工委、管委会授予"优秀教育工作者"荣誉称号。

2012年8月,王玉琼同志被任命为康巴什新区第二中学校长。

她由原来的教师身份转变为一所学校的大家长，9月份，带着47名年轻教师开始了康巴什新区第二中学的创业之路。在与专家反复探讨之后，她给学校定位在"自主教育"理念上，用现代理念打造"自主教育"品牌。经过一年多的不懈努力，学校赢得学生的喜欢、家长的信任和社会的认可，正在以蓬勃的态势朝着优质学校的目标大步迈进。2013年，学校被康巴什新区教体局授予全员育人优秀奖，她本人被党工委、管委会评为优秀教育工作者。昨天的汗水为的是今天的收获，今天的苦涩就是明天的甘甜。王玉琼同志正在用对教育事业始终如一的热爱，努力浇灌明日绚烂绽放的理想学校之花。

记康巴什新区师德标兵第一幼儿园钱巧玲：

钱巧玲老师是2010年来到康巴什新区，也是新区幼儿园第一批开荒者之一。钱老师认为，作为幼儿园教师首先应有正确的育人观念，关爱每一位幼儿。热爱幼儿是教育的灵魂，是幼儿教师的基本要求。通过这四年多的一线工作，总结了丰富的教育经验，她深深地懂得了爱幼儿的含义是什么。看着孩子们一拨一拨在爱的涓涓细流的浇灌下健康成长，她由衷地感受到为人师表的幸福。

钱老师从事保育工作，时时做好自己的本职工作。她不怕脏累，一心一意做好每一件事，同时她还没忘记提升自己的理论修养和专业技能。钱老师先后在党建工会和财务室工作，后来因保育老师紧缺，她又一次回到保育岗位。这时钱老师对保育员的工作又有一层深入地理解和思考，又一次全身心投入其中，她更加关注孩子的成长需要，关注家长对孩子在幼儿园生活细节方面的敏感问题，急家长所急，想家长所想，把问题考虑到家长前面。同时与家长及时沟通并给予专业地指导，让家长对班级老师放心，让孩子开心，从

而更好地协助班主任开展班级工作。

幼儿园的保育工作很重要,有严格精细的操作流程和标准,钱老师总是日复一日地严格坚守着她的工作。春季是流行病和传染病高发季节,可是钱老师班级的孩子的出勤率是最高的,即使是手足口病肆虐的5—7月份,个别班级因幼儿确诊数量达到2例以上便停课一周,只有钱老师的班级没有发生集体停课的事件,这就是一个优秀的保育老师对孩子学习环境和生活场所的高度关注的结果。

在琐碎的保育工作中,钱老师没有倦怠,没有烦躁,大家看到更多的是她积极乐观正能量的传达。一分耕耘一分收获,她在新区教育系统首届保育员技能大赛中荣获二等奖。她得到孩子们的认同和家长的赞誉。教育的路是漫长的,钱老师将在这漫漫长路中,用她的爱心、真心、耐心、信心去迎接教育中的每一个挑战,去滋润康巴什新区第一幼儿园的每一棵幼苗,做一名称职、优秀的教师。她经常这样说:"我会一如既往地全身心投入工作,把工作当作事业来做!"

记康巴什新区先进教育工作者,北京师范大学鄂尔多斯附属学校高中部副校长孟慧:

当一个人把自己与所挚爱的事业紧紧地联系在一起的时候,她的性格才会发出全部光彩,她的生命才呈现出全部价值,这是她信奉的一句话。

18年来孟校长一直工作在教学第一线,痴心教育,潜心育人。由于工作成绩突出,孟校长赢得了许多荣誉:杭锦旗十大杰出青年、鄂尔多斯市中青年教师基本功大赛一等奖、鄂尔多斯市教学能手和优质课教师、鄂尔多斯市课堂教学大比武一等奖、两次被评为"鄂尔多斯市优秀教师",所带班级两次被评为"鄂尔多斯市先进班集体"、被授予"鄂尔多斯市优秀共产党员"和"康巴什新区先进教育工作者"等荣誉称号。

孟校长把满腔的热情都投入语文教学工作中,为了提高业务素质,坚持学习,考入北京师范大学文学院,并以优异的成绩被授予北京师范大学语文教育硕士。从教以来,潜心钻研教材,因材施教,形成了自己独特的教学风格:课堂氛围生动活泼,取得丰硕的教学效果。

孟校长注重发现"好苗子",及早培养"好苗子"的语文创作能力和兴趣,所辅导的学生参加各级作文比赛和语文能力大赛都取得了骄人的成绩:2010年她所带的首届毕业生中考语文成绩全市第一。2013年首届高考,她所带班级学生的语文成绩全市第二,孟校长很欣慰,这是对她无私奉献最好的回报。

2007年8月,孟校长经过层层选拔,被聘任到北京师范大学鄂尔多斯附属学校任教,并分管学校的教学工作。2009年9月担任中学部主任,分管初中部教育教学工作。工作中她所付出的心血和努力,领导和老师们都看在眼里,疼在心里。第一次组织学生参加东胜区统测就取得了总分第一的好成绩;首次参加中考,就创造了八个第一的佳绩……当成绩一个个接踵而至的时候,她落泪了,那是付出得到回报后幸福的泪水。

她的付出,赢得了老师们的尊重和信赖,她是他们的"知心大姐",她在工作上、生活上继续关心老师们,帮助他们成长。附校老师没有忘记她的呕心沥血,附校的领导给了她更广阔的平台。2010年秋她被提拔为副校长,分管高中部。从无到有,从有到优,高中部在校领导正确领导下,在孟校长分管负责下,在全体高中师生的努力下,高考取得了全市第二的骄人成绩,经过精心的打造,高中部已经赢得了学生和家长的认可,社会美誉度不断提升。为创优质高

中,孟校长与以刘建国校长为核心的校领导班子和老师们集思广益,规划高中部发展,在办特色学校、创一流成绩的道路上正迈着坚实的步伐。

18年来,从立足三尺讲台到从事教育教学管理,孟校长把最火热的青春、最旺盛的精力、最澎湃的生命都奉献给了最热爱的教育事业,痴心教育,潜心育人。她的付出,已镌刻在学校的史册里。

记康巴什新区师德标兵蒙古族幼儿园侯丽霞:

侯丽霞是康巴什新区民族幼儿园的一位年轻教师,幼儿园先进的教育理念和团队团结互助的精神,使她从一名非专业教师快速成长为一名专业的优秀教师。在四年的幼儿教育工作中,她勤恳敬业,严格要求自己,不断提高自身素质,完善自身品格,是一名深受幼儿和家长喜欢的老师。

四年来,她在教育事业的最前沿奋斗,担任过保育员、配班教师、班主任,她为拥有这份平凡、富有责任心的事业而骄傲、自豪。在做好工作的同时,她从未放松过学习,珍惜每一次学习机会,学习最前沿的幼教理论,不断充实。积极参与年级组创编的园本主题《我们的城市——美丽的康巴什》。她学习先进教育理念,向优秀教师学习教学技能,认真细心地做好本职岗位的每一项工作,多分担班级工作,总结经验,探索创新。扎实地走好教育工作的每一步。在保育岗上,小班的幼儿经常尿裤子,她通过分析幼儿的个别生活习惯,及时提醒幼儿上厕所,给幼儿换洗衣服,班级的卫生检查总是第一。在教师的岗位上,她爱每一位幼儿,耐心地引导幼儿探索学习,班里的孩子觉得侯老师又可爱又聪明,是孩子们尊重喜欢的好朋友。在专业技能上刻苦学习,向幼儿园专业教师请教,学习每一位教师的优点,阅读幼教书籍,积累点滴的收获,积极走向优秀教师的行列。

　　由于努力工作,侯老师于2011年被评为蒙古族幼儿园优秀助教老师,2013年被评为蒙古族幼儿园优秀教师,2014年在康巴什新区教体局组织的"我是教师我为谁"教育故事大赛中获优秀奖,2014年被评为康巴什新区师德标兵。她一直注重培养幼儿全面发展,通过师幼的共同努力,班级获得了"健康节"律动表演第一名和"艺术节"活动第一名。她认真指导幼儿美工活动,喜获"星星河"全国少年儿童美术书法摄影大赛的优秀辅导奖,以及"小龙人杯"国际青少年书画作品联赛的优秀园丁奖。

　　虽然侯老师在工作中有过困惑,有过被人埋怨的苦衷,流下过委屈的泪水,然而,她依然坚信,只要无愧于孩子、无愧于事业,她说"我愿意!"因为她心中有爱,心系幼儿。

第三节　创特色教育　树品牌学府

一、幼有善育　学有优教

"习与智长，化与心成。"这是南宋教育家朱熹提出的儿童教育思想，强调了早期学习与教化对儿童成人后形成稳定习惯、心智和品质的重要作用。学前教育是一项重大的民生工程、未来工程，关系儿童成长、家庭幸福、民族未来。学前教育是每个儿童接受集体教育的开端，也是每个人终身学习的开端。康巴什区围绕办人民满意的教育、满足人民群众幼有所育、幼有善育、幼有优育的美好期盼，大力发展学前教育特别是在康巴什新区"先筑城、后兴业"的特殊背景下，幼有善育，不仅是惠及广大人民群众的民生事业，更是发展新城、提升人气、凝聚商气的一项战略性工作。

为推进学前教育普及普惠优质发展，新区不断加大学前教育经费投入，大力支持推荐新建、改扩建幼儿园建设，将学前教育经费纳入财政预算予以重点保障，新增教育事业费向学前教育倾斜，科学制定成本分担机制，加大普惠性民办幼儿园扶持力度，不断优化学前教育布局，为"最柔软的群体"提供"最安心的照护"，用心用力用情回应着市民从"有园上"到"上好园"的呼声。

有好的幼儿教师，才有好的学前教育。换言之，人员充足、热爱儿童、业务精良的幼儿教师队伍，是高质量学前教育的核心和保障。新区以公开招考的方式择优聘用幼儿园教师,实施小班化教学,并制定一系列相关的保障性规定,例如幼儿园每班应配备至少2名专任教师和1名保育员,或者配备3名专任教师,教师须具备教师资格证,保育员须具备高中毕业以上学历,等等。通过这些相关规定,提高了幼儿园工作人员的准入门槛,这是实现幼有善育的关键,体现了新区为幼儿提供更加公平、更加优质的学前教育的努力。

为了确保区域保教质量稳步提升,康巴什区注重高质量的园长队伍建设,推动幼儿园游戏化,生活化,自然化课程改革。康巴什区邀请高校知名教授长期指导园长们进行园本课程建设。园长们将理论学习与园所实践深度结合,根据不同园所的自身情况,不断优化园本课程名称、理念、目标内容、实施评价保障等课程要素;以文化建设为抓手,全面提升幼儿园文化内涵和保教质量。在课程文化建设中,各幼儿园园长从科学的课程理念入手,结合自身园所实际,深度构建哲学与课程的时空连接,把课程理念融入幼儿园课程实施的全场景、全过程。各幼儿园园长在全区范围内开展文化建设汇报打造课程文化建设,共同体资源共享取长补短,共同提升。

基础教育方面,康巴什新区全面优化教育生态,着力提升教育品质,书写民生卷,答好教育题,从"学有所教"迈向"学有优教",以民生温度检验教育深度,推动基础教育高质量优质均衡发展。实施"优教工程"战略,全面推进区域教育优质均衡发展。办人民满意的教育,不仅要从重视办学规模和数量向提升办学质量与内涵上转变、从注重发展硬实力向增强教育软实力转变,还要从普及化向优质化、不均衡向均衡发展转变,变"人人有学上"为"人人上好学",最终实现学有优教目标。

新区教育体育局局长郝凤林谈道:

基础教育的均衡发展,体现在办学条件上,不仅要求实现硬件

上的均衡，更要实现软件上的均衡，也就是在"教育智慧"上的均衡。而在教学实践中，教师的"智慧教育"对学生的发展起到不可估量的作用，因此，为了满足学生的发展需要，要尽量在"教育智慧"上实现均衡，才是为学生提供了真正的均衡教育。

目前，新区基础教育在"均衡"方面成效显著。近些年所采取的一系列小班化教学策略，所进行的一系列旨在提升学校干部教师队伍整体水平的各种培训等，都是实施"均衡"策略的有效举措。今后，新区基础教育应该迈出更大的步伐，使"均衡"成为新区基础教育的显著特点。

康巴什区第四小学教师王玉梅谈走教育内涵发展之路：

随着又一轮的新课程改革，我们脑中与时俱进的新名词也是一个接一个，往往我们了解的是最肤浅的东西，真正新课程理念下教育的内涵并没有去挖掘。海宁高级中学周彬校长对学校的教育现象、教育问题剖析得非常深刻，如"自主学习"，究竟什么叫自主学习，我们理解为自学。周校长为我们分析：自主学习是建立在有学习能力、有自律意识基础之上的一种学习，如果没有学习能力，让他自主学习那是浪费时间，如果没有自律意识，让他自主学习，那是放任自由。比如说"集体备课"如果操作不好就是集体偷懒，还不如个人用心备课。我们说的"民主管理"，马教授从七个问题剖析：什么是民主管理？为什么要民主？是否可以不搞民主化？怎么进行民主……一个个我们似曾相识的名词，原来是如此陌生。通过这次学习，我告诫自己，要认真学习深刻研究。我也鞭策自己，要用哲学家的思维去思考教育，要洞悉事情的来龙去脉、本质所在。

作为学校管理者，我们面对的是两个主体，即教师、学生，随着时代的变迁，学校管理可以说面临着前所未有的新挑战，因为教师、学生都处在一个比较开放,比较新潮的时代,她们思想活跃,崇尚自我,反感束缚,所以校长一定不能用过于传统的管理去让师生感觉到压抑、枯燥,而是用科学的管理方式去成就教师、发展学生。所以这次学习,我将专家、名校长的介绍总结成两条,即教师管理的核心是以人为本,学生管理的核心是丰富课程。将教师当成自己的家人,实现真正的以人为本,将课程当成孩子的食粮,滋养其健康成长。走教育内涵发展之路是我们的教育目标,通过学习,我们梳理一套与时俱进的符合我们校情的管理模式,在新区教育发展中渐入佳境,步步登高。

二、创建品牌 特色发展

努力办好适合每个孩子的教育,是新区教育坚持优质发展的又一优势。新区本着高起点规划、高标准建设、高水平发展的要求,实现了独立办学高位起步,并快速走上特色化、精品化发展道路。

2007年新区与北京师范大学联合办学,2011年,由联合办学向自主办学转变的过程中,新区教育提出"一校一品、一品一特、一特一优"的办学思路,以培育优质教育资源为导向,挖掘优势,形成特色,铸就品牌。2014年着手推进现代学校制度建设"五个一"工程,各学校以"一校一章程""一校一规划""一校一制度""一校一评价""一校一特色"为抓手,大力培育特色项目、特色课程、特色活动、特色文化、特色品牌,开创了"校校有特色"的百花齐放新局面。例如,第三幼儿园的"智慧与生命"教育、第一小学的"真爱"教育、第一中学的"幸福"教育普获认可。

康巴什新区第一幼儿园——"自主教育"

康巴什新区第一幼儿园创建于2010年,占地面积11116平方

米。在园幼儿570余人，全园共有教职员工78人，教师52人。2014年晋级为自治区示范幼儿园，并多次被评为鄂尔多斯市康巴什新区教育先进集体。幼儿园设有十二个教学班，一个早教班。设有五个功能室：美工坊、生活实践坊、科探室、多功能音体室等，符合幼儿个性化发展需求，并配有专职老师开展丰富教学活动。户外设有沙水区、种植区、攀岩区、体能训练区、大型玩具区、小木屋等活动场所，生态区有缓坡、草坪、沙池、树林、攀爬网、吊床、鹅卵石地、水泥地、塑胶地等多样性地面，使儿童与自然中的植物、雨露、阳光产生链接，让孩子在大自然的怀抱中，感受着"天地之气"的变化。幼儿园整体以"生态·自然"为环境创设理念，为孩子打造自由玩乐的成长乐园。

康巴什新区第一幼儿园秉承"走好人生第一步"的办园宗旨，遵循"脚踏实地"的园训，用心营造"愉快自主、充实幸福"的教育环境，培养拥有健康身心、良好习惯、自主行为、独立人格的幼儿。经

图2-25 孩子们的趣味课
（图片来源：康巴什区第一幼儿园提供）

过十年的探索和实践,基于园所得天独厚的地理位置,配套公园、广场、社区等,挖掘生态教育资源,积极创造具有儿童归属感的儿童生活环境,遵循生态与自然结合的幼儿园一日生活课程,构建了"自主课程"体系,让每个孩子都获得向上生长的力量,成为璀璨星空下那颗绽放光芒的星星。

我们的儿童观:儿童是一颗种子。教育要尊重孩子的发展规律,相信儿童天生有自我教育和自我发展的能力,顺应儿童的发展。

我们的课程观:自主化课程。幼儿园的自主课程以儿童发展为核心,以儿童当下感受和体验为视角,满足儿童自主学习的需要,帮助他们从不同层面完成学习。教师与孩子一起感受生活,用儿童的方式学习与探索,鼓励孩子用做记录的方式表达自己的心情、发现和愿望,鼓励他们在愿意的时候分享,不愿意的时候可以选择珍藏,鼓励他们大胆释放自己的感受、参与活动、允许大哭、大叫、大笑,接纳他们的所有,与儿童共同生活。

我们的游戏观:把真游戏还给幼儿,把幼儿还给他自己。丰富的游戏材料爬网、垫子、积木、轮胎、球类、小车、可移动、可组合的安吉游戏、沙水、小木屋、荡桥等。游戏材料的数量以及总量保证了孩子自主游戏、自选材料的需求。游戏材料的投放也遵循了低结构、可移动、多变化的特征。

鄂尔多斯市康巴什新区第一幼儿园有家一般的温暖,有一群有爱的老师,在每一个春夏秋冬里,真实而自然地和孩子们生活在一起,倾听每一个儿童,看见每一个儿童,共同发现生活中的美好,创造幸福而有意义的生活。

康巴什新区第二幼儿园——"爱心教育"

鄂尔多斯市康巴什新区第二幼儿园,成立于2011年9月,是一

第二辑 教育事业卷

图2-26 康巴什新区第二幼儿园
（图片来源：康巴什区第二幼儿园提供）

所直属于康巴什新区教育体育局的全日制公办幼儿园。坐落于康巴什新区北区地段内，园所占地面积19800平方米，建筑面积4150平方米，园内建有集活动室、睡眠室、盥洗室、卫生间功能齐备的标准教室12个以及美工、陶艺、生活实践、图书阅览功能室4个，可容纳入园幼儿近400人。

2012年4月被鄂尔多斯市教育局评为一级甲类幼儿园。幼儿园占地18150平方米，建筑面积4150平方米，户外活动面积4100平方米，绿化覆盖率70%。地方宽敞、空气清新、环境优美室内外设施齐备，有音乐室、图书室、电脑室、活动室、游戏室、睡室、洗手间、厨房；有宽阔的户外活动场地、玩水池和植物园地等。康巴什新区第二幼儿园以"爱、自由、规则"的园本思想为引领，致力于建设"至真至爱，育善扬美"充满人文精神的园所文化，以"自然""社会""生活"为教育切入，为幼儿的身心健康和终身发展奠定基础。第二幼儿园的课程理念：大自然、大社会是活教材，让孩子接近自然、接触社会、在体验中成长。

康巴什新区第三幼儿园——"润泽教育"

康巴什新区第三幼儿园于2011年9月成立,旨在为3~6岁幼儿提供保育教育服务。以"开启智慧,润泽生命"为办园理念;以培养学会生活、学会感悟、身心健康、心灵丰富的幼儿为目标;倡导静下心、沉下身、踏实做事的工作理念。

图2-27　康巴什新区第三幼儿园的欢乐时光
(图片来源:康巴什区第三幼儿园提供)

康巴什新区第一小学——"真爱教育"

没有爱就没有教育,教育的全部秘诀就是爱,教育就是"爱的奉献"。为此,我校将以"爱的教育"为办学理念,让每一个孩子心灵舒展,健康快乐地成长。

"爱的教育"的内涵是指:校长关心教师的发展,以"真爱"引领教师专业成长,实现其人生价值;教师爱岗敬业,关爱学生,以"博爱"成就学生;学生热爱学习,乐于助人,以"自尊自爱"促进自主学

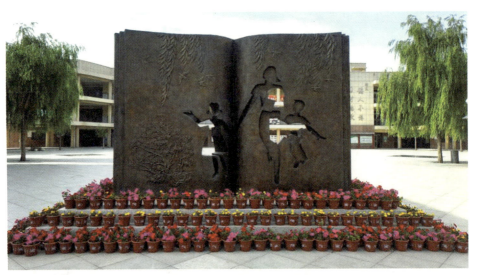

图2-28　康巴什新区第一小学校园
（图片来源：康巴什区第一小学提供）

习、自我教育；学校与家庭合作，与社会沟通，赢得"反哺之爱"，从而使社会各界关心支持学校的发展。校长、教师、学生，学校、家庭、社会形成爱的传递，爱的循环。在爱的温暖中，学生快乐学习，教师幸福工作，学校成为师生共同成长的精神家园。

爱，是责任的内在动力；责任，是践行爱的有力保障。学校将以"爱与责任"为办学的核心内容，倾力打造学校文化，树立学校品牌，采取多种措施，强化责任意识，落实责任行为。学校管理者要具有为教师、为学生负责的责任意识，强化责任管理，做好服务工作；教师树立"责任育人、责任教学"的观念，本着对教育质量负责、对自己的发展负责、对每一个孩子的一生发展负责的态度，关爱每一个学生，教好每一个学生。教师用"爱的情感、爱的行为"拓展"爱的能力、爱的艺术"，争做学生喜爱的老师；学生则谨记自己的责任，努力学习做人、学习做事、学习知识，在学习和生活中履行自己的义务，树立起对家人、对集体、对社会的责任心。

"教育是心灵与心灵的沟通，灵魂与灵魂的交融，人格与人格的对话"。我们将坚决摒弃权利主义、功利主义导致的强迫、命令、侮辱人格、简单粗暴等种种违反教育原则的教育形式,回归教育的原点,热爱、尊重、了解、研究每一个儿童,着力发现每一个学生的潜能。教师要把研究儿童、了解儿童、理解儿童作为教育教学的重要工作,理解学生的需要(学习的需要、休息的需要、玩耍的需要、交友的需要,特别是人格尊严的需要),倾听学生的心声,走进学生的心灵,建立相互信赖、相互支持的新型的师生关系。我们无限相信每一个学生的潜能,对他们的成功抱有坚定的信心,努力使他们得到学习成功的快乐,千方百计创造适合学生的教育,让学生人人都能得到发展,个个都能健康快乐地成长,为学生一生的发展打下坚实的基础(节选自王蕾蕾《让学生健康快乐成长,为学生一生发展奠基》)。

康巴什新区第三小学——"赏识教育"

康巴什新区第三小学于2011年8月成立。学校环境优雅,设施一流,师资雄厚,是一所汇聚了地区优质教育资源和先进办学思想的现代化小学。截至2012年,有26名教职工,其中自治区教学能手、市级教学能手14名。优秀师资为全面实施素质教育,提升办学品位,提高办学质量奠定了坚实的基础。设9个教学班,已经开设的校本课程为16种,其中5间列入课程表,其余的以兴趣活动的方式呈现。建校伊始,学校就明确提出了"赏识,让每一颗童心亮起来,让每一个生命更精彩"的办学理念,确立了"以赏识教育的氛围陶冶人,以敬业奉献的师德素养影响人,以上乘的教育质量培养人,以异彩纷呈的实践活动丰富人"的办学目标,本着"良好习惯在赏识氛围中形成,优秀品质在赏识活动中造就,综合能力在岗位舞台上提升,科学知识在赏识课程中积淀"的办学思路。为培养师生健全

的人格,提高全面素质和学校健康可持续发展奠定基础。

赏识教育,以关爱为基础,以尊重为核心,以激励为手段,以自信为动力,从而最大限度地激发每一个人的潜能,使被赏识者充满信心,主动发展,体验成功,开创和谐发展之路。赏识者能学会欣赏美,学会与人合作,赢得良好的人际氛围,成就美好的幸福人生。

践行赏识教育,让我们的孩子健康、快乐、充实地度过童年生活,成为"知书达理、优雅阳光、诚实自信"的好少年;让我们的教师轻松、愉悦、幸福地钟情教育生涯,成就一支"朝气蓬勃、荣辱与共、协作拼搏、自强不息"的教师团队;让我们的家长满意、配合、支持学校的发展;打造一个高雅、书香、温馨、愉悦、文明、平安的和谐校园。最终实现让社会认可,让人民满意的目的。

康巴什新区第四小学——"快乐教育"

康巴什新区第四小学坐落于神华康城几个小区的中间,主要解决神华集团职工子女的上学问题,可以说是办在老百姓家门口的学校。现有12个教学班(其中一、二年级各四个班,三、四、五、六年级各一个班),学生362人(其中180多名转学生),教职工40名(由引进教师和刚毕业大学生两部分组成)。学校占地面积18900平方米,有24个普通教室、20个专用教室、一个体育馆、一个职工食堂。各项设施设备齐全,为全面实施素质教育和打造学校办学特色提供了很好的物质保障。学校开始启程的第一步就是将学校文化定位,让新学校从开张之日就有魂。多年的教学实践经验告诉我们,职业倦怠严重影响着老师的身心健康,学生也是疲于应付。一天中、或一年中老师学生的多一半时间是在学校度过,日积月累,慢慢地,也就失去了寻找快乐的本领,也忘记了"人的终极目标就是过上快乐的生活"。所以在建校伊始,学校明确提出办学的核心理念,即全面

图2-29　康巴什新区第四小学课前准备主题教育
（图片来源：康巴什区第四小学提供）

推行"快乐"教育，学校德育工作围绕"快乐教育"开展。"快乐"教育的创始人是19世纪英国教育家斯宾塞，他提到"孩子快乐，一切教育都是有效的；孩子不快乐，一切教育都是苍白的"。沿着前人的足迹，带着对教育的热爱，第四小学的"快乐教育"开始播种、生根、开花、结果。

具体实施体系：

1. 搭建快乐教育框架。

营造两个快乐环境：

快乐校园，温馨、优雅、活泼、向上；

快乐家庭，和谐、民主、尊重、理解。

打造两个快乐主体：

快乐教师,健康、阳光、激情、爱心;

快乐学生:健康、自信、乐观、豁达。

注重两个快乐载体:

快乐课堂,开放、愉悦、体验、多样;

快乐活动:参与、自悟、内化、外显。

2. 明确快乐教育思路:以教师快乐为基础,学生快乐为核心。

3. 实施快乐教育保障,培养快乐教师三要素:创设和谐的人文环境,提升精良的业务水平,实施有效的激励评价;培养快乐学生六要素:优美活泼的校园环境,民主和谐的家庭氛围,基础扎实的质量检测,开放愉悦的精彩课堂,多元整合的课程体系,激励进取的教育评价。(节选自王玉梅《营造快乐校园成就快乐师生》)

康巴什新区第一中学——"幸福教育"

康巴什新区第一中学的办学理念是:创建幸福教育,享受教育幸福。

教育是为了人的幸福,学校里的"人"主要是两大类:教师、学生,幸福教育不仅仅包含学生的幸福,同样也包含教师的幸福。因此,学校坚持以人为本,通过幸福文化的浸润、种种创造性活动的设计开展,实现教师幸福的教、学生幸福的学,从而"创建幸福教育"。我们把教育当作一件幸福的事来做,通过师生和谐关系的打造,让教师和学生在教与学的过程中体验到幸福。通过学校教育,最终使学生成为能够发现幸福、创造幸福、体验幸福和享受幸福的人。

学风:乐学、善思、好问、进取。

教风:敬业、爱生、合作、笃学

幸福教育是多样、公平、优质的教育,核心是以人为本。幸福教育不能简单地理解为仅仅是为未来生活的准备,也应关注学生当下

图2-30 康巴什新区第一中学校园
(图片来源:康巴什区第一中学提供)

的成功感和幸福感,处理好当前幸福和未来幸福的关系。因此我校高度关注教育过程,关注教育教学和孩子成长的规律,把课堂还给学生,把发展的自主权还给学生,帮助学生学会学习、学会思考、积极进取、自律自省,而且学贵有疑,小疑则小进,大疑则大进,所以学风定为"乐学、善思、好问、进取"。实现学生"幸福的学"起主导作用的是教师,教师需要用爱心与智慧为学生一生的发展去着想、去思考、去行动。著名教育家苏霍姆林斯基认为"如果你想让教师的劳动能够给教师带来乐趣,使天天上课不至于变成一种单调乏味的义务,那你就应当引导每一位教师走上从事研究的这条幸福道路上来"。可以看出,如果教师想要获得职业幸福感,就必须大量地学习,不断提升自身的业务水平和教育教学质量。因此教风定为"敬业、爱生、合作、笃学"。

一个人只有受过良好教育,才能最大限度地参与社会生活,最大限度地拓展精神疆域,最大可能地获取幸福来源。从这个意义上

说,教育是幸福生活的重要内容。基于学校幸福文化价值观与办学理念,学校的育人目标确立为:培养"志存高远、健康全面、自主协作、善思创新"的幸福学生。具体解读如下:学生有良好的品德,身心健康,有广泛的兴趣和爱好,德智体美劳全面发展。强化学生自律意识,培养学生自主管理能力,有良好的沟通与协作能力。鼓励独立思考、勤于思考,有创新意识和创新勇气,有自己想法和主张。让学生具备幸福的根基,绽放成长幸福的精彩。

康巴什新区第一中学幸福教育的构建是抓两条主线,推进五个方面。两条主线,一是让教师拥有一种物质、精神和心灵的幸福生活。二是让学生在学习的过程中体验幸福,为孩子今后奠定可持续发展的人生基础,即教师幸福,学生幸福。五个方面:物质文化建设(即和谐校园打造)、制度文化建设、幸福行为文化建设、课程文化建设、安全文化建设。

在幸福文化的践行过程中,康一中强调和突出"以人为本"这一核心理念,以期达到"不治而治"的更高管理境界。积极推进现代学校制度建设五个一工程(一校一章程、一校一规划、一校一制度、一校一特色、一校一评价)。构建学校管理体系,构建管理育人课程。在"知民情,顺民意,聚民心,用民智"的基础上不断完善我校的各项规章制度。

北京师范大学鄂尔多斯附属学校的"礼"教育

北京师范大学鄂尔多斯附属学校是一所包含了小学、初中和高中三个阶段、四个校区的学校集团,在鄂尔多斯康巴什新区办学,从无到有地使学校成为当地乃至北京师范大学基础教育合作办学平台中的一所名校。

"做有礼的教育"是北京师范大学鄂尔多斯附属学校的办学指

图2-31　北京师范大学鄂尔多斯附属学校
(图片来源:康巴什区教体局提供)

导思想。礼是中国传统文化的主体,是中国传统文化的基础与根本。礼起源于人类理智对情感与欲望的规范,是维系人类社会和谐发展的纽带。礼学的本质是"人学",重视现实的人与人生问题是礼学的本质,礼文化涉及的内容极其广泛——人的本质、人性、人格尊严、生死、自由等。张自慧在《礼文化的价值与反思》中将礼文化中的人文精神概括为:倡导"以人为本",关注自我与人生;尊重人性和人情,重视生命价值;弘扬人的主体精神,塑造独立的君子人格;追求人与自然、人与人、人与社会的和谐。也正是因此礼文化具有"经国家,定社稷,治国安邦;修其身,养其性,教化民众;强家国,睦四邻,协和万邦;礼宜乐和,文明华夏,以成天下"的功能。从建校伊始,学校就深知传统文化对校园文化建设的重要性,校长刘建国提出了以"达德、悟学、崇朴、勉行"为灵魂的校园文化建设纲要。

"达德、悟学、崇朴、勉行",寓意深远,立意恒永。欲"达德"必先崇朴,欲"悟学"尚需"勉行"。达德散放着传统文化之馨香,悟学闪耀着理想智慧之光芒,崇朴彰显为师为范之本色,勉行乃是腾飞崛起之保障。

达德：唯德与贤，能够服人；大礼鸿宝，乃德之聚；当代中国，弘扬传统；八荣八耻，构建和谐。我校教师以崇德敬业为本，我校学子以尚丽礼好学为荣。达德，人生之根本追求，教育之第一要义。

悟学：人生有涯，学海无边；学贵心悟，守旧无功；勤学励志，创新求实。

旧学商量加邃密，新知培养转深沉。悟学以达贯通，悟学以求新知。

崇朴：天下有大美曰朴。中华文化，纯真质朴。中华美德，节俭朴实。返朴以归真，返朴以求实；归朴万事简，归朴千般易；纯朴身心安，纯朴天下定。

唯真唯朴，唯简唯实。

勉行：九层之台，起于垒土；千里之行，始于足下。《易经》有云：天行健，君子以自强不息。达德、悟学、崇朴皆须求之于行，故行动见真旨，实践出真知。

靡不有初，鲜克有终。故学贵有恒，行贵有持。

八字校训，凝聚中华传统文化之根本精神，于当代后世有持久强大之生命力，为我校立校之基，育人之本，全体师生力量之源。

"达德、悟学、崇朴、勉行"，意在千秋，行在朝夕，我校师生当恪守训诫，谨遵教诲，树一己之良风，耀学校之荣光。

高中部教育处根据校长的指导思想，又结合高中学生的实际特点进行了专题化、系列化的分解。具体分解为"十大专题系列"。分别是政治教育、理想教育、养成教育、感恩教育、诚信教育、学习教育、心理教育、交际教育、个性教育、安全教育。（摘自刘建国《做有礼的教育》一书）

康巴什新区依托已形成的优质教育品牌优势，从新建各类学校、扩大招生规模、招聘引进和培训教师、规范教育系统建设等方面入手,完善和发展教育事业,提高教育水平,为增强优质教育品牌优势增添了新的动力。

三、育人为本　德育为先

(一)坚持以主题教育活动为主线,构建德育思想

康巴什新区各学校注重开展系列主题教育活动,日积月累,潜移默化,塑造学生的思想道德品质。每周一次的升旗仪式、以激发爱国情怀为主线的各种主题班会;利用清明、端午、中秋、春节等节日(纪念日),开展"我们的节日"等系列教育活动;结合国庆节开展的"向国旗敬礼、做有道德的人"网上签名寄语活动,组织广大未成年人登录相关网站面向国旗敬礼签名、寄语,抒发感言,表达心声;结合感恩节、教师节的感恩教育;关爱他人关爱社会关爱自然志愿服务活动;"我的中国梦"主题教育活动等,在学习中坚定信仰,在活动中升华理想,这些举措,无一不对学生的爱国精神、热爱集体,以及自强意识起到良好的催化作用。

康巴什新区第一中学:组织学生"向国旗敬礼"网上签名活动:

康巴什新区第一中学利用国庆节的契机,深化"我的中国梦"主题实践活动,推进未成年人思想道德教育。国庆假期后,组织全体学生登录中国文明网开展"向国旗敬礼"网上签名活动。

学校德育处安排班主任和计算机老师组织学生利用计算机课前时间、课间10分钟时间纷纷到机房,为祖国母亲献上最真挚的祝福。学生对此次活动特别感兴趣,他们有的把祝福语事先写在小纸条上,然后仔细斟酌之后在网上编辑;有的同学把祝福语写成小诗,虽然语言有些稚嫩,但是在字里行间流露出他们对祖国母亲的真诚

图2-32　学生网上签名现场
（图片来源：康巴什区第一中学提供）

祝福；还有的学生直接祝福祖国生日快乐，虽然简短但情真意切。

　　在和平时期，爱国教育仍然具有很现实的意义，爱国不需要宏大的口号，需要的是一种情结，一种精神。通过这样形象的网上签名活动，祖国不再是郁郁葱葱的崇山峻岭，不再是奔腾咆哮的长江黄河。她就是10月1日过生日的母亲，学生理应向她表达敬意和祝福。（文章来源：康巴什区第一中学微信公众号）

康巴什新区第三小学："三月最美的心意送妈妈"

　　3月8日是国际劳动妇女节。康巴什新区第三小学美术老师们抓住节日教育契机，结合学校3月的"感恩"主题教育，在美术课上教孩子做手工康乃馨送给妈妈，当作三八节的祝福。（文章来源：康巴什区第三小学）

（二）坚持以课堂教学渗透为渠道，构建德育阵地

强化课堂教学的德育渗透，是促进学生完善人格的重要条件。各学校都高度重视课堂教学，积极采取措施，加强课堂教学改革，向课堂要效率，向课堂要质量。

一是坚持课堂教学的德育主渠道作用，发挥常规教学中学科的德育渗透功能。使学生在学科知识的学习中，掌握学科基础知识，了解博大精深的世界文化和中国历史，培养严谨求真的科学态度。各学校都在摸索符合本校学生发展的教学模式。比如，第一小学儿童课程的开发、思维导图的应用；第二小学的同课异构；第三小学倡导课堂的高效、简约、扎实，以及"诗意童心"等校本课程的开发；北京师范大学鄂尔多斯附属学校的"211三案引学"教学模式；康巴什新区第一中学的差异教学法等；

康巴什新区第一小学校长王蕾蕾谈如何让学生健康快乐成长：

一、"轻负担、高质量"是我们的办学追求

实施轻负担、高质量就是践行素质教育，就是成就学生的生命成长，就是让每一位教师、每一位学生找到适合自己的发展方式。

我们所指的轻负担是不以增加学生学业负担，牺牲学生身心健康来换取学业成绩。我们将坚决摒弃给学生布置大量单调、重复、机械的作业的做法，不以分数作为评价学生的唯一标准，努力探索一套切合学生个性素质和能力发展的评价体系。

实现轻负担，就要引领教师走专业化道路，不断提高教育教学水平。要研究儿童，关注儿童的个性，研究学生的思维、习惯，注重方法渗透和习惯培养。要深入进行课堂教学改革，转变教师的教学方式和学生的学习方式，提高课堂教学效率，向40分钟要质量。

实现轻负担是要为学生拓展素质，发展特长留有充分的时间和空间。"纸上得来终觉浅，绝知此事要躬行。"我们积极鼓励、大力倡导学生参加各种社会实践活动，让学生到社会中去体验、探究、感悟，承担起社会责任的同时学到真知，培养学生的动手实践能力和创新能力。与此同时，我们将精心设置校本主题系列综合实践课程，培养学生探索进取的科学精神和分析解决实际问题的能力，使得学生在实践体验中学会做人、学会做事、学会交往、学会求知、学会思考。

我们追求的高质量是全体学生德、智、体全面发展的高质量。追求可持续发展的高质量，既要重视学习成绩，更要重视学生人格塑造、能力培养和全面素质的提高。既要为学生的升学服务，也要为学生终身发展服务。追求整体的质量，面向每一个孩子，着眼于每一个学生在原有基础上最好的发展；追求和谐的质量，学生的德智体美劳各方面不一定均衡发展，但一定要协调发展；追求方法、过程与结果相统一的质量，方法科学，过程快乐，结果理想，让孩子当下就能感受到幸福和快乐。

二、培养学生浓厚的学习兴趣和良好的习惯是我们教育教学工作的研究重点

没有兴趣就没有学习。兴趣是学生学习最好的老师，最强的动力。每个儿童天生是个好奇者，天生具有创造性。我们要加倍保护儿童的好奇心，根据儿童的发展需要逐步培养他们对学习的兴趣。兴趣是可以在学习活动中加以培养的。"亲其师，信其道。"学生因为喜欢老师，就会爱学习；教师教学深入浅出，生动有趣，学生就会爱学习；教师的鼓励、赏识、认可，可以使学生产生愉悦，学生在学习中获得了成功的喜悦，就能激发他们学习的兴趣；学生对课程产生浓厚兴趣，就会主动地、乐此不疲地去学习……

所有这些都是我们应该努力去做的。学校还将针对学生的特点和需求,为孩子们量身定做,设置社会、科技、艺术、自然、劳技、体育等多种门类的学生喜欢的活动课程,以培养学生对学习的浓厚兴趣。

行为养成习惯,习惯形成性格,性格决定命运。教育就是培养良好的习惯。0—12岁是培养良好习惯的关键时期,我们要牢牢抓住这一关键期,从大处着眼,从小处着手,关注细节,扎扎实实,持之以恒地抓好习惯养成教育。培养学生良好的生活习惯、行为习惯和学习习惯,为学生一生的发展打下坚实的基础。

三、"书香校园"是我们学校的办学特色

最是书香能致远。书香,香在有知识,香在有智慧,香在有思想。

一个人的精神成长史就是他的阅读史。读书使人聪明,读书使人完美,读书使人高尚。读书是自我拯救,自我提升,自我超越,净化灵魂,升华人格的最佳途径。如果一个孩子热爱读书,那么他所得到的不仅是知识的增长,智力的开发,学习成绩的提高,更是道德的升华,情操的陶冶,他会从书籍中得到慰藉,从书籍中找到生活的榜样,从书籍中树立人生的坐标。

为此,我们将打造"书香校园",让读书成为一种习惯。教师带头读书,学生跟着读书,家长参与读书,力求形成一个"人人读书,天天读书"的浓厚阅读氛围。通过儿童阶梯阅读课程,来保证学生"读好书、多读书、会读书、爱读书",致力于师生精神文化的建设,让全体师生浸润在浓浓的书香中,走内涵发展之路。(节选自王蕾蕾《让学生健康快乐成长,为学生一生发展奠基》)

二是通过音乐、美术、体育的课堂教学,发挥其拓宽视野、陶冶情

操、美化心灵、锻炼身体的作用,培养学生感受美、欣赏美、鉴别美、创造美的能力。

康巴什新区第一中学焦慧谈学校教育时候讲道:

> 学生的成长需要自由的空间,学校给予学生一个怎样的发展舞台,学生就会得到怎样的发展。中央电视台有一则公益广告"心有多大,舞台就有多大",其实,这句话同样适用于学校教育。如果学校能够立足学生的长远发展,教师能够站在学生精神成长的角度,施以教育,那么就如同给予了学生一方池塘,为学生将来进入大江大河积蓄了足够的能量。如果学校、教师仅仅从当前的角度着手,以功利性目标为导向,那么学生所接受的教育注定如同"高墙四角的天空",单调、枯燥、乏味,和在鱼缸中生活的鱼儿无异。

因为有了这样的理念,康巴什新区一中提出了"社团建设特色化"的新思路,积极开展丰富多彩的第二课堂,建立涉及文体、科技等各方面的多个兴趣社团,包括手风琴、合唱、插画、手工制作、排球、朗诵等,学生参团率达40%,学校在此基础上还将增开英语口语交际、数学探索、文学社、动漫制作、悠悠球、跳绳等多个社团活动。学校还根据社团的性质和活动类型对社团活动进行整合分类。有重在培养学生学科素养和创新能力的学科竞赛辅导类,如:数学探索等;有重在培养学生人文艺术素养的文学艺术类,如文学社、合唱团、手风琴、书画社等;有重在培养学生竞技水平的运动竞技类,如排球队、足球队、搏击等。

学校还通过组织校园艺术节、一二·九红歌大赛、"祖国在我心中"诗歌朗诵、金话筒主持人大赛、师生运动会、跳绳比赛、迎圣诞英语手抄报、社会实践等丰富多彩的校园活动,为孩子搭建一个广阔的活动空间,让孩子在活动中去感知与人相处的美妙与和谐,体验科技的进步与社会的发展，让兴趣引领着学生，不断感受学习的快乐，在快乐中发展个性，浓厚兴趣，获得足够的能力，更为重要的是学生在这样的活动中收获到了教育的幸福。

我校的学生社团虽然成立不到一年，但是发展势头良好，学校在特色教育方面取得了显著成绩，学生通过丰富多彩的社团活动，充分展示了自己的才华，也在市、区两级比赛中取得了优异的成绩。2011年10月在鄂尔多斯市第二届中小学生计算机操作技能大赛中，计算机社团的刘文钊同学获得了中学组的第三名；学校朗诵社团成员参加康巴什新区组织的"祖国在我心中"演讲比赛中，取得了一等奖一名，二等奖一名，优秀奖两名的好成绩；2011年11月在鄂尔多斯市第二届中小学中等职业学校艺术科技节中，学校合唱团的小合唱《装扮蓝色的地球》荣获中学组三等奖；美术兴趣社团蒋媛同学荣获国画一等奖。2012年3月，学校的跳绳社团参加了康巴什新区中小学生跳绳比赛，获得了中学组男子团体、女子团体第一名的优异成绩，其中男子个人前三名、女子第一名都被第一中学包揽。

康巴什新区第二中学韩丹菊浅谈美术课堂教学之美：

初中美术新课程标准明确指出"美术教学应注重对学生审美能力的培养。在教学中，应当遵循审美的规律，多给学生感悟艺术作品的机会，引导学生展开想象，进行比较。教师不要急于用简单的讲解代替学生的感悟和认识，而应当通过比较、讨论等方法，引导学生体验、思考、鉴别、判断，努力提高他们的审美情趣"。美术课堂教学就是艺术教学，而艺术教学就更需要讲究教学的艺术性，以体现艺术的美、教学的美。从而让学生在课堂上对美术充满兴趣，对世界充满着想象，对生活有美的感受。如果在美术课堂上教师能细

心钻研,课堂精心设计,能提高教学质量,使学生的审美能力得到提高,是美术教学很大的成功。

康巴什新区第一小学李恒谈培养小学生的体育兴趣:

兴趣是最好的老师。教育心理研究表明,当教学能引起学生的兴趣时,就可使学生在学习时集中注意,更好地感知、记忆、思维和想象,从而获得较多的、牢固的知识和技能,表现出喜悦和求知欲。培养、维持学习兴趣,可增强学生学习动力。首先要提高自身魅力,让学生因你而喜欢体育锻炼;其次要建立学生的成就感,让学生因此而喜欢体育锻炼;再次,提升学生的运动技能,培养学生终身锻炼的习惯。运动技术在体育教学中占有重要的地位。运动技能的提升过程是体育学科魅力之所在,又是学生学习兴趣内在动力之所在。简单的、技术含量低的和非技术性的内容,对培养学生的运动兴趣只能是暂时的,当今学校体育的发展,是要培养学生的终身体育意识,让学生不但在学校积极主动参与体育锻炼,就是走向社会,在今后的生活中,还能持续进行体育锻炼。这就需要从根本上触动学生体育锻炼的兴趣,并能让学生以后坚持锻炼的活动内容,该内容需要一定技术来支撑,这才是提高学生兴趣和参与度的出发点和落脚点。

三是积极开展心理健康教育活动。学校要求班主任加强儿童心理健康教育知识的学习,做好学生心理健康教育引导。通过课堂教学和心理健康咨询活动,了解学生的心理发展规律,帮助学生解决青春期存在的心理问题,提高其心理自我治疗及抗挫折能力,培养健康心理,铸造健全人格。

康巴什新区第一小学陈耀迪谈形成心理健康教育立体网络:

掌握学生身心发展规律是教育发展的前提,所以心理健康工作不仅仅是心理健康教师的工作,是全社会全员多的工作。只有重视心理健康工作,教育教学工作才能有效顺利地开展,才能形成教育的合力,学生才能更好地进入最佳学习状态。康巴什新区第一小学的心理健康工作不仅仅局限于心理教师,而是形成一个心理健康教育立体网络。只有更好地了解学生,理解学生才能有效地教育学生。所以我们利用已有的设备,帮助班主任在班队会中设计心理教育活动。我们给每位班主任一套和现有设备相匹配的教材,教材中各种团体辅导的内容很全面,班主任用起来得心应手,加之每个班主任对自己班的学生比较了解,教育会取得事半功倍的效果;安排心理课教师进行学科心理课程,把握每个年级学生的身心发展规律,针对不同年级设计不同的心理课程;让心理健康教师进课堂指导,让年轻教师体会到教育教学的真谛,知道自己教育教学的目标是什么,才知道自己需要改进的地方,知道努力的方向;学生的成长在不同阶段有着不同的心理需求,针对不同阶段重点开展一些心理工作。对于特殊阶段进行有意识心理辅导,如低年级学生入学适应比较困难,我们就和幼儿园进行互动,开展幼小衔接工作;五六年级的学生进入青春初期,青春期的孩子出现叛逆、烦躁情绪,在五六年符学生中开展青春初期心理健康讲座等;在全面开展心理健康工作的同时,个别学生需要个别辅导。我们通过长期观察,发现特殊的孩子,如注意力不集中,自我管理很差的孩子对他们进行定期定时"感统"训练,并辅以沙盘游戏。通过辅导孩子们有了很大的改变。如果涉及家庭教育问题,我们与家长交流,还对家长进行个别辅导或家庭辅导。正规的训练和辅导有效地促进了学校的教育教学工作;要更加注重家庭教育的培训。培训不仅仅是讲座的形式,更主要的是让家长体会到孩子的内心需要。我们用体验式的方法让家

长了解孩子、理解孩子、关爱孩子,达到真正爱孩子的目的。

(三)坚持以队伍建设为主体,构建德育核心

以"四个必须"为落脚点,即必须贴近学生,必须关注学生思想动态,必须摸索学生成长规律,必须贴近家长为要求,了解学生的校园生活动态、思想状况、家庭情况等,净化学生的成长环境,打造"班主任"这支德育核心队伍。

为此,各学校首先把师德建设放在队伍建设的首位,通过师德建设达到凝心聚力。以专题学习的形式进行师德反思,通过经验介绍树立师德典型,表彰师德标兵。各学校在校本培训工作上都有规划,有安排,关注教师专业成长,精心打造教师队伍,内容有新教师培训、教育理论、新课改、计算机等内容的培训。针对各学校普遍存在年轻教师偏多,教学经验不足等情况,实施"青蓝工程",签订师徒结对协议,全力帮助新教师快速成长。例如:北京师范大学鄂尔多斯附属学校实行以老带新的教学沙龙。新区第一小学新教师放慢教学进度,先听师傅授课,待师傅对徒弟的教案把关签字后方可登台讲课。新区第一中学邀请东胜区名校长做客讲座,手把手参与新教师教学指导工作。新区第三小学开展以教师课堂教学技能培养为主的校本培训活动,收效明显,老师们的教育随笔也比较认真。

康巴什新区第一小学教师郭静参加教师培养活动后谈道:

培训以来,我们一直都在探讨:作为一名教师到底应该具备怎样的素质,才能将一棵棵"小树"培育成栋梁呢?听了赵德成老师的讲座,我豁然开朗,教育的本质原来一字足矣,那就是"真"。"真"即真情,没有爱就没有教育。教师要真心爱学生,对学生付出真情,经常与学生交流与沟通。不仅要关注学生学习上的表现,更要了解他们的日常生活。老师要做学生的朋友,以强烈的使命感承担起对学生的教育责任。"真"即真诚，真诚待生！承诺学生的一定要做到，不要开空头支票，这样才能以人格魅力赢得尊重。真诚也表现在对学生的评价上。所以，表扬学生应真诚，是要发自内心的，实实在在的，有针对性的评价。"真"即真实，拒绝表演，真诚教学。我认为教学最重要的应是真实。拒绝虚假的互动，让理论变为实实在在的东西。一个"真"字会让我们与学生的距离拉近，一个"真"字会促使教师时时为学生，刻刻爱学生，想尽办法提升自身素质，积极自我反思。一个"真"字包含了许许多多。我相信教育并不深奥，一个"真"字足矣！

通过定期举行班主任工作经验交流会，班主任工作座谈会，班主任工作结对子，外出学习和参观等形式，交流班级管理经验，提出班级管理新问题，积蓄发展力量，使德育教研工作常做常新。部分学校重视班主任队伍建设并且见到了实效。例如：第一中学的今日榜样，第一小学的班主任榜样演说活动，第三小学的班级文化建设经验交流活动。

康巴什新区第一小学杜钰在参加完师德教育现场会后谈道：

荣赛娜校长满腔的热情，三十六年如一日地行走在教育征途上的教育真情，深深地触动着我这个初为人师的教育新兵。她的点点滴滴教育故事融进了她对学生无遮无拦的爱，期待种子的发芽，从一颗爱心出发。"为了每一位学生的发展"是新课程的核心理念。为了实现这一理念，教师必须尊重每一位学生做人的尊严和价值。人与人先天是有一定差异的。"真正的教育是心心相印的活动"，尊重无疑是师生关系的润滑剂，学生得到了尊重，教师才会获得爱戴。其次，宽容是保护伞。有了宽容就有了爱，教育本身就是一种爱，更是一种保护，保护了学生的心灵自由，也保护了学生的自尊；第三，作为教师，一定要坚信自己的学生是独特的，我们要把孩子看成一

座有待开采的金矿,要及时地发现并挖掘出闪闪发光的金子。第四,激励是强心剂。每一位学生都渴望得到肯定,渴望得到老师的表扬和关爱。老师的每一次点头,每一个微笑,每一句表扬和鼓励,都会促使学生充满自信不断前进。第五,教学过程应该成为学生一种愉悦的情绪生活和积极的情感体验。爱,就要求我们教师必须用"心"施教。教育是一种回归生命本位的教育,无论哪一种学习,其本质都是生命的呼唤。因此,教育者的心里只要充满了爱,受教育者就一定能看到光明。就让我们少一些失望,多一些尊重;少一些批评,多一些欣赏,做一盏点亮孩子心灵的灯,绽放爱的光芒,给孩子们一片发展的天空。

(四)坚持以典型教育为引领,构建德育生态

榜样的力量是无穷的,先进人物可以使抽象的道理教育具体化、形象化、易为学生接受。学校一方面宣传优秀科学家、老革命家、先进人物事迹,激励学生奋发向上。另一方面通过身边先进人物和感人事迹,突出典型引路的作用,促进学校精神文明建设。

同时,所有学校都能够以"规范建设年"为契机,狠抓学生养成教育,成果较明显。例如:北京师范大学鄂尔多斯附属学校提出的"四个良好习惯"的培养;一中用"每周温馨提示""今日榜样"等方式促进学生的养成教育;第一小学培养学生问好的习惯、课间游戏的习惯、桌椅书本摆放整齐的习惯、规范学生放学路队的习惯等;第二小学培养学生上下楼梯、就餐等习惯;第三小学利用表扬卡、表扬条、喜报等评价体系,促进学生认真倾听、大声发言、姿势端正、规范书写、学具桌椅摆放有序、迅速整队静悄悄、挺胸甩背走直角等良好习惯。

康巴什新区第一小学:开展《中华礼仪之美》课程:

《中华礼仪之美》通过适合儿童身心发展特点的各种形式,引导

图2-33 《中华礼仪之美》课程现场
（图片来源：康巴什区第一小学提供）

学生学习文明礼仪的常识并进行有效实践，通过知、情、意、行的逐步过渡，最终帮助学生养成良好的礼仪规范。

小学阶段正处于各种习惯形成的关键期礼仪，教育必须从小抓起，人无礼而不立，让孩子做一个彬彬有礼的小学生，就要通过课程去落实。中华礼仪之美课程还将继续，而康巴什新区第一小学也将动员全体师生共同开启礼仪课程的深度开发与实践，实现德育课程化。（文章来源：康巴什第一小学）

（五）坚持以校园文化为载体，构建德育平台

一是文化促养成。积极打造特色学校，因地制宜，因校制宜，实施教育创新，形成各学校独具魅力的校园精神、校园文化，把康巴什新区各级各类学校办成"学校有特色、教学有特点、学生有特长"的新型学校。如走进第一小学的校园到处都能嗅到书香味道，随处都能听到爱的故事，处处都体现着奉献精神；走进第三小学，时时都被老师们积极向上的精神感染，他们工作细致、务实、有条不紊，也时时被孩子们的礼仪规范和精神面貌所感动。走进第二小学的校园，一种淳朴的、和谐的家一

图2-34　北京师范大学鄂尔多斯附属学校"金声文化节"的精彩表演
（图片来源：康巴什区政协提供）

样的感觉抚慰着我们；走进康巴什区第一中学、北京师范大学鄂尔多斯附属学校，老师们忠于职守，严谨乐教的工作作风，敬仰之情油然而生。各学校的特色活动开展丰富多彩，效果明显。

例如：北京师范大学鄂尔多斯附属学校每年一届的"金声文化节"精彩纷呈；第一小学打造书香校园的特色，开设儿童课程，学生绘本阅读等彰显了办学的艺术和魅力；第二小学注重打造乒乓球特色校本课程，配备了标准化的乒乓球活动场地，聘请了专职教练，每周设置4节体育课供学生选择，并成功承办了新区首届职工乒乓球比赛；第三小学注重学生兴趣爱好的培养，现已开设电子琴、形体、乒乓球、经典诵读、童话五门校本课程，坚持开展书法、舞蹈、古筝、电子琴、合唱等十二项兴趣活动课程，精心设计了"阅读存折"等特色作业，既丰富了校园文化，又强化了积极向上的意识和学生的积极性和创造性。

康巴什新区第二幼儿园园长苗永艳谈对于校园文化建设的一点思考：

今天的校园不应该是"考试机器""升学基地"，而应是一个专门从事文化传承、积累和创新的地方,是一个进行"文化育人"的地方。校园文化是水、是空气、是土壤,它不仅在任何学校的任何时候、任何地方都存在着,而且还影响着学校里的每一个人。校园文化建设可以从物质文化、制度文化和精神文化这三方面来认识。浓郁的校园文化精神需要一定的物质设施和严格科学的制度来保证,而物质设施和规章制度的建设要体现精神文化意义。

首先,校风建设是校园文化建设的核心。校风作为构成教育环境的独特的因素,体现着一个学校的精神风貌。

其次,要不断健全,不断创新规范有序的管理机制建立规范有序的管理机制,是维系学校正常秩序必不可少的保障机制,是搞好校园文化建设并实现其最终目标的必要保障。包括:健全校园文化建设组织机构;修订完善一系列校园管理制度;把校园文化建设任务纳入分级目标管理体系,同教育教学工作一起部署,一起落实,一起检查,确保校园文化建设与学校其他工作同步进展;提高全校教师的综合素质。

第三,要营造和谐民主的人际关系。校园人际关系包括师生关系、学生之间关系、教师人际关系三部分。一是要求教师具有较高的师德修养,热爱学生,尊重学生,做学生的知心朋友,要善待每一位学生的过错,以发展的目光看待学生,教师还要敢于承认错误,以理服人,取信于人,做学生的表率。二是要求学生尊敬教师,勤学守纪。只有在此基础上,才能建立起和谐的师生关系,出现乐教乐学的生动局面。三是教师要有目的地引导同学克服嫉妒、自卑、自傲、自私的不良心理,提倡同学间团结友爱、相互尊重、互相帮助、互相督促、共同进步,同时要重视学生的心理疏导,引导学生建立宽松健康的人际关系。

第四,校园文化活动是校园文化建设的主要内容。通过各种活

动,使学生身临其境,发展兴趣爱好,发挥特长,并在各种创造性活动中挖掘学生个体的潜在能力,使学生充分认识自我,克服心理障碍,增强自信心。开展好每年一次的校园文化艺术节,精心组织、精细安排;充分利用德育建设这一主渠道,进行主题、系列教育;开展丰富多彩的以班级文化建设为主要目的的特色活动;充分把学校特色建设与校园文化建设有机结合起来。

第五,最终追求的目标是学校精神。从基础开始,挖掘学校特色,促进"学校精神"的形成,是校园文化建设的需要,同时,要重视学校的优良传统。要明确学校人才培养目标,确定校园文化建设的方向,在建设过程中要不断挖掘特色,既要以现有校园文化状态为基础,又要根据时代发展的需要规划校园文化发展的前景。

总之,校园文化建设是一项综合性系统工程。物质文化是基础,精神文化是灵魂,制度文化是纽带。让我们不断思考,不断实践,在校园文化建设的征程上不断努力,成就辉煌。

康巴什新区第一小学:校园文化建设是我们的立校之本

努力构筑康巴什新区第一小学以"爱与责任"为核心内容的高品位的学校精神文化,为学校可持续发展注入不懈的动力,实现文化立校,文化理校。

通过环境文化建设,彰显教育的无穷魅力。让校园文化成为全面育人的辐射源,成为素质教育的能量库,成为一部无声的教科书,这是我们康巴什新区第一小学校园环境文化追求的境界。我们将精心打造校园环境,让校园里每一面墙壁都会说话,赋予学生校园生活的每一细节以丰富的生命力;充分利用校园的每一个角落,营造德育的良好环境和氛围,使校园内的一草一木、一砖一石都体现出教育的引导和熏陶。我们要努力使我们的孩子在跨进校园时所看所触到的一切,都变成俯拾不完的美丽,让他们的身心产生一种言说不尽的愉悦,思想开始无止境的翱翔。

通过制度文化建设,呼唤教育的人文关怀。我们要集中精力做好制度的优质生成和公正、规范、高效执行两项工作。努力建设以"责任"为核心内容的学校制度文化,柔性与刚性并蕴。学校制度中既要有明确的规定、条文、指标、标准、纪律,体现强制性的"规矩",又要有人性化和亲和力。在制度具体执行的过程中,要将约束、惩罚与保护、奖励相结合,在惩处的同时要辅之以春风化雨式的思想教育和人性关怀。刚性执行与柔性执行相结合,约束与激励相结合,执行与教育相结合,使制度管理从外在约束渐次演进到内在自律,不断提高师生的自我约束和自我管理水平。

通过精神文化建设,追求教育的精神境界。我校以"让学生健康快乐成长,为学生一生发展打好基础"为办学宗旨;以"爱的教育"为办学理念;以"轻负担,高质量"为办学目标;以"身心健康,基础扎实,兴趣浓厚,习惯良好,发展全面,具有特长"为育人目标。我校引导教师走专业化发展之路,鼓励教师争做"五心"教师(爱心、耐心、细心、恒心、宽容心)和"五型"教师(专家型、学者型、研究性、奉献型、创新型),确立学校精神(积极主动,团结协作,勤学善思,超越自我),以此激发学校全体教职员工的高尚情感和工作热情,让师生浸润在浓浓的高品位的校园文化氛围之中,从而全面提升学校的办学品质。(节选自王蕾蕾《让学生健康快乐成长为学生一生发展奠基》)

康巴什新区第二小学校长洪岩谈塑造学校文化,提升学校的竞争力:

当今学校之间的竞争,从表面上看是生源的竞争、师资的竞争、质量的竞争,深究是人才的竞争,而本质上则是文化的竞争。

　　学校文化的框架包括学校的物质文化、学校的行为文化、学校的制度文化、学校的精神文化。在学校文化塑造中需要注意的几个问题:上述所有这些塑造文化的做法,都离不开对学校实际情况的深入研究,尤其对学校历史的研究;学校文化塑造不是一项独立的工程,要塑造一种能够延伸出去的学校文化,让这种文化影响到每一个人(学生、教师、员工、管理人员、家长)以及整个社区,在更大的范围内塑造大家普遍认可的信念、期望和信心,以便形成更大的凝聚力,让所有的人紧密地联系在一起;文化的塑造与形成是长期的,它可能不如一项具体的工作任务那样能够快捷、迅速地完成,但是只要有信心有恒心,我们在文化塑造与建设上也是可以有所作为的,也会让我们的学校发生令人欣喜的变化。

　　二是实践强责任。学校深入发掘街道社区、工厂企业、文艺团体、农

图2-35　北京师范大学鄂尔多斯附属学校"爱我康巴什"研学旅行户外拓展训练
（图片来源:康巴什区教体局提供）

业生态园区等社会资源,建立各类专题教育实践基地,推进德育阵地建设。各学校每年都制订各年级学生社会实践计划,开足开好综合实践活动课程,促进"小志愿者"校内外服务活动、社区实践活动、暑期寒假社会实践活动的开展。从社会层面上弥补学生在校园内、课堂上所感受不到的成长路上的欠缺,促进学生的情感和审美能力的提高,增强学生的社会责任意识。

三是示范强引领。通过组织开展"校园之星楷模""三好标兵""三好学生""优秀学生干部"和"先进班集体"评选活动,校园安全专题教育、德育行为专题教育、内务整理培训专题教育,观摩一堂课堂礼仪示范课,运动会等活动,培育了一批积极向上、性格鲜明的优秀榜样,为推进校园德育教育起到了引领示范的作用。

（六）坚持以"三位一体"为基础,构建德育网格

学校充分挖掘家庭、社会的德育资源,加强社会、家庭、学校三者有

图2-36　康巴什新区第二小学家庭教育讲座
（图片来源:康巴什区第二小学提供）

机结合,使学校德育与家庭教育、社会舆论导向三者嵌入融合,所有学校都能够将家庭教育工作列入学校的重要工作日程,重要活动、重大决策都能够邀请家长参加。例如,第二小学每两周邀请家长到校活动或培训一次;第一中学为家长做感恩教育、心理健康教育讲座、每周为家长发送一条教子知识;第一小学除了开展各种形式的家教活动以外,还为每个年级做团体训练。构建起"学校、家庭、社会"三位一体的完整德育教育网络,形成合力,共同促进学生良好道德品质的形成,促进学生的健康、和谐发展。

康巴什新区教育体育局焦慧谈构建"学校、家庭、社会"三位一体的德育教育:

今天的学校,已经从文化"孤岛"转变为开放的社会组织,社区、家长对学校的发展有着直接和重要的影响。事实证明,学校的发展离不开家长的支持,学校办得越好,家长参与的积极性越高,而家长参与越深入,对学校的支持也越大,学校也就能办得越好。这就需要学校开辟更多的途径,搭建更多的平台,使家长积极地参与到学校教育中来,家长会就是其中一个重要平台。通过家长会,不仅让家长了解自己孩子的学习情况,更让家长了解学校的办学理念、培养目标,从而共同为孩子的健康成长助力。显然,家长会的改革创新看起来只是一项非常具体的小改革,实际上却是对"学校——家庭"互动机制的改革与创新。

康巴什区一中九年级二班马言国老师的家长会改革中,将课桌摆成圆桌,以圆桌会议的形式充分让家长提摆问题,而班主任则有问必答。当家长代表发言谈起教子经验,马上有家长现场请教。家长与老师、家长与家长之间能轻松互动,没有客套的语言,没有沉闷的说教。

康巴什新区民族幼儿园探索家园共育的有效途径：

把尊重家长、保护家长权利放在首位，视家长为教育的合作伙伴，努力开发家长的潜能，并通过资讯与服务、沟通与交流、支持与参与的途径，改变以往家长被动配合幼儿园教育的局面，逐步确立了家长在幼儿园教育中的主体地位。充分利用有利资源为教育服务，使幼儿、教师和家长善于合作、互动，促进幼儿、教师和家长共同成长。

首先，实行多渠道、多途径的家园沟通，通过建立家教宣传专栏，向家长介绍育儿知识、卫生保健知识以及班级的活动安排。使用家园反馈表，与家长进行交流和互动，使园内教育工作更加有的放矢，同时有利于老师、幼儿、家长三者之间的相互理解与感情交流。利用电话访问，并给家长留下联系方式，鼓励家长通过电话和教师交流。其次，让家长参与幼儿园管理，各班家长参与民主选举产生家长委员，他们在家长中发挥组织、宣传、教育、带头的积极作用。组织家长参与幼儿园的活动，如家长会、家长开放日活动、亲子活动、家长志愿者活动等。第三，通过专家讲座、经验分享及对家长开放教育资源等方式，交流分享家长的家庭教育经验，促进孩子更好地发展。

康巴什新区教育的阶段性目标成果已经成功实现，下一步，新区教育部门将按照"扩面、提档、升级"的思路以及"打基础、重规范、创特色、建品牌"的工作要求，为新区教育的再发力，努力把新区建设成为我市教育国际化的先导区、教育现代化的示范区、优质教育的集聚区。

第三章　走向完善的康巴什教育
（2015—2019）

在这一阶段,康巴什教育深耕内涵铸就康巴什教育行稳致远。现代学校制度建设"五个一"工程,开启学校的现代化、专业化管理崭新一页。率先在自治区通过国家义务教育基本均衡县验收,为内涵发展奠定坚实基础。第一轮课堂教学深度改革,确立了"生本教育、学本课堂"的改革方略,为康巴什教育品质显著提升注入强劲动能。加入全国体

图3-1　鄂尔多斯市人大常委会副主任杨云
（图片来源：编者采访）

育联盟、承办全国、自治区、全市各项高质量现场会、承办第十届全国少数民族运动会……内涵发展、百花齐放，康巴什教育的这五年，收获满载。编者采访了时任康巴什区委书记，现任鄂尔多斯市人大常委会副主任杨云。

杨云就康巴什教育在这个阶段的发展态势、目标、着重培育的亮点做了详细介绍。他说：

非常高兴接受你的采访，康巴什的今天离不开教育的巨大贡献，康巴什的明天更需要靠教育来承载。康巴什区认真贯彻落实党的教育方针，始终把教育摆在优先发展位置，不断加大教育投入、优化办学条件、强化师资力量，教学质量逐年提高，中考成绩全市领先，市一中升学率史创新高，优质教育已经成为康巴什一张响亮的名片。教育发展集聚了人气、汇聚了商气，为全区经济社会持续健康发展做出了突出贡献。教育的目标是始终坚持教育优先发展战略，全面贯彻党的教育方针政策，大力推动教育改革发展，努力办人民满意的教育。因为教育是社会发展之源，对地区和城市的发展具有非常积极的作用。社会进步的关键是科技，核心是人才，根本在教育。在日趋激烈的区域竞争中，牢固树立"抓教育就是抓发展、抓教育就是抓民生、抓教育就是抓未来"的理念，始终坚持教育事业优先发展、持续发展，把教育优势转化为发展优势，增强经济综合竞争力和可持续发展的后劲。

那么教育着重培育的亮点有很多，我认为其中很重要的一点还是育人。教育的根本目的是促进人素质的全面发展，核心不在传授知识和技术，而在教会学生做人和做事。要突出立德树人，注重全面发展。坚持育人为本、德育为先，把立德树人作为教育的根本任务。更加注重学生道德品质、行为规范和人格精神的塑造，更加注

图3-2　编者采访杨云副主任

（图片来源：编者采访拍摄）

重学生创新意识的培养。另外，"立德树人"的第一位是"师德建设"，只有把"德"的导向树起来，才能更好地树人育人。教育寄托着学生的未来、家长的期盼、社会的厚望。康巴什正是因为有一支师德高尚、业务过硬的教师队伍，因为有一大批默默无闻、甘心付出的教育工作者，才实现了康巴什教育事业的蓬勃发展。所以师德培育也是重点，教师们树立严于律己、为人师表的道德形象，成为学生健康成长的指导者和引路人，康巴什办人民满意的教育，教师做人民满意的教师。

总之在这一阶段，康巴什不断深入推进教育特色化改革，塑造康巴什教育特色品牌，持续扩大康巴什教育的影响力、辐射度。要在提升教学水平上求突破，加大课程建设力度，优化课堂教学方法，狠抓教学过程管理，大力推动信息技术与学科教学的深度融合，促进教育内容、手段和方法现代化。要培养一批教育教学骨干、学科带头人，造就一批名师名校长，打造一支与教育现代化建设相适应的行政管理队伍和教师队伍。要坚持走"内涵+特色"的校园建设发展之路，充分挖掘校园文化，形成符合各自办学理念的校风、教风、学风，彰显各自亮点，以艺术、体育、科技、文化等各类特色促进办学质量的提高，形成"一校一特色"的教育品牌。要不断拓展开放办学思路，努力与国际接轨，积极与国内外各类教育机构开展形式多样的合作，加强教师和学生的对外交流，将最科学的教学经验学习进来、运用起来，激发康巴什教育长远发展的动力和活力。我记得当时做了很多实事，好事，主要为真情服务教育。我们调动一切积极因素，集中优势资源向教育倾斜。各相关职能部门要切实强化服务意识，经常进学校门、问学校事，凡是有利于教育事业发展的事，有利于广大教师切身利益的事，要想方设法多开"绿灯"。教育部门重视和加强对教师的人文关怀，特别是在职称评聘、子女入学、解决"两地分居"等方面提供便利条件，让他们安心工作、舒心生活。

第一节　形成完整的教育体系

随着教育脚步的不断前进,康巴什区[1]立足兴办高位均衡的优质城市教育,始终将教育事业放在优先发展的位置,逐步形成完整的教育体系。总体思路是,以创建"品质教育"为目标,以"育德强能"为主线,按照现代化、国际化、品质化要求,加大教育管理机制和教学改革创新力度,着力在办学、课程建设、队伍管理、教育评价等关键环节取得突破,实现从自我中心、自成体系的惯性中解放出来,进一步增强教育工作的服务性、开放性,实现服务理念的转型;从投入驱动、硬件导向的依赖中解放出来,不断催生教育工作的内生力、内驱力,实现发展路径的转型;从升学第一、分数至上的窠臼中解放出来,更加关注学生德能发展,更加关注教师专业发展,更加关注学校文化建设,更加关注评价制度改革,实现育人方式的转型。

公平而有质量的教育是十九大报告给教育的新定位、新目标,增加优质学位供给是促进基础教育均衡发展、办好人民满意教育的必然要求。2018年,康巴什区启动第一中学(东校区)、第八小学,大力缓解了各学段就学压力,学校建设基本实现了全覆盖,学校标准化建设率达100%。一组组数据折射出康巴什区教育的品质自信:目前,总计各级各类学校40所,在校生3.7万人,其中驻区大学1所、职业学校2所、中

---

①2016年1月30日,市政府印发《鄂尔多斯市人民政府办公厅关于成立推进康巴什设区工作领导小组的通知》,6月8日,国务院正式批准设立康巴什区。因此,自本章起称为"康巴什区"。

学2所、小学1所;区直属中小学幼儿园34所,在校生18837人,其中初高中5所、小学8所、幼儿园18所、校外教育机构3所。2014—2018年康巴什区中考成绩在全市一直保持总均分第一、各科成绩第一;北京师范大学鄂尔多斯附校高中部在2018年高考中,一、二本上线率为88%。

借助教育公共服务信息化平台和网络资源,康巴什区全力推进学校数字化工程建设,多种途径增加优质教育资源,大力推进信息技术与教育教学深度融合。依托"深化应用、融合创新"理念,持续推进中央电教馆"基于融合理念创新课堂教学"混合研训项目,通过信息技术手段的应用与课堂实践,促进了课堂教学变革与创新。

大力发展民族民办教育,是促进教育公平、优化教育结构、突出办学特色的重要举措。近年来,康巴什区逐步加强民族教育工作,加大设施设备投入的力度,提升民族教育发展水平。目前,两所民族幼儿园的硬件标准均达到了自治区级示范幼儿园的标准。同时,制定出台《康巴什区普惠性民办幼儿园认定及管理办法》扶持民办教育,为民办幼儿园公派园长,形成公助民办的良好发展局面。

这个阶段的主要目标是推进学前教育提升计划,实现学位增加和晋位升级任务;持续促进义务教育均衡发展,形成义务教育均衡发展长效机制;优质发展高中教育,提高本科上线率;贯彻落实全市职业教育发展意见,着力打造全市职教园区;抢抓民运会契机,配合相关部门发展体育产业,助推转型发展;坚持小班化教学特色,建立中小学生综合素养评价体系,培养合格公民;坚持依法执教,依法治校,初步建立起现代学校管理制度体系。

一、推进学前教育提升计划

早期教育:康巴什区拥有全市规模最大的早教机构——早期教育指

导中心,被自治区率先评为婴幼儿照护示范机构。与上海市早期教育指导服务中心建立结对教研机制,建成高水平亲子和托育课程。

进一步了解早教中心,我们采访了刘洁,刘园长为我们做了详细介绍:

　　早教中心是教学研究的基地,教师是教学研究的主体,促进师、幼、家共同发展是教学研究的主要目的,我们本着园本教研基本理念,以课程建设工作为重点,以关注教师的专业化发展和家长指导为目标,着力于中心特色内涵的发展,努力提高教学教研水平,促进教师专业成长、幼儿全面发展和中心整体办学水平的提高。在0—3岁亲子指导活动教研为主的基础上提高教师的专业能力和科学组织亲子指导活动的能力,以集体教研、小组讨论、自发性讨论方式,完善适合本园亲子指导活动的内容和结构。一、用科学、规范、精细的管理制度使教研管理常态化,把教研融入日常的课堂教学之中,融入教学常规管理与园本教研之中,注重教学的日常反思与研究。比如在每月四次的教研活动中,积极开展了以《0—3岁亲子指导活动方案》为主题的活动,加强课堂教学研究,充分发挥教研组作用,进行以经验交流、个案分析、反思、听课、评课等形式的活动。教研组长拿出了具体的主题教研活动的计划,落实了内容、人员、时间,做好了安排。通过这些有针对性、有效性的活动,真正发挥教师参与教研活动作用,教研活动务求实效。着重抓好每周一次的教研活动,每次活动做到有计划,有主题,有中心发言人,切实提高教师参与教研的能力。把握0—3岁教育的本质,落实0—3岁教育的理念。在教研组的努力下,现在各自都有了本月龄的教学模式和《活动指导方案》。同时,丰富教学研讨内容,发挥网络资源的作用,在教研组的组织下开设了微课堂使教师掌握信息、借鉴运用先进的理念,服务教学。二、活动引领,让教学研讨丰富多彩。1.通过丰富多彩的活动推动教师专业化成长。教师成长,活动是平台。具体活动形式:备课组内互相听评课、青年教师出示汇报课、名师观摩课、每月2次童书共读、案例分析、亲子活动设计研讨会、家长问题记录整理研讨方式。2.着手实施"师徒结对"加快青年教师成长步伐。通过师徒结对的启动,充分发挥优秀教师的优势,以老带新、共同促进。"师徒结对"是我中心培养青年教师快速成长的一项重要活动,可以促进更多教师脱颖而出。3.教师的阅读学习。从2014年开始,早教中心节约资金为每位教师购买了《美德教室美德孩子》《儿童的自发成长》《有吸引力的心灵》《0—3岁婴幼儿教养活动案例》《简单父母经》《孩子成长历程》《十二感官》《儿童健康指南》《捕捉儿童敏感期》《透视0—3岁婴幼儿心理特征》等十五本书。每年寒暑假,都要发一本书给老师。在读书形式上,我们倡导阅读反思,要求教师记读书笔记,每读完一本书都要求写一篇读后感,并组织交流会。从今年开始,为了促使、方便广大教师读书,增强教师的人文底蕴和书卷气,开阔视野,给所有教师订阅了全年度的《樊登读书会》,此举深受老师们的欢迎。家长工作成重点、节日活动成特色、课程成册、课程整合成亮点,教师不断成长。三、总结反思,增强教研的实效性亲子活动,我们不断反思,发现活动的内容出现了一些问题,从内容价值取向看,重教轻养,即重视教育活动、游戏活动,忽视生活活动和教养环境创设;从内容组织来看,存在游戏内容简单拼凑,过度追求趣味性和娱乐化的现象;从内容体系结构来看,前后活动之间缺乏连贯性和系统性,同一游戏内容缺乏难度差异;过于关注幼儿游戏,忽视0—3岁孩子的感官发展和家长的指导。为什么亲子活动内容会出现这四个问题呢?一是对"早期教育"内涵理解狭隘。部分家长与教师认为早期教育必须通过教师对孩子进

行传道、授业、解惑，似乎离开了课堂和教师就不能开展早期教育；二是对婴儿身心发展和婴儿学习特点的基础研究不够；三是对婴儿家庭的了解以及对家长教育的内容、方法探讨不够。针对这些现象，我们加以调整。一是加强对婴儿身心发展规律和学习特点的研究，尤其是要按发展顺序梳理出婴儿各领域的核心经验；二是在以游戏为主的传统亲子活动中加入生活环节指导，体现以养融教、教养结合的理念；三是亲子活动应体现综合性与整合性。亲子活动存在结构问题，游戏过多、游戏与游戏之间的过渡环节过多。活动组织形式以集体活动为主，甚至从头至尾都是集体游戏，完全没有个别操作或交往的机会。户外活动不足，甚至没有户外活动。要避免亲子活动中过多转换环节和集体活动一以贯之的现象，必须合理安排活动结构。一是强调活动的自主性和自发性，设计以自主游戏为主的活动。婴儿总是以自己的方式（不是成人要求的方式）去作用于成人为他们创设的环境，其发展主要是自发探索环境的结果，所以从某种意义上说婴儿的教养是通过成人创设环境实现的。因此，一方面要利用婴儿自发游戏实施教育，另一方面要加强对家庭环境创设的指导，引导家长利用环境实施教育。具体到亲子活动，则一定要在活动中留出孩子自主活动的时间，鼓励儿童按照自己的发展速度进行活动，尊重儿童生成的活动并积极有效地回应。即使在集体活动时间（如音乐游戏、讲故事等），也应由孩子自主决定是否参与，避免孩子因被动参与而发生哭闹等。二是以块面结合的方式设计活动模块，避免游戏环节转换过多的问题。可以把作息时间作大块面分配，如把一次活动中的自主游戏和集体活动作为两个大的模块，把转换活动和生活活动作为一些小的模块，减少活动环节之间的转换，防止过于细化和过分强调"步调一致"，但每次活动的时间流程和大致时间段应有一定的稳定性。

学前教育：康巴什区学前教育获得快速发展，与此同时，民办学前教育发展相对滞后。按照《国家中长期教育改革和发展规划纲要（2010—2020年）》的要求，康巴什区着力推进政府主导、社会参与、公办民办并举的办园体制构建，大力扶持民办幼儿园健康发展，实现公办和民办学前教育均衡发展、互补发展。经过深入调研、反复论证、拟订方案、法制审核，康巴什区出台了《关于支持民办幼儿园发展暂行意见》。2015年，康巴什区民办幼儿园获得良好发展，一是经共同协商，向两所民办园派驻2名素质高、能力强的执行园长帮助管理。二是实行"名园带民园"一体化管理模式，通过公办市级示范园或自治区示范园与民办园结对帮扶、捆绑考核的形式，充分发挥示范引领作用，提升民办园教育教学质量。三是开始运行公派学位和自主招生双轨制招生机制，康巴什区财政按照公民办生均费用标准补贴差价，共拨付资金20.7万元购买254个学位，减轻公办园入园压力，促进民办园健康发展，享受政策的民办园规模均超过150人。四是通过奖励的方式，鼓励民办园进行规范办学。幼儿园参与分类定级，获得市级示范园或自治区级示范园，康巴什区按级别分别给予一次性奖金奖励10万元或30万元，奖励资金应全部用于园所办学条件改善。

康巴什区通过实行成本合理分担机制，对家庭经济困难幼儿入园给予财政补助。完善幼儿园工作制度和管理办法，采取政府购买、结对帮扶、以奖代补、派驻公办教师等方式，引导和支持民办幼儿园提供普惠性服务，与公办幼儿园形成互补联动格局。

2016年康巴什新区管委会出台《康巴什新区普惠性民办幼儿园认定及管理办法（试行）》首次明确普惠性民办幼儿园是指具有办园资质、面向大众、行为规范、收费合理、质量较高、经新区教体局审核、市教育局认定的且享受公共财政补助的民办幼儿园，明确符合11个条件的民办幼儿园才能被认定为普惠性民办幼儿园。普惠性民办幼儿园每年认

定一次,有效期为三年,有效期满后需要重新申请认定。区财政以政府购买服务、奖励等方式补进行的补助资金,主要用于改善办园条件、教师培训、提高教职工待遇、购买玩教具等,不得挪作他用。康巴什区按照幼儿园类级,分配专任教师的10%至30%的公派教师进行支持;自治区、市级示范园与普惠性民办园进行结对帮扶。

鄂尔多斯市首批认定12所普惠性民办园,其中包括康巴什区尚都幼儿园、旭禾幼儿园。

康巴什区支持民办幼儿园发展的政策,同时对民办园准入、管理、年检、评价、整改、停办、吊销办学许可证的情形做了科学合法的规定。这些核心政策,彻底解决了民办园生源不足而带来的信心不足、后劲不足、声望不足等问题,同时民办园发挥了"鲶鱼效应",搅动了学前教育发展格局,对提升新区幼儿园整体发展能力,形成公民办互补联动发展新格局起到了促进作用。

这一阶段康巴什区共有私立幼儿园6所,康巴什区尚都幼儿园、旭禾幼儿园、博翔幼儿园、奥斯顿幼儿园,幸福童年幼儿园、幸福泉幼儿园。

鄂尔多斯市委三届五次全委会以来,面对城市转型发展,教育转型首当其冲,近年来康巴什区学前教育快速发展,但民办学前教育相对滞后。按照"积极鼓励、大力支持、正确引导、依法管理"的方针,为满足广大人民群众对学前教育需求,本阶段就如何扶持民办幼儿园健康发展,实现民办和公办学前教育均衡发展、互补发展做出了前所未有的努力。

(一)康巴什区民办幼儿园发展现状

2010年学前教育起步至今获得了快速发展,但民办学前教育发展相对滞后。从幼儿结构来讲,公办园以3—6岁适龄儿童为主,个别幼儿园设有托班(小小托)和亲子托,民办园以2—3岁托幼儿为主;从幼儿人数来讲,公办园为3370多人,民办园只有近260人;从发展空间来说,公办园社会声誉好、投入大、师资力量雄厚、发展势头强，民办园投入有限、收费高、高端园少，发展相对缓慢。

（二）扶持民办幼儿园发展的具体措施

在遵守我国有关法律法规和政策规定的条件下，鼓励企事业单位、社会团体及其他社会组织和公民个人，利用合法经费依法在康巴什区独资兴办幼儿园或合资建设正在规划中的幼儿园。一是实行"名园带民园"一体化管理模式。要在园所管理上有所改进，按就近原则，根据民办园需求情况，实行公立名园与民办园的结对帮扶，由一所公办示范园扶持指导一所或几所民办幼儿园，在课程建设、队伍建设和园所管理等方面与被扶持园实施一体化办学。二是向民办园派驻执行园长进行帮扶管理。区管委会支持依据民办园需要直接向其派驻园长开展日常工作，园长由结对帮扶的公办园推荐，区教体局考核聘用，并统一进行常规考核管理，直到民办幼儿园获得相对稳定的发展空间。三是民办园实行政府公派学位和自主招生双轨制。区教体局统筹安排政府公派学位数量，对划入民办园且入读民办园的3—6岁幼儿，区财政根据民办园和公办园收费标准补贴差价。民办园自主招生则由财政按园所规模和招生比例情况予以补贴，以便民办园日常工作开展。四是鼓励民办园参与分类定级，对其进行奖金奖励。民办幼儿园参与分类定级，获市级示范幼儿园、自治区级示范幼儿园的，区管委会给予一次性10万—30万元的奖励，奖励资金全部用于园所条件改善。

（三）政府对民办幼儿园的规范管理

一是实行公办园与被扶持民办园"捆绑"考核。除资金独立外，公办园全方位参与被扶持园的管理，实现理念共享、均衡发展。民办园给予全力支持，保障教育教学活动、教师培训等方面工作的正常运行。教体

局通过准入、年检、评价等工作，全面系统地对民办园进行质量、效益、信誉的监督监管和评价，每年开展年检及评价工作，评价结果作为对"捆绑"的公办园和民办园经费支持及表彰奖励的重要依据。二是完善进入与退出机制。将年检结果向社会公开，广泛接受社会支持与监督，对于年检不合格的幼儿园，要求限期整改，在限期内未整改或整改不彻底的幼儿园，取消区提供的民办园优惠政策。对于符合《中华人民共和国民办教育促进法》《中华人民共和国民办教育促进法实施条例》等相关法律法规规定应当停办、吊销办学许可证情形的，教体局将取消该民办园的办园资格。使民办园沿着合法、科学、规范的轨道健康发展。

鄂尔多斯少年宫将校外教育作为校内教育的延伸和补充，形成了综合实践、兴趣培训、研学旅行"三位一体"的运行模式，将校外教育功能整合，按照"全方位育人"的工作思路，将德育工作核心目标落实到形式多样、内容丰富的校外活动中，全面配合学校德育工作的开展，开辟校外德育新阵地，形成校内校外合力育人新格局，为全面推进素质教育的实施、促进学生全面发展提供了有力支持。

加强校内外课程融合，探索德育工作新途径。紧紧围绕"立德树人，五育并举"的方针，以"融合课程"为抓手，开发了系列的少年宫课程。一是融合学校德育主题，突出德育实效。研学、实践课程结合学校德育主题使学校德育教育赋予更深层的教育意义，使德育主题更充实、德育课程更丰富、德育教育更有效。二是融合校内校外课程，凸显实践育人。实践课程与学校学科课程的融合，使校外活动课程成为学校课程的实践和延伸，加强了学校课程与社会、自然的联系，为学生提供了实践环境与机会，凸显实践育人。三是构建融合课程体系，落实育人目标。通过深度挖掘鄂尔多斯地域文化特色，开发爱我鄂尔多斯研学旅行系列课程，激发学生家乡自豪感，将这种情感升华为文化自信。兴趣培训以"课程+"的模式构建注重专业技能成长的课程体系，培养学生艺术审美能力与艺术表达能力,陶冶情操。综合实践课程以主题链式融合课程体系实现学生的深度学习、意义学习,注重培养学生协作、创新、思考等能力,通过课程锻炼学生意志品质。

打造协同融合教师团队,落实立德树人根本任务。一是打造协同教学团队。通过合作式教学的方式打造教师团队,解决校外教育中师资不足与教师受学科专业限制的困局,打破学科壁垒,构筑全科教学人才。二是校内校外联合教研。发挥少年宫在研学实践及专业课程的优势,积极组织相关学科教师开展联合教研与集中培训活动,提升校内外课程活动质量。通过协同教学与联合教研提升德育课程研发教学能力,打造高素质专业化的教师队伍。

打造优质校外教育品牌,形成广泛的社会影响力。鄂尔多斯市康巴什区少年宫自2012年成立以来,累计开展综合实践活动178期,累计接待学生4.9万余人次,年接待学生近9000人次;累计培训兴趣班学员5.4万余人次,开展研学旅行活动225期,累计接待学生6.7万余人次,其中市内其他旗区学生1.28万余人,外省市学生3746人。少年宫先后荣获"全国课程建设示范性基地联盟会员单位""内蒙古自治区青少年科技教育示范基地"等各级各类荣誉87项。在珠海进行的第五届中国教育创新成果公益博览会上,少年宫的《校外教育育人新范式实践与探索》在全国2000多项教育创新成果中脱颖而出,成为内蒙古地区唯一一项获奖成果,少年宫王晓燕主任在珠海教博会上展示少年宫校外教育创新成果。

二、持续促进义务教育均衡发展

教育均衡发展是真正实现教育公平,促进教育优质发展的重要举措。2014年,康巴什区在自治区率先通过国家义务教育基本均衡县验收认

定，2015年成为自治区首批全国义务教育发展基本均衡区，2016年顺利通过国家义务教育均衡发展工作验收，义务教育正从基本均衡向优质均衡迈进。已基本实现入学权利和入学机会均等发展、城乡均衡发展、校际均衡发展、学生间均衡发展、教育质量均衡发展等"五大均衡"。

2016年9月创建康巴什区第六小学，从康巴什区第一小学（东校区）至更名为康巴什区第六小学，几年来六小人齐心协力，踏实向上，在摸索与磨合中成长，在观望与质疑中突围，在无框与空白中创新。如今，一流的师资队伍、稳步推进的教学改革、优美的校园环境、先进的设施设备、日益完善的德育教育，都已成为它所拥有的实力与底气。

随着康巴什区东部区域建设发展，居民对学位的需求也随之高涨，康巴什区第三中学应运而生。康巴什区第三中学即原康巴什第一中学东校区，康一中东校区是2018年8月创办的一所新建初中学校，后更名为康巴什区第三中学。蓝顶红白拼接而成墙面的教学楼、宽敞明亮的教室、靓丽如茵的足球场……校园里，学生们迎着晨曦坐在窗明几净的教室晨读，用琅琅的读书声演绎一天之计在于晨的美妙。

康巴什区大力建设以阳光入园、阳光入学、阳光分班、阳光中考、阳

图3-3 康巴什区第六小学
（图片来源：《康巴什教育》）

图3-4　康巴什区第三中学
（图片来源：康巴什区教体局提供）

光体育"五个阳光"为主要内容的"阳光建设系列工程"，着力提升教学水平，保障基础教育均衡发展。为有效解决择班、择师、择校等不平等现象，让教育始终在阳光下运行，鄂尔多斯教体局于2014年自主研发了网络版"阳光分班"软件，市教体局从2014年秋季学期起，在全市义务教育阶段学校建立健全"阳光分班"机制。通过实施"阳光分班"，均衡配置教育教学资源，将有效调动广大教师的工作积极性与主动性，公平评价教师业绩，科学提高教育教学质量，维护每个学生平等接受教育的权利，促进全体学生健康、全面发展，缓解择班、择师、择校等热点、难点问题。并在2015年又配套研发了网络版"中小学入学服务管理系统"，家长通过"中小学入学服务管理系统"将孩子的基本信息全部登记上传，通过市教体局的审核后，作为分班的最终依据。分班之前，学校根据任课教师业务水平、个性特长、年龄结构、性别比例及综合素质等因素，对每个班的班主任和任课教师进行了均衡配备，并向社会公示。在具体操作过程中，软件根据学生的男女比例、跑校住校、民族等因素随机自动生成每个班级的学生名单。

2019年9月，又有3281名孩子选择在康巴什上学，全区幼儿园在校生达到6030人，小学在校生达到10455人，初高中在校生达到5627人。

这些数字背后,是家长的信赖,是学生的期盼,是群众对康巴什教育满意的心声。

三、优质发展高中教育

鄂尔多斯市第一中学创建于1939年,始称"国立伊盟中学"。1949年前直属于国民政府教育部管辖,中华人民共和国成立后由绥远省人民政府接管,是鄂尔多斯地区建校最早的公立中学。现为寄宿制普通高中学校,是全国消防安全教育示范学校、全国"五一"劳动奖状获得者、全国文明单位、全国文明校园、国家级节约型公共机构示范单位。

2010年9月,在鄂尔多斯市委、市政府的高度重视下,学校从东胜搬迁至康巴什。目前,校园占地540亩,建筑面积16万平方米,绿化率45%,校园绿树成荫,开阔大气,优美整洁。

学校现有在校师生4000余人。其中,在编教职工、餐饮人员、物业人员共500余人。教师队伍老中青相结合,专业功底厚,合作意识强,爱岗敬业,治学严谨,无私奉献。

近年来,在各级领导的重视支持下,在各界人士的关心厚爱下,学校领导班子带领全体教职工抢抓机遇、迎接挑战,开拓创新、奋力拼搏,使这所历史名校实现了跨越式发展,教育教学质量步入全国名校行列。

全国普通高考,连年报捷。近三年,考到区外高水平大学人数占报考总数比例均在88%以上;600分以上人数连续五年位列自治区第一;2013年至今,共有253位学子考入清华大学、北京大学,其中2017年至2019年平均每年有30人;2014年至2019年共有6名同学摘得自治区高考状元,文理科各3名。

学业水平测试成绩,自2014届首届参加学业水平考试以来,九个学科单科均分第一的科目数连续9年位列自治区第一。资优生培养方面,全国数学、物理、化学、生物、信息学单科联赛省级一等奖人数连续10年位居自治区前茅。体艺教育成绩方面，男子篮球队和女子篮球队自2016年以来，在自治区中学生篮球锦标赛、青少年篮球锦标赛和中运会中取得2次冠军和15次亚军的成绩；短跑队近年共培养出2位国家健将级运动员和25位国家一级运动员；艺术特长生专业素养好，文化成绩优，多名同学考入中央美术学院、中央戏剧学院、中国传媒大学和北京舞蹈学院。

一种文化涵养一种精神，一种理念培养一种人才。学校努力营造一个使学生普遍具有良好文明素养和行为习惯的育人环境，教育学生做到不比基础比进步，不比聪明比勤奋，不比阔气比志气，不比他人比自己。如今，鄂尔多斯市第一中学的莘莘学子，用他们"穿有样、坐有相、言有规、行有范"的外在风度和"正气、朝气、灵气、儒雅气"的内在气质，诠释着这所历史名校的内涵，彰显着这所现代化学校的魅力。

北京师范大学鄂尔多斯附属学校高中部：

北京师范大学鄂尔多斯附属学校高中部新校区于2013年9月6日

图3-5 鄂尔多斯市第一中学校长白玉亮
（图片来源：康巴什区教体局）

隆重举行落成典礼，一路走来见证着学校四部（小学一部、小学二部、初中部、高中部）三校区（小学校区、中学部校区、高中校区）的集团化办学模式的发展之路。北京师范大学鄂尔多斯附属学校于2016年由十二年一贯制学校转型调整为一所完全中学。学校分设初、高中两个学部，三个校区，实行分校区和统一管理相结合的方式。其中，初中校区占地面积133亩，建筑面积39700平方米；高中校区占地面积120亩，建筑面积31800平方米，各校区教学设施齐全，理化生实验室、艺术、书法、计算机等功能教室、体育馆、游泳馆、多功能礼堂、塑胶草坪运动场等均达到全国先进水平。

学校依托北京师范大学教育资源，在北京师范大学"人、爱、创新，做扎根的教育"办学方向的引领下，在鄂尔多斯市教育局、康巴什区委、政府、教体局的正确领导和大力支持下，潜心办学，谋求发展，以"立德树人"为根本任务，秉持"守正创新，知行合一，做扎根的教育，办好北师附校"的教育理念，不断强化"学校共同价值观"，建立具有"附校精神、附校品质"的学校文化共同体，努力办好学生喜欢、家长信任、社会满意的学校。弦歌十年，学校先后被授予"全国法人结构治理示范学校""北京师范大学基础教育合作办学平台素质教育示范校""北京师范大学基础教育资源共同体联盟片区计划突出贡献奖""北京师范大学基础教育合作办学教育资源共同体联盟片区优秀轮值主席校""北京师范大学校园足球先进学校""北京师范大学基础教育合作办学平台校长研修基地""北京师范大学基础教育合作办学教育资源共同体联盟片区工作先进校""北京师范大学基础教育合作办学平台中国儿童阅读提升计划优秀实践校"；"内蒙古科技教育先进学校""自治区五四红旗团"；鄂尔多斯市"文明单位""全市职工职业道德建设先进单位""优秀交通教育宣传基地""禁毒预防教育示范学校""园林单位""语言文字规范化示范校""竞技体育后备人才基地""现代化教育技术先进集体"；康巴什新区

"先进基层党组织""文明单位标兵""2015—2016学年度教育督导评估科技教育优秀奖",多次荣获"康巴什新区教育工作先进集体"等荣誉称号,并获得多项市级体育及艺术奖项。

北京师范大学鄂尔多斯附校校长李玉海谈到,要做扎根的教育,他感叹道:

> 康巴什区需要优质高中教育啊!康巴什要进一步完善教育体系,普及发展高中教育,办好普高教育。北京师范大学鄂尔多斯附校高中是康巴什区唯一一所区属普通高中,我们将以自治区优质普通高中创建工作为契机,打造优质特色普通高中,整体构建康巴什区优质教育。既要对普通高中校长和教师,有计划、有步骤地开展培训工作,又要注重普通高中课程改革与高考综合改革统筹衔接,探索走班制,超前规划,保障资源,落实立德树人,促进学生全面而有个性的发展,加快推进教育现代化、建设教育强国、办好人民满意

图3-6　北京师范大学鄂尔多斯附属学校校长李玉海
(图片来源:《康巴什教育》)

的教育。

2016年下半年起,北京师范大学鄂尔多斯附校结合原有办学实际、社会评价与期待开始规划新一轮发展。明确了"管理体制自上而下系统改革,教学质量牢牢巩固、奋起追赶,学校文化归于守正创新、知行合一"的调整思路。倡导并逐步建设附校"知行文化""知行德育""知行课堂",最终生成具有附校特质的"知行教育体系"。近三年,学校领导班子带领全校教师卧薪尝胆,励精图治,专注于内部管理体制改革,专心于制度建设、队伍建设和教育教学改革与重构,意志坚定,行动实在,学校发展跨出了坚实、有力的新步子,学校常规管理、文化建设及教风学风校风发生了很大变化,赢得了良好评价。

学校为每个学生提供适合的教育,学校课程多元化,学校发展有特色;教师专业发展多元化,学科发展有特点;学生发展方向的多元化,学生发展有特长学校高中从本地、学生、教师和学校的实际中

图3-7　北京师范大学鄂尔多斯附属学校校门景观
（图片来源:康巴什区教体局提供）

图3-8　电声乐队表演
（图片来源:《康巴什教育》）

寻找课程资源,构建了学科课程、德育课程、社团课程三维交叉课程
体系,逐步形成了学校高中部的课程特色。开设舞蹈、书法、啦啦
操、电子琴、美术、篮球、足球、机器人等三十多社团,实施走班制,

图3-9　啦啦操表演
（图片来源:《康巴什教育》）

每个学生根据自己的兴趣、爱好参与,师生共同进行校本课程的开发和设计,面向社会、家庭举办特色成果汇报展示,为学生的全面发展及个性发展提供成长的空间和展示的平台。其中我校"草原旋风"啦啦队两次荣获全国啦啦操比赛一等奖。高中部更注重学生科学精神的培养,科技素养的提升。以科技社团课、通用技术课、研究性学习课等为组织形式,以科技发明、创新活动、比赛、社会调查和实验等为依托,开展常态化的科技教育,科技教育已成为学校特色教育名片。高中部有157人次获自治区及全国各等级奖,有49人次获得高考加分或自主招生资格,学生亲自参与国家未来科学家实验室的实验课题的实验。我校机器人科技活动荣获全国科技人比赛亚军,荣获2016世界锦标赛荣获亚军。

四、着力打造全市职教园区

近年来,鄂尔多斯职业教育改革发展成效显著,为全市经济社会发展战略目标的实现提供了技术技能和人才支撑,各级各有关部门不断加大投入,职业教育办学经费明显增加,职业院校硬件条件明显改善。鄂尔多斯职业学院、鄂尔多斯生态环境职业学院搬入新校区;鄂尔多斯职业教育园区建设投用,实现4所中职学校和1所特殊教育学校搬迁入驻。

(一)发展成效显著

全市职业教育的办学规模明显扩大。2011年,全市中职招生3527人,在校生为9614人,2015年中职招生6782人,在校生为18487人,年均增长92.29%。2011年高职招生936人,在校生为1985人,2015年高职招生2833人,在校生为5409人,分别增长2.03倍和1.72倍。在自治区率先组建鄂尔多斯应用技术学院,2015年招生501人。

服务经济社会发展能力增强。全市中等职业学校共开设了17大类43个专业,基本涵盖了我市经济社会发展的各领域,毕业生"双证书"(学历文凭和职业资格证书)获得率稳定在80%以上,一次性就业率稳定在95%以上。高等职业教育从无到有,办学规模逐渐壮大,实现了历史性跨越。"十二五"的五年全市中高等职业学校共培养了2.5万多名技术技能人才,累计开展农牧民转移培训、劳动力实用技术培训等2.5万人次,服务地方经济社会发展的能力显著增强。"十三五"时期是我国全面建成小康社会的决胜时期,也是鄂尔多斯市全面推进转型发展、创新创业的攻坚阶段。虽然世界经济复苏的曲折和国内经济结构调整对资源型经济地区的影响非常直接,但中央和自治区正在全面推进改革,全力推动经济转型升级,走创新、协调、绿色、开放、共享发展之路,且鄂尔多斯市正面临国家能源战略西移、清洁能源需求增加的重大机遇,有助于将资源优势转化为产业优势和经济优势,有利于鄂尔多斯市发展新型煤化工产业和高新技术产业。同时,随着国家"一带一路"倡议的深入实施,我市作为"新丝绸之路经济带"的重要城市,必将为经济升级、产业调整、文化旅游事业发展提供重要机遇,从而带动资源型产业(如煤电产业、煤制油产业、煤制气产业、煤化工产业、煤电铝产业等)和非资源型产业(汽车制造业、电子信息产业、羊绒、陶瓷业等),以及文化旅游产业快速发展。新的机遇推动新的发展,对高素质劳动者和技术技能人才从数量和质量两方面提出了更高的要求,全市职业教育紧迫性的进入快速发展期。

(二)明确发展目标

鄂尔多斯市以立德树人为根本,以服务发展为宗旨,以促进就业为导向,全面实施立德强能工程,不断优化资源配置,突破发展瓶颈,创新

发展路径,瞄准产业发展和人才需求,加快推进职业教育信息化、集团化和体系化建设,努力培养大批适应转型发展需要、满足经济社会发展需求的高素质劳动者和技术技能人才,在这一阶段明确了职业教育发展的主要目标。到2020年,形成产教深度融合,职业教育与普通教育相互融通,中、高职和应用本科纵向衔接,体现终身教育理念,适应全市经济社会转型发展和民族特色的现代职业教育体系基本形成。

1. 办学条件更加完善。继续加强职业教育投入,加大职业学校基础设施建设力度,全面改善办学条件。到2020年,实现各中等职业学校、高等职业院校达到并超过国家规定的办学标准,创建自治区级示范中等职业学校2所,新建国家级重点(示范)中等职业学校1所,自治区级优质高职院校1所。建立2至3所现代学徒制试点学校。组建3至6个职业教育专业集团,完成鄂尔多斯应用技术学院的建设并通过验收。

2. 规模结构更加优化。总体保持普通高中和中等职业教育招生规模大体相当,高等职业教育规模进一步扩大,巩固和发展"一本三专"的高等教育办学格局;中等职业学校布局优化为市直属3所中等职业学校和旗区6所职业高中。到2020年,全市中等职业教育在校生达到25000人,专科层次职业教育在校生达到10000人,接受应用本科教育学生达到一定规模。

3. 服务能力进一步提升。对接资源型经济创新发展和产业升级对技术技能人才的需求,进一步扩大优质职业教育资源,大幅提高人力资源开发和人才储备水平,职业院校专业设置与产业结构实现有效对接,服务资源型经济创新发展和产业升级的能力大幅提高。到2020年,中、高职和应用本科学校毕业生就业、创新创业能力明显加强,培育技术技能人才5万人,就业率分别达到95%以上。加强农村牧区实用人才和新型职业农民培养,建立和完善市、旗区、苏木乡镇三级培养培训基地和网络,开展"送教下乡"活动,每年培训农牧民2万人次,开展农村牧区剩余劳动力培训3万人次,参加职业技术培训的人员80%以上要取得职业资格证书。职业教育影响力持续扩大、扶贫功能更加强大、社会氛围更加浓厚。

(三)重点建设项目

1. 现代职业教育体系建设项目。一是实施应用技术学院建设工程。通过与鄂尔多斯职业学院、中天合创能源有限责任公司、神华集团有限责任公司、兴泰建设集团有限公司、京东方科技集团股份有限公司等大型企业一体化办学,建设鄂尔多斯应用技术学院中天化工学院、神华资源学院、兴泰建筑学院、京东方电子学院等,与鄂尔多斯大路煤化工研究所开展化工专业建设合作,完成鄂尔多斯应用技术学院建设,确保其在校生规模达到6600人以上,到2020年通过评估验收。牢固树立技术教育的理念,对接产业需求,科学制定学院发展规划,突出应用技术特色,培养高端应用型人才,在建立现代职业教育体系进程中发挥引领和支撑作用。加强财政支持,从2015年起,连续六年每年安排5000万元,共计3亿元专项资金,用于新组建学院的基础设施建设、师资人才引进、实验设备配备、图书购置等建设。二是实施中、高职与应用本科教育衔接发展工程。积极争取实施中职直通本科对口升学、"3+2"五年制专科、专升本、高职本科"3+2"联合培养和5年制本科等招生计划,组织鄂尔多斯应用技术学院、优势高等职业院校、中等职业学校研发中职与高职、高职与应用本科之间的课程衔接体系,探索学校之间的学分互认机制,搭建中等、高等职业教育与本科教育人才贯通培养"立交桥"。

2. 职业教育集团化办学项目。组建化工、机电、汽车、加工制造、现代服务、卫生、学前教育等职业教育集团,建立保障职业教育集团科学持续发展的机制。在各职教集团内支持建设50个集教学、培训、职业技能鉴定和技术研发服务为一体的、资源共享型的技术研发与实习实训

基地。建立技术研发与实习实训基地的开放制度,向社会提供开放服务。以政府购买服务的方式,支持职业教育集团成员企业建设兼具生产与教学功能的实训基地,设立学生实习和教师实践岗位,学生进入企业顶岗实习,享受一部分员工待遇,发放必要的生活费用。在职业教育集团内探索推进现代学徒制试点和实行半工半读,设立冠名班、订单班20个。

3. 对接转型发展专业建设项目。围绕全市煤炭、电力、煤化工、装备制造、电子信息、物流、医药、建材、绒纺、旅游、金融服务和现代服务业等重点产业,打造15个产学对接的现代化专业群,设置30个市级示范专业,60门市级精品课程。着力推进精品化、特色化办学,形成"一校一品"的办学格局,每所学校建成1至2个自治区级及以上精品专业。根据市场和社会需求及学生的发展需要,改革教学内容,改进教学方法,每所学校建成2至3个自治区级及以上精品课程。推进职业学校质量工程建设,开展中等职业教育督导评估和高等职业院校人才培养工作评估,推动职业教育体系与现代产业体系和公共服务体系协调发展,有效适应市场人才需求。

4. 职业院校教师能力提升项目。一是实施职业院(校)院(校)长领导力提升培训工程。通过挂职锻炼、专题研究、高级研修等方式,打造一支在深化教育教学改革过程中掌握先进职业教育理念、善于管理的优秀院(校)长队伍。每年选派10名优秀院(校)长到国内外知名职业院校挂职锻炼,设定3至5个与学校内涵建设与发展密切相关的研究专题开展研究,举办3期以上院(校)长高级研修班。二是实施专业带头人重点培训工程。通过专家引领、专业建设、挂职锻炼、企业实践、行动研究、专项培训,选拔培养20名有较高知名度、在各自专业教学领域中有较大影响的专业带头人。三是实施兼职教师队伍建设工程。建立职业院校选聘技术技能型兼职教师资助制度,并逐年增加资助名额,加大资助力度。鼓励引导职业院校吸引专业发展急需的优秀人才到学校兼职任教,有效补充和改善职业院校专业教师的数量和专业结构。到2020年,技术技能型兼职教师达到专业课教师的25%以上。

5. 职业教育现代化建设项目。建设鄂尔多斯职业教育数字化交互式学习平台,衔接国家数字职业教育资源,整合区域内院校、企业职业教育与培训数字资源,推行校企互动信息化,推广教学过程与生产过程实时互动的远程教学,逐步实现所有专业的数字化资源全覆盖。指导学校开发精品课程和网络课程等教学资源,积累形成60门精品课程数字资源,面向全社会提供多样化职业教育网络课程和灵活便利培训学习服务。开展数字化校园建设。完善职业院校基础网络,完成校园无线网络的全覆盖,逐步提升数字化校园的应用能力和服务水平。创建若干个智慧教室和一批创新实验实训中心。建成校园一卡通信息平台,实现秩序化智能管理,提升校园管理信息化水平。推进现代信息技术教学应用,设计开发慕课、微课、公开课,开展在线教育、网络教学、互动学习。

第二节　推进从严治教　规范管理

砥砺前行,康巴什教育硕果累累,小班化、特色化、优质化的基础教育赢得了全市上下的一致赞许,教育自主培养学生的教育成效显著。小学和幼儿园阶段的养成教育、特长教育及早教中心的亲子教育和少年宫的研学均取得阶段性成果,得到社会和家长充分认可。四面八方的莘莘学子慕名而来,这是社会对我们办学水平的最大认可。鄂尔多斯市第一中学在高考中成绩斐然,继续以第一梯队的姿态引领自治区高中教育。随着鄂尔多斯生态职业学院运营步入正轨,康巴什区的教育体系更加完善,成为全市专业人才培育的重要摇篮。

一、深处是制度

制度的优良关乎根本,至关重要。大力推进康巴什区教育品质化进程要做好顶层设计,现代学校制度建设稳步发展。

为了推进学校管理的专业化发展,为了让康巴什教育在高起点、高标准、高要求的旗帜下前行,康巴什区于2015年初邀请上海市虹口区教育督导室郑万瑜教授深入各校,对现代学校制度建设进行实地指导。起草、内审、教代会审议、教体局审核、专家复审,第三方评估,最终才正式启用。"一校一规划、一校一章程、一校一制度、一校一评价、一校一特色",从那时起,这被誉为五个一的现代学校制度体系便在各个学校积极推行,生根发芽。"一校一制度""一校一章程""一校一评价"通过三年的研究取得了阶段性成果,其中"一校一制度"已申报为自治区重点课题。

时任康巴什区教体局副局长李美荣做了深入分析:

因为通过大量调研我们发现新区教育已经华丽起步,但是我们的管理和大部分地区一样,仍然存在以下问题:一是行政干预学校太多,导致学校办学自治权不够,自我发展意识不强,特别表现在每年几次的大型督导。与此同时还有各个行政机构对学校干扰太多,致使学校整天忙于应付,忙碌的背后,是教师不能将精力全部投入学生的身上。二是大部分学校虽然制度健全,但是制度的落实总是有所欠缺,因为制度没有抓手、职能没有理顺。三是大部分学校的工作标准由校园长和干部制定,教师目标不一,专业的意识不强,所以校园长每天忙得晕头转向,就像个灭火队员一样,奔波于各种工作场所,不停地说着工作标准,最终导致的结果就是:工作总是一团乱麻,很难理清楚,凭经验管理、管理方式单一的现象仍然存在。四

图3-10 康巴什区教体局副局长李美荣
(图片来源:康巴什区教体局)

273

是大部分学校的规划、计划是写在纸上、挂在墙上，管理的计划性不强，学校持续发展后劲不足。五是教体局对学校的评价实效性不强，给学校的发展空间不足，存在千校一面的现象；督导指标体系指导性不强，存在只重视资料、不重视过程和实效的现象。六是虽然每年教体局对学校督导奖励都设专项的形式进行奖励，鼓励学校形成自己的特色，但是由于学校长远规划不到位，总是不断地更改项目，这样的结果导致学校的特色项目很难持续推进，学校特色也不好形成。基于以上原因，我们提出了现代学校制度建设，以此来理顺关系、规范管理、推动发展。

目前，学校和教育行政之间、学校行政和教师之间、教师和学生及家长之间的矛盾，一直是制约学校发展、教师发展、学生发展的瓶颈。新区教育刚刚起步，要想让教育有长足的发展，我们既要摸着石头过河，更要做好顶层设计；新区要办不一样的教育，就要给学校更大的发展空间，而要给学校空间，就是要改变对学校的评价方式，既要保证学校管理基础扎实，也要保证校长能有自己的教育思想，学校能有自己的发展特色。新区要办不一样的教育，就要理清楚政府和学校之间的关系，让学校管理有章可循、依法治校，实现管理的高效、有序、专业，因为只有管理规范、精细、专业才能实现以人为本的教育目标。现代学校制度建设就是形成学校管理民主、科学、严谨、有个性、有特色的一个很好的途径。也只有构建起现代学校管理制度，才能确保我们的学校管理从规范到精细，从精细到专业，从专业到品质。为此，我们以现代学校制度建设的理念和操作体系为依据，提出符合新区教育实际的"一校一规划，一校一章程、一校一制度、一校一评价、一校一特色，一校一品质"的"六个一"的现代学校建设体系。其中，"一校一规划"确保学校工作有了顶层设计，有了计划和方向；"一校一章程"确保学校工作有章可依、有法可依，保证学校办学的可持续发展；"一校一制度"确保学校制度的有效落实；"一校一评价"确保学校的自主管理，自主发展的空间，让学校的发展更有活力；"一校一特色"是确保学校有个性的发展；"一校一品质"是学校未来的努力方向，是一种最高境界的管理。

现代学校制度建设，是一个庞大的工程，可能会伴随我们学校发展的始终，好在我们已经起步，并且已经取得了一些成绩。一是截至目前，已有10所幼儿园和小学通过基础管理框架体系的建设，规范了管理，锻炼了干部，培养了教师、解放了校长。这样的管理体系建设，对于新区新建校校长团队年轻的现状来看，这是一个很好的办法。前几天在第五小学听蔡成瑞校长汇报时，她非常感慨地说："以前所有的工作标准几乎都是校长在定，标准高低有随意性。自从做了管理框架体系的研究之后，所有的工作都有了标准，校长不能凭经验，更不能凭情绪来管理学校。"二是通过一年多的学校规划草拟、修改、落实过程，学校的顶层设计到位，工作的计划性增强，校长的管理思路清晰，整体构建的思路出来了，管理就容易多了。就像第一小学王雷蕾校长说的那样：一个好校长首先是会做规划的校长，虽然第一小学的规划用了一个学期的时间才做完，但是做规划的过程就是校长和干部成长的过程。三是通过尝试进行基础性评估和发展性评估，释放了学校的管理活力，最重要的是让学校的规划得到有效落实，让学校的教师参与管理、监督管理、评价管理，让学校的工作在自我评价中逐步完善，慢慢彰显特色。四是通过学校持续申请项目、教体局审核通过、过程监督项目、年底考核奖励项目等形式，推动了每所学校特色的形成。例如，第一小学的书香校园、第三小学的养成教育、第四小学的快乐教育、第五小学的艺术教育、第一中学的教研工作等。

学校对于一个学生的影响不是知识、不是分数，而是在校园生

活中逐渐形成的人生态度、价值取向、思想品德和行为习惯。如何让我们的学生带着优秀的品质走出校园,带着学校优秀文化的气息走出校园,那么,我们的学校的核心文化就要像阳光、雨露一样照耀到每个学生的心田,深入每个学生的骨髓,变成学生的自觉行动。学校文化的形成需要学校几代人的传承和坚守,而不是换一个校长就提倡一种新理念进行与时俱进地变革。我们康巴什的每所学校都有很好的办学理念,但是如何将理念落实到每一个学生的身上、落实到每一个教师的身上,我想有这么几个方面可以有所改变:一是校长对于核心文化的解读和坚守,校长是核心理念的倡导者和传承者,校长对于理念的解读和践行就是校长领导力的核心素养;二是课堂落实学校的核心文化,课堂是教育的主阵地,课堂应该培养学生具有生命的学科素养,让学校文化浸入课堂的人文气息里、浸润到学生的生命气息里,所以每所学校都应该有符合学校核心文化的课堂教学文化,让我们的课堂不再是简单的知识传授、不再是没有生命温度的教育。三是教师彰显学校文化,一所优秀的学校,一定是充满着人文气息,充满着生命的激情和干事创业的热情。教育就是一个生命对另一个生命的影响,当教师生命不饱满的时候,学生生命怎么会饱满?为什么教师会厌教?为什么学生会厌学?是因为我们的教育没有关注到受教育者的心灵需要,教育一定要关注到心灵的丰富,一个心灵丰富的教育者才会有心灵作用下的美好行动。教育是一个慈善的事业,只有教师善良了、教师美好了,才能把真善美的种子播撒到学生的心田,只有教师对学校的文化理解了,才能把学校的核心理念浸润到学生的生命里。所以要想让教师带着激情热情去工作,要想让教师不厌教,学生不厌学,我觉得应该解决三个问题:首先是要让教师认可学校核心价值观,培养教师的正气;其次是要让教师心灵丰富,心态阳光,让教师正心;最后要解决教师的专业发展问题,让教师正能。当一个教师心态阳光,心灵丰富的时候,他自然就会热爱学校、热爱生活、热爱学生。

康巴什教育虽然刚刚起步,但是每所学校的文化已经开始呈现,比如第一小学爱的教育、第三小学赏识教育、第二小学幸福教育、第四小学快乐教育等,我想我们只要坚守我们的核心理念不动摇,在现代学校制度体系的建设中,将文化贯穿于教育的每个环节,相信我们的学校会越来越有文化的味道。

二、精处是过程

社会的进步,时代的发展,孩子的视野,家长的期望,不断刷新着教育工作的目标,对管理者也提出了更高的要求。顺应环境的变化,以系统、全面为引领,以创新为动力,以人为本位,创新管理理念,追求管理的最大效益,这是教育发展的必然选择。每一位教育工作者管理理念的进步,都推动着教育由大变强,走实走深。

康巴什区第五幼儿园园长马纲举就创新管理理念作出了自己的思考:

> 园长一定要找好自己的位置,一定要思考做怎样的自己。为自己的人生做一个成长规划。每天有目的、有目标地工作,在不断分析自己的优势、劣势、机遇与挑战中一次次更新和完善自己,促使自己做一个真实而又有追求的自我,为实现自己的人生理想和人生价值不断努力。幼儿园要走向何方? 是每一个做园长的职责,园长不但要做好个人发展规划,更要做好幼儿园的发展规划,这就要求园长要有清晰的办园定位和办园理念,目标明确,措施具体,为幼儿园的持续发展描绘新的蓝图。教育要"特别有爱心,特别有智慧,特别

有艺术,特别有方法,特别有耐心。"园长只有找准了位置,把握好方向,才能干正确的事,才能把事干正确。

马园长对创新管理理念,也有深入思考。她讲了四点:一是创新办园理念——以人为本。她说:"以人为本和以幼儿的发展为本的教育思想和办园理念反映了幼儿园教育和管理的本质要求。集中体现了现代幼儿园教育和管理在教育思想和办园理念上的时代要求。也是现代园长所具有的共同特征和园长取得成功的根本所在。"二是创新思维方式——科学谋划。她说:"制定园所目标与确定幼儿园发展决策是园长领导和管理的一项首要工作。办园目标与发展决策往往是围绕幼儿园发展规划与实施举措的制定来体现的,园长一定要着眼于大视野中,站在理想与现实的结合点上去设计幼儿园的共同愿景,引领教职工在参与中达成共识,确立经努力可以达成的办园目标,形成精心设计的富有创意的可行举措。"三是创新专业发展——学以致用。她说:"园长的专业发展关键就在于不断地积累教育管理知识。实现管理理念的创新,并在实践中不断反思和总结提高。努力把书中的理论观点内化为自己的观点体系,形成自己的思想,引领工作,提升发展潜力。"四是创新信息流通——开放办园。她说:"园长必须建立开放性、多元信息流通的立体管理模式,使校园、社会、家庭成为一个统一体,为幼儿园营造一个良好的发展环境。带领幼儿园和教师走向社会,参与竞争,以优良的保教质量建立自己良好的信誉形象,顺应经济发展和社会进步的需要,使幼儿园立于不败之地。"

就幼儿园如何去落实,她也提出了"以先进的文化建设引领幼儿园的发展"。创新园本文化是幼儿园在长期的办园实践过程中积淀和创造而成的育人条件、历史传统和幼儿园氛围。良好的文化氛围,可以使人们的思想形成统一,共同追求崇高的目标。一个富有创新精神的园长就要善于把先进的管理理念转化为具体的、大家都认同的观点，并形成可操作的工作目标。在此基础上，马老师提出"专注特色立园""专注课程强园"的理念。第一个特色就是幼儿园积淀的文化底蕴，就是长时间形成的具有文化特性的幼儿园的"性格"。也就是某一方面特别优于其他方面，也特别优于其他幼儿园的独特品质，人无我有，人有我优，人优我精，进而形成幼儿园特色。第二个特色就是课程建设是文化建设的核心和载体。园长要紧紧抓住机遇，积极建构和开发方案等。通过园本课程的开发和建设，充分整合课程资题，突破教材这一单纯的课程载体，优化课程环境，创新教学方式和方法，进而实现幼儿园的全面可持续发展。

康巴什区第五小学校长蔡成瑞说：

面对新建校，作为立校的第一任校长，我们该为这所全新的学校规划一个怎样的发展节奏？归根其核心就是我们要为学校成长做怎样的顶层设计？我认为这所新学校，其办学理念：学习从问号开始。"问号教育"核心应该就是探索、研究。对教师来说，研究开启每一个孩子成长的密码，是教师义不容辞的天职。研究"问的技巧"，研究"问的能力"，研究"问的艺术"，研究"问的境界"；对学生来说，问号教育则意味着探索！探索浪漫的艺术殿堂，探索精确的大自然科学之谜，探索迷人的人文经典，探索自身成长。结合新区第五小学的实际，教学工作全新起点，教师队伍年轻化、高学历、高素养，充满激情与智慧，思维灵动而敏捷，教学思想还没有被传统教学所束缚，对教学工作充满希望并时刻准备突破的这样队伍状态，研讨结果就是主源阅读或主源学习。什么是主源学习？主源学习尊重教材编排体系，在主源上做文章，探索教材、教材之外的相关阅读、课内外活动内容之间的主题相同与共性，进行有机整合、系列规

划，构建系统的知识框架，完成思维重组，达到纲举目张的效果。主题学习将超越传统的、单一的、零碎的学科课程模式，以一种全面的、整体性的、联接性的整合模式完成国家课程校本化的转变。主源学习必将要依托教材完成向内的纵深与向外的拓展，主题教学的结构应该是"一体两翼"，一体就是以教材为主体，"两翼"就是指主题下的阅读拓展与活动拓展。

蔡校长谈道：

康巴什区第五小学教育的全新开启，也决定了团队全新面貌，我们的教师来自全国各地，队伍从最初的24人发展到今天，教师们文化背景不同、年龄差异、思想认识不一、个人诉求各异等复杂的局面，也决定了队伍建设的艰巨。我们做了很多努力，比如每周"相约星期二"教师共读。通过一本精选书作媒介，共同阅读，相互交流，共同研讨。目的很明确，就是借助教育名家的理念，教育大师的思想，经典的教育案例，通过读书交流的平台，形成团队共同价值观，明确、统一康巴什区第五小学健康、智慧、充满希望的教育理念。

还要重视团队建设，因为学校教师平均年龄28岁，65%来自异乡，下班住在学校的职工宿舍里，工作即生活，又远离亲人，心理压力大，决定了团队建设的硬制度，软管理。党建、工会发

图3-11 康巴什区第五小学校长蔡成瑞
（图片来源：《康巴什教育》）

挥职能,做足情感沟通,凝聚人心力量。从教师参政议政、民主建言,到教师兴趣社团、团队每月一娱乐、教师生日庆典、户外远足、心理健康游戏、教师小食堂与宿舍的管理提升,多角度疏导团队压力,融合团队情感,凝聚团队力量。在此基础上,夯实业务、树立榜样。我们五小队伍年轻化,成熟教师的紧缺,学校管理的大部分精力集中在课堂。每学期假期的提前备课,开学请资深老师或教研员对各科课标专业解读,集体梳理教材。天天推门课,学科组主源研课,成熟教师示范课,青年教师跟进课培养教师课堂驾驭能力。

总之,一所新建校、一位新校长、一支新队伍、一段温暖而百感交集的成长之路,关键在管理、摸索、探究。康巴什区第五小学发展可谓一路艰辛一路歌!

康巴什区第一中学校长李强,一位杰出的教育工作者。他的荣誉不胜枚举,内蒙古自治区化学基本功大赛教学能手、鄂尔多斯市先进教育工作者、鄂尔多斯市十佳校长、数十篇论文获自治区、国家级奖励。李强浅论学校的有效管理谈到了自己的见解。

如何提高学校管理的有效性?我认为有以下几点:一、建章立制,依法治校,让管理规范化。国有国法,校有校规。学校如何面对和适应新的发展机遇与挑战,我认为首要的问题是应当建立法制化的现代教育管理体制,实行依法治校。依法治校是教育现代化的重要标志,是管理学校的基本方略。学校管理必须做到有法可依,有法必依。首先,学校要严格执行国家教育方针,遵守《义务教育法》《教师法》《未成年人保护法》等教育法规。其次,一个有效管理的学校,必须建立健全严格而又规范的管理制度,发挥制度的约束和规范作用。作为学校至少要建立这样几块制度:有教师管理、学生管理、班子管理;有班级管理、年级组管理、教研组管理、备课组管

理；有财务管
理、安全卫生管
理、校产管理、
档案管理等。
通过制定一系
列制度，全体师
生做到遵守制
度，按制度办
事。这样学校
的管理才会规

图3-12　时任康巴什区第一中学校长李强
（图片来源：康巴什区教体局提供）

范化、有序化，学校的各项工作才会有条不紊，齐头并进。二、责任
到人，关注细节，让管理精细化制度的制定或许比较容易，但关键是
落实。"学校无小事，事事皆教育"，将精细化管理理念引入教育领
域，用于学校管理是必然趋势。精细化的管理需要在整体目标确定
的前提下，再进一步细化学校内部各科层组织的职责，需要健全管
理网络，明确责任到人。比如学校的水、电、卫生，实验室、功能室、
电教室，校园网络、后勤保管等都要落实到具体人，明确各自职责，
而且有领导进行对口指导与监管，定期检查、考核，发现问题要及时
解决。只有做到时时有人做，事事有人做，人人有事做，责任到人，
分工明确，才有可能产生巨大效应。精细化管理还要从小处入手，
要把"小事做细，细事做精"。教育原本不需要跟风逐潮，不需要不
断地花样翻新，而是需要一种可贵的坚持。把简单的事情做好就是
不简单，把平凡的事情做精就是不平凡。三、遵循规律，理论指导，
让管理科学化管理是一门科学。管理科学是把管理的规律性揭示
出来，形成原则、程序和方法，对管理者管理活动予以普遍性指导，
使管理成为理论指导下的规范化的理性行为。加强管理的科学性，

就是要求管理者在管理活动中不断发现与摸索管理的规律性,按照管理的规律来办事,在科学的管理理论与原则的指导下,开展管理工作,提高管理效率。如管理理论中著名的"二八原则"告诉我们:20%的因素往往决定事物80%的结果。"二八原则"给我们的启发主要是在工作中不能"胡子眉毛一把抓",而是要抓关键人员、关键环节、关键岗位。要善于抓主要矛盾,善于从纷繁复杂的工作中理出头绪,把时间精力财力用在最重要、最紧迫的事情上。四、以人为本,和谐共进,让管理人文化良好的教育群体是搞好学校工作的保证。"和谐"是学校管理群体的灵魂。首先要创设和谐、宽松的学校工作环境,满足教职工精神上的需要,形成和谐的人际关系。其次是在和谐的氛围中加强领导班子的建设,在班子内发扬民主作风,形成团结和谐的良好风气。在工作中,尊重、信任教职工,创造条件强化教职工的参与意识,实行科学的民主管理,满足教职工当家作主不断进取的精神需要,增强教职工主人翁的责任感,有效地调动教职工的积极性和创造性。再次,领导还要在工作上、生活上关心体贴教师。做教师工作时注意精神激励,提倡奉献精神,对思想要求进步、品行端正、工作热情高的教师,加强培养,及时吸收到党内来。重视青年教师的工作,大胆使用,大胆培养。最后,要重视教师工作能力、效率和结果,给予教师正确、全面、客观的评价,以满足教师的自尊心、荣誉感、成就感的需要。这样才能形成融洽的干群关系,形成良好的教风、学风,增强学校凝聚力和号召力。五、更新理念,勇于探索,让管理创新化当今社会对于人的素质提出了更高的要求。基础教育承担着培养未来人才的艰巨任务。中小学校长的办学理念、办学思路往往决定着一所学校的办学走向。随着教育体制改革的不断深化,校长的观念、管理思想和管理模式,决定着学校的发展和进程。要想正确行使自己的权利,促进学生和教师的创

新,作为学校管理者,必须转变观念,加强落实。因此,校长要大胆进行观念创新,及时组织全体教师学习现代教育理论,了解课程改革信息,把握时代脉搏,经常进行"加油充电",真正树立正确的教育观、学校观、课程观、教学观、学生观、教师观、质量观和评价观。当前首先应该转变校长的教育观念,使自己的观念符合素质教育和课程改革的要求,符合时代对人才培养的要求。具体来说主要体现在教育质量观、学生观和教师观等方面,真正达到观念创新,与时俱进。只有具备以上这些现代人的观念和素质,才能顺应时代的潮流,才能增强全面驾驭学校的管理运行。

康巴什区实验小学校长洪岩谈学校有效管理策略时突出她的管理理念:管理重心下移管理权责对等。实验小学融入全区教育改革的洪流之中。实验小学成为一所完全独立小学以来,经历了一年多的制度建设,现在学校的制度建设比较完整,由《教师业务考核制度》《教师绩效考核方案》《教师职称评聘方案》牵头的制度体系已经形成。与此同时洪岩校长抛出了学校治理的问题,她说:"有了好的制度就有好的管理吗? 如何能将好的制度变成好的管理?"这样的问题发人深省。洪校长给出了她的答案:有人说,一个好校长就是一所好学校。我想,这句话的含义是一个好的校长一定是建立了一个良好的学校运行管理机制。如果缺少了这个运行管理机制做保障,再好的制度也只是镜中之花,水中之月,没有任何的现实意义。因此,学校是每个人的学校,学校的事也是每个人的事。而且要将管理的权利下移,职责清晰,以保证管理的实效性更强。

首先,寻找能担当的人,给管理的权限。校长想要"分权"不等于简单的分工,分权的含义远不止于每个管理者独自去管理某一个部门。学校里的每个岗位都有岗位职责,但真的区区三二百字的职责就能涵盖我们每天所做的琐碎、具体、繁复的工作吗？远远不能。更多时候我们的工作是彼此交叉、相互配合的，甚至还有很多是从来没遇到过的新情况，新问题。什么样的干部才能担当这样的重担，才能面对这样的挑战呢？实际上，在我们每一所学校里，都有许多的能干、有想法的优秀老师，但是都不愿意走到管理的岗位上来，大多都是其想法和主张无法实现或者

图3-13　康巴什区实验小学校长洪岩
（图片来源：《康巴什教育》）

对于教学工作和管理工作的双向压力。实际上这也正是关系学校治理能获得成功的关键，首先是要将权力分给"合适的人"。这应该是一群标杆式的人物，其显性特征是具有家长认可的社会吸引力，学生爱戴的道德感召力和专业领先的示范力。作为直接领导和监督教师的管理者，靠的是身体力行，而不是高谈阔论。而我校的环节干部和年级组长，就是这样的角色。应该说在学校里环节干部和年级组长的作用举足轻重。一方面要落实学校的管理策略，另一方面又要面对性格各异的老师。开展工作也是非常困难的。在我们学校为了调动这些干部的工作积极性，在学校层面出台制度，对他们的待遇给予保障，学校里决不能让能干活、爱干活、多干活的好老师吃亏，这样才能调动他们的工作积极性。以年级组长管理为例，我们的方法就是首先给待遇。例如，在绩效考核中，环节干部和年级组长工作按照一定的工作量计算；年级组长的绩效考核由基础奖

励与考核奖励相结合;年级组长按照学校环节干部副职对待,参加行政例会等。可以说,他们基本上是学校绩效考核中绩效工资最高者,学校也对他们反复强调:给予优厚的待遇,是希望他们对于年级组日常事务能够做出重要的决策,而且是正确的决策。而年级组长也的确不负所望,积极主动开展年级组工作。

其次,寻找适宜的度。找到了能担当的人,接下来就是要做该担当的事。分多少,怎么分,这就要讲究一个度了。责任太多,担不动。责任太少,又起不了作用。对于处在第一线的管理者来说,如果仅仅是"下载并执行校长的指令",那么束手束脚并无创新产生。因此,我们在管理中,常常更关注副校长、环节干部、年级组长"向校长上传自己的观点",其工作的创新性和原始动力是无法形容的。我们把环节干部和年级组长分两条线来共同参与学校的管理。业务管理以环节干部为主,学校对于环节干部强化的是执行力;年级组长行政管理为主,对于年级组长强化的是年级组教育教学整体工作的良性发展。环节干部以组织、协调、评价年级组工作来整体推动学校工作发展,年级组长以组织、协调、评价教师工作来整体推动年级组工作,进而完成学校管理的良性发展。这是管理责任大小的度。如果仅仅是管理的责任下移,年级组长只有责任,没有权力,就无法调动年级组教师工作的积极性,形成不了以年级组长为核心的管理团队。只有权利不负责任当然也是不可能的。所以,赋予责任,让年级组长大胆地管理,同时,又让他们参与年终考核、教师绩效工资发放的教师个人考核。有了与责任相对等的权利,年级组长说话才好使。所以,我们的做法就是下放权力,也让权责对等。比如:在教师考核中,教师的单项考核分数由学校教学处、教育处、科研室对年级组的捆绑考核与年级组长对于教师个人的考核两项成绩相加取平均分。再如:年终评优学校根据比例将优秀名额下拨到年级组，年级组长根据教师考核情况，评选本组优秀格次教师。这些都是赋予年级组长的权力，也正是这些杠杆，让年级组长的管理轻松、清晰。这是管理中权责对等的度。

第三，寻找相对应的评价机制。搭建起管理下移的框架之后，还要系统性构建基于学校内部的、与学校总体运营相匹配的工作流程及协调机制。因此学校应当建立完善的有利于分权效能的工作机制。例如：优化学校日常事务的工作机制，研制并实施相对科学的系列考核机制。对于各个部门的工作要开发更好的标准，在清晰的共同标准框架下，科学合理地分配工作，分享成果，并推进公平。各部门领导都改变在"等待指令中度日"的行事风格，围绕"培养人的核心事务"提高服务于教育教学第一线的意识，进一步发扬光大学校的核心价值。我们学校目前的制度体系比较完善，也将其各部门工作的标准涵盖其中。学校对于教师个人的考核评价来自两个方面，一个是学校各部门对年级组的捆绑式评价。另一个是由年级组长和教研组长针对教师个人的业务及常规工作的考核。这样的考核更加激发了教师的团队意识，一方面使原本就非常认真积极的老师能不断地激励自己做团队中的最积极上进的人。另一方面，也鞭策和督促不太积极的老师能够做好本职工作，不拖团队后腿。同时，也让年级组长和教研组长说话能有人听，主动执行。学校出台了《康巴什实验小学年级组管理细则》，完善并修订了《康巴什实验小学教师考核细则》。年级组长接受环节干部的评价考核，环节干部又融入年级组的管理评价之中。你中有我，我中有你，在自评与互评中不断修正自我，更臻于完美。

第四，可能出现的问题及应对。将权力分解下移，可以使下级因地制宜贯彻上级指示，充分发挥自己的智慧和才干，从实际情况出发，依据不同的特点去处理问题，充分发挥本部门、年级的长处和

优势。但是如果发挥不好,容易自立门户,各行其是,甚至会发生矛盾和冲突,也容易发生本位主义、分散主义,不顾整体利益的倾向。可能会出现的问题:分权放权是否等于放任。解决办法:首先,必须调整更新传统的课程及管理模式,各个部门之间要保持实时联系,信息互通,并能够有效协调,创建富有效率的工作流,特别是在公共事务管理方面,要研制新的规则,并简化程序。此外,当校长退后一些时,有些部门的管理者,反而有可能会走向"另类的独裁",因此,分权放权并不等于放任,及时督查,并纠正各个管理部门出现的粗暴懒散混乱,营造高于制度,自觉规范进取的行为文化是十分必要的。作为一校之长,如果不懂得分权的重要性和分权的艺术,那么人们都在等着校长一个人做出某个决定,此时校长的感觉就像百索缠身。当学校的分权机制趋向成熟后,就会发现自己成了一位技术全面的"场外高手",尽管好像正处在比赛状态的正常运转的学校日常工作,有无校长在场,每个人都是一样忙碌着,但是只要他们中场休息或比赛中发生问题,自然就会想到校长这位"场外高手"。由于校长置身场外,很多事也看得特别明白,当然,还有更多的学校战略设计,处理边界事务等工作,校长还必须头脑清醒地去完成。

三、高处是品质

教育是康巴什区独有的特色品牌,优势资源从开始至今已成为标杆。为了将教育事业打造成为最具吸引力的民生工程,在原有的基础上,实现以素质教育为核心,以办人民满意教育为目标,推进学前教育多元化发展,鼓励和引导民间资本以独立出资、合资经营等多种形式兴办专业化、连锁化和高端化幼儿园。

继续加强走联合办学道路,加强与教育部直属师范大学的合作办学，启动和推动品质学校建设项目。推进教育培训专业化发展。大力支持民营资本兴办专业培训学校，鼓励采取与新东方、环球雅思等知名培训机构合作办学等模式。

从被动管理到主动发展，从依规办事到科学决策，从特色办学到长远规划，我区各校走出了一条百家争鸣、奋力争先的好路子。

康巴什区第八幼儿园"生命教育"：

教育在于协助儿童成为一个有"知性"与"人性"的人，"知性"是指有知识，"人性"是指珍视自我、体恤他人、关心社会。生命教育的核心就是要帮助儿童珍惜、欣赏自己与他人的生命并活出生命的光辉与价值。康巴什区第八幼儿园就是秉承这样的办学理念的一所公立教育机构，幼儿园的老师们从每一个孩子成长的关键时期开始，通过大量的实践和体验课程引导他们学会感受生命、尊重生命、热爱生命，寓教于乐，培养幼儿健全的人格和生活独立性。接触自

图3-14 康巴什区第八幼儿园
（图片来源：康巴什区教体局提供）

然的体验活动，引发幼儿对生命的思考在第八幼儿园教学楼里，楼层间的每一级台阶上都张贴有各种花卉树木的图画"名片"。这一巧妙的设置使孩子们在不经意间了解与熟悉着植物生命的美，以及产生对这些不同生命类型的浓厚兴趣。同时，在第八幼儿园的课程设计方案中，各个年级都安排了每天不少于1小时的户外活动。全园11个班，每天不同时间段都在老师的带领下到户外亲近大自然。自然界中的生物种类繁多，形态各异，色彩斑斓，通过认识植物、接触花草，孩子们感受到生物及生物与自然的和谐之美，从而养成善待动植物、欣赏生命的积极态度。记者在幼儿园院子里还看到，园方特意开辟出一片户外场地称为小小自然角，里面饲养着兔子鸭子等小动物。通过给自然角里的小动物喂食、换水、清洁等劳动，孩子们可以更好地了解不同形式生命的特点，生命既具有共通性，又充满独特性和差异性。孩子们与动植物产生越多接触，就越容易通过引导使他们认识到自然界中每个生命的存在价值，进而让他们更容易认识自己，懂得欣赏自我的独特，发现自己的潜质，将生命储蓄发挥出来。第八幼儿园的各个大班和中班开设饶有趣味的"爱迪生幼儿科学发现室"，在这里，不仅有各式各样的科普小实验，老师们还会经常带着孩子们开展乐趣横生的"园艺大探秘"。日常接触的植物在不同的生长环境中会呈现出怎样的变化？这恐怕是很多大人都不曾思考的事情，但在第八幼儿园的老师们看来，这些思考是感知生命的重要过程，他们教孩子们为院子里的植物除草、浇水、捉虫、松土、施肥等养护工作，鼓励他们细心观察并分享交流，引导孩子们通过自己的亲身劳动了解生命的诞生、成长、生病、衰老、死亡等现象。特色区角活动，培养幼儿的关爱情感区角活动是培养孩子们日常行为和性格习惯的重要场所，新区第八幼儿园的每个班级都在这片小天地为孩子们提供了无限的可能。园内近期开展的活动以未来职业和情景扮演为主源,各班的孩子开动丰富想象力将自己的活动搞得有声有色。在大二班的活动角,孩子们当起了新闻记者,不仅亲手制作了记者证,向周围的同学们采访"新闻信息",还煞有介事地编排了一份份色彩缤纷的《幼儿园报》,将园中欢乐的点滴记录成儿童多彩的语言和图画。中三班则是以建筑工程师为题目,一座座积木大厦矗立在课桌上,孩子们在这里学会了与其他小朋友协力合作,共同完成独自无法完成的工作。各种特色活动使孩子们在与他人交往、分享、合作的过程中锻炼了社会适应能力,同时也逐渐培养起他们自主尝试、热爱生活和主动求知的独立性。

康巴什区第七幼儿园特色引领提升办园品质:

康巴什区第七幼儿园从建园初将早期阅读作为幼儿园的特色工作来抓,将"爱阅读、能想象、会表达、乐创造"确定为早期阅读的培养目标,这项工作经过了五年多时间的开展和实践,已经有了初步的成果,家长、孩子都喜欢读书,爱护书籍,形成了良好的阅读习惯,我们感受到了读书带来的快乐和成长,这些成果的取得,得益于我们以下几方面工作的开展:

一、提供丰富的阅读资源

1. 教材的运用。我园引进的《悦中读》教材,是上海特级园长、早期阅读著名专家林剑萍从1993年历经20年艰辛探索和研究的成果。早期阅读的关键在于选材,选取什么样的阅读材料关系到培养幼儿怎样的学习品质。《悦中读》中所有的故事都有深入独到的选材意图。所以老师对课程的把握至关重要,这项工作我们结合幼儿园课程建设从语言领域入手,通过研究课程的目标、内容,课程实施的反思等方面开展,并以教研活动为载体,通过集体备课、一课三研的形式提高教师对课程的驾驭能力。2. 多样的图书。为了丰富幼儿

的读书资源,我园在经费紧张的情况下,依然为孩子们购置了大量的不同类型的绘本书籍,定制了大量的报纸杂志,大大地满足了幼儿的阅读需求。到目前为止,幼儿园购置图书6732本,人均大约18本。不包括杂志和班级图书漂流区书籍。

二、创设良好的阅读环境

要想让幼儿养成良好的阅读习惯,首先要给孩子提供一个良好的阅读环境。1. 幼儿园设置了幼儿阅览室,为幼儿提供了大量的书籍,并摆放漂亮的沙发,创设温馨的读书环境。2. 在班级区域中设置图书区,并依据幼儿年龄特点进行划分。小班一区一角:图书阅读角;中、大班一区四角:语言游戏角、编辑部、故事表演角、图书阅读角。为幼儿提供良好的阅读氛围,让幼儿自主在入园、离园及区域活动时间进行阅读活动,满足孩子的阅读需求。3. 在一楼创设了温馨舒适的公共阅读区,下午家长接上孩子可以在公共阅读区看书、讲故事。4. 我们在东楼梯创设了故事长廊,让孩子进行阅读。5. 创设生活阅读环境,将一些日常礼仪、生活常规用图文并茂的形式展示到班级环境中,让孩子进行阅读,自我约束,自我管理。此外我们鼓励家长在周末带孩子去图书馆看书,让孩子感受图书馆的阅读气氛,进一步培养幼儿的阅读兴趣。

三、开展多样的阅读活动

1. 教学活动。我们引进的《悦中读》课程也是我们早期阅读的重要组成部分,教师精心准备每一节阅读活动,既培养了孩子优秀的学习品质,也使得幼儿懂得一些做人的道理。2. 阅读课。每个班级每两周有一节阅读课,让幼儿到公共图书阅读区集体阅读。在安静轻松的阅读氛围里,孩子们可以在视听区体验有声阅读,还可以选择自己喜欢的图书进行阅读,老师们为了提高孩子的阅读兴趣,开展探究式的阅读活动。通过多种方式,孩子们的阅读兴趣日渐浓厚。3.晨读。孩子每天早上进园后，问好、插卡、洗手、喝水后进行晨间自主阅读。4.餐前阅读。每天早、晚饭前小中大班根据年龄不同，阅读不同的经典诵读内容。5.自我展现。为了让每个孩子都有展示自我的机会，每天上午集体教学活动前，小班幼儿读儿歌，中班说广告词，大班新闻播报，并给孩子录像或拍照，通过信息化平台及时给家长上传视频或图片。6.午睡讲故事。各班学期初安排固定的故事表，每天午睡前组织讲故事，要求教师声情并茂地把故事讲给幼儿，这样既有利于幼儿的睡前调整，同时也无形中影响了幼儿的阅读兴趣。7.区域自主阅读。我园利用每天上下午各四十分钟的区域活动时间，让幼儿在阅读区自主选择书籍阅读、自制图书、玩语言游戏或者故事表演。8.小剧场。每两个月组织每个班级表演童话剧。9.经典诵读。每学期组织一次集体诵读节目展示活动。10.教师故事团。教师每月给孩子讲一次经典故事，让老师与孩子互动起来，让孩子从不同角度体验故事的丰富性和趣味性。11.阅读节。每年举行一次阅读节活动，展示幼儿的精彩活动、漂流物语的记录等情况，家长进行图书捐赠。12.图书义卖。在每年的"六一"儿童节系列活动中举行图书义卖，家长从家中带来幼儿书籍，进行以物置换或义卖。

四、丰富的家园共育活动

1.亲子共读。每周各班安排一次五十分钟的亲子阅读时间，由家长带领幼儿在图书室进行阅读。2.故事俱乐部。在中、大班开展家长讲故事活动，每次活动提前选拔五六名家长志愿者，让他们给幼儿讲故事。3.阅读沙龙。活动中家长谈亲子共读的方法、谈自己的经验和感受，谈读书给自己和孩子带来的改变，讲孩子成长的片段故事，并进行互动交流，为家长在孩子阅读方面遇到的问题和困惑进行答疑解惑。4.图书漂流。家长每学期为孩子购买4

本绘本书籍,带到幼儿园投放到图书漂流区,班级孩子分享阅读,实现资源共享。每个孩子每学期就可以读到一百四五十本书。5.图书借阅。幼儿阅览室设有图书借阅区,每班的家长可以为孩子借两本书,让孩子在家阅读。家长这样评价我园早期阅读:"从每天的班级图书漂流,到每周的亲子阅读,再到每个月爸爸妈妈故事团和老师故事团,还有家长的阅读沙龙和宝贝们每学期的小剧场、讲故事比赛等一系列早期阅读活动,我们看到了七幼老师对孩子的专业指引。在这样的环境里,孩子的进步是让我最欣喜的。我的孩子从小班时候的不爱看书,到每天让家长陪着看书,再到自己完全能看懂绘本,两年的陪伴阅读让我的孩子爱上了阅读,从阅读里他懂得了很多道理,甚至在绘本中学会了管理自己的情绪,爱交流、懂道理、有礼貌是邻里对我家宝贝的肯定,这也让我更加肯定了七幼的早期阅读特色。孩子以后上小学、初中、高中和大学,我想阅读会一直陪伴着他。感谢七幼,感谢早期阅读!"作为早期阅读的推动者,我们将阅读活动贯穿在幼儿园的一日活动之中,以常态化的形式开展,从中受益的是家长和孩子。家长看到孩子的阅读习惯和兴趣,孩子在成长进步,加大了社会对幼儿园的满意和认可度,老师、家长、幼儿在阅读中共同成长。

康巴什区第三小学"尚美识真"课程体系:

康巴什区第三小学的课程体系按照纵向分为:品德与社会之美、文学与语言之美、艺术之美、科学与数学之美和体育与健康之美五大系列;横向分为:基础性课程、拓展性课程和自主性课程三大板块,构建了以学生为本,以能力为重的"尚美识真"课程体系。

一、课程目标

通过建设"和谐、智慧、有效"为核心价值观的"生本课堂"和丰

图3-15 康巴什区第三小学
(图片来源:康巴什区教体局提供)

富多元的"生本活动",实现三类课程的高效实施,达成优质教育,实现"教师与课程共成长",培养"懂规矩、乐学习、爱运动、会赏识"的好学生,全面推进素质教育,实现学生个性和全面和谐发展。

二、课程的实施与管理

(一)基础型课程

立足于国家课程校本化实施,紧紧围绕生本课堂的核心理念"和谐、智慧、有效",为全体学生全面发展奠定基础。同时致力于"基础型课程校本化"建设,基于本校学生、教师、社区和康巴什新区的实际,通过选择、改编、整合、补充、拓展等方式对国家课程进行再加工、再创造,旨在最大限度调动学习兴趣、最大限度开发课程资源、最大限度挖掘教师潜能,使之更符合学生全面发展、个性发展、教师专业成长和学科特色发展的需要,力争让学校各项基础型课程的质量齐头并进,推进优势课程和特色课程建设。1. 课程设置。基础型课程按照《内蒙古自治区义务教育课程计划》,把相关学科全部纳入课程表,开齐开足相关课程。具体包括课程:品德与生

活(一、二年级)、品德与社会(三至六年级)(均简称"品德")、科学(三至六年级)、语文、数学、英语、体育(包括足球)、音乐、美术、心理健康教育、综合实践活动。综合实践活动包括信息技术教育、研究性学习、社区服务与社会实践、劳动与技术教育四部分内容。其中社区服务与社会实践、劳动与技术教育每学期至少进行一周的学习与实践。各门课程均应结合本学科特点,有机进行思想道德教育。环境、健康、国防、安全等教育也应渗透在相应课程中进行。此内容也是第二大系列"品德与社会之美"课程中的"拓展性课程"学科德育渗透的解读。2.课程评价。(1)注重过程。通过对教案、作业进行"三查两展"的常规性检查,注重过程,提高教师备课的针对性,课堂教学的学生主体性和作业练习的有效性。(2)课程实施。整合学科内教学内容,积极进行拓展性开发,形成各学科的实施细则,有效指导教学。(3)学业成绩。语文素养从写字、朗读与背诵、古诗词背诵、课外阅读、期末学业水平测试等五个方面进行评价;数学学科从过程考核与期末综合测试两个方面进行评价;英语学科从过程考核(口语)与期末综合测试两个方面进行评价;音乐、美术、体育三科在学期末进行综合技能抽查;科学与信息技术进行学科知识和实践操作两方面的测查;品德和研究性学习以评价为主,通过自我评价、小组评价、家长评价和教师评价促学生进步与成长。

(二)拓展型课程

立足于挖掘学校、社区与家庭的资源,发挥其优势和特长,旨在尊重学生的个性发展和个性选择,尊重教育发展规律,从学校特色工作、学生兴趣、学校发展需求三方面开展拓展型课程建设。1.学科延伸课程。此板块又分为三部分,学科延伸课程既是基础性课程下的延伸,又是实施基础课程的必备途径,其中一些直接利用语文课来实施,如从语文课程延伸出的"课前三分钟"为硬笔书法课程,紧扣课程标准，直指课堂实践，提升学生书写的基本能力。而"经典诵读"和"阅读与演讲"利用专门的课时进行，每周在课表中分别安排一节或两节，结合拓展内容，对学生进行专项的诵读与阅读、演讲的训练。儿童剧则不定时间，要求科任教师根据学习情况，自行安排内容并组织时间，保证每学期一部的保底数量与儿童剧的质量。

2. 学科活动课程。学科活动课程与学科延伸课程一脉相承，通过相关部门或处室组织活动，促进延伸课程的有效实施，丰富校园文化生活，为各种类型课程中的优秀孩子提供展示舞台，提升学生整体素质。我校教务处每年9月份组织的"开启智慧"阅读节，以及10月份的"诗意童心"诵读节，音乐组12月份组织的"英语文化节"，美术组1月份进行的"童心飞扬书法展"，德育处4月份收5月份组织的"故事、演讲、主持人大赛"和"儿童剧汇演"，就是我校在"文学和语言之美领域"开发的学科活动类拓展性课程。3. 兴趣培养课程。针对学生特长发展的需求，结合我校场地及教师实际情况，我校进行了校本课程的开发，现已开设7大类26种可供学生选取，学生全员参与。具体包括语言类："小记者""小小解说员"、快乐英语；器乐类：古筝、电子琴、葫芦丝、手鼓；歌舞类：独唱、民族舞、街舞；球类：乒乓球、足球、篮球、排球；运动类：轮滑、武术操、花样跳绳；美术类：国画、书法、纸浆画、版画、立体物品画；实践操作类：围棋、手工、动漫制作、科技活动。我校兴趣课实行严格的管理制度，纳入课程表，严格按照国家课程进行管理。教师学期初书写教学计划，结合实际情况安排教学内容，书写教案，记录活动过程，培养特长生，学期末汇报展演，进行小结分享。学校行政团队高度重视，每学期至少两次专项会议安排部署。为使学生养成"坚持"的良好品行，在某一兴趣领域取得长足的发展，我校注重学生兴趣班选择与学习的持续，原则上不做大的变更。每年秋季一年级的孩子入学，我们会

非常慎重地让其进行兴趣班的选择。第一月的第一周召开新生家长会,进行课程宣传,介绍学校开设兴趣班的种类与内容,随后安排一周邀请家长带着自己的孩子去参观了解,月末时在校园空地进行一次兴趣班课程的小展示,家长领着孩子与兴趣班任课教师进行双向选择,在沟通交流中提出合理建议,尊重孩子,最终为孩子选择出适合自己的兴趣课程。

(三)自主探究型课程

定位于培养学生的好奇心、求知欲及善于发现、乐于尝试、敢于探索的精神,以中国传统文化之"祖先的节日和楹联文化"探究课程为载体,通过合作解决问题的方式,培养学生学会与人沟通、与人合作以及共享成果的新时代优良品质。逐步梳理中国传统文化探究课程开发经验,并将其建设成具有我校特色的品牌课程。1. 学科综合实践活动学习。学科综合实践活动学习以教材为依托,落实教材中的实践活动学习项目,倡导开发学科微小型校本课程,让学生联系社会实际,通过亲自体验进行学习,积累和丰富直接经验,发展收集和处理信息的能力、综合利用知识解决问题的能力以及交流和合作的能力,增强社会责任感,并逐步形成创新精神与实践能力。其中语数英教师实行申报制,面向全校展示学生综合性学习的成果。2. "传统文化事事探究竟"等学科研究性学习。具体包括"祖先的节日"和"楹联文化探究"两个学习主题。"祖先的节日"即在中国传统节日,以德育处牵头,组织引导学生开展一系列主题研究性学习拓展活动,班级进行展示汇报。"楹联文化探究"主题是以校园楹联为载体,让学生了解校园楹联知识,拓展学习楹联文化,最终进行全校性的展示和汇报,每学年都在六年级实施。3. "小眼睛看世界"综合实践活动。此活动包括在学校组织的"康巴什之旅"实践活动和在家里实施的"寒暑假实践"活动。德育处按照规划,学生在六年里将由教师带领走出校门，走入康巴什的公园、广场、建筑等地方进行实践活动，各学科教师形成合力，在活动前、活动进行中、活动后与学生进行相关学科内容的探究性学习，培养学生自主探究学习的能力和热爱家乡的美好情感。而"寒暑假实践活动"通过假期实践，通过学生进行"每日一事锻炼，乡村生活体验，祖国风景观赏，劳动技能学习，体育技能学习"五部分内容的学习及体验，走入广阔的生活世界，探索自然与社会的无穷奥秘。开学初以图片、文字或视频等形式带到学校，与同学交流分享，班级、学校评比，给予认同。学校秉承"以人为本"的原则，四年多的发展中，充分利用区域资源，进行课程的开发与整合探索，并积极进行三类课程的校本化研究，提高教师专业水平并满足学生全面与个性发展的需要，为学生精彩的生命成长奠基。

第三节　持续深化的课程改革

　　康巴什在这一阶段大力进行课堂教学改革,深入推进素质教育多轮驱动抓课改,2014年和2019年,分别进行以"生本教育学本课堂""聚焦深度学习落实核心素养"为主线的两轮课堂教学深度改革。规范校外重引领,创新推进"校外名师进校园",建立"康巴什区校外名师评审专家库",推出"名师进校园星级评价机制"和"康巴什安心培训"平台,改变家长负担多、学生获得少的现状。一校一品抓服务,推进课后服务"一校一品""一生多项"建设,建立涵盖艺术、科技、劳动、体育等类别共5大类学科、60余门课程,服务孩子全面发展和个性成长。

　　康巴什教育要想走内涵发展之路,必须要在课程建设和课堂教学深度改革上下功夫。2014年春季,制定了《康巴什新区有效教学指导意见》,明确提出了课堂教学有效性的要求和标准。2015年初又出台了《康巴什新区课堂教学深度改革实施方案》,依据方案要求,全方位、多角度进行课堂教学改革,简言之就是"六个重构"。

一、生本教育学本课堂

　　在课程建设和课堂教学方面,康巴什区存在一些问题:一是小班化教学的优势没有得到充分发挥;二是教师普遍年轻,对于教材的理解、课堂教学的把握存在问题;三是少部分教师教学观念传统(认为学生就是来接受知识的,教师强势输入,学生被动接受)、教学手段不新颖(满堂灌现象或多或少存在）；四是由于长期重视研究教学技巧，忽略了对于"人"的研究，导致教师偏重关注对学生进行知识的传授，却减少了对生命成长的关注；五是由于新教师对于教材不熟悉，所以学科的根本把握得不好，不能站在学科的高度带给学生系统的知识；六是教研方式有待进步，教研中核心问题找得不好，前期准备不充分，过程中"研"的味道不浓，没有将教研作为解决问题的主要手段。

康巴什区教体局局长李美荣：以生本教育为切入点，推进课堂教学深度改革。

在充分分析康巴什区教育现状的基础上，我们提出了"以生本教育为切入点的课堂教学深度改革"主要是通过理念重构、课程建设重构、教学方式重构、教研方式重构、评价方式重构、学习共同体重构等六大重构和五项新举措，来推动课堂教学的深度改革。这项改革是一个长期而艰巨的任务，我们定了三年时间，但其实这项改革是没有期限的，这将是一个永无止境的探索过程，我们只是想通过三年的时间，让教师慢慢理解"以生为本"的理念，改变"满堂灌"的讲授方式，让一切为了学生、充分相信学生、全面依靠学生的理念贯穿于教师课堂教学的始终、贯穿于教师教书育人的全过程；通过三年的时间，让我们的课堂焕发生命的活力、让我们的课堂减少边缘生的存在，减少抱怨、减少对立、减少无效的付出；通过三年的努力，让我们的课堂不再是老师的一言堂，而是老师带着学生走向知识的殿堂，让我们的学生在课堂上学会思考、学会表达、学会合作、学会质疑，最终学会学习，成为综合能力强、综合素质高的人；通过三年的努力，让我们的学生作业负担能够相对减轻，有一定的自我成长空间；通过三年的努力，让我们的教师对教材有比较全面地把握，在实践中成长、在研修中提升、在不断地提升中培养一批名师。

　　课改已经进行了一个多学期，在这个过程中，我们每天几乎都处于亢奋、担心、着急的矛盾焦灼当中。为找到了一条适合新区发展、推动学校发展学生成长的好路子而兴奋，为看到部分学校通过课改，教师的变化、学生的变化而兴奋，但同时也担心教师们会因为把握不好课改的方向而影响了考试成绩。为了统一大家的思想认识而不断地沟通，不断地学习、不断地研究。

　　为了达成理念的认同，我们邀请专家讲座、带领校长及教师、教研员赴包头、山西、广州、山东、上海等地学习，通过一学期的思想准备，我们才制定了《康巴什新区课堂教学深度改革实施方案》，确定了试点学校和试点班级。

　　通过两个多月的课堂实践，我们欣喜地发现实验学校和实验班级正在悄悄地发生着一些变化：在课堂实践中，校长们课改的决心更坚决了，教师对课改的认识基本到位了，就像第四小学王玉梅校长说的"教师们评课时能结合生本理念"。通过邀请名师帮助教师梳理导学案，教师们慢慢掌握了分析教材的能力。通过小组方案的制定、对小组长及成员进行培训、对小组评价持续跟进，合作式小组逐步建立起来，学生也具备了一些自主合作探究的能力，学生开始喜欢课堂。在不断上课、研课的过程中，教师的教学态度正在发生改变。第三小学刘小霞校长说："老师的眼睛里开始有了学生，他们关注教育艺术，关注生命状态。"通过学校听课我们也欣喜地发现课堂的一些变化，也常常被一些教师的爱心和智慧感动着，他们尊重学生，精心呵护每一个稚嫩的生命，凡是这样的老师上课，学生就是幸福的。因为这样的老师不是带着知识走向学生，而是带着学生走向知识；这样的老师心里装的是学生，而不是知识；这样的老师更多的是想着怎么让学生自己成长，而不是去塑造学生、改造学生、灌输学生。我在第四小学听课的时候，有一位年轻的老师，他没有口若悬河、没有呼来唤去，更没有挤牙膏似地不停提问，他只是围绕核心问题陪着学生深度思考、深度讨论，结果是学生学得很愉快，他也教得很轻松。我在第一小学听王丽老师的课时，王丽老师除了能够充分地依靠学生，将学生当作最好的教学资源，让学生在课堂上尽情挥洒之外，最重要的是，她对学生满满的爱和最大限度的尊重。所谓生本就是以学生为本、以生命为本、以生动活泼为本、以生长发展为本。其实我们新区的很多老师，已经用行动诠释了以生为本的教育，诠释了生本教育的核心理念"一切为了学生、充分尊重学生，全面依靠学生"。

面对教育大环境，我们康巴什教育要想办不一样的教育，要进行现代学校制度建设和课堂教学深度改革，我们才刚刚走在改革的路上，我们知道有很多的问题，我们知道需要付出脱皮掉肉的努力，同时我们也知道任何的改革都会有阻力，任何的改革都会有非议，但是只要我们坚定教育理想、遵循教育规律、坚守以生为本的理念，将"一切为了学生、充分尊重学生、相信学生，全面依靠学生、发展学生"作为我们的教育理想和教育目标，我们就会不断克服改革路上的阻力，在教育特色化改革的路上不断实践和探索，相信我们康巴什教育会走出不一样的春天，因为我们不是在改变，而是在坚守我们应该遵循的教育本真。

康巴什区第四小学校长王玉梅谈道：

学校从2012年建校开始，我们逐步规范课堂流程，当时课堂存在的最大问题是老师讲得多，学生练得少，包括新任职的年轻教师也是满堂灌、一言堂，课堂效率急需提高。2013年春季，经全体数学老师切磋、商讨，确定了我校的数学课堂模式，即数学课堂八步走：1.常规训练（3分钟）：计算题、强化题；2.明确目标（2分钟）：创

设情境、引出新课、确定探究内容;3. 自主探究(5分钟):独立填写导学卡、指名板演;4. 小组交流(4分钟):同桌、四人组或六人组;5. 汇报展示(3分钟):个人、小组;6. 老师点拨(5分钟):突出重、难点;7. 练习反馈(17分钟):四星题的训练(基础题、巩固题、拓展题、挑战题);8. 总结梳理(1分钟):学生谈收获。这个模式出来以后,约束了老师的课堂行为,学生能自己学会的老师不做过多的讲解。我们听课时把握这个标准,评价课堂,老师们逐步敢于放手,让孩子们自主探究的时间多了,练习时间能得到保证。但是小组合作、汇报展示这两环节效果不是很明显。带着好多困惑,我参加了2013年秋季全市的教育教学现场会,观摩了伊旗上湾的课改数学课,一个强烈的信号传递给我,就是学生动起来了,课程标准的一些核心理念在课堂上落地生根。紧接着聆听了生本教育发起人郭思乐教授的报告"以生为本",当时我有一个很重要的收获就是要想课堂上学生收获大、不吃力,会交流、会展示、必须课前进行充分的预习。在2014年上半年,我们的数学就有了预习单,每一课老师都精心设计预习题让孩子回家去做,这样,课堂上孩子们学起来似乎轻松了一点,但是究竟预习后掌握到什么程度、预习的成效与新课怎样巧妙结合,又是摆在老师面前的一个难题。直到今年我亲自去山西太谷学习以后,茅塞顿开。回来后,我带领我们这支数学团队真正开始了比较科学的课改之路,尽管问题重重,但是我们坚信,改比不改强。行动中我们采取了一些具体举措:

一、培训学习,让生本理念成为课改的前进导航

我们学校的老师有了前三年不断探索、不断改革的经历,有部分老师尝到了甜头,课堂效率高,成绩突出。所以为2015年上学期全面铺开课改奠定了基础,大家对课改是比较认同的,不约而同地一头扎在改革的探索中。究竟怎么操作是我们研究的重头戏。1. 去

外地学习。每次学习以后,我们都要进行研讨、提升,将好的做法提炼、推广。2. 校内学。校长、副校长、教务主任、课改核心组成员轮流主讲,全校老师集体学,重点学"生本教育核心理念"学"山西太谷24字教学模式",校长相继讲了《改变学习方式提高课堂效率》和《24字教学模式操作手册》中的第一部分,明确新型课堂优势;实验区老师王美霞的文章《备课,由设计教转向设计学》文章写得特别好,凸显了郭教授生本教育的内涵,即以学生为本,激扬学生生命,为学生好学而设计的教育。我在《人民教育》上一发现好的关于生本教育的文章就给大家阅读。一次教研活动时我给大家推荐实验区河北平泉第一中学校长孙金瑞写的《突出生本教育落实高效课堂》很有借鉴价值。我们采用的学习方式是独立阅读、年级组交流、展示汇报,学习效果比较好。副校长讲了《24字教学模式操作手册》中的第二部分《24字教学模式的解读》,讲完后互动,现场提问,让大家真正明确了山西太谷的具体操作模式。教务主任讲了《24字教学模式操作手册》中的第三部分《24字教学模式下学生学习小组的组建、评价、培训、指导与应用》。这次培训采用课堂模拟的形式,把全体教师也分成小组围坐,现场实践小组的合理组建、小组的有效评价、小组长培训、怎样的小组长是优秀的小组长。通过模拟合作学习、展示汇报,老师们的积极性非常高,我们还进行课堂检测,老师们举手抢答,都想为本组加分,最后奖励了得分多的优秀小组、优秀小组长。这次培训效果非常好,重要的是老师们深刻感受了小组合作学习的重要性及激励性。以后的培训学习,我们采取小组合作学习模式,绝不再一言堂。

二、加强整合,让题单、教案、课件、课堂一体化成为课改的有力保障

我们花了好多时间制题单,自学导读单、课堂学案,如果这两个

题单和教案、课堂不融合,只能是给学生、老师造成一些负担,而且不会取得好的效果。我们在这方面进行了好多次修改,不断完善。学生有了预习作业,复习作业相对减少。孩子愿意投入预习的思考、探究中。实践证明,预习比复习更重要,预习到位了,课堂上基本能把重难点都突破了。教师教案紧密结合自学导读单、学案,如学案中第一环节是自学检测,那教案第一环节也是自学检测,附练习题。包括这样几个内容:学情预设、活动形式、要点提炼、教学思路。

"学情预设"主要预设孩子们会预习到什么程度与这节课中孩子们的认知障碍究竟是什么。"活动形式"要确定是独立学还是二人小组、四人小组交流。"要点提炼"是老师一定要明确的几个点,即课堂上老师"重锤敲"的地方。"教学思路"是老师准备怎么教。这几项是教研活动时集体备课内容,再加上自己二次修改。这样,老师在确定重难点的同时也有自己个性的教学思路。"巩固练习"环节也如此,"课堂检测"只备活动形式,课堂上批改,老师只批阅每组第一个做完的同学,其他人互批。"拓展延伸"备课思路提示,真正备上课需要的教学内容。教师上课严格按照教案、学案的这几个环节进行。每两周由两位老师负责检查教案,检查过程也是一个学习过程。教务主任抽查一个年级、校长抽查一个年级,到办公室现场查,有问题面对面说清楚。电子教案杜绝下载,如有发现,严肃对待。我总认为任何一件事一开始形成规矩,以后就好坚持下去了。

三、注重形式,让小组组建、评价成为课改的重要载体

课改围绕以生为本,提高课堂效率,我们必须组建小组,进行比较完备的小组评价,必须做到郭教授提出的"相信学生、尊重学生、依靠学生、为了学生"。通过这段时间的实验,我们真正明白了学生与生俱来是会学习的,我们得相信他们。我们也深刻感受到来自学

生的教法、学法远比老师坐在办公室里想得更为具体、实用,我们应该依靠他们。

西方有一句谚语"教育的本质,不是把篮子装满题而是把灯点亮"。如果我们还是把篮子装满,那只能是渐进型的改革;如果我们想点燃一盏灯,就是一个革命性的变革。第四小学正在进行着一次静悄悄的革命。

王丽:对学本课堂的思考

最近两年,康巴什区以数学教学为课改突破口,进行了如火如荼的课堂教学深度改革,在课改实践过程中,结合自己的教学实践和听课感受,对导学模式的数学课堂有以下几点思考:

一、关于预习

针对不同的课型及教学内容的多少,可以设计部分内容的预习或者全部内容的预习。而课前预习内容一定是在学生的知识基础和生活经验能力范围内,可以独立思考和完成的。如果教学内容比较少,可以采取课上预习的学习方式,因为课堂预习可以监测到学生的学习效果,同时还利于培养学生良好的预习习惯和自学能力。如:三年级"小数的初步认识"将搜集生活中的小数,小数的读写法作为课前自学的内容,上课直接汇报,将小数的意义作为课堂探究的部分一起学习。我认为:课前自学的内容一定是学生有知识基础的,学生自学起来没有难度的或者难度比较小的内容。还有一种情况就是知识点比较多的课程,为了给上课争取更多的思考、探究、合作的时间,我们把一些可以课前完成的部分放在课前自学里。如:四年级"垂直与平行"一课,本节课概念比较多,又比较抽象,结合学生的知识基础,可以把"画两条直线的位置关系"这个任务放在课前完成,并根据自己画出的几种情况,进行分类。这样就为课堂探

究概念的本质争取了更多的时间。还有一部分课可以课前全部自学，比如五年级概念教学"最大公因数"一课，就将全课的内容都进行课前自学，上课时直接交流前置性学习单，并运用太谷模式通过典型题目来检测，甄别学生对概念的理解，对方法的把握。我认为：适合全部自学的内容，一定是学生有足够的知识基础和生活经验做支撑，孩子自学起来没有难度。或者内容知识点比较少，只有一个或两个的情况下，教师就可以设计能够"导读"或"导思"的问题，让孩子自学。课堂上可以借鉴太谷教学模式，通过典型题目，对孩子的自学效果进行检测，达到对本节课的重难点进行强化和巩固的目的。还有一种课型不适合课前自学的，比如规律性比较强的，课本上直接出示结论的内容。"三角形的内角和""分数的基本性质"等，孩子如果自学会只取结论，或者只采用课本上的方法，造成思维的局限性，养成思维的惰性。这部分内容如果自学，不建议学生看课本，可以设计一些活动，让孩子通过活动，说说有什么发现？

二、关于合作

学本课堂另一个突出的特点就是合作。纵观一些学本课堂，总是会出现合作泛滥，假合作、浅合作等现象。对于合作我的思考是，一节课四人小组的合作1—2次就足够了，一般会在交流预习效果时进行初次合作，在重难点的部分进行深度合作。而对于重难点需要强化的部分，当学生汇报后，只需要同桌互相说一遍就可以了。而且有必要的部分，在展学汇报后，必须要同桌互相说一遍，才能起到提醒学生注意的效果。

三、关于展学

展学是学本课堂最重要的一个环节，是充分展示学生自学效果、合学效果的一个环节，所以展学其实是一节学本课堂的灵魂环节。对展学我的思考是：可以让学生板书的，就不要只写到题单上投影;可以到前面投影展示的就不要站在座位上汇报;学生自己可以通过质疑提问解决的问题,教师就不要追问。总之学生自己能说到、做到的,教师就不要说。展学环节就是充分展示学生学习效果,展示学生学习能力的一个重要环节,是突出一节课重难点的环节。教师在本环节的作用就是给学生展示机会、提问机会、质疑的机会,如果学生之间出现意见分歧,教师要介入、引导。其他的时间我们只作为一个倾听者、参与者、合作者就可以了。其次,展学语言要规范。展学环节是重难点处理的关键环节,完全交给学生去汇报,学生语言表达清晰、准确、完整就显得尤为重要。我的想法是:可以先给孩子一个语言的模板,比如:"我的答案是……""我是这么想的……""首先……然后……"这样的语言模板就可以将学生的思路通过数学的表达,清楚说给其他同学,只有汇报的孩子清楚地表达了自己的想法,才可以进行互动和交流。

四、关于教材

通过一段时间的实践和听评课活动,我最大的感受就是,无论使用哪一种教学模式,对教材的解读都是第一位的,只有对教材有了精准的解读,才能去谈学本、生本等教学模式,而生本、学本的课堂教学,对教材的解读要求更高了,是要通过对教材的解读,找到学习活动中的关键问题,从而带着这个问题开展自学、互学、展学。如四年级数学广角《沏茶问题》,就是要围绕"怎样安排沏茶工序才能做到合理又省时"这一核心问题开展学习活动。

五、关于学习能力

学本课堂对学生的学习能力提出了很高的要求,比如:学生的预习习惯(是否具有良好的阅读数学课本的习惯、是否具有数学思考的习惯、是否会提问的习惯)、学生的合作习惯、学生的倾听习惯、学生的质疑习惯、学生的独立思考习惯等,都提出了很高的要

求,所以我们在实验初期,要重视数学习惯的培养,只有学生具备这样的习惯,才能提升数学学习的能力。总之,我们在课堂教学中,一定要体现以学生的学为主体,采用先学后教、少教多学、以学定教,最后达到不教而教的学习效果。在这个过程中,教师要做教育的牧者,只要给学生提供利于学习的环境,在完全依靠学生,相信学生的基础上,学生的学习能力、思维品质一定会逐渐得到提升。

康巴什区教体局李美荣局长回顾课改历程,她说:

康巴什区教体局领导各校进行课堂教学深度改革已经两年了,在这两年中,我们有过迷茫,有过彷徨,也有过担忧,但是尊重规律、追寻教育本质、坚守教育初心的信念让我们坚持到了今天。两年来,我们通过理念疏通、模式重构、教材梳理、深度教研、专业评课、校际合作等方式积极推进课堂教学深度改革,有收获,也有困惑。

现将收获与问题归纳如下:值得推广的经验和做法,部分实验教师课改理念比较到位,留给学生主动学习和思考的空间比较大。比如我在第二小学听张丽老师讲《钓鱼的启示》这节课时,老师给我的印象就是非常平和,她能够很自然地融入教材、融入学生、融入课堂,在整节课中没有急于要标准答案的功利,没有先入为主的代替,更没有滔滔不绝的讲授,她对于学生人格的尊重、思维的引导、习惯的培养,对于教材深刻地挖掘都给我留下了非常深的印象。我在第五小学、第三小学听了几位年轻教师的数学课,他们给我留下的印象就是对课改理念的深入解读,他们的课堂没有让人感觉到为完成教学内容的急躁、追寻标准答案的专制灌输,而是对于学科本质深入的理解,对学生自学、互学、展学每个环节的有效把握。他们的课堂有一个共同的特点就是能够深刻地理解以生为本理念,给学生最大的学习空间和时间，将以"教"为主转变成以"学"为主，尊重学生的人格，相信学生的学习潜力，依靠学生的学习能力已经成为这些课堂的明显特征。

课堂教学深度改革，首先要改变教师的观念。课改进行到今天，大部分教师已经认识到课改的重要性，也能够尝试着转变教学行为，课堂教学的效果明显，但是距离"高度尊重学生、充分相信学生、全面依靠学生"的课改理念还有很长的距离。教师做到真正的以生为本需要对学生的生命状态有深刻的认识，需要教师做到完全去除功利，没有任何附加条件地去爱每一个学生，相信每一个学生都能成为最好的自己，充分挖掘学生的潜力，在学生如何会学和学会上下功夫。课堂教学深度改革，教师要有课程建设的意识，在对课程本质的清晰认识中提升教学水平，要从课程建设上下真功夫。

二、聚焦深度学习落实减负提质

学校如何落实好减负提质？学生如何实现全面发展？家长如何尽责？社会如何配合？聚焦减负目标，康巴什区先行探索，深化改革。

时任康巴什区教体局局长张燕说：

我们坚决全面贯彻党的教育方针，落实立德树人根本任务，从体制机制、队伍建设、课程建设三方面入手改革，整体构建家校社一体化工作体系，力求形成以"学校教育为主体、家庭教育为基础、社会教育为依托"的协同育人新模式，促进学生全面发展和健康成长。

"减负提质"是落实立德树人根本任务的应有之义。康巴什区教体系统要加强统一部署、统一行动，推进育人方式改革，从现代学校管理、教师专业成长、课堂教学改革、作业研究多方面入手，发展

图3-16　时任康巴什区教育体育局局长张燕

（图片来源：康巴什区教体局提供）

素质教育，规范学校办学行为，持续走"低负担、高质量、全面发展"
的育人之路。要进一步强化师德师风建设，明确师德底线要求，杜
绝在职教师有偿补课或为校外培训机构和他人介绍生源提供信息，
维护好教育公平；要建立督导问责机制，开展专项督导和随机抽查，
加强对"减负提质"推进工作全过程的跟踪评估，对发现问题及时指
导和改进，并向社会公布减负提质专项举报电话，接受公众监督。

减负提质的践行离不开讲台上的老师们，他们有着自己的从教
领悟：

要做到真正意义上的减负，需要从抓好课堂教学做起。课堂教
学需要"有效交流"，不仅仅是让学生大胆充分地表达自己的思维过
程和思维结果的单向传输，而是一种对话，多种观点的分享、沟通和
理解，更是多种观点的分析、比较、归纳、批判和整合的互动过程，
最终形成学生对知识的理解。学生从而活跃思维、增值知识、灵动

生成、智慧闪耀，教学由此而精彩无限。同时，老师的讲解和引导也起到至关重要的作用。不要为预设的"教学目标"所困惑，转换角色、引导探究、延迟判断、横向处理、插问导引、应和链接、点睛升华、课外迁移。课堂是学习质量的重要保证之所，而高质量的学习会让学生无限快乐。

——第一中学郝晓涛

在数学教学中落实减负提质，必须树立以生为本的学生观、字斟句酌的备课观、争分夺秒的上课观、精挑细选的习题观，从而达到四十分钟课堂效益最大化。课堂中，改变教学方式，设计主问题引领学生自主学习，发挥学生的主体地位，提升学生的思维品质，教师只在关键处、重点处引导点拨，成为学生学习的组织者、引导者、合作者。在课外，转变练习方式，多设计一些有价值的数学实践活动，让孩子用数学解决生活中的问题，感受数学与生活的密切联系，提高解决问题的能力。

——第一小学王丽

一直以来，在学校"快乐教育"办学理念的指导下，我们也一直在践行快乐体育教育，以学生为主体，一切从学生的收获、要求、兴趣出发，时刻注意学生的安全；根据学生的年龄特点，教学中做到松紧适度，放中有收，收中有放，让学生充分地享受减负后的乐趣。

——第四小学苏冠明

精心备课的教师可以做到轻负担，高质量。教师应花几倍于一堂课的时间和精力备好一节课。备教材，精准把握课程目标；备学生，心胸有数，因材施教；备教法，激发兴趣，提高效率；备作业，精选题目，举一反三。我在备《姓氏歌》时，为了达到认识多个姓氏，清楚地向别人介绍自己姓氏的目的，学生通过提炼课例中加一加、说偏旁和组词的三种方法，以对话游戏的形式介绍自己的姓氏，认

识他人的姓氏，不仅寓教于乐，而且有效完成了课时目标，起到了减负提质的作用。

——实验小学王岚

具有教学智慧的教师可以做到轻负担高质量。教师的教学智慧，关键是把握好教学的起点与时机、目标与要求、过程与节奏、方法与手段，要明白教什么，教到什么程度，什么时候教，用什么方法教，哪些可以不教。《长征》一课，老师和学生共同研读班本课程《走近毛泽东》，了解历史、诵读诗歌，伟人的丰功伟绩更是感动我们每一个人。有的学生还提议，假期家庭组团去红色根据地研学旅行。这样教学，学生兴趣盎然，也会让他们终身受益。

——第一小学崔永霞

要想把减负工作落到实处，首先需要教师积极探索新的教学模式，提高教学效率，认真钻研教材，研究教法、学法，实施分层教学。教师应该引导学生主动学习，指导学生学会掌握学习技巧，总结归纳，精选试题，让学生学会举一反三，而不是搞题海战术，重复做题，同时教学中摆正"减负"与提高质量之间的关系，真正做到轻负担，高质量。

——第二小学李红

在初中语文教学中，教师面临的学生个体无论是从语文基础、学习能力，还是兴趣爱好上都不尽相同，因此在教学中不能"一刀切"。在"减负提质"的改革背景下，初中语文应该积极开展分层教学，根据学生个体的不同特质制定不同的教育教学方法，才能真正让学生感受天天进步的快乐。我们期望教育的满园春色和一派生机，但也应该对"苔花如米小，也学牡丹开"的奋进与执着报以无限的尊重和敬畏。因此，教师切忌急功近利，应当心怀大语文观，让学生轻装上阵，卸下思想和身体上的负担去学习语文知识，将减负增效的理念植根于语文教学的深厚土壤之中。

——第二中学张贝贝

减负提质任重而道远，需要相关教育部门、学校、家庭、社会等多方面齐心协力才能达到预期的效果。作为教师，我们首先要做的事情就是充分调动学生学习的兴趣，让学生积极主动探究知识，培养他们积极的情感和态度，只有学生乐于学习，才能提高课堂教学质量。其次，我们要精选作业，而且要分层布置作业。对于已经在课堂中学会的学生，要精选一些提升能力的作业，对于那些在课堂中掌握得还不太好的同学可以给他们精选一些基础知识题，只有精心挑选，适合各层次学生需求，这样的作业才是精品，才能切实减负提质。

——实验小学折艳红

小学语文作为语文教育的基础阶段，其教学效果会影响学生的学习效果，为了能够让学生接受更为科学的教育，我们必须开展减负增效的工作模式：首先，尊重学生的主体地位，把课堂还给学生；其次，教学少而精，当堂掌握；最后，重视学生作业，量少而有效。这样才能从根本上减轻学生的学习负担，并实现教学效率提升的目标，让学生快乐学习。

——第四小学郭建玲

轻负担、高质量，这是教育的理想境界，康巴什的教育者孜孜探索，不断努力，为学生提供快乐、健康成长的学习环境，促进学生全面发展。

第四节　科学优化的师资配备

康巴什区立足兴办高位均衡的优质城市教育,始终将教育事业放在优先发展的位置,狠抓教育人才队伍建设,按照"强基础、稳中坚、固精尖"的工作思路,打造教育人才"金字塔",为建设高品质教育城市提供强有力的人才支撑和智力保障。创业难,守业更难。当时,全市上下已经进入了转型发展、创新创业的关键时期,按照鄂尔多斯市委、市政府的总体部署,各旗区在教育上的投入不断增加,办学水平提升很快。在这种环境下,新区教育要在激烈竞争中保持一流,继续前行,但是也面临着很大的压力和挑战。应对好这一挑战,持续提升教育的竞争力,核心和关键在于提升教师队伍水平。2014年9月9日,习近平总书记在与北京师范大学师生座谈时发表重要讲话,对教师队伍提出了"四有"的新要求,这是今后一个时期全国教师队伍建设的总方针,也是康巴什区教师队伍建设必须遵循的路径和方向。

教育大计,教师为本。高素质的教师队伍,是地区教育发展的持续动力,是教育事业扎根结果的重要保障。康巴什区大力引进优秀师资力量,强化教师师德建设工作,扎实推进教师全方位分梯度培养,全面提升康巴什区教育队伍整体水平。

高起点,引入教师资源。好师资是优质教育资源的核心,也是提升教育质量的关键。为保障康巴什区教育队伍优质化,康巴什区通过部属院校招聘、社会公开招考和引进成熟教师多途径,层层考核以引入高精尖教师资源,经过前期的积淀与发展,康巴什区教育发展积淀起良好的人力基础。严格通过"985""211"院校以及教育部直属院校招聘教师，从全国各地选聘优秀教师，建立起一支2086人的高素质教师队伍。其中，本科及研究生以上学历达到1950人，占教师总数的93%；地区级以上名师850人，占教师总数的40.7%。

花力气，实现阶梯培养。建立起多层次、全方位的教师培训体系。骨干教师通过外出培训、项目研究、承担课题，逐步发挥示范引领作用；青年教师参与青蓝工程、校本研修、赛课展示，快速成长成才；新入职教师通过岗前实习、入职培训、师徒结对等方式尽快适应教育教学工作。教师业务提升是教师队伍保持活力的必要保证。2016年以来，康巴什区教体系统共组织教师参加大型培训33次，受训2万余人。各校开展青兰工程、领雁工程，校际结对，形成区内骨干教师交流新常态，为教师发展提供全方位、立体化培养环境。同时实施"工作室"机制，建成"校(园)长工作室"等8个工作室。康巴什区在推进名师工程建设工作中成绩优异，被评为"全国名师工作室区域发展建设先进单位"，得到了上级教育部门领导及专家的高度评价。

强师德，规范教师行为。康巴什区始终牢抓师德师风建设，明确教师队伍明德修德、树德立德总目标。以教师"十不准"、六条禁令等相关纪律准则为标杆，牢树教师讲规矩守纪律意识，严格落实纪检监察工作，开展"正师风、强师德、铸师魂"专项行动，加大责任追究力度。自我区教育发展以来，无一起教师违纪违法事件，真正打造了一支师德高尚、纪律严谨的教师队伍。康巴什区教体系统通过开展师德师风教育培训、"最美教师"评选等活动，通过身边人讲身边事，让榜样的力量影响、触动每位教师，规范每位教师的教育教学行为，力争做到以身作则、率先垂范，以高尚的人格魅力赢得学生敬仰，以模范的言行举止为学生树立榜样，把真善美的种子不断播撒到学生心中。

一、继续提升教师专业素养

强化师德师风建设,融入全市整体事业。一是加强师德建设。坚决摒弃得过且过、不思进取的错误观念,抵制坐而论道、空泛议论的风气,反对敷衍塞责、推诿扯皮的做法,克服弄虚作假、形式主义的倾向。要守住师德师风底线,严格遵守六条禁令(一是严禁以任何方式索要或接受学生及家长赠送的礼品礼金、有价证券和支付凭证等财物;二是严禁参加由学生及家长安排的可能影响考试、考核评价的宴请;三是严禁参加由学生及家长安排支付费用的旅游、健身休闲等娱乐活动;四是严禁让学生及家长支付或报销应由教师个人或亲属承担的费用;五是严禁通过向学生推销图书、报刊、生活用品、社会保险等商业服务获取回扣;六是严禁利用职务之便谋取不正当利益的其他行为)严格实行师德建设"一票否决制",严禁学校、在职教师占用节假日、双休日、寒暑假和课余时间组织学生集体补课或上新课,更不得组织学生有偿补课;严禁在职教师参与、推荐、举办各种类型的校外辅导班或强化班;严禁教师向学生或家长索要财物,接收家长的礼金、礼品、有价证券等。要不断完善学校、教师、家长、学生"四位一体"的监督网络,把师德师风置于学生、家庭、社会的监督之下,促进师德师风建设有效开展,同时对投诉事件尽快反馈结果和处理意见,做到件件有回音、事事有落实。

二是弘扬鄂尔多斯精神品质,凝聚新区教育发展强大合力。校园长及广大教师要开阔视野,树立大格局意识,主动融入全市整体事业发展中,进一步发扬第十届民族运动会筹备和举办过程中凝聚形成的"同心协力、众志成城"的团结精神、"迎难而上、主动作为"的担当精神、"勤奋敬业、甘于付出"的奉献精神,以更加饱满的激情和昂扬的斗志,全面投身到新区教育品质发展、再铸辉煌的伟大事业中。要进一步提升干事创业的能力和水平。不管在哪个学校、哪个学科、哪个岗位,我们都要有强烈的学习意识和进取精神,干一行、爱一行、钻一行、精一行,都要有能做事、善做事、做成事、做好事的相应本领,都要有创新创业的意识、理念、方法和措施,全面提升新区教育在全市乃至更广范围内的美誉度和影响力。

三是秉承全市转型发展"五个共同"的向心力,团结一心投身新区教育,要坚定品质教育助力"凝心聚力、转型发展、创新创业、再铸辉煌,把鄂尔多斯建成祖国北疆亮丽风景线上的璀璨明珠"的共同追求,深化扎根康巴什区"爱我鄂尔多斯"的共同情怀,新区教育人弘扬传承"开放包容、诚信友善、不屈不挠、拼搏创新、艰苦奋斗、不断进取"的鄂尔多斯共同优秀精神品质,推动教育改革,创新培养人才,融入以质量效益为中心的第三次创业、增强鄂尔多斯持续发展的动力活力竞争力的共同行动,维护师爱无尘展现鄂尔多斯人的美好形象。

二、促进师资队伍配置结构

通过两个措施提高师资水平:一是创建名师工作室,邀请全国知名专家主持工作室,带动康巴什区教师成长为名师。二是大力发展校本教研,通过比帮赶学超等活动,真正推进教师的成长。

2018年,康巴什区在全市率先试行"工作室"机制,建成8个"校(园)长工作室""班主任工作室""名师工作室""男幼儿教师工作室",带动更多的学校走优质化发展的道路。2018年上半年,园长研修室活动通过同频互动方式在自治区平台上进行展示,得到了上级教育部门领导及专家的高度评价。康巴什区创建名师工作室,是以培养学科领军人物为目标,我们抓住"名师工作室"这个阵地,采取有效的策略、方式和途径,促进年轻教师尽快地由经验型向科研型、智慧型转变,提升他们"专

业自觉"的本体能力。

（一）名师工作室的定位

全国有许多教育行政部门和学校都建有名师工作室,意图以名师带动教师队伍建设。大多数名师工作室是名师领衔,由一个地区教师组成。这种名师工作室工作可以转化为常态的教研活动,这样的工作室对于教师的队伍建设和教师的成长确实起到了一定的作用,但工作几乎没有创新。这样的名师工作室尤其适合于教育薄弱地区。对于鄂尔多斯这样一个教育发展期的城市而言,如何定位工作室会直接影响到教师的发展前景。目前来看,骨干教师集中的工作室较好组织,但操作起来有一定的难度,且仅局限于经验的总结和推广。聚焦问题,群体实践研究,这样的工作室会有创新,但对工作室的主持人有较高的要求,即主持人要有一定的研究能力和执行力,要有自己的教学主张。有了精准的定位,即确定了工作室的组织形式,接着制定工作计划。理念当然必不可少,而且我们也在课改的过程中一再强调"理念先行",但还有一句话是"行动为基"。工作室在研修的过程中不能将理论性的内容独立起来,理论应该是渗透到具体做法中,这样才能达到最终的目的。我国教师千百年来践行"行"中"知","行"和"知"齐头并进。教师学习是一种问题驱动的学习,教师对教育问题的认识,往往是从面临的现实问题出发,最终又回归到解决现实问题的方法策略上来。教师的思维过程是注重应用而非纯理论化的,教师学习又是一种基于案例的情境性嵌入式学习。由此可见,由骨干教师组队的主题式课例研究,是名师工作室较好的一种发展方向。

（二）名师工作室成立的基本思路

要想将工作室的工作有条不紊地开展,作为工作室的主持人就要理清工作的基本思路。1. 做好顶层设计。工作室成立的目的本就是要促进教师的成长，带动一方的教育教学质量的提高。然而仅凭一己之力，确实难以带动一方。因此，就需要行政部门根据实际情况作出行政主导及政策保障，从而做好顶层设计整体推动，有方案、有评价、有考核。不能仅凭一个想法而任由主持人自由发挥，这样的工作室就会造成人员水平不齐，活动流于形式。2. 精准定位。如若行政部门的顶层设计中已经对工作室进行了定位，主持人可直接进行设计。如若主持人有一定的自主权，那么就要根据所需对工作室进行构思和定位，是骨干教师集中、名师领衔、主题组团，或是几种形式相结合。3. 摸底。工作室一旦成立，第一阶段就需要选拔工作室成员，进而对工作室成员进行摸底。成员的基本信息、课堂教学、论文写作和课题研究及评课水平等的摸底，以便更好地确定工作室成员培养目标及实施方法。4. 确定培养目标及研究主题。成员的情况不同，培养目标不尽相同，地域、学科、个性教师的发展都有一定的影响。因此，既要有整体推进，也要有个性化设计。当然，这些都不能凭借一己之力完成，同时也需要成员在自己确定的目标基础上和成员共同拟定，才能称作"量身定做"。从三年发展规划细化到每年的发展目标。5. 建立培养机制。"无规矩难以成方圆"，因此作为一个带动学科发展的工作室，必须要有完善的机制对其进行管理，如具体的规章、考核、考勤制度等。6. 开展工作。整体推进、梯次发展，促进全面提升。同时要留存好过程资料，以便于整理、反思和总结。目前很多名师工作室都会将其活动与教研活动进行整合。整合必不可少，但不能完全整合，名师工作室与教研活动的目的是有区别的。因此，有些活动可以借助教研活动，但更应该注重工作室成员间的交流与研修，逐渐形成自己的教育主张，并将其作为一种长期的主题进行研究。工作室工作的开展不只是关注工作室活动的次数和教学技术的"改良"，而是要通过领衔人科学有效地引导，促进工作室成员教学、教

研"本质力量"的释放,要让他们在活动过程中学会科学地思考,最大限度地释放出他们的创造力。7. 突破工作室发展瓶颈期。要想有创新和突破,我们就要不断地、在能力极限边缘上努力,在开展工作室的过程中,同样需要翻越一座座高山,突破工作室发展的瓶颈期。8. 评价及考核。工作室的目标达成度究竟有多少,最终需要科学的评价体系去衡量。也需要一些考核制度进行规范和激励。名师工作室并不是一件简单的程序化的工作,真正要做到的就是在创造中转化,在创新中发展。平常和辉煌之间,仅仅是一步之遥,不过这一步是重要的、关键的,也是智慧的一步,我们的教学情怀如此,追求自觉的教育人生更是如此。

三、实现教师梯队培养

开展多层次培训,实现教师梯队培养。目前,康巴什区教体系统已建立起多层次、全方位的教师培训体系。骨干教师通过外出培训、项目研究、承担课题,逐步发挥示范引领作用;青年教师参与青蓝工程、校本研修、赛课展示,快速成长成才;新入职教师通过岗前实习、入职培训、师徒结对等方式尽快适应教育教学工作。2018年共组织教师参加大型培训33次,受训2万余人。每月聘请一位知名专家进行一次校园长实践能力培训,全年培训400多人次。先后分两批共选派58名校园长积极参加市教育局组织的校园长能力提升培训班,通过外引内培等多种形式,与北京、上海、重庆等地建立长效交流机制,选派骨干教师外出跟岗130余人次,力争让骨干教师成为能实践、善研究、懂创新的新型教师。同时实施"工作室"机制,建成"校(园)长工作室"等8个工作室。康巴什区在推进名师工程建设工作中成绩优异,被评为"全国名师工作室区域发展建设先进单位",园长研修室活动通过同频互动方式在自治区平台上进行展示,得到了上级教育部门领导及专家的高度评价。

新教师岗前培心得：

郭宴栾：作为即将上岗的新教师，我参加了为期五天的新教师岗前培训。短暂的教师培训使我受益匪浅，感触颇多，同时也令我豁然开朗。我从刚毕业的大学生成为一名教师，深刻理解了作为一名教师身上的责任和担当，也明白了教师这个职业的艰难和辛苦，老师们丰富的知识内涵，通过一些鲜活的实例和精湛的理论阐述，使我明白了作为一个教育人应该具备的品质和修养，同时，也把这些品质作为自己努力的方向。

李素红：能被选调到康巴什当老师，我很幸运。短短几天的培训，让我受益匪浅。通过培训我理清了思路、明确了方向、坚定了信心，实现了我的教师生命的又一次升华。

奇老师：我们的教室里不能有被遗忘的角落。让每一个学生在这一个阶段发展得最好。像蚂蚁一样工作，像蝴蝶一样生活。

徐瑶：做爱学生懂学生的人民教师。在2015年9月我来到美丽的康巴什进行岗前培训。在这次培训中，有众多教育名师为我们答疑解惑、指明道路。通过这次培训我收获良多，在获得知识技能的同时也收获了感悟与幸福。现在，我真正体会到"三尺讲台迎冬夏，一盒粉笔绘春秋，两寸笔头耕未来，十年寒窗度春秋"的教师生涯。作为一名心理教师，我期望自己能关注学生生理、心理的发育和发展、社会阅历的扩展和思维方式的改变，为学生的健康成长和幸福生活奠定基础。

第五节　营造浓厚的育人氛围

优质教育,应当公平为先。严格执行"阳光入学""阳光分班"制度,均衡配置教育教学资源,最大限度解决择班、择师、择校等热点、难点问题,推进义务教育均衡发展。2019年9月,又有3281名孩子选择在康巴什上学,全区幼儿园在校生达到6030人,小学在校生达到10455人,初高中在校生达到5627人。这些数字背后,是家长的信赖,是学生的期盼,是群众对康巴什教育满意的心声。康巴什区持续加大教育投入,2018年累计投入各类教育经费近4亿元,有力地保证了教育工作的稳步发展。其中投入资金1.4亿元,完善教育基础设施,启动第一中学(东校区)和第八小学,新建第三小学综合楼,缓解各学段入学压力。投入资金2082.6万元,提升教育装备水平,为新启动学校配备触控一体机,为师生提供优质的教学环境。

排查隐患,建设平安校园。近年来,康巴什区教体系统以创建"平安校园"为目标,每季度组织多部门联合开展安全大检查,每月开展好教育系统内部安全大检查。落实"一岗双责"责任制,每年与各学校签订安全工作责任书,要求各学校严格按照《中小学校岗位安全工作指南》,把安全工作的责任分解到每个人、每个岗位,形成教体系统"上下统一,齐抓共管"的工作格局。开展好安全教育与应急演练,在特定的安全节点和时间节点,发布安全提示、致家长的一封信,2018年全年组织各学校、幼儿园开展应急演练62次,组织安全教育培训58次。联合工商、公安、交管等部门对校园周边200米以内的经营摊点、文化环境、交通秩序、建筑设施、环境卫生等方面情况进行重点治理整顿。

督导评价,搞活教育机制。评价是兴利除弊的必要手段,康巴什区以教体局督导室为主要基础,尝试建立教育督导评估中心,探索管办评分离模式,完善教育系统"五位一体"教育考核评价方案,将社会第三方反馈纳入评价体系中,进一步完善基础性督导和发展性督导相结合的评价机制。完善教师考核评价制度,以"优教优酬、多劳多得"为标准完善评优机制,增加教学创新奖,鼓励教师改革实验,激发教师创新创优动力。实行学生综合素质评价,用更加多元、更加符合学生成长规律的评价推动学生核心素养的形成,不再单纯地只关注学生学习成绩,而是将人格养成、素质素养、适应能力与发展能力等多元角度纳入评价体系中,实现学生全面发展,培养有能力、有个性、有教养的学生。

凝心聚力,砥砺奋进,康巴什教育就是这样不断地开创新的局面。乘风好破浪,奋进正当时。如今,康巴什教育整体办学水平已进入全市前列。在全市教育督导评估中连续四年获得一等奖;高效精细化的教学品牌的影响力与日俱增;教育改革成果卓著,多次承办自治区级、市级教育教学工作现场会;连续七年中考排名位居全市各旗区第一,高考成绩稳步提升,连续两年本科上线率超过9成。

一、立德树人,推进素质教育

教育就是习惯的培养,行为习惯养成教育虽然不是德育的全部,但却是德育中最"实"的部分,是看得见,摸得着的,它是学校德育中的重要环节。

2019年教师节,时任康巴什区委书记李冬在全区教育大会上讲道:素质教育是永恒不变的主题。社会不再需要流水线上生产出来的样版式学生,而是创新型人才。我们要顺势而为,加快建立轻负高质的教育

图3-17　时任康巴什区委书记李冬(右二)调研学校教育工作开展情况。
(图片来源:康巴什区教体局提供)

体系,着力减轻学生课业负担,给他们更多个性成长的机会,培养更多全面发展的人才。一是构建科学评价体系。坚决推动学校"去行政化",减少各种搞形式、走过场的检查评估,赋予学校在教育教学、进人用人、经费使用、绩效分配等领域更多的办学自主权,让学校轻装上阵、自由发展。在教学评价方面,坚决杜绝片面以升学率评价学校、考核老师的行为,坚决纠正以考试成绩作为评判教育质量的唯一标准,坚决扭转教育功利化倾向。二是优化教育教学理念。在现代学校建设"五个一"工程的基础上,深入推进课程改革和课堂教学改革,充分运用信息化、数字化、现代化教学手段,建立一批集学习、展示、交流、合作、拓展于一体的示范性课程体系,真正实现寓教于乐、情知交融。要以课题研究为引领,创新国家课程、校本课程、研学课程教学教研方式,突破体制机制障碍,支持教师自主开发一批重点实验课题,鼓励申报自治区和国家级实验课题。三是全面落实减负提质。规范学校办学行为,严格按照课程方案、课程标准开展教学,严控作业总量和考试次数;结合学生家长实际,探索实行弹性离校制度,书面作业尽量在校内完成。规范校外培训机构,严查超纲教学、提前教学、强化应试等过度教育行为;严禁教师开设补习班,杜绝校内减负校外增负的现象。学生要减负,教师也要减负,教育部门要全面精简涉校检查考核事项,把教师从与教育教学无关的繁琐事务中解放出来,把宁静还给校园,把时间还给教师,让他们安心教书、潜心育人。四要坚持德育优先。把立德树人融入到思想道德教育、文化知识教育、社会实践教育各个环节,贯穿到学前教育、基础教育、课外教育各个领域,延伸到所有学科、校园文化、网络空间各个角落。持续抓好社会主义核心价值观教育、中华优秀传统文化教育、爱国主义教育和民族团结教育,帮助学生从小树立正确的世界观、人生观和价值观,引导青少年扣好人生的第一粒扣子。

这些年来,康巴什区按照"全面育人,做有根德育"的思路,围绕"世界眼光、民族情怀、高尚品德、智慧人生"的学生培养目标,将社会主义核心价值观融入日常教育和德育课程之中,构建了方向正确、内容完善、学段衔接、载体丰富、常态开展的德育工作体系。提出了队伍建设专业化、养成教育标准化、主题活动课程化、家校共育常态化、学生评价多元化、课题研究专业化"七化"合育的德育工作标准,探索在管理细节中涵养品德,在课程育人中丰盈生命,在实践活动中培育精神。

深度推进德育内容课程化、德育活动校本化。遵循生本教育理念,将思想教育、品行教育、礼仪教育、励志教育渗透各学科;将生存体验、抗挫教育、义工锻炼、劳动实践、外出游学等纳入德育课程。此外,要推出特色化校本课程和校本作业,进一步丰富完善阳光大课间、第二课堂、经典诵读、社团活动等特色教学,强化小学手工、科学、实验及动漫课程建设,特别是借助少年宫及综合实践基地,构建新区科技动漫课程链条,将科技动漫作为带动学生综合实践活动、培育教育特色产业的突

破口。特别是要加大家长教育培训力度，进而征得家长对教育改革的理解、支持。加强教育信息化建设。继续推进"三通两平台"建设与应用。加快教育管理公共服务平台建设和教学资源库建设。加强现代教育技术和教育教学过程的深度融合研究，电教工作要与教育科研工作相结合，加强"翻转课堂"和"慕课"建设、使用和管理。实施中小学教师信息技术应用能力提升工程。在"一师一优课、一课一名师"活动的基础上，深化教学应用。

（一）整体构建，逐层推进

2014年康巴什区下发了《课堂教学深度改革实施方案》以及《德育课程建设指导意见》，提出了"横向到边、纵向到底"的课程构建实施策略，横向将学科课程、德育课程、实践课程、研学课程一体化构建，纵向结合学生培养目标、年龄特点、成长规律整体考虑，形成"3454"构建思路。即三个核心目标、四项基本原则、五个主要内容、四大实施途径。"三个核心目标"国家层面落实立德树人总目标，区域层面落实世界眼光、民族情怀、高尚品德、智慧人生目标，学校层面围绕核心办学思想和学生培养目标；"四项基本原则"方向正确、尊重规律、融合构建、深度学习；"五个主要内容"理想信念教育、社会主义核心价值观教育、中华优秀传统文化教育、生态文明教育、心理健康教育；"四大实施途径"：主题阅读、主题实践、主题反思、主题成果展示。每所学校依据整体规划构建符合本校实际的德育课程体系，实现了校级课程有特色、年级课程有主题、班级课程有活力。如第一小学的"真爱课程"、第二小学的"幸福课程"、第三小学的"尚美课程"等。

（二）通力合作，深入研究

主题研究，分层实施。九年来，以"班主任工作室"为载体，吸收全区骨干班主任100多人,坚持每年一主题、每月一研修,将研究、实践和反思作为常态,分别研究了德育工作框架体系构建、养成教育、班本课程等内容。特别是在班本课程的有效实施上,取得了突破性进展。目前,各学校的班本课程已经能够与学科课程、温馨教室建设、研学活动充分整合,班本课程已经成为学生行为习惯培养和精神世界锻造的主渠道和重要抓手。分块研究,共享成果。将《德育工作指南》中的五大领域内容进行分解,取得了丰硕成果,已经形成德育课程指导书籍六本,即将正式出版。深度学习在整体构建的基础上,提出了"融合课程"的概念,形成了"五育并举、融合推进"的体系。一是以现代学校制度建设为契机,狠抓校园文化建设,凸显文化育人的主渠道作用,形成校园处处皆育人的落实体系;二是以文明校园建设的"六个好"为契机,狠抓养成教育示范校建设,在精细管理、涵养品德上下功夫,形成一日生活皆课程的落实体系;三是以课堂教学深度改革为契机,积极推进书香校园建设,狠抓课堂育人主阵地作用,形成课课皆育人的落实体系;四是以主题教育为线索,将学科课程、实践研学课程、主题班会等进行整合,狠抓四大实施途径,形成每一过程皆育人的落实体系;五是以大型活动、节日教育、形势政治教育为主线,狠抓活动策划和细节,形成一切活动皆育人的落实体系。课程是学生生命成长的源头活水,课程的精彩成就生命的精彩,课程的完整铸就生命的完整。始终坚持以学生生命需求为起点、以发展需求为目标的课程设计,将学生喜不喜欢、能不能成长、能否深度参与作为课程构建和实施的依据。通过不断探索和研究,德育工作体系更加完善、实施路径更加清晰,德育课程更加符合学生生命成长的需求。几年来,康巴什区教体局带领全区班主任队伍,梳理了德育课程建设体系等成果手册近百册,培养了优秀骨干班主任200多名,申报了国家、自治区、市级课题十余项,先后承办了国家、自治区、市级的教育教学现场会20多次,立德树人、以人为本的素质教育成果更

加凸显。

2019年11月20日,鄂尔多斯市召开全市立德树人现场会。鄂尔多斯市委副书记、政法委书记、市委教育工作领导小组组长于新芳,市委常委、组织部部长刘瑞杰,市委常委、宣传部部长苏翠芳出席会议并讲话,市人民政府副市长刘建勋主持会议。市委教育工作领导小组委员;各高校主要负责人,市教育体育局党组书记屈明,市委教育工作领导小组秘书组组长、市教育体育局局长高怀京,直属各学校校长;各旗区党委教育工作领导小组组长,教育体育局局长、德育办主任,校园长代表等参加会议。全市立德树人现场会以深入贯彻全国、全区、全市教育大会精神,围绕落实立德树人根本任务,就构建大中小幼一体化德育体系建设进行交流与研讨,安排部署当前和今后一个时期德育工作、思想政治工作、教育体育系统基层党组织建设工作。与会人员实地观摩了康巴什区第五小学、鄂尔多斯市第一中学、康巴什区第十幼儿园、北京师范大学鄂尔多斯附属学校初中部、鄂尔多斯应用技术学院,分别就各学校在开展文化育人、课程育人、实践育人、管理育人、意识形态与协同育人等方面,落实立德树人工作情况进行现场学习与交流。下午,组织召开了全市立德树人现场会。

会议强调,近年来全市教育体育系统深入学习贯彻习近平总书记关于教育工作的重要论述,把立德树人作为教育工作的根本任务,从队伍建设、机制完善、课程创新、组织保障等方面持续发力,德育工作取得了显著成效。立德树人是社会主义教育的根本基石、当前教育改革发展的明确要求、鄂尔多斯发展的现实需要,办好人民满意的教育,首先必须要立德树人。一是树立以德为先、全面发展的科学育人理念。将立德与树人统一起来,德育与教学统一起来,思政课程与课程思政统一起来,家庭德育、学校德育与社会德育统一起来,把立德树人的理念吃透、正确理解、融会贯通,做到科学运用、有的放矢。二是建立符合实际、有效管用的科学育人机制。坚持问题导向，从制约德育工作发展的体制机制问题入手，着力构建大中小幼一体化的德育体系、全员全过程全方位育人体系、科学合理以德为先的教育评价体系，把立德树人融入思想道德教育、文化知识教育、社会实践教育全过程，贯穿于基础教育、职业教育、高等教育各领域，形成落实以德树人的长效机制。三是培养师德高尚、潜心育人的科学育人队伍。建设一支师德高尚的教师队伍、建设一支守正创新的思政课教师队伍、建设一支专业突出的班主任队伍，打造有理想信念、有道德情操、有扎实知识、有仁爱之心的"四有"教师队伍。四是形成各方参与、齐抓共管的科学育人格局。立德树人是一项系统工程，家庭、学校、政府、社会都有责任。要发挥好党委、政府在德育工作中的引导作用和学校的主体作用，统筹家庭、学校和社会育人资源，促进学校教育与家庭教育"同向"、教师与家长"同心"、学校与社会"同力"，共同构建全面协同育人新格局，为加快推进教育现代化、建设教育强市、办好人民满意的教育做出新的贡献。

康巴什区教体局始终坚持"开门办教育"，围绕办好人民满意的教育，以群众教育需求为目标，送教进社区、家长进学校成为常态，精心营造学校、家庭、社会"三位一体"育人环境，全方位构建家校互动教育模式，促使康巴什区"品质教育"不断发展。开放校园，家长进校成常态。让家长走进学校，了解、参与和监督学校管理，为学校的发展出谋划策是康巴什区开门办教育的第一步。目前，康巴什区所有学校成立班级、年级、校级三级家委会，形成家校共育的"联盟军"。康巴什区第三小学每学期举办家长开放周活动已成定例。家长走进课堂听课，直接与老师沟通交流。家长与教师联合共商实践课程建设，规划学生实践活动课程。康巴什区第一小学召开家委会，教师与家长共同研讨学校三年发展规划，搭建学校发展平台。每所学校皆设立家长开放日。家长可以随时走进学校，观摩课堂教学、参加班级活动、参与并监督学生管理。

家长助教,成为康巴什区幼儿园特色教育。康巴什区第一幼儿园邀请警察叔叔,为幼儿带来别开生面的警察生活展示。康巴什区第三幼儿园利用家长资源,让家长走进幼儿园充当教师角色,帮助新入园的孩子消除恐惧感。康巴什区第八幼儿园邀请幼儿妈妈和老师一起组织教学活动。如今,康巴什区家园共育日趋成熟。深入家访教师常进学生家因材施教,从教师进学生家门开始。教师常进学生家,已经成为康巴什区每一位教师日常工作的一部分。重拾家访旧例,教师第一时间与学生、家长进行交流,了解孩子的成长环境,调整教育策略。

康巴什区教育体育局陈晨谈她眼中的开门办教育:

康巴什区第四小学一直坚持家访工作。从电话预约到逐个登门,四小的老师都在课余时间进过学生家。了解家长的教育方式,了解贫困学生的困境,对孩子鼓励帮助,将优质教育理念和各项资助政策带进学生家门。在家访工作中,教师与家长之间隔阂渐消,家校真正形成教育合力,为孩子的成长构建一个广阔平台。康巴什区教体局积极组织开展"千名教师访万家"活动,鼓励教师全部参与到家访工作中。经统计,老师们共家访学生9543户,其中特殊学生家庭578户,入户率达100%,教师成为学生家里的常客。收集家访日记2058篇,为康巴什区教育再添一笔动人色彩。社区互动义务送教新突破走进康巴什区的社区,总能见到老师们的身影。或是在辅导孩子作业,或是为家长义务讲座。为满足居民各方面的教育需求,各校的老师们主动联系社区,义务送教到家门口。康巴什区第三幼儿园和康巴什区第七幼儿园的老师为神华康城与康盛社区的家长免费带去早期教育指导。幼儿园的老师们每周进社区,为幼儿唱歌、讲故事、开展亲子互动,在游戏中为幼儿和家长们进行专题培训。鄂尔多斯市早期教育指导中心在兴旺社区为家长们义务讲座,填补了康巴什区幼儿家长早期教育意识的空白，为康巴什区早期教育发展打开第一扇门。红色暖流活动平台，发挥长处，义务课业辅导。教体局机关干部和中小学的教师们，在社区形成课业辅导常态。每天下班之后，社区的小教室里都有辅导老师的身影，帮这个检查作业、给那个讲解题目，往往所有的学生完成作业时早已暮色四合。康巴什区的老师们日复一日地服务在学生家门口，为孩子们提供最贴心的教育和关注。康巴什区教育整合利用每一处资源，将教育融入家庭、带进社会，建立起家庭、学校、社会教育网络，将学校教育形成群体教育，为康巴什区掀起教育风潮，为孩子搭建全面成长的平台。办群众满意的教育，办城市发展需要的教育，需要打开大门，发挥全社会的力量，形成全员育人、全程育人和人人参与、人人管理的新局面。

康巴什区第五小学五年级一班单宜萱母亲撰稿——《家风》：

家风，正是对"播下一种行为，收获一种习惯；播下一种习惯，收获一种性格；播下一种性格，收获一种命运"这句话的诠释。习近平总书记指出："家庭是社会的基本细胞，是人生的第一所学校。不论时代发生多大变化，不论生活格局发生多大变化，我们都要重视家庭建设，注重家庭、注重家教、注重家风。"的确如此，家庭是人生的第一个课堂，父母是孩子的第一任老师。孩子从牙牙学语起就开始接受家教，有什么样的家教，就有什么样的人。当然，家庭教育涉及很多方面，但最重要的是品德教育，是如何做人的教育。也就是古人说的"爱子，教之以义方"，"爱之不以道，适所以害之也"。孩子是家庭的未来和希望，更是国家的未来和希望，古人都知道"养不教，父之过"，所以父母对子女的影响很大，往往可以影响一个人的一生。老舍曾在《我的母亲》一文中写道："从私塾到小学，到中学，

我经历了起码有几十位老师，但是，我真正的老师，把性格传给我的，是我的母亲。母亲并不识字，她给我的是生命的教育。"这短短的几句话，也反映出他的家风。说到我家，虽无成文家训、家风。但在教育孩子方面，我们却是十分重视的。我们的家风其实就是一个词、一句话、一个故事、一种氛围、一段记忆……一个词：孝顺尊重老人，孝顺老人，是中国传统家庭美德中的一个重要内容。我们家是一个特殊的大家庭：有孩子的老奶、爷爷、奶奶、大爸爸、大妈妈、两个妹妹，还有我们一家三口。在这个特殊的大家庭中培养孩子孝敬老人的习惯尤为重要。而我的婆婆、公公对老奶的孝顺则无声地影响着我们这个大家庭：我的婆婆经常给老奶剪指甲、梳头、洗澡，和她聊天；我的公公总是把最好的最先夹给老奶，这些都无形地影响着我们，影响着我们的孩子。萱萱和她妹妹每天放学回家，首先就打招呼："老奶好，我们回来了！""爸爸、妈妈，我们回来了！"饭桌上，总是问老奶、奶奶、爷爷喜欢吃哪一个，然后夹给他们……俗话说，有什么样的家长，就会教育出什么样的孩子，我觉得孩子一定会做得更好。

一句话：做人要诚实守信。诚实，就是不说假话，是一个人的立身处世的根本，也是家风的一个重要方面。所以，从小我们就教育孩子要诚实做人、诚信做事，答应了别人的事，能认真履行诺言，说到做到。有一次，女儿和同学约好一起去玩，可同学却因为怕冷而不来赴约，让女儿自己等了很久。后来女儿回到家打电话问她为什么没去，她却毫不在乎地说："你怎么那么笨啊，天这么冷，怎么可能会有人想出门。"女儿用迷茫的眼神问我："妈妈，难道答应别人的事可以不做吗？""孩子，你做得对，答应了别人的事，一定要做的，如果你有特殊原因要提前打招呼。否则，下次，别人就不会再相信你了。"诚实的人，才能心智清明，择善而从，"言必信，行必果"是亘古不变的人生哲理。

一个故事：畅谈读书感悟。我们家最快乐的就是一起阅读《平凡的世界》，然后交流感悟。我们总是把我们家里的每位成员一一对应到书本中的主人公，非常有意思。孩子爸爸说"你爷爷像田福堂，看事情总要比别人远一些，通过自己的努力当上了双水村的党支部书记，这就是能干。你的爷爷也是如此，开车行、参加工作勤勤恳恳。田福堂执拗，你的爷爷也很犟，总是认为自己是对的。""爸爸像孙少平，喜欢自己闯荡，做自己喜欢的事；妈妈像贺秀莲，勤劳、贤惠，每天给我们做早饭，打扫家务默默付出。"女儿高兴地说着。"我像贺秀莲吗？"我笑着问他俩。"嗯，女儿说得还是对的，但也有像田晓霞的，比如性格，活泼、开朗。""你的奶奶有点像孙玉亭老婆贺凤英，总爱干革命，你的奶奶现在在社区也是工作骨干""不对，不对，奶奶勤劳，而贺凤英懒惰。""对，你奶奶勤劳、能干，所以非常受社区的重视。"我接着说，一家人就这样欢快地交流着。

一种氛围：阅读习惯的养成。古人云："读万卷书，行万里路。"所以，阅读的重要性不言而喻，当你的孩子爱上阅读，他将同时学会爱的方式，会懂得爱自己、爱他人、爱生命、爱世界。培养孩子的读书兴趣，越早开始效果越好。所以，我的孩子从儿时就培养她养成爱读书的习惯，从最初的小儿图画到百科全书、天文地理、唐诗宋词，无一不成了她的喜爱。那些主人公具有美好品格的书籍，那些富有人文精神的书籍，很容易在阅读者的内心引起震荡。比如读鲁迅的书，会被鲁迅"我以我血荐轩辕"的赤子之心打动；读李白的诗，会被李白"安能摧眉折腰事权贵"的傲骨打动；读《钢铁是怎样炼成的》，会被主人公保尔不向命运屈服的钢铁般的意志所折服……这些向上的精神会对人格起到升华的作用，并可以促使一个人形成良好的道德品格和健全的人格，我想在这些书籍的影响下，我

的女儿定会走出一条属于自己的路。当然,读书需要有一个良好的氛围,如此才能保证孩子心情愉悦、注意力集中地读书。所谓书香门第多才子,一个最重要的原因就是家庭读书的氛围好,言传身教,自然能给孩子良好的影响。于是我们家常常可以看到这样一幅场景:我的女儿专注地看着《生物奥秘世界》《淘气包马小跳》《稻草人》……我会手捧一些文学作品,如:《白鹿原》《人生》《我们仨》《围城》《平凡的世界》……而她的爸爸则拿着《二号首长》《掌舵者》《官场现形记》……一家三口沉浸在书的海洋里。读书也贵在坚持,是一个长期的过程,不能松一天紧一天读一天歇一天,所以,要让阅读成为我们的生活方式。

一段记忆:优良的家风传承。"饭前洗手,坐在桌前不许翘腿,不许敲碗敲筷,家中长辈开吃后,小辈儿才能动筷。""桌子上的饭粒捡起来。"这是孩子爷爷的声音。"俭以养德,德由俭来",唯有从小就接受艰苦朴素、勤俭节约的教育,才能真切懂得"一粥一饭当思来之不易,半丝半缕恒念物力维艰",孩子爷爷总是把掉到餐桌上的饼渣渣、米饭粒统统放在嘴里,时间长了,孩子也就不再随意撒东西了。"你们班里最近发生了什么事?"孩子爸爸总是这样与女儿交流。"昨天我们班里的两个同学发生争执了……""如果换成是你,你该如何处理?""作为家长,我的观点是……"站在不同的角度聊自己的观点,在沟通中固化了平等、尊重的家风,增进了孩子同我们之间的感情。作为平凡而普通的我们,也许不能给予孩子丰厚的物质条件和宽泛的人际关系,但我们会努力将父辈的优良家风传承下来,让它成为一种潜在的、无形的力量影响并引领孩子健康,帮助孩子迈好人生的第一个台阶。

康巴什区第二幼儿园戈蓉谈家园共育,合力开展幼小衔接:

康巴什区第二幼儿园积极探索与实践幼小衔接工作,我们制订了幼小衔接计划及各项活动方案,把集中性的幼小衔接活动与经常性的教育活动结合起来,注意从幼儿一入园开始,加强对他们的学习、生活、行为等方面习惯的培养。为了进一步做好幼小衔接工作,我们对大班家长进行了问卷调查,发现大部分的家长认为幼小衔接教育十分重要,家长们十分重视幼儿的幼小衔接教育。超过半数家长认为对幼儿进行幼小衔接教育是幼儿园和家长共同的责任,无论是幼儿园、教师还是家长都有责任对幼儿进行幼小衔接的教育。但是在调查问卷中我们也发现了两个重要的问题:一是家长对幼小衔接的认知存在误区。家长对幼儿进行幼小衔接教育的主要内容占据前三位的分别是,读写算的学习能力、好的学习习惯和学习兴趣。而规则意识和责任感培养则被排到末位。二是家长对幼儿园开展了哪些幼小衔接活动的情况不太清楚,对自己是否参加过此类活动更是不了解。统计数据表明,大部分的家长认为并没有参加过或已经记不清自己是否参加过幼儿园开展的幼小衔接活动,而只有小部分的家长表示自己参加过幼儿园开展的这类活动。此次调查的结果使我们深切地感到:幼小衔接,家园合作尤为重要。只有帮助家长更新、端正、树立正确的幼小衔接观念,才能有效实施家园互动,从而保证幼小衔接工作的顺利开展。这里的家园互动方案是指依据家庭和幼儿园教育的各自优势,围绕幼小衔接目标,家园合作开展各项活动,帮助幼儿健康、快乐地实现从幼儿到小学生的角色转变。在此次调查的基础上,我们进一步调整了幼儿园的幼小衔接活动方案,在关注幼儿入学愿望、培养幼儿任务意识、培养幼儿生活习惯三大方面着重增加了活动方案中与家长互动的部分。

一、多方互动、帮助家长树立正确的幼小衔接观念

为了帮助家长树立正确的幼小衔接观念,我们准备开展"幼小

衔接讲座""走进小学""小学老师来上课""家庭庆祝会"等活动。我们通过请小学老师做讲座、毕业班家长谈体会等方式和家长进行沟通,帮助家长了解到没有养成良好的生活和学习习惯是孩子入学不适应最主要的原因。首先加强幼儿园老师和家长之间的沟通,预约毕业的学生家长,针对孩子报名时的情况、入学后的状况谈前期在幼儿园参加幼小衔接活动的体会,将幼儿园设计幼小衔接活动的理念传达给现在的大班家长。提供调查问卷,了解家长需求,事先对家长提出的问题作充分了解、归纳梳理做成文本资料。其次加强幼儿园老师和小学老师之间的联系,同小学老师交流,及时把家长的困惑反映给小学老师,让讲座内容更符合家长需求,纠正家长对幼小衔接认识的偏差。最后预留足够的互动交流时间以满足家长的提问需求。我觉得通过讲座,家长能进一步了解幼小衔接的内容及其重要性,了解到幼小衔接工作需要幼儿园、小学、家庭三方互相配合,要注重孩子学习习惯及能力的培养,培养孩子的独立能力、自理能力;培养孩子的责任心和荣誉感,让好习惯使孩子获益一生。

二、家园合力,培养大班幼儿的任务意识和初步的责任感

为了培养幼儿的任务意识和责任感,我们开展了"安全小卫士""小小讲新闻""记备忘录""学做值日生""土豆达人"等活动。通过实践我们发现,这里的每一项活动都需要家长的紧密支持和配合,就以"荷花达人"为例,每班都有自然角,是为幼儿自由选择、自发探索的自主活动开启的另一扇门。在以前的自然角创建中,家长的作用一般是根据老师的要求带一些动植物来园,而照顾动植物的重任就落在了孩子们的肩上。但是管理自然角一直是教师们最头疼的一件事,经常会出现自然角中的小花因不断浇水而涝死,小金鱼不停地吃东西而胀死的现象。因为管理方法是个抽象的概念,对教师给孩子们强加的方法他们往往迫于权威会遵从,但是在操作中经

常会发生"忘记"的现象,可见孩子们并没有从心底里认同老师的方法。因此我们要改变自己,相信孩子的智慧,让他们自主地制定管理方法,并且让家长也参与到我们的自然角活动中。首先是幼儿和家长亲子合作。幼儿和家长一起选购荷花种子并讨论种植方法,家长在假期中继续督促孩子做好记录,探索养护的好方法。其次是幼儿和老师之间的交流。教师组织幼儿交流做观察记录有哪些好方法,尝试用绘画和文字符号表征的方法做观察记录。给幼儿提供所需材料,鼓励幼儿尝试选择种植荷花的方法步骤。假期中让孩子将自己的荷花宝宝带回家继续照顾,家长也可了解幼儿的任务完成情况。假期后幼儿再将自己的荷花和观察记录,绘制成册。活动中惊喜地发现,自然角正逐渐地改变孩子们的生活态度和生活方式。孩子不怕失败、勇于尝试,学会了在探究中和同伴合作,懂得了和同伴分享自己的"新发现",也敢于在大家面前表述自己的观点,并且喜欢用自己的眼睛去看世界。而家长也在孩子努力的过程中积极给予鼓励和支持,特别是在暑假中,帮助孩子一起寻找好办法,提醒孩子完成观察记录,使得我们班的自然角真正成为孩子探索世界的一扇窗口。

三、家园合力,培养大班幼儿的良好生活习惯

为了培养大班幼儿的良好生活习惯,使其更好地适应小学生活,我们家园合力开展了"准时上幼儿园""暑假计划书""课间十分钟""我的小书桌"等活动。每个活动家长都积极支持与合作,取得了一定的成效。如"制定暑假计划书"活动。临近暑期,在和孩子们的交流中我们发现,孩子们普遍都不会合理安排自己的假期生活。于是我们特意邀请了班级家委会代表参与共同研讨,探讨如何在假期里培养幼儿的任务意识及合理安排暑假生活。首先是幼儿和家长之间的互动。幼儿和家长一起讨论怎样过暑假最有意义,从生

活、学习、运动、兴趣、安全等方面具体分析暑假中的各种细节。幼儿用绘画和文字符号表征制定计划书,家长不能代替幼儿完成计划书,而是在假期中督促孩子按计划完成,并做好记录。然后是幼儿和老师的交流。教师出示相关的图片,提出希望幼儿在暑假期间完成的任务。组织幼儿交流计划书,从计划书的讨论开始,幼儿、家长和老师就始终联合起来行动,通过一次次的讨论、修改,幼儿们在家长的帮助和老师的指导下,制作完成了自己的计划,并在假期中实施。家长由于参与了暑假计划书的整个制定过程,在暑假中他们能及时鼓励和督促幼儿克服困难、完成任务,从而培养了幼儿的责任感和任务意识,更好地为幼儿入小学做好准备。

教师们质朴的心声。

康巴什区第六幼儿园张云:

2011年从事幼教工作至今,从刚开始的稚嫩到现在的成熟,7年的光景让我在和孩子的快乐世界中长大,感谢时间让我拥有了这么多孩子,成为好多好多小朋友的老师。作为一名幼教工作者,拥有最多是和孩子们在一起的美好时光,当老师没有想过要什么,只为我的孩子们能健康快乐的长大,珍爱和孩子们在一起的每一天,这就是我的职业幸福感。

康巴什区第十二幼儿园秦焱:

从教12年来,始终坚持用自己的爱感染每一个孩子,感染每一个身边人!无论肩上承担的工作多么繁重,我始终都坚信,谁能以深刻的内容充实人生的每个瞬间,谁就能让自己每一天都绽放不一样的精彩。我是一名人民教师,我愿将自己一生的精力全部投入挚爱的教育事业中。

康巴什区第一小学宋秀莹：

有人说，老师是春蚕到死丝方尽，蜡炬成灰泪始干。但我说，老师是渡工，寒来暑往，以爱心为篙，以知识为桨，将一批又一批的学子渡到彼岸。作为一名教师，应苦中作乐，充当人梯，甘于奉献，为学生负责，为家长负责，为社会负责。高尔基说过："谁不爱孩子，孩子就不爱他，只有爱孩子的人，才能教育孩子。"未来的日子，让我们用爱牵着学生去成长，静待花开。

康巴什区第四小学王雅洁：

"心泉万道卧桃李，撒向杏坛总是情"是我的教育格言。教师不仅是太阳下最光辉的职业，更是爱与责任的事业。早起、晚归无暇顾及自己的家庭与孩子已然成为工作常态，但每当改变一个孩子，挽救一个家庭；成就一个孩子、幸福一个家庭的时候。我感动着、欣慰着、幸福着。教育是用生命影响生命的过程，我愿始终燃起心中爱与责任的红烛，去点燃更多的生命、照亮更多孩子的前程……

北京师范大学鄂尔多斯附属学校初中部王姝：

作为一名教师，始终相信教育不是牺牲，而是享受；教育不是重复，而是创造；像山间的小溪，以乐观的心态一路欢歌，奔向海洋；如灿烂的星辰，甘于在静寂里守望天空。只有这样，才会在付出青春韶华，付出苦汗心血的同时，收获桃李芬芳，实现自我人生；只有热爱学生，才能教育好学生，才能使教育发挥最大限度的作用，实现心和心的呼应。

康巴什区第一中学于春达：

从教十五年来，我一直从事生物教学及班主任工作，并且负责

学校德育管理工作。在三尺讲台上，我尽量用自己的爱心和耐心点燃学生求知的火把，照亮他们成才的道路。作为一名班主任，我不仅仅是班级的管理者，更是他们心灵的伙伴。在学校德育建设方面，秉承学校"知行合一"的教学教育理念，以最大力度开拓精细化管理道路，践行精细化管理规范，助力学校取得更优质的管理成效，赢得社会更多的认可与好评。

北京师范大学鄂尔多斯附属学校高中部赵红叶：

叶，历经秋的肃杀，红得分外凝重！这是我的人生格言，更是我在教育一线砥砺前行的坚定信念。十年杏坛，感恩与孩子们心与心相交的每一瞬间，感恩教育事业带给我生命的丰润与浪漫！前行的途中，是不竭的动力和耕耘的激情！下一个十年，我一如既往地夯实积淀，从一而终地寻求成长！

北京师范大学鄂尔多斯附属学校高中部高鹤：

2010年9月，背着简单的行囊，我来到了一个充满生命力和希望的新城市。转眼岁月已过去八年，我从才情昂扬的小姑娘成长为懂得教育担当和使命的长者师者，传道授业解惑，我不断地学习，只希望提升后的高度可以成就学生们更高的高度。如今，我已经走过了如歌般的青春，而这条路上，亦有千千万万的同仁一同挥洒青春，在这条路上风雨兼程，无怨无悔。

北京师范大学鄂尔多斯附属学校高中部张荣：

三尺讲台，总是把时光轻轻地抛洒，恣意地流泻！从事语言教育工作六年来，始终带着梦想出发，带着使命前行。我希望通过语言艺术，能让孩子们找到自信，我更相信，每一个孩子，都是一株含苞待开放的小花，每个孩子都有盛开的不同形态。时光荏苒，多少个春秋曾见几株桃李吐芬芳，在季节轮回中，感受到教师这个职业有苦，也有乐；有酸，也有甜。我会认真履行教师的职责，以春风化雨之情，春泥护花之意，培育花朵，绘制灿烂的春天。

二、强身健体，弘扬传统文化

丰富体育活动，提升学生体质。康巴什区教体局出台《康巴什区中小学研学旅行指导意见》，立足康巴什区和全市旅游资源，打造康巴什区与北京市东城区、南京市浦口区、包头市、呼和浩特市以及陕西省等地的研学旅行合作项目。同时，以"一校一特色，一生一特长"为目标，积极推进科技和艺术教育。连续组织开展了五届中小学生科技动漫艺术节，学生作品在全国创造力大赛上荣获 2 项一等奖；在第 33 届内蒙古自治区青少年科技创新大赛上 44 人获奖。成功举办"汉字听写大会""小学生课本剧比赛"等活动，形成了弘扬中华优秀文化、提升师生文化素质的育人环境。康巴什区于 2016 年下半年加入全国学校体育联盟（教学改革）实验区，此后，康巴什区教体系统依托联盟项目推动体育课程建设和教师培养，现已形成常规课、特色课、选项课等体育课堂新模式。在大课间活动中，根据学生年龄、性别和体质状况，结合体育与健康课程，开展阳光体育运动，推进"1+X"体育教学模式（"1"就是一个运动项目，让学生从头到尾学，一直达到一定水平，"X"指的是基本运动技能），做到"人人有项目、班班有活动、校校有特色"。同时，开展全员运动会，让每位学生参与到体育运动中，不断增强身体素质，达到"强健体魄、提高技能、终身体育"的目的。目前，全区 90% 以上的学校形成了"一校一品、一人一项"或"一校多品、一人多项"的学校体育特色。2018年，康巴什区学生体质健康水平有了明显提升，其中小学生体质健康合格率为95.4％,初中生体质健康合格率为91.8％,均超过自治区规定的85％,中考体育成绩平均分为17.2分,稳居全市前列。

让我们看看学校们如何弘扬传统文化,厚植学生的民族基因吧!

康巴什区第五小学的精彩活动:

"人之初,性本善……"童音阵阵,书声琅琅。"一笔写付出,一笔写收获"书香墨韵,学写"人"字。"端端正正写中华字,堂堂正正做中国人!"字正腔圆,气势冲天。这是康巴什区第五小学"开笔启蒙新起点,童心献礼祝华诞"开学典礼中的一个个细节,是康巴什区第五小学传承优秀传统文化的一个个片段。康巴什区第五小学以浓浓的传统文化立校,还要从校园的别致造型谈起。2012年,在舒展、生态、宜居的康巴什区中心,建起了一所全新的学校康巴什区第五小学,她像一支温润的玉如意,镶嵌在婀娜杨柳之中。学校建筑特点鲜明,是一个巨大的问号,这是一种建筑造型,更是一种校园文化和办学理念体现,"学习从问号开始"是我们的办学理念,我们的终极目标就是问道! 以礼治躬,问礼;以乐治心,问乐;以智启蒙,

图3-18　学生们在做手工
(图片来源:《康巴什教育》)

问智;克己复礼,问仁。最后向着大道的方向成长提升问道！问学习之道,问做事之道,问生活之道,问生存之道,问生命之道！神奇的问号校园,根植中华优秀传统文化深厚土壤,以社会主义核心价值观为引领,以立德树人为根本,开启了"问道"之旅……

那是2015年7月,美丽的草原沸腾了。全国第十届少数民族传统体育运动会在鄂尔多斯市召开,康五小老师顶着烈日,迎着酷暑,拥有了本届运动会志愿者的难忘经历。

运动会期间,一个珍贵的机会,康巴什区第五小学剪纸发起人乔瑞泓老师受邀参与外国使节交流活动。她耗时两年完成的30米《汇聚民族情,共圆中国梦》巨幅剪纸作品首次展出,受到各界格外关注。乔老师是科学老师,可她酷爱剪纸艺术,因为公公婆婆也是剪纸艺术的忠实传承人,所以乔老师的家里就是一个小小的剪纸工作坊。乔老师的剪纸主要采取划刻工艺,正是这次展出,让校长蔡成瑞敏锐地感觉到了中华优秀传统文化——剪纸艺术的蓬勃生命力。以剪纸为起点的优秀传统文化传承之旅在康巴什区第五小学开启了崭新的篇章。全体美术老师在乔老师的带领下,成立高段、低段剪纸社团,全校开设剪纸课程。孩子们一开始拿起刻刀哆哆嗦嗦,剪出的纹路磕磕巴巴,后来熟练剪刻柳叶形、月牙形、如意形、锯齿形、麦穗形,边纹有云纹、回字纹等剪纸元素,掌握密集型精致剪纸、一图一典故,一图一情节连环画剪纸的创作方法,到多种形式进行呈现:巨幅剪纸、创意剪纸、折扇上的剪纸、盘子上的剪纸、灯笼上的剪纸、笸箩里的剪纸、剪纸脸谱……康巴什区第五小学不断丰富剪纸类型,单色剪纸、套色剪纸等各种类型多元呈现。至今,学校剪纸社团、师生、家长合力创作了大型剪纸作品百米长卷《水浒传》、30米长卷《红楼梦》、50米长卷《三国故事》《西游记》四大名著系列;20米长卷《弟子规》《二十四孝》等中华传统美德系列;30米长

卷《昭君出塞》《鄂尔多斯婚礼》等鄂尔多斯风情系列，还有社会主义核心价值观、《清明上河图》等各类作品，孩子们用剪刀上的艺术再现了史诗般的巨著，用红彤彤的剪纸勾勒出一幅幅栩栩如生的艺术形象。走进了康巴什区第五小学，就走进了剪纸艺术的长廊。当孩子们静静地雕刻每一个细节的时候，我们似乎听到了历史的回响，看到了沉静的精神，感到了文化的魅力……红彤彤的剪纸，红彤彤的心。

悠扬笛音游子心。康巴什区第五小学处在康巴什区与伊旗交界之处，有很多外来务工子女。出身农民家庭的音乐老师王亚军，深切体会到孩子们与艺术的距离。他在学校优秀传统文化氛围的熏陶感染下，发挥自己的器乐特长，成立了民乐社团。一支竹笛，一曲民乐，奏响了普通孩子非凡的童年。组建之初，20名孩子们从最基本的指法、如何吹响笛子的零起点学起，伴着朝阳晨练，依着晚霞吹笛，民乐社团的孩子们在悠扬的笛音中学会坚持，磨炼意志。或许，只有他们自己，才能体会到每个音符中蕴含的坚忍不拔与欢欣鼓舞。五年的坚持训练，至今每位成员至少能吹奏10首曲目。四年级以上学生，均能能够达到六七级的演奏水平。宝剑锋从磨砺出，梅花香自苦寒来，五年如一日不辞辛苦，王老师带领孩子们取得了骄人的成绩：2016年9月笛子齐奏《红领巾列车奔向北京》荣获鄂尔多斯市第七届中小学生艺术节小学甲组三等奖。2016年笛子齐奏《红领巾列车奔向北京》荣获由内蒙古自治区教育厅主办的2016年全区中小学校园艺术节表演类小学组一等奖。学校笛子社团曾经在自治区文明校园现场会、呼包鄂校长论坛、鄂尔多斯市德育现场会等学校承办的各级各类会议中为参会嘉宾激情演奏《骏马奔驰保边疆》《军民一家亲》《红高粱叙事曲》《茉莉花》等经典曲目，获得嘉宾交口称赞。悠扬的笛音已经成为康巴什区第五小学一张亮丽的名片。社团代表康巴什区参加内蒙古电视台专题录制的"厉害了！我的草原娃！"栏目中荣获一等奖！学校多彩的课程多次被人民日报、中央书画频道、内蒙古电视台综合新闻频道、鄂尔多斯电视台各频道、鄂尔多斯日报、晚报等媒体宣传报道。悠扬笛音，游子心。不善言谈的王老师，默默付出。欢快悠扬的旋律，响彻学校上空。

幽幽墨香悠悠情。康巴什区第五小学是"中国书画院周本刚书画公益教学基地"。学校推进书法教育"师生共同学习"工程：学生每周一节书法课、两次书法社团活动；教师每周一节书法大师课、两周一次优秀书法作品创作；每学期师生至少一次书法比赛；每学年一次书法节或书法实践活动。学校各楼层均开辟"书法长廊"、展示师生书法作品。学校11名教师入选"鄂尔多斯市书法家协会"，师生多次参加鄂尔多斯市现场书法展示，在由中共鄂尔多斯市委宣传部、市文联主办，市书法家协会、群众艺术馆、国艺文化教育研究院协办的"写好中国字——周本刚公益教学进校园教学成果"中，师生共参展140幅书法集字创作作品，真正落实了师生全员普及书法教

图3-19　学生们在上书法课
（图片来源：《康巴什教育》）

育。幽幽墨香，悠悠情。习字练笔时，我们能听到书法室均匀的呼吸声。平心静气，气定神闲。四层教学楼的每一幅作品，都是康巴什区第五小学师生"问道"的心路历程。

汲取优秀传统文化之精华，培育问礼问智问乐好少年。学校先后成功承办自治区文明校园现场会、自治区基础教育信息化工作推进会、呼包鄂校长论坛、自治区青少年预防毒品教育现场会、四次自治区教育教学活动；承办全市中小学德育工作现场会、中小学学校管理现场会等教育教学活动，学校的精细化管理在自治区享有盛誉。2018年《落实责任，共定标准，追求精细——康巴什区第五小学精细化管理之路》获评教育部德育工作优秀典型案例，学校每学期迎接观摩团队平均1000人次，如今学校收获了从国家级到康巴什区级集体荣誉43项，被评为自治区"美育示范校"。中华优秀传统文化浩如烟海。康巴什区第五小学开发的融合型课程，将优秀传统文化精髓与现代精神食粮，将师生日常学习与人格成长兼容渗透，形成培养文明少年最丰富与优质的精神营养。学校挖掘剪纸、书法、民乐、武术等中华优秀传统文化价值内涵，用"看得见、做得到、拿得出"的创新模式，激发中华优秀传统文化的生机与活力，增强文化自觉和文化自信。师生在日常的教育教学生活中，品味文化的魅力，吸收传统的精华，将优秀传统文化浸润到每个人的灵魂，幻化成每个人前行的动力。

康巴什区第九幼儿园：

我园秉承"混龄环境下一日生活教育"课程理念，努力挖掘教师的教育专长，关注幼儿自主探索中的兴趣和爱好，促进异龄幼儿之间的交往与合作，课程计划在动态中完善，课程实施采取整合创新，课程评价重点关注幼儿学习品质，全体教师共同建构康九幼课程体系。解读混龄教育课程理念我们要弄清楚何为混龄教育？混龄教育，指的是基于对不同年龄段幼儿身心发展规律和特点的把握，制定相应的教育目标，有计划、有组织地把不同年龄段（主要是3—6岁，年龄跨度在12个月以上）幼儿按照一定的比例和数量集中在一起，共同进行教育的活动。我园根据现有幼儿情况，将幼儿进行了两个年龄段的混龄编班，让混龄幼儿组成"高级模拟"社会环境，获得最近发展区水平内的提升。混龄活动最大程度地满足孩子全面发展的需要。第一，能力强的大龄幼儿用自己的学习顺序、学习方法，用自己的经验、自己的语言用心地教弟弟妹妹，担任着领导角色，对自己充满信心；第二，能力弱的大龄幼儿和小龄幼儿在一起，仍然能看到自己的优势，在帮助低龄幼儿基础上，提高个人自信、维护了自尊；第三，能力强的小龄幼儿能和大龄幼儿一起活动，在互动中提升了高于自己年龄段的认知和技能，同时认为自己优势可以超过哥哥姐姐，树立起"我能行"的信念；第四，能力较弱的小龄幼儿在大龄幼儿的细心帮助下，在模仿中轻松习得技能和技巧，掌握游戏方法，提升自信心，培养敢于挑战、乐于尝试的品质。基于以上教育理论，我园以"一日生活皆为课程"的课程观，"混龄环境下一日生活教育"课程理念，努力挖掘教师的教育专长、课程评价重点关注幼儿学习品质、异龄交往与同伴互助，全体教师共同建构课程体系，制定了"混龄一日生活教育"的总目标，即遵循儿童的年龄特点、追随儿童的兴趣，创设混龄交往与合作的教育环境，培养具有"爱提问、好动手、乐探究、善合作"的新时代儿童。混龄运动课程的研究虽然充满了各种挑战，但是我们相信这支积极向上、乐于挑战的年轻队伍，会让课程越来越成熟，我们会努力让孩子插上快乐的翅膀茁壮成长。

刘宏宇谈他眼中康巴什了不起的体育教育：

2019年,中国小篮球内蒙古自治区总决赛开赛,作为鄂尔多斯赛区U10组的代表,康巴什区第一小学派出U10一队和U10二队两支队伍参赛,分别获得了全胜冠军和季军的好成绩。冠军队U10一队将以饱满的精神状态,代表自治区参加东北赛区的大区赛夏令营活动。第一小学的学生们正充分展现着属于自己的独特风采,这也是康巴什区各中小学体育教育成果的一个剪影。近年来,康巴什区学校体育教育紧跟教育发展前沿动态,不断深化教育教学改革,强化与北京、广州及山东等地的交流合作,加入全国学校体育联盟,通过联盟校专家团队的专业培训、新兴体育课程规划,进一步深化体育教学方式,丰富学生体育课程设置,提升中小学生的身体素质,营造出百花齐放的体育教学工作新局面。创新载体兴趣激发热情"爱玩是孩子们的天性,开展体育教育,寓教于乐,不仅有利于学生强身健体,愉悦身心,而且对培养学生意志品质,提升教育质量具有重要意义。"康巴什区第五小学体育组组长商敬儒对此深有感触。每天大课间第五小学全校师生最快乐的时刻。课间铃声刚响,整个校园立刻沸腾了起来,师生们走出教室开始做绳操,大家手持跳绳,伴随音乐的节拍跳跃。随后,学生们或单人或组队,两人一带一跳、多人网绳跳、多人绕八字跳,充分展示了跳绳运动的独特魅力,也展现出了孩子们朝气蓬勃的精神风貌。镜头转换,在康巴什区第二小学操场,记者看到,一个学生正在全力跑垒中,旁边队友们大声加油,现场气氛,好不热闹。"开展阳光体育运动,关键是要讲究形式多样、有趣。把新型体育项目引进校园和课堂,找到学生喜欢的模式和'玩'点,才能取得实效。"康巴什区第二小学体育教师董俊杰这样说。围绕"学生喜欢的模式和'玩'点",康巴什区第二小学探索形成了以软式棒垒球为特色项目的"一校一品"体育课程,并通过全国体育联盟校专家团队的专业指导以及定期的课程推送,让软式棒垒球等课程教学有了科学教学大纲和系统训练计划。此外,学校还将软式棒垒球编成棒操、球操、裁判操等在大课间中普及。没有教师生硬的呵斥和干涉,在不经意的"玩"中,阳光体育运动的种子便深深植根在学生们的心灵中。在康巴什区,各中小学校通过常规课、特色课、选项课等体育课堂新模式及引进的少儿趣味田径、软式棒垒球、冰壶、角斗士等新兴体育项目,将新型项目与学校传统特色有机融合,独具特色的体育活动成了校园中亮丽的风景。课程改革体育回归教育走进康巴什区每一所校园,你都会感受到活力十足的氛围。在康巴什区第四小学,学校结合校本课程建设,进一步深化了足球教学改革,成立了"超骏"校园足球队。球队每天都要保证两小时的训练,小球员们虽然感到辛苦严格,但对足球这项运动的热爱却与日俱增。体育运动让每个孩子感受到了成功的"正能量",学习不再是"苦差事"。体育教育改革,课堂是主阵地,课程是核心要素,要让学生爱上体育课,必须要创新。在全面推行全员运动会的过程中,第四小学还把运动会与体育教学结合起来,让体育课程丰富多彩,让每个学生都能参与到运动中,实现了体育锻炼"一个都不能少"。阳光下,操场上,在各式各样的体育课程中,学生们既培养起了兴趣爱好,锻炼了身体机能,又学会了团结协作、顽强拼搏和积极进取的精神品质。他们脸上绽放的幸福笑容,为整个校园带来欢乐气氛。中学是孩子们身心发展的关键阶段,康巴什区第二中学立足实际情况,结合中学生发育规律,自主创编了一套素质操。素质操以静力拉伸为主,再配合舒缓的音乐及呼吸调整,达到增强体质,释放压力,愉悦身心的功效,得到了学生家长们的大力支持。体育教育不仅让学生强身健体,还让各中小学的各项运动队伍在各类体

育比赛中屡创佳绩。今年上半年，康巴什区北京师范大学高中足球队获得2019年鄂尔多斯市"市长杯"男子组冠军；康巴什区第三小学小足球队获得自治区"菁英杯"U9组第二名；康巴什区第四小学小足球队获得2019年"市长杯"甲组第二名；康巴什区第一小学小足球队获得2019年"市长杯"乙组第二名；康巴什区第四小学小将代表鄂尔多斯市参加中部区"主席杯"校园足球联赛。内涵提质塑造完美品格走进康巴什区第三小学的体育课堂，孩子们正在老师的引导下学习绳结打法，半结、八字结、双套结，他们用一双双小手打出了各式各样的绳结。原来，这是一堂《绳结与应用》课程，目的是为了教会孩子们在遇到紧急情况时，通过自制绳索、绳梯尽快为自己创造逃生条件。在操场的另一边，《巧制担架》课程也吸引很多学生积极参与，大家利用身上的外套配合教具制作出一个个急救担架，有效掌握了救生技能。在推动体育教学改革的过程中，康巴什区第三小学根据体育联盟校的习性体育课程建设规划，研发了属于自己的安全健体课，进一步提升学生的协调能力、安全意识、逃生技能等综合素养。据了解，自康巴什区2016年加入全国学校体育联盟（教学改革）实验区以来，已有11所学校成了全国学校体育联盟实验学校。体育联盟校不仅深化了体育教学方式改革，优化了体育特色课程设置，同时也调动了学生参与体育运动的积极性，让体育活动更加丰富多彩。目前，康巴什区已成功申报9所国家级足球特色校和2所自治区级足球特色幼儿园。同时，大力开展校园足球俱乐部联赛，每年举办U8至U15校园足球俱乐部联赛，参赛队员达1500余人。"一校一品、一生一长"，在体育课程教育教学改革中，通过全国学校体育联盟的科学指导和引领，康巴什区各中小学校的体育教学更加科学系统，也更符合不同学生的特长及发展需求。丰富多彩的课程设置，不仅调动了学生参与体育运动、强化体育锻炼的积极性,同样也让体育教学更加特色多元,逐步实现了"天天锻炼、健康成长、终身受益"的总体目标。

康巴什区最美教师情动康巴什,感恩奉献者。康巴什区教育战线上的奉献者,是他们用汗水浇灌了康巴什发展的硕果,是他们用奉献缔造了康巴什感动的春秋。他们在平凡的人生轨迹上,刻画出一幅幅不平凡的画卷。他们是康巴什最可爱的人,第31个教师节对他们进行了表彰。他们的名字镌刻在康巴什教育丰碑上,让我们共同听听颁奖时对他们辛勤付出的肯定吧!

康巴什区第四小学刘晋宇老师的颁奖词:

挥蹄勇作千里马,俯首甘为孺子牛。她视辅导员事业为生命,她是学生思想上的领路人、成长历程上的铺路人、生活上的知心人,她用无言的行动诠释着朴素的理想,她用无悔的双肩扛起生命的重量,办公室、教室、宿舍总有她奔波的身影,不忘初心、埋首耕耘是她真实的写照,洗尽铅华、无风自香是她耕耘后的芬芳。

康巴什区第一小学王婧老师的颁奖词:

她用真诚打动了学生的心灵,用热情点燃了学生的激情;她用温和的目光让语文有了温度,用甜美的微笑让思想变得活泼。用"孩子的大脑"思考,用"孩子的眼光"穿越,用"孩子的情感"体验,用"孩子的兴趣爱好"换位思考,是她轻松走进孩童世界并与之互动互融的无上法宝。她选择了教师注定无怨无悔,教育选择了她必定风光无限。

康巴什区第二幼儿园周嘉辉老师的颁奖词:

如果说辛劳是一种财富，那他就是最富有的人。为了给孩子们创造一个体验的空间，他兢兢业业、任劳任怨，将龙舟、木工、编织巧妙地引入孩子们的空间，为一个个幼儿筑起了求知的乐园。他阳光自信、深度思考、注重积淀，执着于幼儿成长习惯的思考，追求高质量的教研，不愧是幼儿老师的楷模、骄傲和典范。

康巴什区第一中学郝晓涛老师的颁奖词：

在工作中她如春雨——润物无声；在生活里她如花朵——灿烂绽放。她的一言一行恪守着职业的准则；她的一举一动诠释着团队的风采；她的一喜一忧牵动着孩子们的视线。她无声之处彰显风范，她用智慧锻造着美丽的课堂风景，自己也成长为优秀的教研带头人。她将在追求真善美的征途中与康巴什的教育一起翩飞成长。

康巴什区第二中学白研梅老师的颁奖词：

她韵致淑雅、淡泊从容。实践，是她漫漫长路的基石；思考，是她滚滚向上的车轮；创新，是她凌空腾起的力量。她在且歌且行且思中，敏而好学，撒播着智慧，收获着芬芳。她已经把英语科研当作生活的一部分，已经让教育行为背后的思想欢快地在英语王国里跳跃。她宛如山涧里的一泓隽永溪流，流淌出的是教育事业日益腾达的欢歌。

康巴什区第三小学王龙老师的颁奖词：

挥毫泼墨，他是师生书法艺术的引领；纯朴真诚，他用行动感染着文化校园。他一次次出现在老师的视野里，热情细心地指导，娴熟优雅地示范，公正潇洒地评判，满满倾泻的都是为教育奉献一生的激流。他一腔真情咏苗圃、两只妙手书华章，始终以默默无私、执着淡定描绘着属于他的水墨人生。

康巴什区蒙古族幼儿园丽明老师的颁奖词：

她内心涌动着如火的热情，脸上洋溢着飞扬的青春，像永绽不败的玫瑰。她把孩子们带进梦一般的童话世界，尽情享受阳光童年的快乐；她用汗水一次次磨炼、一次次提升，给孩子们送去片片挚爱。她以爱博爱、倾其所有，为幼儿教师创造着新的机会和舞台。

康巴什区第二小学高瑞霞老师的颁奖词：

也许上帝派她来就是要担负师者的重任，她把看似单调的主题阅教绘成了最美的风景。用心血筑就爱，用爱赢得学生心。把学生的每一次挫折当作天使的振翅，用拳拳的爱心安抚稚嫩的心灵。学生永远是天使，她就是为天使修补翅膀的人。

北京师范大学附属学校王雅洁老师的颁奖词：

心泉万道沃桃李，洒向杏坛总是情。她践行的是高效课堂，追求的是优异成绩，收获的是突出业绩。团队工作的协调，英语教学的专业始，勤勉坚韧成就了今天的成功，锐意进取积淀了今天的辉煌。有学生的地方就有她，有她的地方就有希望。她给学校带来了精神，也为自己诠释了精彩的人生。

康巴什教育由合作办学到独立办学，由当初的一枝独秀，发展到现如今拥有5所中学、8所小学、18所幼儿园和3所校外机构在内的34所学校，在校生近2万人的百花齐放。短短七年，康巴什构建起较为完整

的国民教育体系,办学规模逐年扩大,教育质量有目共睹,教育均衡发展取得突破,教育影响与日俱增。大力发展民族民办教育,是促进教育公平、优化教育结构、突出办学特色的重要举措。今日的康巴什,品质教育已是春华秋实、桃李芬芳。展望未来,康巴什教育人将团结一致、务实创新,努力办高品质教育,倾力打造高品质师资队伍,全力打造高品质学校,倾心培养高品质学生,在建设教育强区的征程中续写新时代的崭新乐章。

第四章　文化底蕴深厚的教育之城（2020年至今）

　　康巴什区始终把教育作为康巴什区第一事业，坚持优先发展不动摇，以办好人民满意的教育为目标，以先进理念引领教育实践，坚持"美好教育"品牌引领，精准聚焦国家义务教育优质均衡县创建，走出了一条独具特色的教育高质量发展之路。截至2023年秋季，康巴什各级各类教育机构达46个，在校师生总数达到近6万人。历经16年发展历程，康巴什教育从零起步到走在全市乃至自治区前列，中考成绩连续11年位居全市首位，基础教育办学质量得到了社会广泛认可。

第一节　向优质的教育要支撑

　　曾几何时,哈巴格希中心小学,几间蓝砖瓦房、隔着铁栏大门是这里的"最高学府"。而今岁月流逝,历经16年发展进程,康巴什教育由小到大、由弱至强,从零起步走在了全市乃至自治区前列。教育的大跨步发展背后是康巴什区委、区政府一直以来高度重视教育、优先发展教育的实践写照,也是康巴什区教育体育局破解难题、激活动能、提升质量的智慧,和不断调整布局、优化区域配置、缓解入学压力的担当,以及为人民提供更加公平优质教育的初心。作为鄂尔多斯市委、市政府所在地,如今,康巴什的教育已成为一张亮丽的城市"金名片",在集聚人口、吸纳人才、促进经济等方面发挥着积极作用,极大提升了地区影响力和美誉度。

一、革新先行,提升教育治理体系和能力现代化

　　"品质"是康巴什教育的一张亮丽名片。在规范管理、内涵发展的基础上,康巴什优质品牌影响力持续攀升。2014年,康巴什区在自治区率先通过国家义务教育均衡县验收,成为自治区首批全国"义务教育发展基本均衡区"。2022年被评选为基础教育国家优秀教学成果推广应用示范区,是全国第17个基础教育课程改革试验区,教育已经成为区域社会经济发展的重要引擎。

　　康巴什区于2014年着手推进现代学校制度建设"五个一"工程,大力培育特色项目、特色课程、特色活动、特色文化、特色品牌,开创了"校

校有特色"的百花齐放新局面。2022年5月,康巴什区现代学校制度建设"五个一"工程,被鄂尔多斯市委、市政府评为"五位一体"综合考核创新奖。如今,康巴什区迈向现代学校制度建设的"五个一"工程目标基本实现,学校治理体系不断完善,治理水平不断提高,连续9年荣获鄂尔多斯市教育工作督导评估一等奖,区教体部门获评第六届内蒙古自治区"人民满意的公务员集体"。2022年12月1日,《中国教育报》再次整版刊登康巴什区教体局署名文章《一张闪亮的教育"新名片"》,康巴什品质教育品牌走向全国。

康巴什区教体局出台《学校文化建设特色校评选方案》,全面提升学校文化特色内涵,深度激发办学潜能,推进学校由管理向治理转变,以文化引领学校持续成长。如今,康巴什学校赏心悦目的校园文化建设随处可见,从学校章程、制度、师生行动纲领,到校训、校歌、校徽等校园文化、班级文化细节,无处不体现寓情于景、寓教于心、寓德于行的行为规范和价值追求,学校文化特色育人已然深入人心,学校内生动力、办学活力全面激发。

康巴什区第一小学立足于落实学生核心素养和培养目标,构建了以国家课程为主体,以拓展课程和兴趣课程为两翼的"一体两翼"课程体系,特色课程、综合实践校本课程、兴趣课程异彩纷呈,每一位孩子既得到德智体美劳全面发展,又能立足兴趣特长得到个性化发展,课程文化构建成果显著。

康巴什区第五小学从一个问号开始,以问道教育为学校文化铸魂、以问道课程让学校文化生根、以问道治理促学校文化塑形、以问道课堂让学校文化结果、以问道故事让学校文化聚神,如今,"问道文化"早已远近闻名。2022年获自治区十佳文明校园。

2017年,《中小学德育工作指南》颁布,德育有了明确的纲领。

康巴什区教体局德育办组织全区学校悉心学习，教体局李美荣副局长为各学校解读指南，并强调学校德育工作要"整体构建，点上落实"，第五小学德育课程体系的构建迈上了征程，回看曾经的构建，2017版，思考简单，粗浅"割裂"；2018版，过于纷繁混沌，对德育工作的思考没有达到系统的层次。一切摸索都是有益的尝试。2020年，是康巴什区第五小学立校第9个年头，借着教体局"校园文化"建设的强劲东风，"问道教育"校园文化日臻成熟，现代学校治理体系、问道课程群完成一体化构建。康巴什区第五小学依据学校建筑特点，构建了特色鲜明的"问道"文化体系，以"学习从问号开始"为办学理念，带领学生探究学习方法，探究做事方法，探究生活方法，探究生存办法，探究生命之道——真、善、美。"问道真善美"是康巴什区第五小学校训，学校以此为训示，就是要培养学生学会求真，倾心向善，身心爱美的个性特质和品格。问道教育实施体系就是"五个一"工程——"一方红色阵地、一支问道队伍、一套现代学校治理体系、一个问道课程群、一堂问道课堂"。通过"五个一"工程实现问道教育使命——传承优秀文化，根植红色基因，立德树人。（节选自"聚焦素养 文化引领 一体构建 立德树人"——康巴什区第五小学德育课程一体化构建的探索与实践，侯春霞）

康巴什区第一中学紧紧围绕新一轮的三年发展规划，对原有的"幸福教育"进行了深入的提炼和构建，从文化创建内容、文化发展目标、高站位文化引领下的减负提质工作三部分完善优化，形成了全新的幸福教育学校文化体系，精深卓见。

整体来看，康巴什区学校文化建设推进成效明显，各学校在"办学理念、一校三风、制度建设、校歌谱写"等学校文化价值体系建设方面取得了长足的进步，文化框架梳理成效突出，为纵深推进学校文化建设的第二阶段奠定了良好的基础。

教育教学成果丰硕,助推康巴什城市发展。康巴什区教体系统连续7年荣获全市督导评估教育工作优秀奖,建成自治区示范幼儿园6所,市级示范幼儿园7所,基础教育办学质量得到了社会广泛认可,中考成绩连续八年位居全市首位,2020年高考本科上线率超过95%;在自治区率先通过国家义务教育均衡县验收,校园建设全部达到现代化、信息化和数字化,教育基础条件始终保持自治区领先水平。随着康巴什区教育的影响力不断扩大,优质的教育吸引着全市乃至市外大量人口来康巴什区接受教育。据统计,义务教育阶段康巴什户籍学生占比14.1%,市内其他旗区学生占比近70%,市外学生占比15.9%。教育事业的不断发展,吸引了大批学生、家长以及优秀人才来康巴什学习生活、投资创业,不仅汇聚了人流、集聚了人气、吸引了人才,更有力地带动了地区房地产、三产服务业消费,为带动地区经济发展、助推产业转型优化做出了积极贡献,教育拉动经济和聚集人气的作用力愈发凸显,教育助推城市发展的效果持续显现。康巴什教育的高质量发展极大地提升了地区老百姓的获得感和幸福感。

二、凝聚心力,打造高素质专业化创新型教师队伍

百年大计,教育为本;教育大计,教师为本。近年来,康巴什区教育始终将高起点规划、高标准建设、高水平发展作为矢志不渝的奋斗追求,多措并举全力打造了一支高素质教师队伍,为区域教育改革注入强劲动力。

高素质的教师队伍为康巴什教育发展的持续动力,是教育事业扎根结果的重要保障。康巴什区教体局人事组组长郑彬说:

康巴什区教体局励精图治、精准施策，全力打造了一支高素质教师队伍。一是提门槛，严准入。教育人才引进主要通过引进教育部直属六所师范院校、"双一流"、原"985""211"工程院校本科及以上优秀毕业生、面向社会招考本科及以上毕业生、面向全国引进地市级优秀教师三种渠道进行，现建立起了一支近2890人的高素质教师队伍，其中本科及研究生以上学历占比94%；地区级以上名师占比42%，35岁以下青年教师占比75%，这支富有朝气的高素质教师队伍用自己的智慧和心血为康巴什教育的高质量发展保驾护航。二是多举措，促提升。康巴什区印发了《康巴什区全面深化新时代教师队伍建设改革实施方案》和《康巴什区推进教师县管校聘管理改革工作实施方案》，从制度层面激活用人机制，确保人才高效运转，通过加强轮岗交流，不断优化了校际师资配置，造就一支高素质专业化创新型的教师队伍；制定出台《康巴什区教育体育局教师梯队培养计划》，通过骨干教师示范引领，青年教师青蓝工程、新入职教师入职培训，整体推进教师队伍建设；与第三方合作，邀请校长智库研究院的资深专家团队，重点从校长及中层管理人员培养、班主任德育课程一体化建设和学科名师建设三个项目入手，实施一年计划、三年推进的一揽子培训工程，整区推进、精准提升教师队伍能力素养。康巴什区已建成各类名师工作室8个，开鄂尔多斯市团队研修模式创新先河。康巴什区班主任工作室成立于2011年，9年来，工作室坚持"每年一主题""每月一研修"，将研究、实践和反思作为常态，深入探究梳理德育工作框架、养成教育细则、班级精细化管理体系、德育课程建设体系等成果手册近百册，培养了优秀骨干班主任200多名，申报了国家级课题、自治区课题、市级课题十余项，先后承办了国家级、自治区级、市级的教育教学现场会多次，在全国中小学名师工作室发展论坛活动中荣获"先进名师工作室""成果创新奖"等荣誉称号。

强队伍,全面提升教师素养

康巴什区持续拓宽引进渠道,引进高层次人才,充实师资队伍建设,每年通过"985""211"院校和教育部直属院校招聘、成熟教师引进、社会招考三种渠道引进招聘不少于200名优秀教师,同时按照"青蓝工程——骨干工程——名师工程——教育家孵化工程"教师梯级成长路径,区级、校级、年级三级联动,实施教师人才孵化、人才认定、人才培训培养和人才晋升发展四位驱动,每年培训支出不低于500万元。同时,康巴什区对教师的权利和义务、资格和准入、聘任和考核、培养和培训、保障和待遇、奖惩和申诉、法律责任等予以明确,通过规范教师职业行为,建设高素质专业化的教师队伍,政策支撑、待遇提升、平台引领,打出教师队伍建设"组合拳"。

图4-1　康巴什区教师队伍精细化管理培训
(图片来源:康巴什区教体局提供)

紧抓引进,促师资力量壮大

2022年,市级层面出台招聘引进优秀教学教研人才实施办法,对优秀教学教研人才按资质条件给予硕士35万元、博士40万元安家补贴。为全市在聘教师提高绩效工资至原有的1.5倍,义务教育教师平均工资水平已高于公务员,教师职业吸引力显著增强。通过增加教师编制供给,制定新入职教师6万—10万元安家补助、过渡性住房等举措提升我区教师岗位吸引力和影响力。2022年共补充新教师321名,其中院校招聘198名,社会招考70名,引进成熟教师53名,进一步积蓄教育人才队伍"源头活水"。招聘引进人才方面,目前,全区共有在职教师2831人(幼儿园教师775人、小学教师1081人、中学教师940人、青少年发展中心教师35人),其中本科及研究生以上学历占95.4%,地区级以上名师占32%,"双一流"及部属师范类院校招聘教师占20.2%,35岁以下青年教师占75%。特级教师5名、正高级教师3名、高级教师245名,自治区草原英才1人、鄂尔多斯草原英才2人、鄂尔多斯英才1人。这支富有朝气的高素质队伍为全面推进康巴什教育高质量发展奠定了坚实有力的人才基础。

稳抓培养,促专业水平提升

一是加强人才梯队化培养。根据区域教师结构和教师专业水平,制定出台《康巴什区教育体育局教师梯队培养计划》,建立健全"新任教师—教坛新秀—骨干教师—卓越型教师—学科带头人—教育专家"梯级培养体系,通过骨干教师示范引领,青年教师青蓝工程、新入职教师入职培训等方式,完善"菜单式"培训服务,累计分层分类分岗开展教师素质和业务培训97次,满足教师多样化、实践性培训需求,不断激励教师成长。二是盘活内外优质学习资源。用好用活"人人e空间"等学习、交流、展示平台。积极对接先进地区教育资源,先后选派41名校长和优秀教师赴北京、成都等地访学锻炼，邀请全国资深专家团队研学指导33次，精准提升教师能力素养。三是持续发挥名师工作室示范引领作用。创建"名师工作室"是康巴什区加强教师队伍建设，打造高质量教育的一项重要创新举措。为整体推进、精准提升教师队伍能力素养，按照《康巴什区第二期名师工作室建设实施方案》，康巴什区对24个不同层次、不同学科名师工作室进行规范管理，以《康巴什区名师、骨干教师培养方案》为基准，规划三年发展路径，建立健全康巴什区名师培养机制，建立专家引领、个体反思、集体研修成长路径，在名师工作室的研修引领下开展康巴什区大课题、大教研，通过以名师为主牵引力的共同研修、共同提高，助力教师素养能力提升，实现区域内教师队伍的整体均衡高质发展。成员累计献课50余次，以可视化成果推动教育理论水平和教育教学能力提升。

2020年5月起，在康巴什区教育体育局党组书记、局长张燕、副局长李美荣的指导及教体局全体成员的支持下，由校长智库教育研究院承办的康巴什区教育质量系统提升项目顺利开启，重点结合"学科名师工作室建设""校长及中层管理人员培养""班主任德育课程一体化建设"三个项目，依托校长智库教育研究院专家智库成员，顺利完成首轮线上学科指导。

7月25日，正式启动教师队伍整体提升合作项目。张燕局长指出，搭建教师队伍整体提升合作项目，目的是构建"四主五环"的培养模式，以工作室为载体，在导师的引领下，围绕五个重点目标，加快培养一批师德高尚、业务精湛、充满活力的高素质专业化教师队伍，为我区教育事业发展提供强有力的人才支撑。

其间，北京市特级教师、北京市东城区教师研修中心语文教研员王文丽在康巴什区第三小学对小学语文名师工作室进行了为期2天的线下指导；北京101中学副校长、语文特级教师程翔在康巴什区第二中学

对初中语文名师工作室进行为期1天半的线下指导;北京市数学特级教师、国家级骨干教师张文娣在康巴什区第一中学对初中数学名师工作室进行了为期2天的线下指导;北京教育科学研究院基教研中心英语教研员、教育部《高中英语课程标准》修订组核心成员陈新忠教授来到北京师范大学鄂尔多斯附属学校,对高中英语名师工作室进行了为期2天的教学指导;教育部《英语课程标准》专家组成员、国家教师教育资源专家鲁子问,在康巴什区第二中学对初中英语名师工作室进行为期2天的线下指导。

此外,2022年7月,康巴什区还成立了少先队名师工作室,少先队名师工作室以"示范辐射、专业引领、成长探索、学习提升、服务队员"为宗旨,培养一批专业的少先队名师队伍,在少先队工作中不断探索研究,总结经验,汇集成果,促进康巴什区少先队事业迈上新台阶,建设不一样的教育队伍。

严抓作风,促师德师风建设

积极响应自治区关于开展"师德师风七个一专项行动"的号召,配套出台《康巴什区师德师风三年行动计划》,牢牢把握"三个坚持""三个突出""四个严格"。一是做到"三个坚持":坚持党建引领,充分发挥学校党支部和党员教师在践行高尚师德中的模范作用;坚持价值导向,引导教师带头践行社会主义核心价值观,弘扬传统美德,厚培教育情怀;坚持思想铸魂,让教育者先受教育,用习近平新时代中国特色社会主义思想武装头脑,全面加强教师思想政治工作。二是抓住"三个突出":突出课堂育德,守好课堂主阵地,引导教师在教学实践中提升师德素养;突出典型树德,累计举办表彰活动30余次,表彰教师近3000人,并联系主流媒体宣传报道,引导广大教师见贤思齐;突出规则立德,常态化开展师德培训和警示教育大会,配合市局共组织师德师风专场培训6次,累计参与培训1.5万人次,强化教师的法治和纪律教育,大力提升教师职业道德素养。三是落实"四个严格",将师德师风建设贯穿教师管理工作的全过程:严格招聘引进,杜绝重学轻德的选拔取向,让真正德才兼备的人才进入"康老师"大家庭;严格考核评价,落实师德第一标准,把师德表现作为教师业绩考核、职称评聘、评优奖励的首要要求;严格师德督导,构建学校、教师、学生、家长和社会多方参与的师德监督机制,打通"线上+线下"举报渠道和曝光平台,让教师自觉接受监督;严格违规惩处,制定《教师违规开展学科类校外培训治理工作实施方案(试行)》《教师美好形象"康十条"》《教师负面清单"康十条"》等规范教师行为,完善教师职业行为负面清单和违规处理办法,对各类师德失范问题严格查处。

强抓机制,促教师队伍管理

一是深入推进"县管校聘"和"交流轮岗",促进义务教育优质均衡再优化。2020年以来,我区把教师队伍"县管校聘"作为推动义务教育优质均衡发展的有力抓手,在教师管理改革方面出台了一系列方案及办法,构建了一种新型的管理体系,实行全员聘用、竞争上岗、绩效考核,做到教师人员"能进能出,能上能下",从制度上打破了编制壁垒,激活用人机制,通过集团化办学、教师交流轮岗,及时补充紧缺学科教师,实现了从"学校人"到"系统人"的转变,切实增强了康巴什区教师的统筹调配能力,确保人才高效运转,实现"百花齐放"的优质均衡发展。印发《康巴什区全面深化新时代教师队伍建设改革实施方案》《康巴什区推进教师县管校聘管理改革工作实施方案》等一系列制度,以"项目化"的方式推进县管校聘改革。推进区域内义务教育学校校长、教师交流轮岗,通过推动优秀校长教师交流轮岗,规范中小学教师临时性短缺补充机制,优化校园长教师队伍结构,提升校园长教师队伍整体素质。按

照"每年教师交流轮岗的比例不低于符合交流条件教师总数的10%,其中骨干教师不低于交流教师总数的20%"的要求,重点引导优秀校长和骨干教师流动,缩小校际师资差距,促进康巴什区教育优质均衡发展。2022年完成2名校园长轮岗聘任、33名教师校际交流,进一步推动全区教体系统"大交流体系"形成。

康巴什区第一幼儿园园长杨慧谈"县管校聘"管理机制:

"县管校聘"是区域内教育均衡发展的助推器,是培育校园文化生长的土壤。校园长最大限度发挥管理潜能,同时也有效地激发教师活力。我园的主要做法是:将"探索推行'校聘'管理改革"列入了自主研究项目,与队伍建设、课程建设、文化建设、联动起来,融入幼儿园各项工作中。按照《康巴什区推进教师县管校聘管理改革工作实施方案(试行)》(鄂康政办发〔2020〕32号)要求,起草制定《康巴什区第一幼儿园推进教师"县管校聘"管理实施方案》,广泛征求教职工意见建议,并经教职工大会审议通过后实施。成立康巴什区第一幼儿园岗位聘用工作领导小组,负责统筹实施园聘工作。结合我园自主管理制度,从目标任务、基本原则、聘用办法、争议处置四个方面梳理出了《康巴什区第一幼儿园教师"县管校聘"实施架构图》。坚持"按需设岗、竞聘上岗、按岗聘用"原则,设置了园内直聘、园内竞聘、跨园交流三种聘用形式;同时,建立科学评价机制、健全绩效考核机制、深化教师交流机制、探索教师退出机制,将改革工作与教师交流紧密结合,打破教师交流的管理体制障碍,注重岗位和优秀教师的均衡配置,引导优秀教师从被动流动转为主动流动,鼓励部分优秀教师跨园交流到新建园所,让优质资源惠及有需求的幼儿园。在"县管校聘"改革中注重人文关怀,对身患重大疾病、哺乳期教师等处于特殊人群进行倾斜照顾。加强政策的宣传,做到工作的公开透明,解除教师顾虑,确保教师队伍稳定。

此外,我们还存在一些困惑与思考:例如,"校聘"是否致使园内资源不均衡,落聘教师如何合理安排非教学岗位或者竞聘到其他单位？传统的考评文化与现代学校管理制度的融合等方面问题等。下一步,我园按照"县管校聘"改革工作要求,完善自主管理文化体系建设,细化"县管校聘"改革措施,强化监督机制,完善考核评价制度,充分发挥教师在队伍建设和保质量提升中的主体作用。

二是创新教师职称制度改革,进一步优化评优选先制度。综合考虑各类因素,在优化教师专业技术岗位比例设置下,出台《康巴什区教体系统岗位设置及聘用改革方案》,鼓励中小学教师公平参与竞争评定,打破晋升"天花板"。方案实施以来,累计增岗调配156人,共有34名教师完成资格认证,以新途径实现职称晋升,逐步形成有利于选贤任能和年轻化的用人机制。

三是统筹教师岗位管理,促进教师管理工作再提效。深入优化岗位设置,在编制范围内建立兼顾一线教师和非教学人员工作和发展的岗位管理制度,出台《康巴什区教体系统内部人员岗位调整实施方案》《康巴什区银龄教师讲学计划实施方案》等,尊重教师自身特点调整岗位,返聘退休教师继续发光发热,至今已完成人员调动100余人次,调动各类人员的工作积极性,有效解决学校师资存在的结构性短缺问题。深化校园长职级制,建立校园长、教育部门干部聘任、轮岗交流制,进一步完善校园长职级制的评定管理与考核办法,稳步提高职级制工资标准。

暖人心,营造尊师重教氛围

教育大计,教师为本,康巴什区委、区政府始终把教育摆在优先发展的战略地位。自康巴什区教育体育局成立以来,一直坚持"兴教必强

师"的理念,千方百计提高教师待遇,采取待遇留人、事业留人、感情留人的政策,从根本上保证了教师队伍的质量。

一是强化基本待遇保障。在扩大教师资源存量、优化教师队伍结构的同时,积极落实各项教师待遇政策,坚持教育支持优先保障、教育问题优先解决,按月足额发放教师绩效工资,全面保障教师绩效工资落实到位。构建教师暖心工程,加大教师关心关爱力度,全面落实教师休假休养安排,定期组织教师进行体检,进一步提升广大教师的幸福感、获得感。康巴什区制定了《康巴什区温暖"康老师"十大暖心行动》,举全区之力推进"尊师重教、身心健康、子女优学、安居乐业、筑梦团圆、助难助困、优绩优酬、轻装上阵、法援保障、最美形象"十项暖心行动,通过打造教师青年公寓、优先审批廉租房等方式解决教师住房问题,关心关爱教师身心健康,开设专家问诊通道,建立大病救助、疗养机制,下大力气,千方百计为广大教师办实事、办好事、解难事,切实关心教师,落实教师待遇,关爱教师健康,维护教师权益,确保老师们可以在这片土地上安居乐教。

教育是康巴什区的第一事业,解决好学校、教师的后顾之忧一直是区委、政府重点工作。康巴什区陆续出台了《康巴什区委区人民政府关于全面深化新时代教师队伍建设改革实施方案》《康巴什区温暖"康老师"十大暖心行动》等政策,落实教师待遇,关爱教师健康,维护教师权益,举全区之力营造尊师重教的浓厚氛围。

为了让老师们更好地安居乐教,6月13日,康巴什区青年教师公寓正式启用,首批41名教师入住"新家"。区委副书记、区长王雪峰,区委副书记、政法委书记侯猛为公寓揭牌。区委常委、副区长康平为教师代表发放钥匙。

公寓为青年教师提供了全方位的贴心便利,洗衣机、电视、冰

图4-2 欢迎"康老师"入住康巴什区青年教师公寓
（图片来源：康巴什区政协提供）

箱、床、书桌、书柜、办公椅和衣柜等一应俱全，老师们可以直接"拎包入住"，在这个温馨小家里"安营扎寨"。

"我刚刚领到了教师公寓的钥匙，也到房间里看了，我非常满意！"区三小教师贺苗刚刚摇号分配到46平方米的公寓。她说，"感谢这样的好政策，真正地为青年教师办实事，让身为异乡人的我，有

图4-3 康巴什区区长王雪峰（左二）、副区长康平（左三）考察学校周边教育环境
（图片来源：康巴什区教体局提供）

图4-4　区政府积极与金融行业合作,支持教育等领域发展
（图片来源：康巴什区教体局提供）

一处可以安身、更能安心的地方,今后我将更加专注地投入工作。"
（图/文：刘宏宇,2023年6月14日,来源于《康巴什发布》）

放假了,尊师重教的康巴什带着康老师们去疗养了!

为大力推行"尊师重教,身心健康,子女优学,安居乐业,助梦团圆,助难助困,优绩优酬,轻装上阵,法援保障,最美形象"暖心行动,全方位提升康巴什区广大教师生活品质和社会地位,在全社会营造尊师重教的良好氛围,7月16日,在康巴什区委、政府的统一部署下,康巴什区总工会组织首批奋战在教育一线的教职工到赤峰市敖汉温泉健康城疗养基地开展为期六天的疗休养活动。

参加本次疗休养活动的教职工主要是各中小学、幼儿园优秀班主任或带班教师、常年担任毕业班教学工作的科任教师以及为康巴什区教育发展做出卓越贡献的教育教学管理人员等,共计34人,平均年龄49岁。

疗休养过程中,老师们进行了多种疗休养项目,充分放松疲惫

图4-5　康巴什区教育一线教职工的疗休养
（图片来源：康巴什区总工会提供）

了一个学期的身心。本次疗休养坚持"疗""休"并重，"医""养"结合，将红色文化与医疗养生、健身休闲、心理疏导、思想交流等内容融为一体，在帮助教师们拓宽视野，促进身心健康的同时，提振大家教书育人的激情。

老师们还参观了"半截沟"生态建设教育基地、敖汉旗小米博物馆，走进了喀喇沁旗马鞍山林场，开展了"牢记总书记嘱托，携手奋进新时代"主题教育实践活动，参加了"党的二十大精神大讲堂"培训活动等。

老师们纷纷表示，从此次疗休养活动中，感受到了区委、政府对全区广大教职工的关怀，感受到了区总工会对全区干部职工的关心，感受到了区教体局对一线教师的关爱。在今后的工作中，会牢记教师使命，不忘初心，以实干担当、追求卓越的工作作风，再接再厉，继续为把康巴什区打造成西部教育名城贡献自己的力量。（图/文：区教体局　区总工会，2023年7月19日，来源于《康巴什发布》）

二是完善政策激励机制。区委、区政府精准谋划、统筹施策，相继出

台了《引进(返聘)名优校园长实施办法》《康巴什区"扎根教育优秀人才"评选实施方案》《康巴什区名师与骨干教师认定管理办法》,千方百计提高教师地位待遇,营造全社会尊师重教浓厚氛围,让"康老师"倍感荣耀自豪。制定《康巴什区"扎根教育优秀人才"评选实施方案》,对在康巴什从事教育教学工作10年及以上,表现优秀的教育部六所直属院校、"985"高校的毕业生予以一次性奖励5万元。出台《康巴什区名师与骨干教师认定管理办法》,努力将全区40%的教师培养成为名师、成为骨干,并分别给予名师、骨干教师每人每年2万元和1万元奖励。

同时,每年选一批区级优秀教师、优秀班主任、优秀校长、优秀教育工作者典型,并分别给予奖励。制定《就在你身边寻找最美"康老师"——康巴什区教体系统优秀教育人才评选方案》,规范健全教师荣誉评选、表彰激励制度,提供更多专业成长平台、能力培训福利,让优秀骨干教师有更多的精神获得感、职业幸福感。

鄂尔多斯市第一中学东校区教师温晓业谈与康巴什教育一起走过的十年:

> 2007年,康巴什平地起高楼,弦歌振广宇,在"打造品牌教育聚焦人气,打造百万人口城市"的背景下,康巴什的第一所学校——北京师范大学鄂尔多斯附属中学建成。2010年,学校面向全国招聘优秀教师,家有梧桐,凤凰自来,一时间全国各地有志于此的青年才俊纷纷前来。作为市级教学能手的我,也希望可以有更广阔的平台去实现自己的教育理想。就这样,怀着一腔宏愿,也带着些许忐忑的我,经过资料审查、资格审核,笔试、面试、答辩等环节的考核,有幸成为北京师范大学附中的一员,开启了我新的一段人生旅程。

> 峥嵘岁月堪回首——忙、爱、阔

> 第一学期的日子是极其难熬的,学校新建,百事待举,特殊的建

校背景也要求学校一出生就得风华正茂，每个年级面对的战斗都只能赢不能输！所来之人也大多是人中龙凤，耻于人后。于是，每个人都铆足了劲，各自如陀螺一样独立旋转，匆匆际会又各自忙碌，压力大，怎一个"忙"字了得？

记得，那时学校刚建起不久，有些附属工程尚未完工，我们教学之余偶尔也会参与其中，抱抱砖头，扫扫砂石。记忆最深的当数在园子里种树，学校特意种植了杏树、桃树、李树，寓意深远，我一边浇水，一边幻想美好的未来。当然，在建造创业的同时，也感受到了一点茫然。晚上，大家挤在一起住着上下铺，各自谈起自己的家乡，谈到这座鬼城——马路上车辆极少，楼宇一到夜间就黑漆漆一片，学校附近找不到一处像样的食堂，偌大的亚洲第一喷泉观赏者仅有我们仨……

我是个粗线条的人，向来奉行落子不悔，对于如上那些问题，不怎么挂怀，最困扰我的是不知怎么安抚女儿。每天极端忙碌的生活挤压了给女儿打电话的时间，孩子哭着跟我约法三章：妈妈每天至少给我发三条短信，每条不能少于30字！面对才上小学的女儿如此"卑微"的请求，我内心十分愧疚，一次次地安抚她"宝宝不哭，妈妈在，要不妈妈就回去吧，不出来工作了"，每当这时，女儿总是会一边哭着一边喊："不要！我要跟着妈妈去康巴什读书！"

康巴什成为孩子心中向往的读书圣地，但并不是所有孩子都珍惜这个机会。我班上有个孩子拼音都不会，分不清b、p，标调不知道标哪里，最基本的查字典的技能都不具备，他对学习完全没有兴趣，精力多出来，难免就会做些不合规矩的事情，同学们都不喜欢他。每次听写分组，就没人要他。我也跟家长沟通过，但家长说这孩子从小智力就有问题，现在是来借读的，能学多少算多少。我想每一个孩子都是独一无二的生命，都该让青春绽放。也许，他就是

那个花期比较晚的孩子吧。但我能做什么呢？于是，每天中午，我陪着孩子们在教室午睡时，就提前10分钟叫他醒来，耐心地给他教这些，甚至为了增强他的自信心，我提前帮他学好第二天要听写的生字，然后在班上组成小组听写比赛时，他就成了小组的功臣。我也引导他，待人要有爱，不能动辄就想拿拳头使人屈服；能够驯服自己脾气的人，才是一个了不起的人！有一个周日，他又没完成作业，我跟他谈完话后，女儿的电话过来了，哭着问我："为什么周日都不给发短信，都一点多了，连妈妈一条短信也没收到！"我才发现自己把这件事忘在脑后了。挂了电话我独自坐在班级里流泪，我在反思，冒着没有编制的风险来康巴什到底对不对？这样拼命到底值不值得？为了别人的孩子下那么大功夫，以至于忘记给自己女儿发三条短信？王玉琼校长不知什么时候来到了我身后，她亲切地跟我说："晓业，不要焦虑，大河有水小河宽！康巴什教育正在起步，局领导是有远见的人，你看，起点定位就很高，也都是非常实干的人，用不了几年，康巴什教育肯定一路领跑，编制问题也会迎刃而解的。你也别担心，你就是个善人，爱学生，爱出爱返，别人也会好好爱你的孩子的。"我顿时感觉轻松多了。是啊！我所向往的教育不就是怀着真正的博爱去关爱每个孩子，引领他们在人生的旅程中获得更多的知识，体会到更多的智慧、幸福与快乐吗？想到这里，我继续开始我的教室文化设计，我想我一定要让孩子们感受到老师真诚的关爱与激励，我也重新思考了王玉琼校长的话"局领导站位很高"，那我对于我所带的这些学生的教育站位是不是也应该更高一点，更有文化内涵一些呢？细细琢磨后我完成班级文化设计，几天后，受到了北京师范大学对外办学平台教育教学总监于世斌校长的表扬，他在学校大会上推荐我班的文化建设给各位班主任作为示范来展示。要知道，我的第一版教室文化设计恰是被他公开批评过的。之后的教学工作中,我死死记住这个要求:爱要彻底,站位要高,凡事要么不做,要么就出精品。

如今想来,如果只能用一个字来概括我这十年成为名师或者是内心坚守教育遵旨的动力,那就是"爱"！康巴什教育这块沃土,有着这样一群温暖的人！他们从不吝啬自己的关爱与欣赏,实实在在地给你指引,就算是批评也来得切实真诚。

另外一个促进我不断进步的因素,就是康巴什这个地方确实是搞教育的"宝地"。称其为"宝地",不在于它地域宽广、风景宜人,也不在于它经济发达、现代时尚,最主要的是这里有一群真正懂教育,也愿意做教育的人！

10多年来,我在无数次的教学沙龙里感受到来自同伴的启发,我也投身其中,跟大家一起享受这份研究的乐趣。更可贵的是,这里有更广阔、更高端的平台,从余映潮到蔡可,从魏书生到李镇西,从欧阳自远到王亚平,从思维导图到高效课堂,从三案设计到项目式学习设计……只要你想学,康巴什教体局就会倾尽其力达成老师们的意愿。各种大小培训精彩纷呈,不设门槛,向每个老师开放,也打通了学段的壁垒。康巴什区教体局布着一盘大棋！

那是2019年夏天的一个上午,学校三楼的一个小单间里,李美荣局长亲切地询问老师们需要什么？还有哪些地方可能制约学校的发展,什么事情可以做得更好,她诚挚地说:"这里没外人,咱们就是想实实在在把康巴什高中教育搞上去,你们都是这个学校的精英,你们的建议至关重要……你们不要怕说错话,没事的,咱们就是自家人在一起想想办法。"我知道,经过近年发展,康巴什的小学、初中教育已一路领先,确实如王玉琼校长当年所预言的那样"一路领跑",但高中的发展还不尽如人意。虽然高考成绩在逐年提升,但比较小学、初中迅速崛起的势态,高中教育俨然成了一块短板,留不

住好学苗成了死结。李局长痛心地说："我们自己培养的学苗，我们留不住，我们康巴什唯一一所高中办不好，这是多么遗憾的一件事！我们一定要找出原因，去解决它！"

2020年3月，疫情期间在家中刚上完网课的我接到学校领导的电话，让我尽快前往学校，有人要见我谈一些事情。我在想，什么人不顾疫情的风险来学校？推开一楼办公室的门，原来是李美荣局长一行。不一会儿，英语、数学的学科组长也都齐了。李局长说："找大家来，就是想以学科建设为突破口，来撬动咱高中教育教学的发展。咱们语数外三大科先试行起来，建起咱的名师工作室，需要的资金，局里全部给大家承担。你们尽管自己调研，想邀请谁，拿出个方案，也调研一下各专家的情况，最后把举荐材料交回教体局，局里给大家特聘回来。同时，你们也设计一下名师工作室的工作方案，尽快做起来，抓学科就是抓教学质量……"我内心十分振奋！这意味着我可以把全国最前沿的教育专家引进校园，引入我们学科，长期引领陪伴我们！

我迅速跟学科组老师们交流沟通，大家最后确定聘请温儒敏教授的嫡传弟子蔡可为我们语文名师工作室的特聘专家。三年过去了，我们每学期至少会安排两次专家入校指导，前前后后来过的有蔡可教授、王大绩教授、新课标大语文编辑王涛教授、陈维林教授、戚光宇教授等，北京师范大学平台上的讲座就更多了，不一一列举。

受疫情影响，我们更多的学习转到了线上。我们在自己的微信群里分享、研讨，从"慧眼观课"到"百家讲坛"，从"每周一讲"到"语文活动月"，从"诗词大会"到"课本剧表演"，我们的工作室搞得有声有色，老师们的素养越来越高，在各类的赛事中，屡获佳绩，以至于李振华校长在我们每次参赛时就会下令："咱要参赛，就要拿一等奖回来！"

现在,学校已成为鄂尔多斯市高中语文学科教研基地,鄂尔多斯市高中语文名师工作室工作主阵地。作为主持人,这三年,给我的历练实在太多了,跟着名家大家学习最前沿的理论,去北大参加全国首届高中语文骨干教师特训,完成头脑风暴到具体的实操检验,去海南参加语文报杯新教材教学研讨现场会,去厦门参加全国高中语文教师基本功大赛……再从高考到新教材教学研究,从单篇教学到大单元教学辨析,从小组合作探究到个性化作业的研究……我的视野越来越开阔,我对高考动向的把握越来越精准,我的风格也越来越鲜明……我先后被评为区优秀教师、优秀学科组长、教育英才、区名师,市学科带头人。

要说这十年成就了我的名师之路,不如说是康巴什这块教育"宝地"培育了属于它自己的"英才"！唯有康巴什教育会给老师们这么巨大的支撑,这么宏大的一个平台,任你起跳,任你起舞！

待从头,再将新火试新茶——新、精、勇

往者不弃,来者可追,下一个十年,你又会在哪里与我共话今夕？且让我,站在现今的起点上,背好行囊,再启新程,且共从容,笑看桃李春风！

2021年,康巴什区政府顺应局势变化,与全国名校隶属鄂尔多斯市当地的市一中合作办学,将北京师范大学附校高中部改办为鄂尔多斯市一中东校区。投资近15亿的新校区正在建设中,白志斌书记、李振华校长不辞辛劳、不厌其烦地多次去往实地查验,修改不合理之处,给老师们也多次做过介绍。

前天,刘江老师在他的新教师一年成长汇报中说,两位领导甚至连新校区什么地方种什么树,种几棵,多大的坑,哪里的玻璃要多少厘米,门要往什么方向推开,门把手要怎么安才安全都想到了,都给他亲自做了交代。我当时就想,如果不是凭着一种办教育的情

怀，恐怕这两位领导应该会在本部乐享安稳吧，然而，现在却如此辛劳。

东校区成立一年多来，校风校貌有了极大的变化：学生的无声自习建设、走廊的"小黑板、大世界"、每日红歌、音乐餐厅……教师的汇报课、引领课、示范课，解题大赛、板书大赛，教案展览……各种各样的举措都令人耳目一新！

孩子们浮躁的心渐渐沉了下来。说起李校长，孩子们就会围着我模仿起来，只见，有的孩子会跑到窗外，一脸严肃地隔着玻璃窗一边往里望，一边敲窗户；有的孩子会从后门走进教室，跺脚、拍手，嘴里还念念有词："学习要专心，不能总是抬头望东望西，心要静下来，不要被外界干扰"……完全是李校长的神态与腔调。我总是被孩子们惟妙惟肖地模仿逗笑。说起白书记，孩子们喜欢和他一起唱红歌，喜欢听他做思想工作，觉得他慈祥温暖。

但我是挨过两位领导训斥的："晓业，这个学生好好管了吗？你看这讲台上，让他打扫干净，不要小看这些细节，育人，就在无声的细节之处！"

"晓业，你不要总是发微信通知事情，你挨个打电话了吗？人和人交流，语气、表情……发微信能做到了？"

"晓业，告诉老师们，咱们上晚自习坐在前面，跟娃娃们面对面。坐在后面，哪来的交流？管理，要讲策略。"

当然，更多的是肯定，是激励，是表扬！

听着他们的话，我看着手头上的招生简章，想象着一年后、两年后，会心微笑！今年花胜去年红！新学苗，新管理，新气象：现高三，学业水平测试，成绩优异；高二，几次联考，初露锋芒；高一，生源充足，学风浓郁。

深夜，我拿着手头的高考成绩，暗暗给自己定目标，下次高考，我要带着孩子们拿到……突然想及"风流不在谈锋胜，袖手无言味最长"的诗句来，就把它默默放在心底，待我从头再起！

2021年12月27日，康巴什区教育基金会教师专项奖表彰大会在康巴什区第六小学召开，康巴什区委常委、政府副区长王蛟出席会议并讲话，区教体局党组书记、局长张燕，区教体局党组成员、教育发展研究中心主任李美荣，区教体局党组成员、区纪委监委派驻教体局纪检监察组组长范俐阳出席会议，教体局机关及各二级单位全体干部、各中小学、幼儿园校（园）长、书记以及部分受表彰的骨干教师、名优教师、扎根教育优秀人才代表参加此次表彰会。会议宣读了《鄂尔多斯市康巴什区教育体育局关于扎根教育优秀人才名师骨干教师评选表彰决定》，表彰了我区骨干教师、名优教师、扎根教育优秀人才共575人，其中扎根教育优秀人才8名、名优教师56名、骨干教师511名，通过教育基金会划拨663万元，勉励全区教师奋发有为、再接再厉，为开创康巴什教育高质量发展贡献卓越的人才力量。

王蛟副区长指出，千秋基业，教育为本。回顾康巴什区从毛乌素沙

图4-6　康巴什区教育基金会教师专项奖表彰大会
（图片来源：康巴什区教体局提供）

地边缘的小乡镇到绿色宜居现代新城跨越发展的传奇历程,教育始终与这座城市的发展同频共振。康巴什教育的大跨越发展离不开扎根于康巴什默默付出、辛勤耕耘的可爱的"康老师"们。康巴什区将积极倡导尊师重教的良好风尚,始终为教师办实事,办好事,坚持教育需要办的事情一刻不等。鼓励社会各界踊跃捐资助教,壮大康巴什区教育基金会规模,让社会对康巴什教育事业的关心支持转化为摸得着、看得见的教育"福祉"和教师"福利"。着力打造教师发展优质平台,让"康老师"的待遇随着经济社会的发展不断提高,让优秀校园长、优秀教师获得更多奖励,让有困难的教师家庭都得到及时解决,让大家能心情舒畅地在更广阔的舞台施展才华,让"康老师"成为人人羡慕的对象,让越来越多的老师成为康巴什共同富裕的引路者、同行人。广大教师要做立德树人的自觉践行者,做教育事业的无私奉献者,做学生健康成长的忠诚守护者,做教育改革的探索实践者,积极探索改进教学模式和方法,激发学生的学习兴趣和动力,不断提高教育教学水平,让"西部教育名城"品牌熠熠生辉。康巴什区从建区之初,始终把教育摆在优先发展的

图4-7　康巴什区副区长王蛟(中)调研康巴什教育发展情况
(图片来源:康巴什区教体局提供)

位置,系统谋划新时代康巴什教育高质量发展,千方百计提升教师地位待遇。

三是切实保障教职工权益。建立功能完善的教职工维权制度、人事争议申诉制度,开设申诉热线,成立人事争议工作小组等,使教职工维权有渠道、教职工利益有保障。

四是实施教师"暖心工程",充分发挥教育基金的奖励和帮扶作用。在全面落实绩效和表彰奖励的同时,积极为困难教师特别是患有重特大疾病教师提供经济扶助;提高教师社会地位,增加康巴什"教师证"的功能,全区各级各类服务行业和窗口单位为教师设立绿色通道,区内景区、休闲娱乐提供优惠政策,形成全社会尊师重教的良好氛围,让教师在康巴什工作生活真正享有获得感和幸福感。

教师队伍建设是一项系统工程,任重而道远。立足新时代,康巴什区"优教之城"的"施工图"已经绘就,康巴什教育将进一步深化教师发展机制改革,大力弘扬尊师重教社会风尚,不断提高教师地位待遇,深入宣传教育一线典型人物,让广大教师在岗位上有更多的幸福感、事业

图4-8　康巴什区全体教师大会
（图片来源:康巴什区教体局提供）

上有更大的成就感、社会上有更强的荣誉感,安心从教、热心从教、舒心从教、静心从教。康巴什区教体局始终引领我区广大教师向优秀看齐、向卓越迈进,始终引领骨干教师、名优教师、扎根教育优秀人才堪当表率、引领前行,始终引领"康老师"们不忘立德树人初心,牢记为党育人、为国育才使命,奋勇争先,在加快建设西部教育名城的新征程中展现新作为、创造新业绩,为办好人民满意的教育做出新的更大贡献。

三、减负提质,全面提升基础教育办学品质

作为全国基础教育课程改革实验区、基础教育国家级优秀教学成果推广应用示范区,康巴什教育以"减负提质增效惠民"为目标,近年来,通过家校社协同的体系构建,高标准打造家校共育队伍,高质量提升智慧教学,高水平落实全面育人,着力打造"双减"背景下教育高质量发展新格局。

为做好"减负提质"工作,区教体局制定出台了《康巴什区关于义务教育学校"减负提质"工作实施方案》,改被动传授、机械训练教学为"自主、合作、探究"学习,真正做到负担减下来,质量提起来。康巴什区坚持全面、高效落实"双减"政策,学科类培训机构压减率、课后服务覆盖率、作业公示率均达到100%,非学科类校外培训机构全部纳入监管,学生课业负担和校外培训负担大大减轻。康巴什教体系统按照"一校一策"完善课后服务,以丰富的、高质量的课后服务推动落实五育并举,各学校建立课后兴趣课程与特色社团项目,形成了"校校有特色、生生有特长"的百花盛放之态,学生的全面发展和个性发展得到高度重视和有效支持。

2014—2018年间,康巴什区推进教育观念改变、国家课程有效落实、学习方式改变、教研优化、评价改革五大行动,4年时间,区域课堂教

图4-9　康巴什区第二小学的学生积木活动课
（图片来源：康巴什区第二小学提供）

学质量、教育发展水平取得显著提升，教育教学成绩始终保持在全市前列，现代学校制度建设、专业教师队伍建设、高质量教育体系建设、现代化信息技术建设初具规模、初显成效。2018年，习近平总书记在全国教育大会上指出，我们要立足基本国情，遵循教育规律，坚持改革创新，以凝聚人心、完善人格、开发人力、培育人才、造福人民为工作目标，加快推进教育现代化、建设教育强国、办好人民满意的教育。康巴什区切实把思想和行动统一到以习近平同志为核心的党中央决策部署上来，加快建设教育强区，让教育高质量发展成效惠及广大群众，让群众幸福感、满意度及城市核心凝聚力得到显著提升。2022年4月《义务教育课程标准》印发，"核心素养"成为教育事业核心要义。康巴什区以加入教育部基础教育课程改革实验区为契机，以部级课题《健全家校社协同育人机制实验研究》为抓手，全力改变形式单一、任务繁冗、教学分割的教育教学模式，聚焦一轮课改梳理瓶颈问题和学生核心素养发展的新课

图4-10　康巴什区校园里的学生漂书活动
（图片来源：康巴什区教体局提供）

标要求,持续推进以"聚焦深度学习　落实核心素养"为主旨的二轮课堂教学深度改革,以"优化结构,狠抓质量"为目标的课程建设行动、以"关注核心素养"为导向的教学改进行动、以"培育专业精神,狠抓队伍建设"为目标的教研质量提升行动、以"聚焦双减,评价先行"为目标的评价改革行动、以"夯实基础,精细常规"为目标的管理优化行动、以"品质提升,打造特色"为目标的学校文化特色校评选行动,共同形成康巴什区课程改革支架体系,让课程改革不只着眼于单一项目,全方位提升各学校教育教学水平,为义务教育优质均衡奠定扎实基础。

康巴什区教育体育局局长李美荣介绍:

康巴什区推进了8年课程改革,始终坚持高起点规划、高标准建设、高水平管理。发挥优质教育理念的指挥棒作用,以全局视角规划课改,我们是内蒙古自治区乃至中国西部地区首次实践。

推进深度课改,康巴什区全面覆盖、纵深推进,形成了从教学到德育、从学校到家庭、从校内到校外的横向协同育人模式,和从学校治理到课程改革再到学生核心素养发展的纵向序列育人体系,为"双减"政策有效落实奠定了坚实的理论与实践基础。

一是落实新课标,推进课堂教学深度改革。2020年11月在康巴什区教体局、教育发展中心的统筹协调下,在实验小学和第一中学大力组织安排下,我区成功举办了"抓牢减负提质着力处 聚焦深度学习落脚点"二轮课堂教学改革推进会。本次推进会共邀请了13名国内、自治区内知名学科专家、推出了33节现场展示课、17场学科专题汇报以及13场学科专家专题讲座,对深度学习的课堂样态展开了具体而微的研究。

图4-11 康巴什区教体局局长李美荣(中)深入课堂指导一线教学
(图片来源:康巴什区教体局提供)

探索减负提质新路径　寻求深度学习新策略——中小学第二轮课堂教学改革推进会开幕式及小学语文现场：

在小学语文分会场，以口语交际课型研究为主题，安排了北京王秋菊老师录像课《打电话》、实验小学郭静老师《名字里的故事》、贾瑞霞老师《安慰》、王萍老师《我最喜欢的人物形象》四节"口语交际课"，旨在提高教师"口语交际"教学的基本能力，通过课型展示，促使教师转变教学观念，形成新的教学方式，推进课改全面、稳步向前。

课后，王文丽老师进行评课并做了题为"在课堂上，让儿童想说话、会说话"的培训。她指出，"口语交际"要源于生活，服务于生活，要注意创设适切的情境，让学生在表达需要驱动下交际。教师要充分尊重学生，相信学生，让学生在体验中不断地修正和改进，让学生在交际中感受情意，增长才干。王老师给出新的教学模式：学生试说-练习再说-再展示再评价。教学设计不仅在内容上有层次，

图4-12　康巴什区第二轮课改语文课展示活动
（图片来源：康巴什区教体局提供）

能力的训练上也要有梯度，让学生在原有的起点上一步一步提升。王老师的解读使与会的每一位老师都受益匪浅。（节选自《康巴什教育》2020年，第4期）

小学数学现场由北京市特级教师马丽娟做了题为"动手操作与数学思考相结合，培养学生的空间观念"的讲座。

马丽娟老师针对空间观念的培养、概念本质的理解、教学目标的落实、教学生成的把握与处理，展开了教学设计的初衷及背后的深入研讨，结合具体课例有针对性地进行点拨与指导，提出操作活动"四要"：要激发兴趣、发展能力；要面向全体，适时适度；要精心设计，注重实效；要恰当选材，提升活力。此次推进会以聚焦深度学习为落脚点，为老师们的深度教学与思考提供了正确的方向。康巴什区小学数学教师将继续抓住数学本质、培养关键能力、聚焦深度学习、提升核心素养、总结教学经验，打造高效课堂。（节选自《康巴什教育》2020年，第4期）

小学英语现场积极贯彻落实《康巴什区第二轮"生本教育，学本课堂"课堂教学改革实施意见》，结合《自然拼读法在小学英语阅读教学中的实践研究》《英语绘本在小学英语读写教学中的运用研究》《利用思维导图培养小学生英语阅读能力的实践研究》三个自治区级课题，以课例展示、说课反思、主题分享、课例点评与专题讲座相结合的方式，促进老师们积极开展基于课程标准下读写教学的内容、策略与实施路径等方面的研究，逐步实现学生深度学习以及思维能力、综合素养的提升。

在康巴什第一中学会场，语文组由全国教育界知名专家韩宝江老师用近两个半小时的时间与老师们分享了他在课程建设方面的宝贵经验，他指引我们转变理念，去追求课堂最本真的状态，字字珠玑，句

句锦绣。

　　数学组的老师设计和展开多层次教学活动,让学生成为课堂的主体,学生在获得对数学理解的同时,在思维能力、表达能力、情感态度等多方面有所提升。教师在授课课堂上贯彻了"生本"理念,教学内容扎实,课堂互动积极,学生思维碰撞出精彩的火花,学生在快乐中学习,在沉浸中吸收。

　　英语组的老师们将学生的自主学习、合作学习、探究性学习巧妙地渗透到教学环节中,深入浅出,以主问题链为导引,引发学生思考城市化问题,再由文本跳出来思考康巴什的发展以及面临的问题,并倡导学生以主人翁态度去思考该如何解决我们身边的实际问题。将地方特色、地方发展、地方生活融入到课程中,对国家课程进行拓展。

　　历史组由历史学博士,北京市知名历史教师王宗琦从二轮课改的高度做点评发言,并做了《打造有生命力的中学历史课堂》的讲座,王老师以"打造有生命力的课堂"为中心,从备课角度、分层教学角度、体现核心素养角度等方面入手,强调树立"课魂"的重要性,从"立德树人"的高度去打造"有生命力的课堂",教师在教学过程中自觉运用教育学、心理学的原理和方法,把学生的学业规划落实到位,为学生的成长提供路径和目标。

　　物理组的老师秉持课改理念,把学生的自主学习、合作学习、探究性学习巧妙的渗透到教学中,突出了实验课的课型特点。并将教材中的演示实验改为学生探究实验,利用"学案导学"将一些零散的学习内容处理成有序的、阶梯性的、符合各层次学生认知规律的学习方案。

　　化学组采用同课异构的方式,特邀专家江苏省化学特级教师缪徐老师和康一中高艳林老师执教《二氧化碳的性质和用途》。高艳林老师从生活中常见的泡腾片出发,采用问题导学的形式,辅之以大量的演示实验以及小组探究实验,将课堂交给学生,打造以学生为主体的学本课堂,锻炼了学生的科学探究精神和创新意识。

生物组的老师将生物实验融入到教学设计中,以实验为抓手,启发学生思维,提升学生实验动手能力和知识探究能力,并通过适时的追问触发学生深入学习。并呼吁老师们要最大程度的去理解学生,想其所想,充分利用实验材料,让学生有更大的空间去自主发挥,在探究中实现对生物学知识的深入理解,在学习中获得更大的成就感。

音乐组老师指出要在课堂中培养学生准确歌唱的能力。"听觉文化"是音乐教育的高层次目标,所有音乐的表现都要内心听觉的想象、引导,而内心的听觉发展则需要由歌唱来训练的。

道德与法治学科以课题研究为载体,开展研究型、合作式学习,并且邀请了北京师范大学硕士研究生导师、道德与法治教研员、正高级教师、北京市特级教师康利老师,为道德与法治组第二轮课改问诊把脉。康利老师做了《统编教材下道德与法治课教学设计》的讲座,从提高观点认知、发展判断选择能力、陶冶道德情感等方面入手,强调"超越知识点指向观点超越功利指向精神"的教学转变,做问心的教育。

推进会最后,时任教育发展研究中心主任李美荣用"三转变三提高"(即教师教学理念得到转变,教育教学行为得到转变,学生学习方式得到转变;教师专业水平得到提高,学生自主学习能力得到提高,教育教学质量得到明显提高)全面总结了康巴什区在一轮课改阶段取得的阶段性成果。这是一次思维碰撞、深度研课、深入学习的课改推进会,康巴什区基础教育将继续在课改的路上持续深化和细化广度、深度、热度、均衡度和持续度,继续走立足综合与深度的课改之道,更好地落实立德树人这一根本任务。

李莉在抓牢减负提质着力处 聚焦深度学习落脚点——康巴什区中小学第二轮课堂教学改革总结会上谈道:

　　这种"有灵魂""有深度"的探讨深受欢迎和好评,与会教师也纷纷表达了"满载而归""很是过瘾"的观感,更为我区推进今后的课改工作做了最有意义的实践与探索。

　　首先,此次课堂教学改革推进会打造了一种课改活动的新范式。2020年是二轮课改的推进关键年,本次推进会根据二轮课改指导意见,明确了"抓牢减负提质着力处聚焦深度学习落脚点"的主题,立足学本课堂构建、以小见大,以点带面,分现场授课、专家点评、学科主题汇报、专家专场讲座四个方面,集中展示了我区课改教学改革的具体路径与丰硕成果。各中小学校从2015开始推进一轮课改,在"五个重构"上不断寻求自我突破,取得了阶段性的成果。2019年秋季,我们继续出发,以"八个聚焦"为推进抓手,通过体系构建、重点突破、深入反思、活动评选等多元一体化的行动谋课改、抓课改、促课改。如实验小学的晨诵课程展示就是站在课程构建的高度抓课改工作的有效落实,又如康巴什区第一中学从规范办学、课程建设、课堂教学、教师队伍建设、教育教学管理、教研质量提升等进行全方位的顶层设计从而有力推进二轮课改。为了让本次推进会实现辐射引领的作用,康巴什区实验小学、第一中学举全校之力、上下同心,通过精心策划、认真筹备、周密安排,从会议准备、会议接待到现场献课、评课、专家讲座,高效、细致、扎实地做好了各项具体工作,精彩、圆满、成功地举办了第一次学校独立承办的推进会。本次推进会也是首次将基础教育学段的全学科,包括音乐、美术、体育、心理等非考试科目的学科集中展示的一次学术交流盛会。现场做课的老师都能积极关注学生学科思维的培养,并充分发掘了教学内容的思维价值,设计了有思维含量的学习活动,让学生在活动中渐渐进入深度学习。从2020年春季学期开始,我区大力引进了多位国内知名的学科专家组建了从小学到高中的8大主要学科名师工作室,通过名师工作室的组建,切实发挥了名师引领、骨干带头和示范辐射作用。本次推进会上共邀请了13位知名学科专家,他们以前沿的教育教学思想、大量的实操案例、丰富的教研经验,有效解决了老师们教育教学中的困惑,真正全面提升了教师的专业素养,也指明了新课程理念下老师们前行的方向。本次推进会后,教育发展研究中心主要领导对承办学校的课改体系构建、有效课堂打造做了深入分析和高位指导;各学科教研员就区域学科现状及改进措施做了具体深入的学科课改阶段报告;此外,各中小学校在区域推进会后又基于校情,开展了形式丰富、主题鲜明的校级课改推进会。其中,康巴什区第五小学继续就小学语文研究领域的空白——口语实践以及数学英语两门的重点课型开展了校级课堂教学研讨会;康巴什区第三中学开展了以"优化生本课堂结构,贯行问题驱动意识"为题的校本课题总结大会。最后,所有参会教师根据自己的学习体会,用心撰写了课改反思。

其次,形成了一批课改研究的重要成果。教育教学理念的不断更新。在本轮推进会上,我们欣喜地看到由于学习方式的改变带来了课堂教学氛围、效果的改变,课堂变民主了、课堂变活跃了、课堂变丰富了、课堂变厚实了;教学目标更加精准。在丁娇老师执教的《梦回繁华》、张彦珍老师执教的《认识锐角、钝角》、贾瑞霞老师执教的《交际口语:安慰》等课例中的目标续写虽只用了简单的3句话,但能清晰地看到我区在小专题研究———目标续写这个微话题下的研究成果。随着课改工作的不断深入,我区教师设计问题的能力也在不断提升;能准确把握"自然生成"的课堂,根据学生的学习情况及时调整教学思路,充分运用对话策略,促进学生思考、交流、让课堂成为师生共同创造的舞台;教学方式的创造性运用。樊丽云老师执教的《厚土藏吉金,青铜传文明》一课中充分地把学生的主体地位与作用前置,以独立思考、自主探究、动手实践、合作交流等方式进行深度教学。整节课中,学生的学习方式由"看文物"变为"动手做";由"听讲解"变为"自己演";由"口头答"变为"记录单";由"独自想"变为"小组议",这4种创造性的教学方式改变有益的践行了深度教学;激发思维动机,调动学生思维的积极性。通过让学生体验生活导课,让学生尽快进入问题的情境,诱发学生的认识兴趣,启发学生的思维,又通过一系列的问题和追问不断激发学生发现问题、提出问题、解决问题从而有效的培养了学生发现问题的能力、提炼分析问题的能力以及解决问题的能力。通过多媒体,以Flash动画的形式展示课程使学生一目了然;

同时,课改行动上我们也存在着一些明显不足,比如课程体系的顶层构建不成熟,对学科核心素养的关注度不够,课改路径清晰度不够,课改与教师队伍培养融合度不够,教学管理的精细度不够等。虽然二轮课改推进会已圆满闭幕,但我们的课改之路仍然在路上。希望我们通过不断的求真、问策、悟道,探寻关注核心素养、聚焦深度学习的最美模样。

康巴什区第一小学以"问题化学习"为切入点,实施全科实践、分步实施的推进策略,改变教与学的方式,变"教师问"为"学生问",课堂充满生机活力,让学生思维活跃、形成良好的思维习惯,实现学生主动学习、深度学习和持续学习。康巴什区第二中学以"深度学习"聚焦和解决课堂实践中的真问题为出发点,以"单元学习设计"和"问题解决学习"为抓手,以"主题式教研"为路径,以"深度备课""课例研修""作业研究"为着力点,以课程建设为落脚点,在改进课堂教学过程中,对学生全面发展产生了积极而深远的影响。

二是推进"家校社"协同育人。康巴什区着眼于学生全面发展和终

图4-13 康巴什区第二轮课改学生展示活动
（图片来源:《康巴什教育》）

身发展、全体教育工作者育人意识提升、基础教育各学段纵向衔接、学校家庭社会横向全程实施,整体构建了学校、家庭和社会"三位一体"的协同育人网络,形成以"学校教育为主体、家庭教育为基础、社会教育为依托"的协同育人模式,建立起"观念上同向、履职上同责、实施上同力"的家校社合力育人体系,着力提升"全员、全程、全方位"三全育人水平,形成了良好的教育生态,为义务教育优质均衡发展提供有力的社会支撑。

2022年7月11日—12日,康巴什区教体局承办教育部课程教材研究所"健全家校社协同育人机制实验区项目研讨会"。2022年11月18日,由北京师范大学联合全国66个市县(市、区)教育局共同发起的"教育局局长高峰论坛"发布"新时代十年基础教育改革创新案例",康巴什区《构建家校社协同共育的"双减"改革之路》入选"新时代十年基础教育改革创新案例",成为内蒙古自治区唯一入选案例,并在全国首届教育局局长论坛上作分享。2022年11月19日,《中国教育报》刊登康巴什区教体局署名文章《家校社协同育人:让教育的力量看得见》,康巴什区

图4-14　康巴什区第二轮课改体育课展示活动

（图片来源：康巴什区教体局提供）

图4-15　康巴什区实验小学学生服装设计课

（图片来源：康巴什区实验小学档案室）

家校社协同育人实效辐射全国。

整体构建"家校社"一体化工作体系,高位推动构建共育新格局:

康巴什区始终坚持将"高起点规划、高标准管理、高水平办学"作为奋斗要求,着力构建高质量教育体系。自"双减"意见出台以来,鄂尔多斯市康巴什区成立了由教育、妇联、财政、社区等多部门组成的齐抓共管"家校社"工作领导小组,从"立根本、谋未来"的高度,积极推动机制共建、多方共联、资源共享、协同共治,构建了家校社"三位一体"的大教育格局。

康巴什区充分挖掘地域文化资源、人力资源等,找准切入点,通过基地共建、场馆共享、资源共育等途径,将各类资源吸纳到学校教育之中,为孩子们建立红色教育、安全教育、生命教育、综合实践教育、劳动教育基地,陆续为100多个场馆基地授牌。让各个场馆成为学生在校园外发展能力的教室,为学生的全面发展开拓了广阔的空间,打通学校社会壁垒,从政策、资源和资金等多方面为学生全面发展提供了全方位保障。

一、汇智聚力　齐心协力合育人

康巴什区以"三级联动"(区级、校级、年级)的班主任工作室为载体,以"专业引领、研讨交流、实践探索、共同发展"为原则,为德育队伍提供交流成长的平台,在分层次、分梯队的研修中,切实提高德育队伍的专业水平和育人能力。班主任工作室成立10年来,康巴什区坚持每年一主题、每月一研修,将研究、实践和反思作为常态,分别研究了德育工作框架体系构建、养成教育、班级精细化管理、温馨教室建设、德育课程、家校共育等内容,梳理德育课程建设体系等成果手册近百册,培养了优秀骨干班主任300多名,申报了国家级课题、自治区课题、市级课题十余项,编写了德育课程指导书

籍六本。

以"心育工程"为载体，成立了由14名心理健康教师、40名班主任、100名家长组成的心育导师团。聘请全国知名心理专家、家庭教育导师为导师团成员开展为期三年的心理健康教育培训。对心理健康教师的培训以课题研究为引领，以实践探究为主线，形成"心理+学科""心理+活动""心理+融合"的课程模式，建立课程资源库，使心理健康教育系统化、科学化、规范化。对家长导师的培训主要是普及心理健康知识和进行亲子课程及生活指导课程的培训，通过分批、分层对全区家长及教师进行培训，以点带面，推动心理健康教育队伍体系化构建、专业化发展。全年通识、个体培训累计达百余场。

实行家长委员会三级管理体制，成立校级、年级、班级三级家长委员会。各校充分挖掘家长教育资源，邀请家长结合自身的生活经验和工作实践开发"家长课程"，涵盖爱国主义教育、历史文化教育、心理健康教育、环保科学教育等内容。通过"改革家长会""千名教师访万家活动""常态开放日""架构家校联动的活动平台"等多途径邀请家长参加学校各项活动，了解学校办学理念及各项教育教学工作，参与学校决策与管理等，更好地实现家校协同育人。

以"薪火讲堂"为载体，分层推进家长教育工程。2016年，康巴什区成立"薪火讲堂"，分为区级、校级、班级三个层次，构建了三级课程体系，面向全体家长开设主题式、系统化的家长课程，探索了区级侧重理念疏通、校级侧重策略分享、班级侧重实践研究的家庭教育新模式，整体推进家庭教育工作，实现家长育人能力培养的全员化参与、个别化指导、常态化交流和序列化提升。

二、资源共享　推进课程大融合

康巴什区按照"五育并举，融合推进"的课程理念，将学科课程、主题课程、实践课程、研学课程、家校课程进行一体化构建,形成了区级课程有规划、校级课程有特色、年级课程有主题、班级课程有个性、实践课程有品质的课程建设新格局。

区级课程有规划。依据学生全面发展、终身发展的要求,构建了家校社合力育人新模式,形成纵向衔接、横向融通的课程目标体系,纵向构建"小初高一体化"课程体系,以学段目标为引领对课程内容、课程实施、课程评价进行整体构建,横向构建"家校社一体化"课程内容,以教育主题为引领,通过主题阅读、主题实践、主题展示、主题反思四个环节来推进,从内容上做到"全员、全程、全方位育人"。

校级课程有特色。以学校文化特色校评选为契机,通过校园环境文化建设丰富校园文化内涵、提升学校文化底蕴、凸显校园文化特色,努力营造"有诗、有画、有书、有乐"的诗意校园;出台"德育一校一案创建实施方案",以区级、校级班主任工作室为载体,围绕"中小学德育指南",完善本校德育工作体系和课程体系的构建,根据"建项目、创特色、树品牌"分步推进德育"一校一案"建设,并以此为突破口,促进学校立足校本,主动创新,积极开展学校校本课程的理论研究和实践探索。

年级课程有主题。以"请党放心强国有我"为目标方向,每个年级构建了以主题为线索的课程,并以年级为单位进行集体备课,深度研修班会课、班本课程的构建与有效实施。主题课程内容涵盖丰富,实施路径宽泛,涵盖家校社众多内容,实现了校内、校外课程的深度融合。

班级课程有个性。每个班级根据班级特点和学情构建了个性的班本课程,有突出养成教育的、有强调理想信念教育的,还有传承中华经典文化的,个性纷呈,经过老师们的深入研究、大胆创新,现

康巴什区有近半数以上班级构建了特色的班本课程,做好了学科间的融合、资源的整合,让更好的课程丰盈学生的生活。今年康巴什区的7位班主任通过国家教育行政学院录制了班本课程,将优秀班本课程推向了全国。

实践课程有品质。康巴什区各学校与少年宫联合推进研学实践课程建设,通过几年的摸索和实践,研学课程初步形成了"三阶维度""四条主线""五大领域"纵横编织的研学旅行活动框架,极大丰富了康巴什区学生的研学旅行路线。

硕果累累,迎来教育新气象。康巴什区通过不断完善"家校社"协同育人机制,促进区域教育高质量发展。2020年,康巴什区荣获基础教育国家级优秀教学成果推广应用示范区及自治区中小学心理健康教育示范区,2021年4月"构建融合德育课程,落实学生核心素养——鄂尔多斯康巴什区扎实推进'立德树人'工作新探索"典型案例被评为全国基础教育优秀工作案例,并先后在由教育部课程教材研究所主办的"学校家庭社会协同育人项目推进会"线上论坛、2021全国中小学新时代德育创新发展研讨会上作了典型发言。

2022年,康巴什区将在教育空间、教育主体、教育形式、教育实效等方面积极探索、勇于实践、实现校园"处处都是育人环境"、学校"人人都是育人主体"、社会"时时事事有教育"的良好局面。(本文转载自内蒙古自治区教育厅"内蒙古教育发布")

聂云龙谈探索家校社协同育人新范式:

康巴什区青少年发展中心作为康巴什区委、区政府打造的高起点、高标准的校外教育机构,是链接学校、家庭、社会的重要纽带。目前我们通过以综合实践、兴趣培养、研学旅行三大功能相互促进、相互补充的运行模式,探索家校社协同育人新范式。以下是康巴什区青少年发展中心在探索家校社育人机制方面的一些思考与成果。

第一,整合社会资源,拓展教育空间,共建家校社一体化全域育人格局。在康巴什区教体局家校社协同育人的整体布局下,康巴什区青少年发展中心自2014年开始,积极尝试联动区域各类校外资源,给予学生接触社会,在社会中成长的机会。提出了打破教室壁垒,打造"无界教室",实现"无痕教育"的理念。统整了文旅、企业、高校等各类社会资源的育人功能。在将优质社会资源纳入教育体系的同时,不断健全家校社一体化校外育人机制。

截至目前,我们已经联合并设计课程的校外机构包括鄂尔多斯生态环境学院、康巴什区牧野田园综合体、世博中医药基地、鄂尔多斯博物馆、赛车城、碳中和学院等30余家康巴什区内机构。其中,携手鄂尔多斯生态环境学院组织开展《职业体验》系列综合实践课程超过20项,生态环境学院教师也亲自参与课程设计与执行,与高校的深度合作模式,拓展了教育空间。同时,联合康育公司农田实践基地开展劳动教育课程十余项,包括与学校深度合作的系列课程《传承劳动精神,共建幸福田园》,将学校数学课程(土地均等划分)、音乐课程(农耕年华图)与劳动课程深度融合,有效落实了以劳促智、以劳育美、以劳强体、以劳养德的理念。联合环保局和苗圃基地开展了绿植养护和城市美化主题课程。以康巴什1—4号桥为依托,开发设计了以桥梁工程为主题的实践活动《康伊桥》;联合碳中和研究院开展低碳环保系列课程。

与此同时,整合鄂尔多斯市内景区资源超过85个,开展行知人文、行知自然、行知历史、行知科技、行知红迹五大主题超过160项研学课程;形成了三阶维度、四条主线、五大领域的研学课程体系。

在深度挖掘鄂尔多斯市内社会资源的同时,我们的课程也覆盖

至北京、上海、山东青岛、福建厦门、云南丽江、四川成都等全国超过15座城市。截至目前,开发设计活动项目超过220个,累计组织开展研学活动、主题活动、冬夏令营活动840余期,接待学生人数达96970人。

在区委、区政府的高位引领下,各类社会机构的密切配合下,我们将"家校社协同育人"的社会育人板块落到了实处,基本构建了发展中心、高校、企业、文旅等多方联动的校外协同育人格局,充分发挥"拓展教育视野,打造无界教室"的全社会协同育人效能,为推动家校社全域育人奠定了坚实的基础。

第二,注重课程融合,深化教育内涵,构建家校社协同育人课程体系。以融合课程为载体,拓展家校社协同育人外延。以融合课程为载体,将学校学科知识与社会实践相融合,实现学科知识的学以致用。在解决真实问题的过程中,将实践探索产生的方法、经验与感悟延伸到生活中,形成良好习惯,实现社会实践与家庭教育的多点链接。通过融合课程推进学科教学、家庭教育与社会实践教育的协同育人,充分发挥家校社协同育人产生的"1+1+1>3"的效能;以项目式学习为支架,深化家校社协同育人内涵。项目式课程,从社会真实情境创设,到学校学科知识的再生,再到家庭生活应用,整个过程中学生都是主导者。我们通过课程的深度设计,触发学生深度思考,引导学生深度参与,进而实现综合能力与核心素养的全面发展;以劳动教育为主题,创新家校社协同育人路径。在康巴什区教体局的整体布局下,出台《四方联动,构建助力学生全面发展的劳动教育体系劳动教育实施文件》,由区青少年发展中心牵头,联动区域各中小学,构建形成多方合力、五育并举的劳动育人新体系。分年段开发了项目化劳动课程共计130余项,形成了家庭、学校、社会、基地四方联动的劳动教育育人框架。在打造一体化劳动教育育人体系的同时，我们以"课程+活动+比赛"的三式并存，组织开展各类劳动教育主题活动与比赛，推动劳动教育特色化、常态化发展；以落实"双减"为抓手，共建家校社协同育人新局面。青少年发展中心以一校三址三功能的方式运行，除综合实践、研学活动外，兴趣培养也是其中之一。兴趣培养课程将专业课程延伸至家庭教育，以课后跟进、线上课程、家长讲堂、亲子活动等方式，与家庭教育进行有效的链接。同时，中心发挥兴趣培养教师团队优势，为康巴什区各学校提供兴趣课程下校服务，目前共有包括科技、舞蹈、器乐等10余项课程类型，超过30位教师开展下校课后服务工作。积极拓展课后服务渠道，开展高质量、有特色的课后服务，既满足了学生多样化学习需求，也解决了家长按时接学生难的问题，有效落实"双减"相关政策，同时也有效地提升了学生的综合素养，为家校社共育开创新局面。

第三，落实多维评价，发展核心素养，搭建家校社全方位综合评价平台。在青少年发展中心家校社课程体系的构建与学生参加丰富多彩活动的过程中，我们积累了大量、多维、生动的过程性材料。为此，我们基于中国学生发展核心素养，深度挖掘康巴什地区文化象征"康老师"的内涵品质，提炼出五大育人目标。以育人目标为总体框架，制定了课程目标。通过质性评价、档案袋评价等方式，对学生进行多领域、多维度的评价。这些评价也将作为重要的数据提供给学校、家长以及社会。

下一阶段，我们将不断推进各类优质社会资源的整合，形成多方合力、聚力发展的全域育人格局。继续注重家校社课程的内涵挖掘与深度设计，不断完善家校社体系化课程建设。落实学生、学校与社会的多维度评价，形成机制健全、内容充实的家校社一体化评价体系，助力学生德智体美劳全方位发展。（作者单位：康巴什区青

少年发展中心）

　　三是推进校外非学科类名师工作室建设。为实现校内、校外教育质量优质均衡发展，康巴什教体局出台了《康巴什区校外非学科类名师工作室建设实施方案》《康巴什区非学科类校外名师工作管理办法（试行）》，出台《校外非学科教培"康七条"》，明确了非学科教培"康七条"的措施，从理念、认定、管理、选课、评价、导向等方面为校外非学科培训机构的发展指明方向。成立非学科类校外培训名师工作室，倡导鼓励以名师为引领，以名师工作室为载体的管理模式，认定一批校外名师，建立校外名师进校园授课、学生菜单式选课、校内外课程共建、校内外名师共研、校外名师星级评价、名师机构优先审批等机制，以高标准、高质量的校外名师工作室运行与管理，推进校内校外教育融通，实现"校内校外课程融合、师资共享、队伍共建、教育共促"的新局面，最终形成校外教育有品质、校内教育有内涵的良好教育生态，实现康巴什区校内校

图4-16　康巴什区实验小学校园文化
（图片来源：康巴什区实验小学）

图4-17　飞起来的纸飞机,飞起来的梦想

（图片来源:鄂尔多斯市第一中学东校区档案馆）

图4-18　小小足球队的狂欢

（图片来源:康巴什发布）

外优质均衡品质提升。

如今,康巴什区已经成为全国基础教育课程改革实验区、基础教育国家级优秀教学成果推广应用示范区,家校社协同育人、融合德育课程、基础教育课程改革等先进经验多次在国家级平台进行宣讲与推广,近百次承办国家级、自治区级现场会、推进会,优质教育资源带动周边地区共同进步,课程辐射至华东、华北、西南地区的多个省市。为全市培育优秀师资力量,名师、名校长、名教研员示范引领作用发挥覆盖全市乃至更远。学生主体性学习、对话性学习、协同性学习的"深度学习"特点充分显现,个性化、全面化成长得到保障,立德树人根本任务有效落实。

近年来,康巴什区教育事业发展迈入"快车道"、按下"快进键",以全局视角规划、从纵深方向推进,通过课堂教学改革体系构建,形成了从教学到德育、从学校到家庭、从校内到校外的横向协同育人模式,和从学校治理到课堂教学改革再到学生核心素养发展的纵向序列育人体系。历时8年,呈现出地区课改新样态,为"双减"政策在康巴什高质量落实奠定了坚实的理论与实践基础。

教育治理呈现新面貌。康巴什区迈向现代学校制度建设的"五个一"工程目标基本实现,学校治理体系不断完善,治理水平不断提高,连续9年荣获鄂尔多斯市教育工作督导评估一等奖,区教体部门获评第六届内蒙古自治区"人民满意的公务员集体"。各学校普遍启动学校文化建设,在办学理念、"一训三风"、校园环境、制度建设等方面取得了长足的进步,先进理念逐步深入人心。

课堂教学变了:解决深度学习"学什么"的问题。近年来,康巴什区通过课堂教学改革体系构建,形成了从教学到德育、从学校到家庭、从校内到校外的横向协同育人模式,从学校治理到课堂教学改革再到学生核心素养发展的纵向序列育人体系。历时8年的课改从3个维度呈

图4-19　我们一起来学习蒙古包的搭建
（图片来源：康巴什发布）

图4-20　爱读书的我们
（图片来源：康巴什发布）

现出新的样态。

育人模式变了："四减四增"带来"满意教育"。近年来,康巴什区以"减负、提质、增效、惠民"为目标,校内多措并举,校外名师助力,实现校内与校外互通、互补、互融,教育质量明显提升,群众满意度创新高。

家校社关系变了:推动教育"孤岛"变"环岛"。康巴什区全力推进"健全家校社协同育人机制实验研究",着力破解家校社协同程度不高、共育机制不完善等难题,真正做到体系完善、协同有力。

康巴什区本着让教育回归本源,使学生享受到真正有品质的教育的原则,多措并举,有序、有效推进教育"双减"工作。在积极探索在"双减"背景下,把"学知识"和"育人"完美结合,让学生们实现学中玩,玩中学,力求达到学生减负、学校提质、家长满意、社会认可的目的,实现教学质量与教学效能"双增"。通过探索新时代方法论实现教育改革新突破,康巴什区的基础教育事业实现了量质齐升的跨越式发展,绘就了高质量发展的新画卷。

四、融合发展,创新党建育人新品牌

鼓励党建工作与教育教学工作全面融合、特色发展,是鄂尔多斯市用高质量党建促进教育高质量发展的创新举措和特色做法,通过总结凝练中小学校党建工作的典型经验,以点带面,推动全市教育系统各级党组织交流互鉴、共同进步。"全面推行中小学校党组织领导的校长负责制,围绕'北疆教育之鄂尔多斯心向党'这个党建品牌,推行'1335'党建工作模式,实现高质量党建引领高质量教育,为地方高质量发展提供教育支撑。"鄂尔多斯市教育体育系统党工委书记,市教育体育局党组书记、局长万世斌说。

康巴什区教体系统持续巩固党史学习教育成果,以"红烛先锋　品

图4-21 全市中小学校党建工作现场会
（图片来源：康巴什区教体局提供）

质教育"党建品牌为引领，以创建"最强党支部"为载体，推进"五化协同、大抓基层"，以"党建品牌"和"六融合六筑牢"为抓手，落实"基层党组织建设巩固提升"专项行动，党建工作扎实深入，"红烛、知行、尚美、幸福"等党建品牌熠熠生辉。

为认真贯彻落实《中共中央关于建立中小学校党组织领导的校长负责制的意见（试行）》，2023年7月6日，鄂尔多斯市举行中小学校党建工作现场会暨中小学校党组织领导的校长负责制工作推进会议。

康巴什区教体局强化党支部书记抓党建的意识和能力，高站位、树标杆做好党建"规范化""一体化""有效化"文章。"康巴什区第一中学'一核两翼三驱动'党建机制，就是把党建和教育进行彻底、深入地融合，把立德树人的根本任务落到实处，让党建工作贯穿教育教学整个过程，真正实现教书育人。"鄂尔多斯市康巴什区第一中学党总支书记宋仁丽在全市中小学校党建工作现场会上说。"一核两翼三驱动"党建运行机制，是以教书育人、立德树人为核心，以专业教师队伍建设和优秀

管理队伍建设为两翼，以"党建＋教学""党建＋德育""党建＋管理"三个融合创新为驱动力。康巴什区第一中学极具学校特色的党建创新之作，得到现场同行的认可和纷纷点赞。

康巴什区第四小学党支部书记、校长王晓丹也对第四小学的党建工作有了自己的新计划。"深受启发，受益匪浅！我要带领党员教师一起学，学通、学透、学明白，让教师把这样的精神力量注入每一个课堂，通过党建带队建，把红色教育的种子种在孩子们的心中，发芽、长大。还要把党建与学校自身特色相结合，构建'家—校—社'模式，携手并进。"

2022年6月，康巴什区第二中学党支部被中共鄂尔多斯市委员会组织部授予鄂尔多斯市"最强党支部"示范点荣誉称号。沉甸甸的荣誉是鼓励，更是鞭策。

康巴什区第二中学党支部成立于2013年1月。自成立以来，秉承"自强不息、追求卓越"的校训，坚持教育党建深度融合发展的思路，着力打造"卓越"党建品牌，积极发挥党支部的战斗堡垒和党员的先锋模范作用，为党育人、为国育才。

一、党建领航　家校社协同育人

习近平总书记指出："办好教育事业，家庭、学校、政府、社会都有责任。"康巴什区第二中学党支部积极响应党中央号召，探索构建全员育人机制，发挥学校、家庭、社会各自优势，凝聚起强大育人合力，持续推进家校社"3＋2"全员、全程、全方位育人模式。"3"即全体教师、班主任、德育导师为一体，"2"即家庭教育和社会实践相结合。

为加强班主任队伍建设，学校党支部引领开展班主任读书赋能活动、举办班主任德育工作现场会、成立班本课程工作研修室及班主任名师工作室、创建温馨教室第一梯队等，进一步提高班主任的专业能力。为培养全体教师人人都能成为优秀德育工作者，学校党支部持续推进和完善德育导师制度，开展党员带头做德育导师、党员带头家访等形式丰富的德育活动。同时，积极推动德育活动与学科教学相融合，开展主题教育月+特色周活动，挖掘学科育人素材，厚实德育活动实效；为引导家长做好家庭教育，学校党支部牵头举办薪火讲堂、家长开放日活动，成立家校共育工作室，开发培训家长的多元课程，进而推进家庭教育实现从"课堂"到"课程"再到"课程化"的迭代升级；为开展好社会实践活动，学校党支部号召开展"小小宣讲员"活动，定期开展党员教师和学生进社区的实践活动，打造"青铜文明+校园"馆校共建行动，让孩子们在实践中受益成长。

二、党建续航　深化课改立德树人

厚积薄发桃李满天下。康巴什区第二中学党支部秉持"欣赏学生、尊重个性、激发潜能、自主发展"的办学理念，贯彻落实党的教育方针，学校构建了"尚德自强""启智自信""强体自觉""悟美自省""践劳自立"和"发展自主"为主要内容的课程体系。以铸牢中华民族共同体意识为主线，深入开展民族文化进校园、民族文化进课堂、民族文化进课程的民族团结特色活动，培养德智体美劳全面发展的社会主义建设者和接班人。为更好地落实义务教育阶段"双减"政策，充分发挥学校教书育人的主体功能，学校积极推进深化"聚焦深度学习、落实核心素养"的课堂教学改革。以课堂教学为主阵地，将自主发展的理念融入课堂；以科学管理为动力点，将自主发展的能力寓于实践；以创新实践为融合点，让孩子自主发展受益终身，落实立德树人的根本任务。

三、党建护航　全心全意为人民服务

"一切为了群众，一切依靠群众和从群众中来到群众中去"的群众路线是党的生命线和根本工作路线。康巴什区第二中学党支部

密切联系群众、服务群众,发挥好党和群众之间的桥梁纽带作用。为落实好组织群众、宣传群众、凝聚群众、服务群众的职责,凝聚人心鼓舞斗志,为群众解难题、办实事,学校党支部确立了"1234"工作法,做好"我为群众办实事"实践活动。"1"是组织好学校工作全面自查自纠工作,做好自我"修复";"2"是开展好以专家和家长为主阵地的"薪火讲堂",为家长师生排忧解难,做好心理建设;"3"是运用好问教师、问家长、问学生的"三问"调研活动,做好开门纳谏;"4"是走入社区、博物馆、公益组织、大自然,做好志愿服务,发挥教育党建共同体的辐射效应。

踔厉奋发启新程,笃行不怠向未来。康巴什区第二中学党支部坚持党建领航,未来,将以"最强党支部"为起点,全面贯彻党的教育方针,努力把学校建成"特色鲜明、内涵丰富、学生满意,家长放心、社会信赖"的品质学校,以"卓越"党建引领学校卓越发展,做教育的先行者,为续写好康巴什教育故事扬帆远航。

从优化教育资源供给到深化教育改革,从加强教师队伍建设到推进学校治理现代化,近年来,康巴什区始终遵从现代化建设的战略部署和高质量发展的现实需要,不断增强做好教育工作的责任感、使命感和紧迫感,确保教育事业始终沿着正确方向有力有序推进。

第二节 用集团化办学求均衡

党的二十大报告指出"加快义务教育优质均衡发展和城乡一体化，优化区域教育资源配置"教育优质均衡的核心在于办好老百姓家门口的每一所学校。在鄂尔多斯市、康巴什区两级党委、政府的坚强领导和大力支持下，康巴什区把教育事业放在优先发展的战略位置，全面贯彻党的教育方针，深入落实立德树人根本任务，建设高质量教育体系，发展规划优先、资金拨付优先、人才引育优先，为义务教育优质均衡固本筑基、铺路架桥。近年来，康巴什区通过实施集团化办学战略，以强带弱，合作办学，共同发展，实现优质均衡的教育目标，加快建设"西部教育名城"，聚焦品质，不断使教育体育发展同地区经济社会发展相适应、同群众所想所盼相契合，教育体育面貌发生了格局性变化。

一、促进公平 精准施策

教育兴则国家兴，教育强则国家强。而教育实现兴和强，义务教育阶段是基础和关键。中国式现代化需要教育现代化的支撑，需要义务教育的优质均衡发展。康巴什区委、区政府坚持以人民为中心发展义务教育，努力破解义务教育领域人民群众关心的热点难点问题，满足人民群众对优质均衡义务教育的热切期盼，巩固提升义务教育的普及水平，对义务教育进行了系统谋划和综合治理。从布局规划、学校建设、经费投入、教师队伍、学校管理、质量评价等方面完善义务教育政策保

障体系,深化义务教育综合治理工作。深化义务教育综合治理,坚持义务教育公益性原则,将优质均衡作为治理的目标追求。习近平总书记强调,要"坚持教育公益性原则,把教育公平作为国家基本教育政策"。中共中央、国务院印发的《中国教育现代化2035》明确提出了2035年"实现优质均衡的义务教育"的发展目标。康巴什为实现这一目标,在康巴什区委的全面领导下,推动政府、学校、家长、学生等多方利益相关者共同参与综合治理,通过多方协同,形成联合行动的合作机制,充分保障每一名儿童接受义务教育的机会,实现基本公共教育服务均等化。

康巴什教体局从合理设置课程、建立教育教学质量和学生学业质量评价体系、深入推进教育改革,倡导改变教学方式,为每位学生提供适合的教育等方面全面推进义务教育优质均衡。康巴什教体局局长李美荣说:

康巴什教体局通过七条路径推进义务教育基本均衡的,到2022年底义务教育段学校办学基本标准接近或达到了优质均衡的规定要求。主要策略:

一是优资源。康巴什区义务教育发展不均衡。主要体现在生均占地面积、生均建筑面积、运动场地面积、专用教室等,学位供给不足,普遍存在大校额、大班额问题。为彻底解决这一问题,近年来,市区两级政府不断加大教育投入,加快了不达标学校改造步伐,在各区财力紧张情况下,通过强化政策引领,千方百计筹措学校改造资金。坚持做到财政一般公共预算用于教育支出逐年增长,按在校生人数平均的一般公共预算教育支出逐年只增不减,为义务教育阶段学校资源优化提供了可靠的财力保障,义务教育阶段中小学办学标准逐年提高,由达标率较低,到绝大部分达标,实现连年迈新步、上台阶。

二是强队伍。实现义务教育优质均衡，师资配备是核心指标，也是最难实现的目标。全区义务教育最大短板是师资配置不合理，存在数量不足、结构不优问题。尤其是音体美、科学等学科教师严重短缺。因师资不足，部分学校存在课程开不全，课时开不足问题。为彻底解决这一难题，本着目标导向、问题导向原则，在队伍建设上，政府不断发力。加大补充力度，公开招聘、人才选聘、人才引进、筑巢引凤等渠道，通过持续发力，目前，全市教师队伍年龄结构、学科结构已逐步趋向合理，形成了年龄结构梯次配置，学科结构上优化配置，确保了开全、开足、开好各学科教学；加大在职教师培训力度，每年通过国培、省培渠道，对在职教师开展全员培训。对新入职教师开展岗前培训，对薄弱学科教师开展能力提升培训。在校内，围绕提升课堂效益，广泛开展同课异构、生本课堂、新课标、新理念等多种形式的校本研训。为使教师业务能力素质不断提高，在全区范围内，开展了持续的岗位大练兵、大比武活动，校长、教师积极参与其中，各学科教师驾驭课程、精耕课堂、深研教材的能力水平实现了整体提升；不断加大对名师名校名校长培养建设力度。

三是建机制。为实现义务教育优质均衡跨越式发展率先突破，在客观条件先天不足的情况下，以创新驱动为主基调，通过优化体制、健全机制入手，推进均衡发展每年上台阶、上水平。建立了对均衡发展职责的评价机制，充分利用区域优质教育资源，不断完善协同发展机制，完善家校社会三位一体育人机制，做到了全员育人、全方位育人、全过程育人，使义务教育育人方式、育人体系实现了立体化，对滞碍均衡发展的重点难点热点问题，理出问题清单和目标责任清单，实施一校一案、一项一策，解决问题，根据难易程度，规划出时间表，以示范校带动辐射其他学校，从而实现整体提升。

四是提质量。义务教育优质均衡的核心是育人质量不断提升，

真正办出更具公平、更高质量、更多内涵的教育,使人民群众满意度获得感不断增强。为此,区教体局采取一体两翼、多点用力、全面提升的策略,在多维度上,不断提高义务教育质量。经国家义务教育质量监测中心连续测,目前康巴什区义务教育质量在全自治区居前列。为加速促进教育质量不断提升,在全区范围内开展了课改促质量提升专项行动。通过不断深化课堂教学改革,不断优化教师的教学方式,在面向全体的同时,做到因材施教,有教无类。通过开展"假如我是孩子,假如是我的孩子"的大讨论,引导教师建设有温情、有温度的课堂,让课堂气氛充满情感、充满阳光。通过普及教育信息化,丰富教学手段,使课堂不仅有情,而且有趣,实现课堂教学效益最大化。为解决中小学生课业负担过重、参加校外培训机构人数过多、家长不堪经济负担、学生不堪时间身体负担,教育成本逐年增加的顽疾,开展了"双减"和以减负提质增效为目标的"五项管理"专项行动。

五是开赛道。为促进中小学生全面发展、健康发展、终身发展,在推进优质均衡中,康巴什区又开辟了更多赛道。实施课后延时服务,让课后服务成为学生综合素质提升的新平台,让课后2小时有益、有效,使每个学生都能找到发现潜能、展示自我、增长自信的平台,找到兴奋点、兴趣点得以发挥的舞台。拓展社会实践,通过广泛开展研学旅行、家校合作,实践体验、社会感知等活动,厚植中小学家国情怀,坚定理想信念,增长知识才干。近几年,以红色、科普、乡土、自然、国学为主题的研学活动在康巴什区开展得风生水起,每年参与研学活动的中小学生达到五万多人次。广建社团,开展丰富多彩、主题突出、特色鲜明、个性昭彰的社团活动,引领学生创新进取。通过自发、自主、自由的社团活动,让学生始终自信、阳光、向上,构建起健康快乐的成长心态。康巴什区中小学社团实现了全员参加、全部覆盖。

六是数字赋能,为义务教育均衡发展增加现代化元素。实现校校通、班班通的前提下,更多资金投向了教育信息化。以专递课堂、名师课堂、空中课堂建设为载体,全力推进义务教育信息化、数字化。

万山磅礴必有主峰,龙衮九章但挈一领。康巴什区精准发力,综合施策,谱写义务教育优质均衡新篇章。教育是国之大计、党之大计,是立区之本、强区之基、惠民之源。义务教育在整个教育体系中具有基础性、先导性、全局性战略地位。2019年,康巴什区有义务教育阶段学校13所,义务教育阶段在校生1.5万人。办好更加公平、更高质量、更具内涵和活力的义务教育是区域教育的重中之重,而实现义务教育优质均衡是实现这一目标的具体体现。康巴什区教体局分别制定了推进优质均衡的实施方案,明确了时间表和线路图。

质量监测已经成为康巴什教育教学改革的引路导航。教育部基础教育质量监测中心发布2020年国测结果报告,康巴什用好国测这把"标尺",找准区域教育发展的"位置",进而寻找康巴什教育高质量发展的突破口,推动全区义务教育走上了优质均衡发展的快车道。2020年9月,康巴什区参加了教育部基础教育质量监测中心组织开展的第二轮国家义务教育质量监测。本轮监测覆盖全国331个样本县和430个协议县。康巴什区12所学校的600名学生被抽取参加本次监测。数字记录奋斗脚步。从发布的国测"体检报告"来看,德育状况共监测学生行为规范的日常表现好的人数比例等8项,其中康巴什区四年级阶段有3项10星,2项9星;八年级阶段有4项10星,2项9星。科学综合状况共监测科学(或物理、生物、地理)学业成绩平均分等10项,其中康巴什区四年级阶段仅科学1个监测指标中就有5项10星,3项9星;八年级阶段科

学、物理、生物、地理4个监测指标中共有15项10星,6项9星。据了解,在监测结果报告中,国家对参测样本县进行星级评定,监测结果从1星到10星分为十个等级,星的数量越多,表示该县在全国样本县中的相对位置越靠前,表现越好。

积极推进义务教育优质均衡,推进康巴什教育优质均衡高质量发展。义务教育优质均衡达标一个门槛:即义务教育阶段学校基本办学标准,两个系数:即小学综合差异系数和初中差异系数。康巴什区教体局督导室主任赵成刚说:

康巴什区从党委政府及义务教育阶段各中小学,近几年坚持持续用力,对关键环节,做到了精准发力;对破解难点、热点,做到了综合施策。康巴什区2021年参加国家义务教育质量监测数学、体育与健康、心理健康3个学科。各学校牢固树立了"有格局才优质、有思想才优质、有体系才优质、有品质才优质、有特色才优质、有成果才优质"的视野高度,着力补齐短板,完善体系构建,加大优质义

图4-22 康巴什区中小学阳光分班现场
(图片来源:康巴什区教体局提供)

教均衡发展的宣传力度，推进康巴什教育优质均衡高质量发展。2021年1月8日，教育部基础教育质量监测中心授予康巴什区教育体育局"县级优秀组织单位"荣誉称号。

推改革，促进教育公平。持续推行基础教育阳光建设系列工程，一是推进阳光分班，让教育公平真正落地。2019年8月25日，康巴什区教育体育局组织2019年"阳光分班"现场会，对区属义务教育阶段4311名新生进行了阳光分班。鄂尔多斯市教育体育局副局长郑军、基础教育科补昕，康巴什区教育体育局局长张燕、区纪委监委派驻教体局纪检监察组负责人乔欢出席会议，区教体局副局长李美荣主持现场会。区属各中小学校长、副校长、教师代表、家长代表、学生代表、班主任代表，区直新闻媒体等相关人士全程参加会议。"阳光分班"利用全市分班软件根据报名学生的性别、民族、户籍等各项因素随机抽取、均衡分班，并在大屏幕上显示操作过程，现场打印分班结果。自动生成的分班结果由家长代表、学生代表、社会代表、班主任代表及学校校长签字确认，经康巴什区教育体育局和学校加盖公章进行存档和公示。分班结果一式四份，康巴什区教体局存档一份，学校和班主任各留一份，学校张榜公示一份，整个分班过程严格遵守公开、公正、透明原则。从2014年实施"阳光分班"以来，取得了显著成效，实现了教育教学资源的相对均衡配置，调动了广大教师工作的积极性与主动性，维护了每个学生平等接受教育的权利，使康巴什区的择班、择师、择校等热点难点问题得到了有效缓解，得到了学生、家长和社会的广泛认可，为进一步推动义务教育均衡发展奠定了坚实的基础。

二是完善义务教育免试就近入学、高层次人才子女入学绿色通道等各类政策体系，以"同城待遇"为原则，康巴什切实保障了进城务工人员子女就学权益，将进城务工子女就学纳入本地教育发展规划，并纳入政

府财政保障体系。截至目前,义务教育阶段进城务工人员随迁子女就读人数有2372人,占总人数的19.2%。这些学生从入学就能享受到同康巴什户籍学生一样的待遇,彰显了教育公平。

二、笃行不怠 全面提升

在"努力让每个孩子享有公平而有质量的教育"的道路上,康巴什区从未止步。康巴什区持续发力,奋力创优,从义务教育均衡发展向优质均衡发展迈进,从教育新区向教育强区进军。在康巴什区通透的蓝天下,每一步都有穿花而行的风景。而建在这座活生生、水灵灵的花城、绿城、生态城之中的每一座学校,既是花园也是乐园。走进康巴什一幼,3000平方米的自然生态环境区,林荫、菜园、池塘、绿地,每一处都焕发着别样的生命气息;走进康巴什十幼,"栖真园"内芳草、清流、鲜花、小羊和嬉戏的孩子们相映成美丽的画卷。在康巴什区的13所幼儿园

图4-23 康巴什区幼儿园小朋友玩水游戏
(图片来源:康巴什区教体局提供)

里,一园一景,每一所都是一个独具特色的儿童乐园,有攀岩、儿童高尔夫、沙坑、大型积木、蒙古包、空中滑索、野战区、种植区等户外游戏和活动设施,可以开展各种户外活动。张梓恒的妈妈说:"我家孩子在康巴什十幼就读,每天放学他都不愿意回家,放学了还要在园里玩一个多小时才肯回家。"康巴什区的学校就是这样,每一所校园都是花园、都是乐园,孩子们享受其间、乐在其间,在畅快中享受着优质的教育。

图4-24　康巴什区实验小学梁艳老师跟学生一起阅读
（图片来源：康巴什区教体局提供）

"十四五"以来,鄂尔多斯市开启全域深入推进集团化办学模式改革,制定了《2022—2025年各旗区集团化办学组建任务清单》,建立了市级统筹、旗区规划、学校主导的三级联动机制。康巴什区委、政府和教体局借此契机,革新先行,科学规划康巴什教育集团化办学的整体布局和发展规模,按照"相对就近、优势互补、强弱结合、规模适度"的原则,通过"名校领衔""优质校+新建校""优质校+成长校"等方式组建学校联盟。目前,康巴什区共有5种集团模式,涉及学校12所。集团校内统筹

安排师资力量、教学资源、教研活动和评价考核等,切实缩小校际差距,促进弱校和新校教学水平快速提升,同时实现硬件和软件双提升实现优质教育资源利用效益最大化,义务教育优质资源全覆盖,集团化办学加速学校的发展。实现了"垫低就高、优质均衡",让成熟的教育理念和更多的优质课程教学、教科研资源从中心城区校园推广到周边学校。

可见新区"集团化办学""一校多址""九年一贯制""名师工作室"推进教师"县管校聘"和名师"无校籍管理"等一系列深化教育改革的创新手段,正是推进教育同地区经济社会发展要求相适应、同居民群众所想所盼相契合的生动实践。

图4-25 康巴什区未来学校优美的校园环境
(图片来源:康巴什区未来学校提供)

未来学校就是小学、初中九年一贯制办学的创新成果。2021年该校以康巴什区第九小学运行,2022年秋更名为康巴什区未来学校。学校占地面积92764平方米,建筑面积49200平方米。建筑工程采用多项国内领先水平的环保、节能新技术、新工艺、新材料、新设备,是"中国建设工程鲁班奖"获奖工程。

未来学校设计理念充斥着希望,例如其校徽以"未"字为基,"鲁班锁"为型，取康巴什天空蓝，融鄂尔多斯草原绿，聚乌兰木伦河文化底蕴，汇康巴什城市现代化气息。天地交泰，万物共生。"未"字张开双臂，一是表达办学宗旨——拥抱新时代，一起向未来；二是寓意面向未来的探索之门。

访谈校长周旭光时，他介绍未来学校信心满满：

未来学校，立足当下，着眼未来，坚持以新思想、新理念、新举措、新技术引领学校新发

图4-26　康巴什区未来学校校长周旭光
（图片来源：编者采访）

图4-27　康巴什区未来学校教师阅读空间
（图片来源：康巴什区未来学校）

展,落实立德树人根本任务。在"未来教育"的文化品牌引领下,确立"面向未来"办学理念,致力于创造无限可能的未来,坚持"拥抱新时代,一起向未来"办学宗旨,践行"为未来而教,为未来而学"行动纲领,以"匠心育人,无限精彩"为办学目标,落实"立德铸未来、立志向未来、立行创未来"的育人目标。

2022年9月,康巴什区第一中学北校区正式成立,北校区与康巴什区第一中学实行"一校两址"的紧密型集团化办学模式,使优质教育资源辐射扩大,推动区域教育优质均衡发展。小班化优势——全人教育,因材施教,个性发展集团化办学。康巴什区第一中学北校区位于鄂尔多斯市康巴什北区博雅街以东青春山路以南地段,总建筑面积6690.7平方米,绿地面积4845.36平方米,学校绿地率为24%。校园环境优美,文化气息浓厚,教室、实验室、图书区、报告厅、体育场、餐厅、宿舍等校舍功能齐全、设施完备、条件优越,为学生提供优质的学习生活条件。校区拥有室外运动场4350平方米,生均面积为12.87平方米,满足学生户外活动需要,为开展丰富多彩的体育活动提供了基础保障。康巴什区第一中学北校区有28名教师,党员教师7名,高级教师6名、中级教师9名,研究生学历教师12名,这是一支老中青相得益彰,经验、能力和热情相辅相成的优质教师队伍。北校区发展"五颗心"、学校的发展——有耐心,事业的发展——有信心,教师的发展——有决心,学生的发展——有爱心,北校区发展——有雄心。办学目标:办一所学生喜欢、教师幸福、家长满意、社会认可的现代化理想学校。六大办学优势:品牌优势——依托地区名校,教育质量一流,硬件优势——重点打造,设施完备,设备一流,管理优势——一体化管理,管理体系科学,管理水平一流,师资优势——一中班底,整体派驻,经验、能力和激情有机结合,服务优势——三餐+午休,保证学生高质量生活,解决家长后顾之忧。办学思路:一条线——继承、创新、发展,三步走——打基础、谋发展、创一流,五个主题——教师发展年、高效课堂年、精品课程年、学生成长年、精细管理年。

康巴什区第一中学北校区执行校长刘金民说:

"名校带新校",北校区与一中本部"理念共识、管理共融、师资共享、资源共建、课程共育、教研共促、评价共振"。一是文化理念共识,创造幸福教育。北校区秉承"幸福教育"办学理念,绿地上移植象征"幸福教育"精神内核的"沂水春风"主题雕塑,与党的新时代教育方针旗帜雕塑两相辉映,成为凸显北校区教育精神的重要景观。教学楼内以竹简形式展开的"沂水春风"典籍文化墙古色古香,廊道内"幸福是奋斗出来的"校训文化墙笔锋浑厚,二者相互呼应,成为北校区秉持"幸福教育"的精神烙印。二是管理共融,提升治理效能。北校区与本部实行行政管理一体化建设,管理团队由主校区派驻。北校区党支部继承主校区"幸福党建"的基本品牌创建内涵,以"六融合,六筑牢"的工作思路,充分发挥党建工作在学校各项工作中的统领作用。以"五创五带头"创建工作为抓手发挥党员先锋模范作用,同时积极探索北校区"幸福党建"新的工作亮点,初步形成"幸福教育1+1"的工作项目。三是师资共享,青蓝携手共进。北校区通过与本部共建青蓝工程、名师讲坛教师成长平台,不断促进教师队伍成长。青蓝工程拜师仪式——聘请主校区骨干教师,担任北校区年轻教师的师父。专家引领——教学总监宋仁丽为全体教师开设系列专题培训。骨干引领——康一中本部骨干教师深入北校区进行经验分享,深入备课组指导教学。四是资源共建,保障教学同质。一体化信息管理系统,两校区共同研制教学资源,共商共享。五是课程共育,实现五育并举。我校以大课程观思考学校课程

图4-28　康巴什区第一中学北校区开学迎接新同学
（图片来源：康巴什区第一中学档案室）

建构，在康一中"五育并举"的课程体系架构下，以学生核心素养发展为核心，在开齐开足国家课程的前提下，注重国家课程与校本课、社团课的一体化设计，增加课程的延展性，丰富课程内涵，同时我们还探索跨学科综合实践课的开发，将"做中学、用中学、创中学"的理念根植于课程体系。我校在开齐开足国家课程的基础上，以"五育并举"课程体系为指导，以学生核心素养发展为核心，注重各学科的横向与纵向延伸，探索跨学科综合实践，设计开发了丰富多彩的活动。六是教研共促，培养教师队伍。教师队伍梯次培养各备课组每周与本部进行一次常态化集备，每月开展一次联合教研活动。学校搭建共享培训平台，定期组织专业培训，邀请区域名师专家作客"名师讲坛"，不断提升教师专业素养，使北校区教师与本部教师共成长。七是评价共振，确保办学的实效。坚持以评促学，以评促教，以评促建，与主校区统一评选方案，统一评比标准，统一表彰方式。

优化教育布局规划,科学配置教育资源。聚焦破解中小学、幼儿园优质学位不足难题,科学规划布局、高点定位目标,创新推动集团化办学,着力构建现代化教育体系,实施教育重点基础设施建设项目11项。为切实保证工程质量,我们针对项目前期手续办理、建设进度等问题,协同发改、财政、住建、自然资源等部门进行研究讨论和分析,协同施工方制定个性化推进措施,以高度的责任感,确保各项目工程高速高质量推进。截至2022年底,康巴什区第一中学北校区已经投用,康巴什区第十五幼儿园、康巴什区第十六幼儿园已经完工,康巴什区第三小学高新校区、康巴什区高级中学(市一中东校区)主体框架已经完成,康巴什区第五小学东校区基础工程及主体框架一层施工完成,康巴什区第七中学、康巴什区第十一小学、康巴什区第十八幼儿园、康巴什区第十九幼儿园、康巴什区第二中学扩建项目前期手续已经办理完成。建成投用的康巴什区第一中学北校区,新增学位240个,进一步满足群众就近接受优质教育的需求。康巴什区第十五幼儿园,位于赛车小镇西片区鄂尔多斯东路北、开发大道西。总建筑面积5537.61平方米,设12个教学班,可提供360个学位,预计2023年8月投入使用。康巴什区第十六幼儿园,位于康巴什区北区经三路东,滨水东路北。总建筑面积6423.24平方米,设18个教学班,可提供540个学位。目前,主体封顶,正在进行室内装修,预计2023年8月投入使用。康巴什区第五小学东校区,位于金港湾汽车城规划二路南、规划一路北、滨河路东、开发大道西。总建筑面积23406平方米,设24个班级,可提供960个学位,预计2023年9月投入使用。康巴什区第三小学高新校区,学校位于康巴什区纬十二东街以南,纬十一东街以北,东经五支路以西。总建筑面积19915.78平方米,设36个班级,可提供1620个学位,预计2023年8月投入使用。康巴什区第一中学北校区,位于康巴什北区博雅街以东,青春山路以南地段,总建筑面积6690.7平方米,设6个教学班,实行小班化教学管理,

2022年8月启用招生。康巴什区高级中学（市一中东校区），位于鄂尔多斯生态环境职业学院北侧，总建筑面积105886平方米，设72个班级，可提供3600个学位，预计2024年8月投入使用。

坚持优质均衡标尺，助力教育高质量发展。区教体局按照区委、区政府工作部署，结合"十四五"期间中小学幼儿园学位建设专项规划，重点推进东部片区和北部片区优质中小学幼儿园学位建设。同时，将维修改造及其附属设施所需经费纳入政府财政预算，努力提升薄弱学校基础设施，老百姓"家门口的好学校"越来越多。

康巴什区各学校幼儿园基础设施条件都得到了极大改善，现代化的教学设备走进了学校。我们通过加大本级财政投入、争取上级项目专项经费、积极鼓励社会各界捐资助学等多种渠道，高标准配备教育教学设施设备，有序推进标准化学校建设。利用暑期和节假日时间，对25所中小学及幼儿园教室、功能室、餐厅、卫生间及楼体外墙、屋顶防水、暖气管道、户外活动场地、校园路面硬化共计86个项目进行了维修改造。通过公开招标的方式，采购多媒体一体机、电脑、课桌椅、图书、幼儿玩教具、音体美及实验室设施设备。建设智慧教室18间，通过智慧走班解决"大班额"问题，配备教师及学生专用IPAD，推进办学质量提档升级。为提高教室学习环境质量，保护学生视力，为康巴什区第一小学北校区等9所学校更换节能护眼灯。

智慧教育迈上新台阶。教育信息化是推进教育高质量发展的战略支撑和动力引擎。全面推进智慧校园和智慧教室建设，构建以学习者为中心的智慧校园新生态。高水平建成覆盖全区的康巴什智慧教育新型基础设施，建成覆盖全区的"万兆到校，千兆到班"的高速教育城域网，通过5G、千兆无线局域网等方式，实现校园无线网络全覆盖。推进校园智能化改造，提升普通教室、专用教室和创新教室的新型数字化教学装备配置水平，建设基于人工智能技术，具备教学行为感知、学情统

图4-29　康巴什区第二小学特色项目——棒球运动
（图片来源：《康巴什教育》）

图4-30　有趣的彩偶，我看看
（图片来源：《康巴什教育》）

计分析和课堂交互协作功能的智慧教室、智能实验室、虚拟仿真实训室、创客教室等智能学习空间,打造生动直观形象的新课堂。为师生提供符合技术标准和学习需要的个人学习终端,支撑网络条件下的个性化教与学。实现教育公共服务平台智能升级,推动教育服务事项"网上办、掌上办、指尖办",满足人民对优质教育的需求。

三、各美其美　美美与共

康巴什区紧紧围绕高质量教育发展,以做强品质教育为目标,以优化教育资源供给为基础,以深化教育改革为抓手,以加强教师队伍建设为根本,积极推进基础教育事业改革与发展,努力建设"中国基础教育名城"。康巴什将继续强化"双减"落实实效,围绕"保证课后服务时间,提高课后服务质量,拓展课后服务渠道"等核心路径,优化课后服务内容,精选服务内容和形式,因校而异、因人施教,真正答好"基础与提升""共性与个性"的命题。持续强化学校体育工作,逐步落实每班每周5节

图4-31　康巴什区第六小学的学生经典诵读活动
（图片来源：《康巴什教育》）

体育课；全面深化全国体育联盟实验校工作，健全常规课、特色课、选项课等课堂模式；丰富少儿趣味田径、软式垒球、腰旗橄榄球、冰雪运动、水上运动项目等新兴体育项目，充实大课间活动内容。强化教育队伍建设，多举措提升教师地位待遇，全面推进"县管校聘"改革，落实学校用人自主权，深入推进校园长教师轮岗交流，有力促进区域教育发展。

一枝独秀不是春，百花齐放花满园。优质均衡发展，品质内涵发展、"五育并举"，深度课改，家校社协同育人，县管校聘等一列教育举措，让康巴什教育各美其美，美美与共，与美好同行。一个个美好的镜头记录着康巴什教育美好的画面：

　　镜头一：康巴什区第三小学的"尚美菜园"，老师正一边示范一边向同学们讲解农作物种植的基本知识。在老师的指导下，有的学生放苗，有的填土栽苗、扦插，有的浇水。不一会儿，学生们就完成了茄子、胡萝卜、辣椒移栽。区第三小学创建的"尚美菜园"，实行

图4-32　康巴什区实验小学的劳动实践课——刨土豆
（图片来源：《康巴什教育》）

承包责任制，分片划出责任区，分到各班管理，轮流种植。"这是我们的快乐菜园，里面种植着很多的蔬菜瓜果，我们很多知识也是在这里学习到的。去年我们种的茄子大丰收，我们还吃到美味的红烧茄子。"三年级五班学生刘雨辰每天早上到学校后，她第一件事就是到"尚美菜园"看看。菜园这边一派繁忙，厨房那边也是热火朝天。学生们戴着一次性手套和帽子，在厨师的指导下制作桃酥，大家小心翼翼地将面粉、黄油等材料搓圆再按扁，中间撒上一点黑芝麻，再用小杯子底部按压出一个"小坑"。看到桃酥制作成型，孩子们的脸上洋溢着快乐的笑容。"桃酥吃起来很好吃，做起来可真是不简单，揉的时候不能太用力，用力一大就碎了，终于感受到了劳动的辛苦，以后我要珍惜粮食。"正在做桃酥的学生王柄杰感慨道。此外，每年学校还会开展"绿色栽培""小小烹饪达人"等活动，给予学生更多的知识补充，丰富学生的校园生活。

　　镜头二：康巴什区第二小学的木工制作坊，各种木制的凉亭、小板凳、推车、锅盖等精致有型，学生们正在动手制作古建筑，这些古建筑都是他们利用假期去康镇观察学习到的歇山顶建筑风格。只见学生们先用铅笔尺子，在木板上画出对称线，标注出要钉钉子的点，接着两人合作，一个固定住木板，一个左手拿着钉子，右手拿着羊角锤小心翼翼地钉起来。还有一些对建筑造型不满意的学生，更是精益求精，拿着锉刀、砂纸，不停地打磨。一堂课下来，古建筑模型已基本成型。"木工是一项脑力和体力兼备的活动。"指导老师刘向飞介绍，木工课上的学习，并不是简单地学一些器物制作的方法或者学一些工具的使用，这其实是一个不断发现问题和解决问题的过程，培养学生认识世界和改造世界的思维模式，所以更多的是学习如何思考。学校就充分统筹区域多样化劳动教育资源，推动建立课程完善、资源丰富、形式多样、机制健全的劳动教育体系，推动小

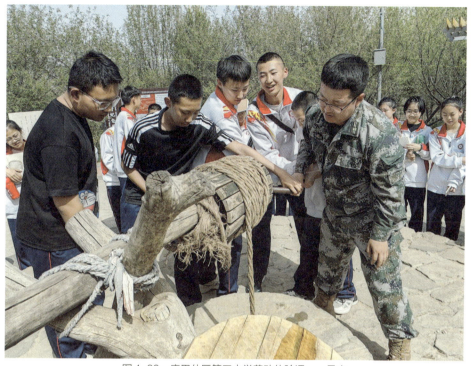

图4-33　康巴什区第三中学劳动体验课——吊水
（图片来源：《康巴什教育》）

学劳动教育常态化深入开展。教务处主任赵宏图说："通过劳动教育，使学生牢固树立劳动最光荣、劳动最崇高、劳动最伟大、劳动最美丽的观念，尽可能多地创造机会和条件、创新内容和形式，通过丰富多样的劳动实践，让学生知劳动、会劳动。"

镜头三：康巴什区第一小学三年级五班"小树苗"中队组织开展了"红领巾"治理荒漠劳动教育实践活动。实践活动的主要任务是埋设沙网和种植沙生植物。大家行动迅速，配合默契，个个都像治理沙漠的勇敢小斗士，经过一上午热火朝天的劳动，曾经的满目黄沙被一条条白色长龙"降服"，一粒粒象征希望的种子开始在沙土里生长。活动结束后，同学们在自己的日记本上记录了这有意义的一天，他们写道："这一次实践活动让我了解了家乡的地貌、植被和气候环境，学习了治理沙漠的相关知识，也让我真正体会到了劳动的

图4-34　快看,我弄的小豆子长芽了
（图片来源:康巴什区教体局提供）

`图4-35　瞧,我们收获的玉米
（图片来源:康巴什区教体局提供）

图4-36　我也来体验一下挑东西
（图片来源：康巴什区教体局提供）

艰辛和光荣，深深地感受到了取得劳动成果后的快乐和幸福。""红领巾"治理荒漠劳动教育实践活动是康巴什区第一小学德育特色项目。本次实践活动，营造了人人参与劳动、热爱劳动的良好氛围，磨炼了"小树苗们"的意志，提高了他们的劳动实践能力，引导他们懂

图4-37　鄂尔多斯市第一中学东校区校园戏剧《青春》展演
（图片来源：市一中档案室）

得了劳动最光荣、最崇高、最伟大、最美丽的道理，并把建设伟大祖国、建设美丽家乡的种子深深地种在了他们幼小的心灵中。

在新时期，"双减"在实实在在地向美好前行。康巴什区教体局党组书记、局长李美荣在全国德育现场会上分享《让教育的力量看得见》——康巴什区推行家校社协同育人采访：

学校如何落实好"双减"？学生如何实现全面发展？家长如何尽责？社会如何配合？聚焦"双减"目标，康巴什区先行探索，深化改革。

"我们坚决全面贯彻党的教育方针，落实立德树人根本任务，从体制机制、队伍建设、课程建设三方面入手改革，整体构建家校社一体化工作体系，力求形成以'学校教育为主体、家庭教育为基础、社会教育为依托'的协同育人新模式，促进学生全面发展和健康成长。"

体制机制一体化，让协同育人体系"立"起来。

"我全部通关啦！"

"你们得了几枚优秀奖章呀？"

"老师刚刚夸我的声音好洪亮啊！"

1月4日，期末考试已至，康巴什区各小学的教室、校园内、多功能厅热闹非凡，不断传出孩子们的欢声笑语，一场别开生面的无纸化沉浸式测试活动拉开帷幕。

走进第四小学考场，看到同学们手拿"游园票"，奔跑于各个关卡，个个劲头十足，欢声笑语不断。

"参加了游园活动，我觉得很开心，让我觉得学习是一件有意思的事情。"康巴什区第四小学一年级二班学生张一诺开心地说。

这是康巴什区落实"双减"政策中一个片段。

图4-38　康巴什区第六小学语言课堂
（图片来源：《康巴什教育》）

2004年5月，在康巴什建区之初，就确立了"高起点规划、高标准管理、高水平办学"奋斗目标，着力构建高质量教育体系，全力打造优质教育品牌。

党的十八大以来，康巴什区聚焦"双减"目标，以打造名师、名校长、名班主任"三名"工作室和心育工程、薪火讲堂、社区课堂等若干研修阵地为载体，基于问题，围绕主题，开展系统、深入的研修，主动探索家校社协同育

图4-39　康巴什区第一小学的英语展示课
（图片来源：《康巴什教育》）

人新模式。

以名校长工作室为载体,聚焦现代学校制度建设、课程建设、队伍建设,开展每年一主题、每月一研修的研究活动,校长工作室的研究助推高质量教育体系的构建。

以区、校、学段级"三级联动"的名班主任工作室为载体,切实提高德育队伍的专业水平和育人能力。10年来,培养优秀骨干班主任300多名,申报国家、自治区、市级课题10余项,并荣获全国先进名师工作室和全国成果创新奖。

以名师工作室为载体,采取"每年一主题,每月一研修"的工作举措,在项目研究、课题引领方面取得突破性进展,全力推进名师工程,提升教师整体专业能力。

以心育工程为载体,成立了由14名心理健康教师、40名班主任、100名家长组成的心育导师团。聘请全国知名心理专家、家庭教育导师为导师团成员开展为期三年的心理健康教育培训,建立课

图4-40　康巴什区第五小学校长蔡成瑞(左三)引领领导专家参观校园
(图片来源:康巴什区教体局提供)

程资源库,使心理健康教育系统化、科学化、规范化。

课程建设一体化,让协同育人课程"融"起来

随着"双减"政策在康巴什落地,许多学生和家长对"不一样的寒假"有了新的感受。

1月29日,农历腊月二十七,康巴什区青少年发展中心以中国传统年俗活动为主题的"虎娃闹新春"公益迎新年活动精彩启幕。

打造儒雅的校园文化,创设优雅的教育教学环境。康巴什区教体局德育组组长于春达说:

> 行走在康巴什的学校,赏心悦目的校园文化建设随处可见,从学校章程、制度、师生行动纲领,到校训、校歌、校徽等校园文化、班级文化细节,无处不体现寓情于景、寓教于心、寓德于行的校园文化内化行为规范和价值追求,学校文化特色育人深入人心。康巴什的

图4-41 康巴什区化学老师实验教学教研活动
(图片来源:康巴区什区教体局提供)

学校既是花园也是乐园。如康巴什区第十幼儿园,这所幼儿园完全颠覆了国内幼儿园的常规设计,整个园区都是游乐场,有攀岩、儿童高尔夫、沙坑、大型积木等100多种户外活动项目,甚至还有空中滑索。孩子们穿着成套的雨衣雨鞋在小溪里挖沙子,在老师的带领下跳竹竿。4岁的张梓恒小朋友的母亲曾这样告诉记者:"梓恒每天都不愿意回家,放学了还要在这里玩一个小时才走。""康巴什每个小区附近都有幼儿园、小学、初中,教学质量都非常好。"康巴什的学校就是这样,每一所校园都是花园、都是乐园,学生们享受其间、乐在其间,在赏心悦目的畅快中享受着优质的教育。

一路走来、一路芬芳,康巴什区家校社协同育人交上了一份优异答卷:荣获基础教育国家级优秀教学成果推广应用示范区;在2021全国中小学新时代德育创新发展研讨会上,德育办、康巴什区第五小学、康巴

图4-42 康巴什区幼儿园师生户外活动
(图片来源:康巴什区教体局提供)

什区第三小学分别从区、校、班三个层面围绕家校社一体化构建和融合课程建设作了典型发言；康巴什区"双减背景下家校社一体化建设"成功申报第六届中国教育创新成果公益博览会教育创新成果……

"教育一端连着学生和教师的成长，一端连着民族的未来。"张燕说，在新时代赶考之路上，我们将继续坚守立德树人根本任务不动摇，以"双减"背景下家校社协同育人课题为抓手，主动探索、勇于实践，让教育的力量看得见、教育的成果摸得着，努力开创学校"时时育人"、家庭"事事育人"、社会"处处育人"的良好局面，使得"双减"成为人人可享的"福利"。

坚持优质教育均衡发展。施工"拉满弦"，项目建设忙。近日，记者来到区第三小学（高新校区）项目建设现场，看到项目正在进行室外景观硬化施工，整体项目计划于今2023年8月完工投用，建成后将提供1620个学位，预计9月开始正式招生。同时，区第五小学（东校区）、市一中（东校区）等项目建设也在有序建设中。

图4-43 康巴什教育薪火大讲堂
（图片来源：康巴什区教体局提供）

2023年全区重点项目建设观摩会议暨上半年工作总结会议上强调,在民生保障上,要不断加强优质学位供给,让更多孩子能在康巴什"有学上";要全力促进教育公平,让北区、高新区和东部片区的孩子都能上家门口的好学校。承载着"西部教育名城"美誉的康巴什,一直将发展教育事业作为第一要务,坚持优质教育均衡发展的战略不动摇,全力打造有温度的教育向往之地。近年来,康巴什区不断提升集团化办学规模和水平,不断扩大优质教育资源覆盖面。康巴什区第一小学与康巴什区第二小学在2022年8月就已建成康巴什区第一小学集团校。各个分校区从装修设计到师资力量配备,均探索实行与本校区一体管理、资源共享的集团化办学模式,从"单打独斗"到"抱团发展",不断发挥辐射带动作用,精准推进集团校捆绑评价改革,将分校的办学质量提升度与总校的督导评估的满意度进行捆绑评价,促进全区教育优质均衡发展,形成了优质学校从"一枝秀"到"满园春"的良好局面。

以康巴什区第一小学(北校区)为例,集团化办学仅一年时间,预报名人数便成比例增加,由以前的每届四个班扩充至六个班。不仅如此,

图4-44 康巴什区第三小学(高新校区)
(图片来源:康巴什区教体局)

图4-45 鄂尔多斯市第一中学东校区新校区
（图片来源：康巴什区教体局）

从2022年开始，康巴什区将新生入学工作与"多多评·码上生活"平台进行有机结合，以"多多评·码上生活"平台为载体，以品德积分为考查指标，实现新生入学助力学位升级的功能，为康巴什区居民提供更优质的服务，营造人人皆向善、好人有好报的社会氛围，深入落实了随迁子女同城待遇入学政策，为新生入学不断创造便利。

康巴什区正大跨步向着"让每个孩子均等享受优质教育"的目标迈进，下一步，康巴什区将以集团化办学提质增效为目标，充分发挥优质校的辐射带动作用，实现从"一校好"变"校校好"，发挥出"1+1＞2"的效应，让每个孩子"上好学""好上学"，让优质教育在康巴什"遍地开花"。

积跬步以行千里，致广大而尽精微。康巴什区教育人将赓续百年初心，立足优质均衡发展和教育品牌建设，推进教育高质量发展，把地区教育的形象立起来，在建设"中国基础教育名城"、实现教育现代化的新征程上阔步前行。

第三节　向人民的期望交答卷

康巴什教体系统坚持从政治上看教育、从民生上抓教育、从规律上办教育,坚决把习近平总书记关于教育的重要论述和重要指示批示有效转化为发展导向、政策举措和工作方法,紧紧围绕"营造良好教育生态,构建高质量教育体系"这一重点,聚焦"西部教育名城"和优质均衡这一目标,积极推进中国基础教育名城构建。我们聚焦义务教育优质均衡县验收,积极改善办学条件,稳妥推进县管校聘,分步推动集团化办学,教育优质均衡迈上新台阶。我们聚焦"双减"抓课改,创新推进"校外名师进校园"工程,校内外教育协调发展,"双减"工作质中求进,承办教育部课程教材研究所"健全家校社协同育人机制实验区项目研讨会",《中国教育报》整版刊登文章《康巴什——一张闪亮的教育"新名片"》。我们倾心尽力打造良好教育生态,开启师德师风建设三年行动,出台系列人事制度改革方案,创新推进《康城教育爱廉说》、评选最美教师、处理违规教师,良好教育生态提档升级,康巴什区教育体育局获评自治区文明单位。面对严峻复杂的疫情形势,教体系统上下同心协力,在攻坚克难中凝聚力量,在担当作为中坚定步伐,在拼尽全力中勇毅前行。今天,我们站在党的二十大胜利召开的重大历史节点,教体系统全面贯彻党的教育方针,全体康巴什教育人精勤奋斗、夙兴夜寐,积极回应加快推进教育高质量发展的时代要求,推动全区教育体育事业向更高水平跃升。

2023年7月31日,鄂尔多斯市委副书记、市政法委书记、康巴什区

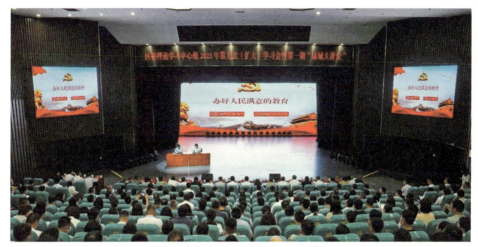

图4-46　康巴什区委理论学习中心组2023年第九次(扩大)学习会暨第一期"康城大讲堂"
(图片来源:康巴什区教体局提供)

委书记甄华,为康巴什区干部作了题为"办好人民满意的教育"专题党课。他着重谈了三个问题:什么是人民满意的教育？我们的教育还有哪些让人民不满意？怎样做到让人民满意？这三个问题的提出,为康巴什区教育今后的发展指明了方向和目标。

一、什么是人民满意的教育

教育是立国之本、强国之基。党的十八大以来,以习近平同志为核心的党中央高度重视教育工作,始终把教育摆在优先发展的战略地位,召开新时代第一次全国教育大会,先后出台《中国教育现代化2035》《关于深化教育教学改革　全面提高义务教育质量的意见》《关于构建优质均衡的基本公共教育服务体系的意见》等系列重要文件,坚持在经济社会发展规划、财政资金投入、公共资源配置等方面优先保障教育,开启了加快推进教育现代化、建设教育强国、办好人民满意的教育的历史新征程。

习近平总书记站在培养社会主义建设者和接班人的政治高度,就教

育改革发展提出一系列新思想新观点新论断,特别是针对基础教育工作,总书记在许多重大会议、重要场合进行了反复强调和深刻阐述。

2017年10月,总书记在党的十九大报告中对"优先发展教育事业"作出全面部署,明确提出"建设教育强国是中华民族伟大复兴的基础工程,必须把教育事业放在优先位置,深化教育改革,加快教育现代化,办好人民满意的教育。"报告中的"努力让每个孩子都能享有公平而有质量的教育",为新形势下做好教育工作指明了奋斗目标和正确方向。

2018年9月,改革开放40周年之际,总书记在全国教育大会上发表重要讲话,从党和国家建设全局出发,深刻回顾了党的十八大以来我国教育事业发展取得的显著成就,强调要"促进学前教育普惠发展、义务教育城乡一体化发展、普通高中多样化有特色发展……为每个人成长成才创造条件"。

2022年10月,总书记在党的二十大报告中对"办好人民满意的教育"作出专门部署,强调"教育、科技、人才是全面建设社会主义现代化国家的基础性、战略性支撑",要"加快义务教育优质均衡发展和城乡一体化,优化区域教育资源配置,强化学前教育……普惠发展"。这也意味着,在中国式现代化进程中,教育的基础性、先导性、全局性地位和作用更加凸显,肩负的使命更为重大。

2023年5月,总书记在中共中央政治局第五次集体学习时发表重要讲话,深刻指出"建设教育强国,基点在基础教育。基础教育搞得越扎实,教育强国步伐就越稳、后劲就越足。要推进学前教育普及普惠安全优质发展,推动义务教育优质均衡发展和城乡一体化"。这是迄今为止关于建设教育强国最全面、最系统、最深刻的论述,为做好新时代基础教育工作指明了前进方向、提供了根本遵循。办好人民满意的教育,加快建设教育强国,是满足广大人民群众对更好教育期盼的重要途径,事关国家安全和人民幸福。这是光荣的历史使命,也是沉甸甸的历史责任,是信任和期待,也是有力鞭策。我们要立足2035年我国发展的总体目标任务,深刻理解教育是国之大计、党之大计,深刻理解建设教育强国在全面建设社会主义现代化国家中的地位,把办好人民满意的教育作为教育工作的出发点和落脚点,坚持一切教育工作以人民满意为标准的评价观,推动教育强国建设、办好人民满意的教育取得扎实进展。

办好人民满意的教育,要以立德树人根本任务为使命,努力培育时代新人。全面建设社会主义现代化国家是一项伟大而艰巨的事业,前途光明、任重道远。进入新时代,发展教育必须解决好"培养什么人、怎样培养人、为谁培养人"这个根本问题。育人的根本在于立德。在民族复兴新征程上,要坚持用习近平新时代中国特色社会主义思想凝心铸魂,更好地为党育人、为国育才。要全面贯彻党的教育方针,落实立德树人根本任务,引导青少年树立共产主义远大理想和中国特色社会主义共同理想,坚定不移听党话、跟党走,努力成长为有理想、敢担当、能吃苦、肯奋斗的时代新人,把理想追求融入党和国家事业,自觉服务"国之大者",积极投身全面建设社会主义现代化国家的伟大实践。

办好人民满意的教育,要以教育优先发展为战略,加快建设高质量教育体系。坚持教育优先发展,要努力适应以中国式现代化全面推进中华民族伟大复兴对教育优先发展的新要求,更加有效地应对新科技革命和产业革命的挑战,为实现新发展阶段经济社会长期可持续发展、全面建成社会主义现代化强国奠定人力资源基础。不仅要在规划和投入上优先发展,更要进一步明确优先发展的目标与内涵,重点解决教育高质量发展中的动力机制、发展机制、投入机制、评价机制等问题,释放教育改革发展的力量,全面提高人才自主培养质量,着力造就多领域拔尖创新人才。要紧紧围绕科教兴国战略、人才强国战略、创新驱动发展战略中的重大战略需求和人才培养需要,加快构建高质量教育体系,努力在人才培养、科学研究、技术创新、国际交流、文化传承等方面发挥更

大作用,为以中国式现代化全面推进中华民族伟大复兴发挥教育的基础性、战略性、先导性作用。

办好人民满意的教育,要以人民为中心为价值旨归,切实增进民生福祉。坚持以人民为中心,体现了我们党全心全意为人民服务的根本宗旨,彰显了我们党百年奋斗的价值旨归。只有坚持以人民为中心的发展思想,坚持发展为了人民、发展依靠人民、发展成果由人民共享,才会有正确的发展观、现代化观。要聚焦人民群众对多样化优质教育的期盼和需求,继续深化教育领域综合改革,完善学校评价体系,健全学校家庭社会育人机制,积极破除办好人民满意教育过程中遇到的体制机制弊端,破解教育发展过程中问题难题、堵点、痛点,努力提高办学质量,不断满足人民群众对享有高质量教育服务的需要。要坚定不移推进教育公平,优化教育资源配置,形成政府主导、覆盖城乡、可持续的基本公共教育服务体系,努力让每个孩子都能享有公平而有质量的教育。要进一步实施好国家教育数字化战略行动,加强国家智慧教育公共服务平台建设并深化应用,将国家智慧教育平台打造成教育领域重要的公共服务产品,努力建设全民终身学习的学习型社会、学习型大国,为实现人的全面发展夯实根基。

新蓝图壮丽多彩,新征程壮志满怀。伟大奋斗创造百年伟业,教育强国直指民族复兴。办好人民满意的教育,加快推进教育现代化,以教育现代化助力新的伟大奋斗,必将创造新的伟业,在第二个百年奋斗中继续交出优异的答卷,绘就中国式现代化的美好前景。

(一)百年大计,教育为本;教育是国之大计、党之大计

办好人民满意的教育,是贯彻落实科教兴国、人才强国、创新驱动发展战略的基础。实施科教兴国,办好人民满意的教育,应深入理解"培养什么人、怎样培养人、为谁培养人"这一教育根本问题。

培养什么人——立德树人、铸魂育人。德是人之本，国无德不兴，人无德不立。"道生之，德畜之，物形之，势成之。是以万物莫不尊道而贵德。"教育就是教育和培养每个人能够"明大德、守公德、严私德"，在国家民族大义面前，知荣辱明进退；在社会秩序公义面前，知得失辨是非；在个人品德道义面前，知黑白懂高低。中国共产党始终坚持用马克思主义理论培养和塑造人，用共产主义理想教育和引导人，坚持培养德智体美劳全面发展的人。要培养对国家有功、对社会有益、对家庭有利的人，培养有家国情怀、有理想有追求、有信仰有抱负、愿意为中国特色社会主义事业奋斗不懈的人。要以"铁一般信仰、铁一般信念、铁一般纪律、铁一般担当"为标准，培养社会主义建设者和接班人，培养具有高度的"志气、底气、骨气"的中国人，培养"跟党走、听党话、感党恩"的社会人，锻造"有理想、敢担当、能吃苦、肯奋斗"的青年人。

怎样培养人——党的领导、扎根中国。坚持党的领导，毫不动摇落实党的教育方针，牢牢掌握党对高校意识形态工作的领导权，确保社会主义办学方向。坚持以人民为中心的教育理念，着力解决人民群众上学难、上学贵、上学忙的问题，努力创造让每个人都享有人生出彩的机会，让更多的孩子享有更公平的教育。坚持扎根中国办教育，把研究和论文写在中国大地上，创办中国特色、世界一流的大学。"我国高等教育要立足中华民族伟大复兴战略全局和世界百年未有之大变局，心怀'国之大者'，把握大势，敢于担当，善于作为，为服务国家富强、民族复兴、人民幸福贡献力量。"学校要引导广大师生做社会主义核心价值观的坚定信仰者、积极传播者、模范践行者，教师要以德立身、以德立学、以德施教，各级党委和政府要解决学校后顾之忧，维护老师应有尊严，保护学生生命安全。

为谁培养人——为党育人、为国育才。办好中国的事情关键在党，要牢牢抓住后继有人这个根本大计。人才是第一资源，聚天下英才而

用之，人尽其才，才尽其用，中国特色社会主义事业才会不断向前推进。习近平总书记强调："我国高等教育发展方向要同我国发展的现实目标和未来方向紧密联系在一起，为人民服务，为中国共产党治国理政服务，为巩固和发展中国特色社会主义制度服务，为改革开放和社会主义现代化建设服务。"中国特色社会主义事业正高歌猛进，前进的道路上还会遇到更多的"娄山关""腊子口"，迫切需要"为党分忧、为党添彩"的人才队伍，需要"为党分忧、为国尽责、为民奉献"的人才队伍，需要"守土有责、守土负责、守土尽责"的人才队伍，需要"平常时候看得出来，关键时刻站得出来，危急关头豁得出来"的人才队伍。

（二）我们要深入学习领会习近平总书记关于教育工作的重要论述，全面准确把握其丰富内涵和精神实质

要深刻理解学前教育关于"普及普惠安全优质发展"的要求：一是加大普及普惠力度，扩大普惠性学前教育资源供给，促进公办和民办幼儿园协同发展，着力解决人民群众关心的"入园难""入园贵"问题；二是提高安全优质水平，加强教师队伍建设和教学规范管理，提高幼儿园装备配置水平，强化治安防范、食品安全、卫生防疫等工作，全力营造安全、稳定、和谐的校园环境。要深刻理解义务教育关于"优质均衡发展和城乡一体化"的要求：一是促进区域协调发展，以推进学校建设标准化为重点，切实改善学校教学生活和安全保障条件，大力培养造就高素质专业化教师队伍，加快缩小区域教育差距。二是推动城乡整体发展，以推进城乡教育一体化为重点，科学制定城乡学校布局规划，切实解决人口集中流入地区教育资源供需矛盾，加快缩小县域内城乡教育差距。三是加快校际均衡发展，以推进师资配置均衡化为重点，完善集团化办学和学区制管理办法及运行机制，促进校际管理、教学、教研紧密融合，加快缩小校际办学质量差距。四是保障群体公平发展，以推进教育关爱制度化为重点，健全以居住证为主要依据的农业转移人口随迁子女入学保障政策，确保不同群体适龄儿童平等接受义务教育，加快缩小群体教育差距。

作为一座以"老师"命名的城市，康巴什区在建设之初，就始终把教育事业作为立身之本、兴城之要，从2007年与北京师范大学合作兴办第一所学校，到2010年底开始自主办学，教育资源迎来"井喷式"增长，再到今年秋季，各级各类教育机构将达到46个，在校师生总数达到近6万人。历经16年发展进程，康巴什教育由小到大、由弱到强，从零起步到走在全市乃至自治区前列，中考成绩连续11年位居全市首位，基础教育办学质量得到了社会广泛认可。我们通过一个视频来回顾一下康巴什教育的发展历程。

2023年6月，新华社以"康巴什区基础教育高质量发展路径启示"为题，向自治区递交智库专供报告，孙绍骋书记和包献华副主席相继作出批示，要求"教育厅全面总结康巴什区在基础教育发展方面的经验，加强宣传和推广，推动自治区基础教育均衡优质发展。"康巴什教育影响力和知名度不断攀升的背后，是区委、区政府一直以来高度重视教育、优先发展教育的实践写照，是全区广大教师和教育工作者十数年孜孜以求、坚守初心的劳动结晶，也标志着我区在探索"办好人民满意的教育"道路上迈出了坚实的一步。

二、我们的教育还有哪里让人民不满意

康巴什教育在取得辉煌成绩的同时，也存在很多问题，而且通过近几年群众的反映来看，这些问题已经愈演愈烈，严重影响了人民群众对我们教育工作的认可。其中，老百姓反映最集中、最强烈的，就是教育不均衡的问题。对于老百姓来说，康巴什教育整体上有多好不是他们

最关心的,他们最关心的是这些优质的教育资源自己能不能享受得到,从目前的情况来看,至少有相当一部分群众是没有享受到的。我们绝不能被眼前的一点成绩蒙蔽双眼,躺在功劳簿上沾沾自喜,要时刻倾听群众呼声,直面我们现在存在的问题,深挖细究根本原因,真正把群众的"不满意"作为今后工作的侧重点和努力方向。

(一)深刻认识到我们的义务教育阶段优质学位供给严重不足

今年秋季招生的报名工作已经基本结束了,摆在我们面前最直接也最紧迫的一个问题,就是现有的空余学位无法满足就学需求。目前,报名并符合条件的小学一年级新生有3976人,而我们能够提供的学位只有2286个,存在1690个学位的空缺;初中一年级有3392名学生要就读,但我们只有2545个学位,存在847个学位的空缺。为了这2537个空缺的学位,我们的教育部门也是绞尽了脑汁,最终通过将图书馆、功能室改建成教室和借用周边幼儿园教室的方式,暂时予以缓解。但扬汤止沸不能最终解决问题,要认识到根本原因在哪里?

一是教育布局缺乏长远规划。出现学位缺口,最直接的原因就是学校建得不够多,规划没跟上发展速度。我们多次强调要"远学雄安、近学淄博",学雄安就是学他们"千年大计"的发展思路、学他们规划先行的建设理念。教育是康巴什的第一事业,教育的布局规划必须放在城市规划重中之重的地位,优先布局、优先审批、优先建设。从项目建设周期来看,一所标准规模的小学或初中,从最开始的规划立项到手续办理,再到施工建设,最后建成投用,最快也需要一年半到两年的时间。也就是说,现在开始规划布局,最快也要到2025年才能投入使用。这就要求我们的工作一定要有前瞻性,在全面摸清家底的基础上,准确把握发展趋势,适度超前规划配置教育资源。要科学测算明年秋季入学人数,抓紧办理新建学校相关手续,加快推进续建和改扩建学校施工进度,确保明年中小学、幼儿园学位充足。从区域人口密度来看,主城区人口过度集中是我们面临的最大压力,现有的学校容量已经远远无法满足城区学生的就学需求,特别是人口密度相对更高的市政府以西片区和神华康城片区。按照国家标准化学校规模,初中应不超过30个班,每班人数不超过50人,小学不超过24个班,每班人数不超过45人,但我们的实际情况是:在尽量保证班级人数不超过限定标准的情况下,康一中今年秋季将达到50个班,实验小学已经达到了48个班,第四小学校区已经彻底无法容纳新生,秋季一年级8个班将在第十六幼儿园办学,这样超负荷的承载量给学校带来了巨大的管理压力和安全隐患,严重影响到了康巴什教育工作的稳定性,必须尽快解决。

二是新生人数年均增长过快。随着康巴什教育质量的逐年攀升,越来越多的人把孩子送到康巴什就读,近三年我区义务教育阶段学生平均每年增长3000人左右,这也是虽然我们每年投用两三所新学校,却始终无法满足就学需求的重要原因。从户籍情况来看,目前区属各级各类学校共有学生3.2万人,康巴什户籍的学生只占到40%左右,近60%的学生都来自区外,这其中市内其他旗区占到73%,其他盟市和自治区外占到27%。这些学生中,市外户籍的基本上是因为父母来康巴什工作的随迁子女,但市内其他旗区的大部分都是专门来康巴什读书的,这就给我们有限的教育资源带来很大冲击。从住房情况来看,虽然近年来我区义务教育阶段有房学生比例正在逐年递增,从2018年的不到40%提升到了今年的超过60%,但既没有康巴什户籍,也没有康巴什住房的学生仍然占到了四分之一,基本上是驻区企业、市直单位干部职工子女以及进城务工人员子女。我们在保障区内适龄儿童入学的同时,还要承担这些孩子的就学任务,始终面临着巨大的办学压力。

三是校园建设工程缓慢、铺张。同新生增长的速度相比,我们的校园建设进度明显缓慢和滞后。比如,鄂尔多斯市第一中学东校区的新

校址,从2020年就列入重点项目盘子开始选址规划了,前期的设计方案几易其稿,预计到2024年秋季才能投入使用。而且现在的校址腾退出来之后,要改成康巴什区第一中学北校区和第十二小学,因为迟迟腾不出来,康巴什区第一中学北校区从去年成立到现在,一直在一所幼儿园里办学,这么长的建设周期已经严重影响了教育工作的整体发展。同时,我们的一些学校项目投资数额巨大,过于铺张浪费,鄂尔多斯市第一中学东校区总投资是6.9个亿,未来学校是4.8个亿,对于一所学校来说,有必要这么豪华吗?2014年,习近平总书记在北京大学师生座谈会讲话时,引用过一句清华大学第一任校长梅贻琦的话,"所谓大学者,非谓有大楼之谓也,有大师之谓也",评价一所学校的好坏不是有多好的大楼,是要有大师、有优质的教育水平。我们建的第三小学高新校区今年秋天就要投用了,总共投资只有1.4个亿,但是非常漂亮,高新区的群众看见后很满意、很期待。我们通过视频和照片一起来看一下。以后康巴什的学校建设要把握好两个原则,一是"坚固",二是"实用",不要铺张,要把钱花在刀刃上。

(二)深刻认识到我们的教育质量客观存在"城乡"差异

习近平总书记对于义务教育提出明确要求,就是"优质均衡发展和城乡一体化"。康巴什虽然在行政区划上已经没有"乡"了,但是无论从人口结构还是建设管理水平上来说,北区就是我们的农村。主城区建得光鲜亮丽、美轮美奂,各种资源都聚集在这,学校都是最好的;东部片区建得不如主城区漂亮,配套也不完善,学校也是去不了主城区的第二选择;北区的建筑不漂亮,也基本没有什么公园广场、商业配套,尤其学校更是没人愿意去。事实上,这些都是"城乡"差异,都需要我们下大力气去解决。

一是思想认识上的"城乡"差异。提起北区,大家的第一想法就是农村、落后，提起北区的学校，大家的第一想法就是差学校、教学质量不行，以前我也是这种想法。我第一次去一小北校区调研的时候，看到他们的软式棒垒球和冰壶课程搞得非常好，这才知道原来北区的学校也能开展这么高端的体育运动项目，确实让人大开眼界。教育部教育督导局副局长来康巴什考察调研，我就让带到一小北校区去看了看，那个副局长看完之后非常满意，说真的没想到我们的一所城郊学校居然能办得这么好。所以大家首先要从思想上转变认识，我们北区的学校虽然不如主城区的，但和其他旗区、盟市相比，也是好学校。下一步，我们要重点打造北区的学校，逐渐缩小和主城区学校的差距，坚决避免形成强者愈强、弱者愈弱的"马太效应"。

二是投入力度上的"城乡"差异。我们过去在北区的学校上投入的财力和资源有所欠缺，在校园改造提升、教学设备配置等方面的投入远不如主城区的学校，特别是校园周边的资源配套更是有限，孩子们想要外出进行一些拓展活动都无处可去。下一步，我们要着重弥补这一不足，结合目前在建的21个住宅小区，以雷家坡流域防洪防涝和生态保护提质改造项目为中心，整体规划布局公园绿地、环城水系、慢行步道、公交场站等基础配套设施，用未来3到5年时间，将北区打造成属于我们自己的生活基地。要重点考虑学校的教育教学功能需求，比如第一小学北校区缺少软式棒垒球活动场地，我们可以探索在学校附近布局公园时，将相关的功能设施进行配套，既能满足周边居民休闲活动需求，又能延伸拓展教育教学功能，不断打造"宜居宜学"的城市环境。

三是教育管理上的"城乡"差异。北区学生的学业成绩相对落后，还有一个很重要的原因就是家庭教育管理的缺失。主城区的家长大多是公职人员或有稳定工作的，自身学历素质高，而且下班后还有大量的时间和精力照顾孩子、辅导功课，但北区的父母基本都是打工的，每天早出晚归，根本没时间管孩子，要么是老人照顾，要么干脆是无人监管。

这样的情况下,很多孩子课后根本没人给辅导,大量的空闲时间用来玩手机、打游戏,甚至有的就连基本的吃饭问题都保障不了,每天中午只能吃前一天的剩饭剩菜,不要说学业成绩,就连健康成长都是问题。我们要重点关注北区学生的课后监管,在扎实做好课后服务的基础上,探索为学生提供就餐和午休服务,同时发挥好家庭教育指导服务中心职能,帮助北区家长提升教育指导能力,将教育延伸到课后、拓展到家庭,以良好的家校共育机制保障每个孩子健康快乐成长。

(三)深刻认识到我区的教育不公平现象正在日益加剧

"择校热"问题是目前影响康巴什教育公平的最大阻碍,也是饱受群众非议的主要原因。康巴什区第一中学、第一小学、第三小学、第五小学、实验小学,这几所学校的核定班级数量一增再增,学生人数远超国家规定,比如康巴什区第一中学今年秋季学生将会超出规定限额1000人,实验小学限定学生数是1080人,现在整整翻了一倍。这种抢占优质教育资源的现象已经不仅仅是扰乱了教育公平,甚至影响了经济社会发展大局。

一是优秀教师资源过度集中。教师是推进教育高质量发展的第一资源,优秀教师资源的过度倾斜,将会直接导致各学校教育质量的迅速失衡。从教师引育的角度来看,在康巴什教育起步之初,我们从全国各地引进了很多优秀成熟教师,这些教师大多集中在第一中学、第一小学、第三小学等老牌学校,同时经过优秀成熟教师多年的传帮带,这些老牌学校里工作时间长的年轻教师也逐渐成长为优秀教师,老牌学校的教师队伍呈现出特别优秀的态势。反观后来的新学校,随着优秀成熟教师招引难度的不断加大,新学校教师队伍普遍偏年轻化,缺少成熟教师的引领,教师队伍整体素质与老牌学校的差距也就越来越大。从教师调配的角度来看,虽然我们大力提倡教师"区管校聘",但是名校的老师很少愿意到新学校任教,包括推行集团化办学的几所学校,总校的优秀成熟教师也不愿意去集团校,归根结底是老师们不愿走出自己的"舒适区",相比在名校里受到的家长和社会的礼遇,去新学校是远远赶不上的。反之,愿意去新学校的老师大多是年轻教师,因为新学校有很多空置的职称岗位,年轻教师有更多的机会评职称、涨工资,这就造成了年轻学校教师队伍愈加年轻,优秀教师资源进一步倾斜。

二是课外教育服务供给不够充分。近两年,康巴什严格执行国家"双减"政策,对学生在校时间和作业量进行严格控制,比如一二年级学生在校时间不超过六个小时,不能布置书面作业等,但对学生的课外教育服务供给却没有跟上。有钱的家长就给孩子报各种培训班,让孩子的综合素质得到培养提升,没钱的家长只能眼睁睁看着自己的孩子跟别人产生越来越大的差距,这也是一种极不公平的表现。现在的校外培训班水平参差不齐,像优学谷、优莱城聚集了很多五花八门的教育培训机构,这些服务我们也完全可以承担,少年宫就可以做,而且水平要比他们高出很多,只不过现在课程资源有限,很多孩子报不上。下一步,我们要继续加大对少年宫的支持力度,在北区和东部片区规划增建新校区,予以更多资源倾斜,真正让康巴什的每个孩子都能享受到更加优质的校外教育服务。

三是"走后门"加剧不公平现象。义务教育阶段就近入学是现阶段促进教育公平的最有效手段,但这一点恰恰是康巴什教育不公平最突出的表现。社会上的有些人,为了进所谓的重点学校,使尽浑身解数,想方设法飞条子、托关系、找门路,让原本就十分紧张的优质教育资源更加稀缺。

三、怎么做到让人民满意

尽管康巴什教育存在很多问题,但我们有底气说我们的教育仍然是全市甚至全自治区最好的,而且也有信心和能力把教育办得越来越好。我们要始终把教育作为康巴什区的第一事业,坚持优先发展不动摇,一切围绕教育、集中力量办教育,不断推动教育事业高质量发展。要全力以赴解决教育不公平、不均衡的问题,全面贯彻中办、国办印发的《关于构建优质均衡的基本公共教育服务体系的意见》(中办发〔2013〕24号)文件精神,按照"垫低就高"的原则,重点做好以下9项工作,尽快拉动全区义务教育优质均衡发展,确保到2027年在全市率先初步建立优质均衡的基本公共教育服务体系,打造更有影响力的教育名城。

一要不断加大优质学位供给力度。我们要坚持"民有所呼、我有所应",针对群众关心关切的"上学难""一位难求"问题,持续加大对教育的投入,通过新建、扩建、鼓励社会力量办学等方式,加快学校建设进度,补齐教育领域短板,充分满足全区适龄少年儿童的就学需求。要加强科学规划,教体局提前做好摸底统计,科学预判每年新生人数增长情况,为全区教育布局提供科学决策依据;住建、自然资源等部门要按照适度超前的原则,科学规划中小学、幼儿园建设。要对东南片区、北区等未建片区提前谋划布局,同时在主城区进行及时"补位",在人口密度高、入学压力大的片区配套建设新学校,加强老学校扩建改造,用未来几年时间,新建续建改扩建13所学校,着眼远期规划,再布局7所学校,全面提升学位供给能力,让每个来到康巴什的孩子都能"有学上"。要严格落实新建住宅小区配建学校的规定,在后续新出让土地以及"商改住"调整中,必须按照教育规划需求配套建设学校,并坚持"同步规划、同步设计、同步建设、同步验收",保证入住即可入学,有效缓解新建小区带来的就学压力。

二要加强集团化办学。集团化办学是提升薄弱学校教育质量、促进教育优质均衡发展的重要举措,经过实践证明是行之有效的。2022年开始,我们实质性推行集团化办学,以老校、名校带新校,帮助新建学校迅速成长,比如康巴什区第六小学就是原来的第一小学东校区、第三中学就是原来的第一中学东校区,还有现在的第一中学北校区、第一小学北校区,这些学校现在发展得非常好,群众也十分认可,从房价上就能体现出来,第一小学北校区周边的房价直接涨了1500块钱。我们要坚定不移推行集团化办学,用好名校经验和优质资源,把第一小学北校区(原来北区的第二小学)以及秋季即将投用的第三小学高新校区(第十小学)、第五小学东校区(第七小学)办好,让这些学校以最快的速度成长、成熟,争取用3年时间,帮助薄弱学校、新建学校全面提升教育教学质量,推动全区义务教育实现相对均衡。

三要科学推进学区制管理。康巴什从2011年开始按照免试相对就近入学原则,根据入学人数、学位类型、学校分布变化等因素,为每所学校划定服务片区,实行中小学幼儿园划片招生管理。从这些年的执行情况来看,一定程度上保证了基本公平的大方向,但同时也存在一些弊端。要深刻总结我区现行学区制管理的短板和问题,广泛征求群众意见建议,及时调整不合理的服务片区划定,不断优化调整学区,最大程度保证教育公平。要始终坚持"公开透明"原则,随着主城区住宅小区基本稳定,学区划定也要逐步平稳,对计划调整的学区要综合研判分析和科学评估,及时向社会公示。从今年开始,要提前公布第二年的学区划分情况,引导家长形成合理就学预期,并做好入学相应准备工作。要在适当的时机和条件下,探索研究多校划片、片区内随机派位等模式,缓解"就近"和"择优"的矛盾,对于出现学位紧张的片区,要及时向社会发布预警提示,提前做好宣传疏导,引导推动生源正态分布,确保招生

入学工作平稳有序。

四要全方位优待优秀教师。教师是影响教育质量的关键因素,康巴什一直以来都特别重视教师队伍建设,在前几年进入通道一度受阻停滞的情况下,始终保持教师入口畅通,以每年招聘引进200余名教师的巨大力度,全力保障教育事业有序发展。到目前为止,我们共有区管在职教师2795人,占财政供养人员的60%以上,2022年全区义务教育教师平均年收入超过10万元,比公务员工资高出8000多元。我们要把尊师重教的优良传统继承好、发扬好,始终坚持礼遇优待教师,不断深化温暖"康老师"十大暖心行动,提高教师政治地位、社会地位、职业地位,使教师成为康巴什最受尊重的职业,确保引得来、留得住、用得好。要关心教师身体健康,随着社会各界对教育的关注和要求越来越高,老师们在教育教学过程中承担着越来越大的责任和压力,身体健康也受到一定程度影响。要充分利用驻区医疗资源,开设教师就医专家问诊通道,建立教师大病救助机制,全力保障教师身体健康。要着力解决教师住房问题,针对全区317名公立学校无房教师,通过打造青年教师公寓、征集闲置房源、优先审批廉租房申请等方式,多渠道增加房屋供给。就在上个月,我们的青年教师公寓建成交付,并且给老师们一次性配齐了各类家具家电,第一批41名教师、第二批25名教师已经"拎包入住",真正让老师们没有后顾之忧、安居乐教。我们通过一个视频来感受一下老师们的喜悦。

五要健全完善教师轮岗制度。打破固化的学校人事管理模式,用好教师轮岗这个缩小城乡、区域、学校间教育差距的关键一招,实行教师有序交流轮岗计划,让优秀的校园长和教师在全区流动开来。要严格执行教师"区管校聘"制度,深化推进区内义务教育学校校长交流轮换、骨干教师均衡配置、普通教师按需轮岗,促进教师数量、素质、结构协调发展,教师队伍管理服务水平显著提升。要鼓励教师主动向薄弱学校流动,把到北区、高新区那些办学条件薄弱学校任教1年以上作为申报高级职称的必要条件,3年以上作为选任中小学校长的优先条件,加快实现区内校际师资均衡配置。要完善交流轮岗保障与激励机制,对培养、输送优秀骨干教师的学校给予奖励支持,对做出突出贡献的校长教师在各级评优表彰工作中予以倾斜,切实保障交流轮岗受欢迎、可持续、能长远。

六要形成全社会关心支持教育的良好氛围。要加大区级财政教育资金保障力度,自2018年以来,我们每年的教育支出都占到了全区一般性公共预算收入的50%以上,去年我们的一般性公共预算收入只有12亿元,但教育支出高达6.8亿元。要把"再穷不能穷教育"的理念贯穿教育发展全过程,在确保"两个只增不减"(一般公共预算教育支出逐年只增不减、按在校学生人数平均的一般公共预算教育支出逐年只增不减)的基础上,高标准足额保障教育经费,千方百计满足学校办学需求。要积极争取上级支持,市政府已经决定要分两年给康巴什5.15个亿专项教育发展资金,我们要把这5个多亿用好用活,争取用出15个亿的效果,同时继续加大对上级各类预算内资金、基建资金、债券资金、特殊转移支付资金的争引力度,吸引更多教育类项目资金落户康巴什,不断健全完善康巴什教育服务体系。要鼓励社会资本投入教育,充分发挥康巴什教育基金会作用,联系更多有社会责任感的企业捐资助学,提倡为教师配建或捐赠公寓,支持民营企业出资兴建学校,探索多种模式合作办学,汇聚推动教育事业高质量发展的强大合力。结合市里规定,研究建立具有康巴什特点的"康老师评优表彰办法",评选"功勋教师""模范教师""杰出教师""优秀青年教师""优秀教学能手"。

七要加强校园基础设施配套及周边环境改造。要根据需求及时进行校园硬件设施升级改造,充分利用假期时间对校园老旧、破损场地和设施进行维修,特别是饮水设备、卫生间环境等关乎学生身体健康的设

施设备,要定期养护、清洁,确保孩子们在安全舒适的校园环境中学习生活。要根据秋季各学校增开班级情况,提前采购教学设施设备,全力保障教学需求,特别是学生课桌椅和办公家具,要提前购买、提前晾晒,确保环保检测全部达标,全力保障学生健康。要将学生上学路径和校园周边交通环境改造作为城市规划建设的重要任务,加快推进断头路改建,合理增设、划定停车位,加大交通拥堵、横穿马路等现象的整治力度。要进一步加强校园周边警力部署,区政府决定近期招考50名辅警,为每所学校配备一名专职"校警",全力打造平安和谐的校园环境。

八要抓牢师德师风建设。坚持党对教师队伍建设的全面领导,充分发挥学校党组织战斗堡垒作用,教育引导广大教师牢记党的宗旨,聚焦立德树人根本任务,铸牢中华民族共同体意识,深入践行好"为党育人、为国育才"的教育使命。要把师德师风作为评价教师的第一标准,严格把好招聘引进关口,坚决杜绝重学轻德的选拔取向,同时作为教师业绩考核、职称评聘、评优奖励的首要要求,真正让每个"康老师"都成为以德施教、以德立身的楷模。这里我要着重强调一点,严禁教师有偿补课,这几年社会上有很多这类的负面评价,我们的小学高年级和初中老师给学生补课,而且价钱很高,这是对教育的不尊重,也是对自己的不尊重,要坚决杜绝,发现一起、查处一起,狠狠刹住这股歪风邪气。

九要加强青年教师培养。康巴什的教师队伍有两个鲜明特点,一是高学历,二是年轻化,本科以上学历占97.3%、研究生以上学历占17%,有18.5%的教师毕业于南开大学、北京师范大学等"双一流"建设高校及教育部直属师范院校,35岁以下青年教师占64.7%。虽然老师们普遍年轻、缺少经验,但学习能力和可塑性都很强,有巨大的上升潜力。要把教师培养放在重要战略位置,着力构建高素质青年教师人才培养体系,鼓励年轻教师到老校、名校去跟岗实习、拜访名师,学习掌握教育教学方法,提升个人专业素养,尽快成长为骨干教师。要加大高水平教师培养力度,精心制定名师、名校长培养计划,每年安排不少于500万元培训经费,下大力气培养一批学科带头人、教学能手、本土教育专家,为全区教育高质量发展提供坚强的人才保障。

同志们,教育是康巴什最闪亮的一张名片,我们要呵护它、擦亮它。希望大家为康巴什区的教育发展积极献计献策,多给教育争实惠、少给教育添负担,举全区之力做好这件大事要事,让每个孩子都能在家门口享受优质教育,让康巴什"教育名城"的称号叫得更响、立得更稳、传得更远。

四、齐心协力,办好人民满意的教育

教育是国之大计、党之大计,康巴什教育人以"功成不必在我、建功必定有我"的情怀和担当,紧紧围绕学生和教师抓教育、办教育,努力开创我县教育事业高质量发展新局面。聚焦重点、靶向施策,努力办好人民满意的教育。坚持以学生为主体、以教师为主导、以学校为阵地,优化学校布局、整合优质资源、解决办学条件,提升教学质量、建优师资队伍、营造良好环境、打造品牌学校,推进"名校、名师、名室"工程建设,不断提升人民群众对教育工作的满意度。

围绕办好人民满意教育这个共同目标,密切配合,齐心协力,凝聚工作合力,守牢安全底线,营造浓厚氛围,听听大家怎么做,怎么说?

康巴什区第三幼儿园副园长王冠华说:我们能为康巴什教育做些什么?

你、我、她,我们这一群人来自不同的地域,为了生活、为了家庭、为了共同的事业。十个年头,说长不长,说短不短。我们这一群人,一起编织着一个故事!

一、席地而睡——奠定了康巴什教育挺拔的脊梁

2011年那一批人的故事。那一年，第一幼儿园、蒙古族幼儿园搬迁新址，第二幼儿园、第三幼儿园刚刚建园。那个时候有的工程还没有结束，老师们要动手清除工程垃圾；幼儿园的墙都是雪白的，老师们自己开始环境创设。连吃饭也成了问题，那时康巴什找不到饭店，忙完了在园里吃饭，没有桌子，就蹲下来，一起吃一锅泡面。

那个时候，为了给孩子们创设良好的环境，适宜的区域活动，我们常常加班至深夜。记得一次创建"牛牛家族"的班级文化，根据每一个孩子特点起带"牛"的名字，奔奔牛、跳跳牛、语嫣牛……为了创设这个区域，我和我的同伴们加班熬夜。起名字、绘画、做区域……不知不觉，已经十二点了。同伴说："太晚了，就在这里睡吧，这样我们还能多做一些事情！""好啊！反正已经不是第一次了，就在幼儿园睡吧。"这样，我们睡到了幼儿园。当然那个时候，睡到幼儿园不奇怪。如果回家，大多数都是晚上十点、十一点，甚至半夜一两点回家都是常事。那个时候最幸福的记忆，就是随时有车"呼闪闪"送我们回家。从那时起，那一批人，曾经的吃苦、专注、执着、热爱、全心全意的精神，奠定了康巴什教育人挺拔的脊梁。

直到现在这种精神一直都在，也正是这种精神影响、带动着一批又一批的康巴什幼教人。

二、我看到了他们，也发现了自己

那时我们坚守一线岗位，整天忙于自己的工作，仿佛没有时间去看一看身边的同伴，看到最多的就是行政人员的影子。推门听课、卫生检查、考核公示、召开会议……当时不理解，我们已经很努力，为什么还要用分数来考核呢？

可当我真正走进行政岗，却颠覆了我的认知。在幼儿园，我们一直探寻什么样的课程不仅能够满足儿童学习的需要，还能促进他们心灵与智慧的成长。行政人员考虑的是，怎么样让课程真正发挥专业引领作用？只有通过不断调研考察。其实行政人员身上的担子很重，我也深深知道自己的责任与压力。

在"六一"主题课程中，从业务角度来讲，要对整个活动进行筹划、方案的设定、人员的安排，场地的选择，安全保障人员的对接等等，思考这样的活动和我们课程之间存在什么关联呢？如何在这样的活动载体中落实课程目标呢？更重要的是思考这样的活动如何来支持孩子的成长？如何让教师在组织活动时专业能力得到提高？如确定"幼儿喜爱的动物"主题之后，经过对主题的分析，由老师发起邀请孩子们一起参与到舞台剧素材的搜集中，孩子投票选出自己喜欢并且最想排的节目，自己喜欢的角色，节目的动作也由幼儿自己去编排，甚至是幼儿的队形也是由自己来设计。这些在生活中容易出现的问题都在孩子们的讨论与质疑中一一解决。

可以说是在这样的课程当中，我们给予孩子种种可能，在这个过程中逐步去引导教师并提升自己，这就是行政人员的职责。后勤主任为了筹划一次高质量的伙委会、后勤培训会要付出努力；组织后勤人员一起去学习《干法》《活法》《扫除道》的精髓，为老师、幼儿提供优美的环境；保健医为了孩子们吃上一顿营养美味的餐要做分析；采购员购买一次物品要对比多少家货源，财务办一次业务要往返跑多少个部门……我们的保洁、保安、厨房人员都在默默无闻地工作着，每一个岗位都在尽职尽责。

进入行政岗位，也才真真切切看到了教师的用心与不易。为了支持孩子，一个教学目标的制定、一份材料的投放、一个有效提问设计……他们不知要花上多少时间去思考、研讨、调整、实践、验证。十一国庆节马拉松活动中，老师们筹备活动很辛苦。中午的时候，我们看到老师们一边帮着上铺的孩子系好安全带，一边帮他们盖好

被子,又开始忙手头的工作。保育员老师清扫完所有的卫生,碗筷已整整齐齐地摆放在消毒柜里开始消毒,下午的水果已经清洗和浸泡。这一幕,我发现了,也理解了,也在反思自己。有些时候,我们更多地看到的是他们的问题,却把他们身上的品质、精神忽略掉了。他们付出,需要我们的肯定,也需要得到我们的鼓励和认可。更需要我们能够担当起引领老师的重任。也正是因为有了行政人员对老师的支持和尊重,行政人员也收获了老师的理解和接纳。

在挂职教师总结会中,前来康巴什区第三小学挂职学习的达达特旗第七幼儿园的王园长讲到,我们很惊讶是什么让康巴什区第三幼儿园形成了这种平等和谐的工作氛围,你们的行政团队、教师团队、后勤团队怎么配合得如此默契?第三幼儿园杨慧园长说:"是课程让我们看到了儿童,看到了老师,看到了家长,看到了文化。尊重、民主的文化是我们坚持和探索的方向。"

我们是普通的幼儿园小老师,是康巴什大教育机器上一颗小小的螺丝钉,我们要时刻想着能为康巴什教育做些什么?

幼儿老师的付出家长们也历历在目,深表满意,听听家长怎么说?

刘博轩家长谈:我眼中的康巴什区幼儿教师

幼儿教师是最重要的——孩子的启蒙老师。现在,我的孩子也读大班了。他第一次走进幼儿园的情形还历历在目。他是个胆小腼腆的小孩,我也像每一位家长一样,希望儿子幸运,遇到一个好老师,得到细心呵护和正确引导,迈好人生最关键的第一步。

我的孩子是幸福的,他的班主任——武老师,是一个非常有爱心的老师,她特别疼孩子。每天放学回家从孩子笑盈盈的脸上,我就知道,孩子在学校里过得非常愉快。每逢假期,他总是盼望着上学,想念着武老师。

　　武老师总是用自己独特的教学方法和人格魅力感染着孩子们，并让孩子们深深地沉醉其中。根据孩子们的兴趣爱好开设区域活动（图书区，美工区，编织区，科学区，益智区），还时不时把电视上，网络上孩子们感兴趣的童谣、歌曲（《红山果》《刚好遇见你》《外婆的澎湖湾》《龙的传人》）教给孩子们，孩子们兴趣盎然。每到放学回家，孩子就会迫不及待地把老师教的童谣献宝似的背给我听。很多时候，还会考我这个那个，我真奇怪孩子怎么会知道这么多呢？原来这些都是武老师的功劳。武老师的博学、幽默、体贴、爱心像春天的细雨滋润着孩子们的心田。因此，武老师在孩子心中是特别了不起的，特崇拜！

　　前段时间组织孩子们看了电影《厉害了，我的国！》，虽然孩子们都似懂非懂，但是孩子们看得乐在其中，孩子们对此提出了好多问题，在回答孩子问题的同时也让我们做父母的学习到了很多。

　　老师会根据孩子的特点去挖掘他的潜能，为他搭建平台，让他有展示自己的机会。我儿子很胆小，那时说话不是特别清楚。武老师总是耐心地引导，让他去讲故事，让他上台表演，虽不是很精彩，但孩子得到了锻炼。现在孩子上台主持都是大大方方的，一点也不胆怯。武老师总是根据孩子的特点，用心去关注，真正受益的，就是我们的孩子。

　　爱是一种责任，老师的爱是对孩子们成长的一种责任。每次参加幼儿园活动，我从武老师期盼的眼神、细致地叮咛、周全的考虑中体会到老师对孩子的良苦用心。武老师会随时和家长联系，让家长了解学校，班级里每一件事情，真是不容易。因此，武老师让我们家长非常信任！武老师的功劳。武老师的博学、幽默、体贴、爱心像春天的细雨滋润着孩子们的心田。因此，武老师在孩子心中是特别了不起的，特崇拜！作为孩子的家长我只想对您说："老师，您辛苦了!"

王玉琼谈康巴什区第二中学教师群体。她说：因为每当我想起第二中学走过的这七年，就觉得我个人做得很少，反而是第二中学每个教师的付出，他们的点点滴滴，我都可以如数家珍，说起这些，总会让我潸然泪下。

康巴什第二中学成立于2012年，我作为第一任校长和一群来自五湖四海互不相识的年轻人为了一个共同的目标相聚在一起。建校伊始，东康地区周边强校林立，学校缺乏区位优势，办学条件有待改进，家长、社会质疑，学苗薄弱、生源不足。面对办学种种困难，充满朝气、富有理想的第二中学人用自己实际行动证明了一句话：世上无难事，只要肯登攀!

奋进中的第二中学人大胆创新，锐意改革，在变革中求突破、求发展。充分发挥康巴什区小班化教学的优势，在课堂教学管理上分层教学，走班上课，在课堂教学中推进小组合作、自主探究的教学方法，切实尊重因材施教的教育规律，为每个孩子提供量身定制的教育，真正实现教育的公平和均衡。办学七年，送出四届学子，在学苗薄弱，生源处于劣势的情况下，连续四年总均分、升学率均居于全市五十所初中校的前列，2017年由第五上升至第四，2018年继续保持第四，由新区第三上升为新区第二。鄂尔多斯市第一中学升学率13%，高于全市平均水平六个百分点，普高升学率85%，高于全市平均水平26个百分点。一些科目居于首位，真正实现了生源的低进高出。第二中学教师以奋发图强的勇气，以艰苦创业的精神敢为人先、锐意进取，取得了成绩，赢得了声誉。学校多次受到各级部门的表彰和奖励，区级、市级教育先进集体、新区教育领航集体、养成教育示范校、学生自主管理优秀奖、全员育人优秀奖、督导评估综合奖。这些成绩的背后是第二中学教师的含辛茹苦、披星戴月；是第二中学教师舍小家为大家的无私奉献；是第二中学教师坚定的理想、信念伴着汗水、泪水绽放的光彩！

　　每一年理化实验和信息中考我们的老师领着学生把每一道操作题就像过筛子似的过几遍，直到每一个学生拿到满分为止。学校把能抽调的老师都用上，每个老师辅导两名学生，一遍一遍地过。到中午和晚上老师们把掌握不到位的学生挑出来再进行个别辅导，直到完全掌握为止。这样安排，学生有休息时间，但老师连轴转，从早晨七点站到晚上十点半，工作强度特别大，连吃饭喝水都顾不上。王长泓老师挺着九个月的孕肚在实验室一站就是十多个小时。有个家长感动地说："王校长，你们太辛苦了！"

　　齐井荣老师连着带两届毕业班，带第一届学生时怀孕挺着八九个月的大肚子没请过一天假，连母亲去世回赤峰奔丧都是利用周末

图4-47　康巴什区第二中学
（图片来源：康巴什区教体局提供）

完成的。她坚持到第一天把学生送到考场上去,第二天就去住院生孩子。她带第二届学生时,有一天我接了一个陌生电话,是齐井荣老师的爱人,他说能否考虑一下他家里的实际情况:他自己本身上班忙,离单位又远,中午回不去。家里只有个保姆,两个孩子家里没人管,小孩子不满周岁,妈妈从早到晚不回家,回家都晚上十点多,孩子都睡了,才把孩子叫醒,开始给孩子喂奶,搞得孩子晚上老是吐。放下电话,我心里十分难过,一个人静静地流一会儿眼泪,是发自内心的歉疚和感动。老师为了工作连家和孩子都不顾了,而且从来都没有讲过任何困难,提出任何要求,啥时候见面也是笑呵呵的,问问情况,总说"还行"。上午实验进行到一半时,特意提醒她该给孩子回去送奶了,她笑笑说不用了,今天考完就好了。一切家庭生活的繁杂和艰辛都被她的笑容遮掩了。

彭玉霞老师2012年从东北京师范大学毕业来到第二中学,勤奋敬业,课讲得漂亮,班带得好,学生家长都喜欢。按她的计划,学生初三毕业了,她也该休产假了。一切计划得挺好,工作生活两不误。可是初三工作量太大,工作节奏快,身体出现不适,一直在坚持,心里想这是学生关键期,等工作告一段落再去医院检查,没想到因去医院太晚而导致胎死腹中,不得不去引产。

安文莲老师五十出头了,年年是把关教师,是年轻人的领头羊。八十多的老母亲进了重症监护室,当老人病情稳定后,第一天拔下呼吸机,她第二天就回到讲台上,只因为她知道自己带的是毕业班。

地理孙学科老师带毕业年级地理课,马上就要中考了,大宝肺炎住院,妻子怀着二宝临产,全家都住在医院里。他怕影响中考,不敢请假,晚上陪床,白天上课。天天从东胜到康巴什,医院学校两头跑。他的妻子心疼他太辛苦,打电话告诉我情况。我马上安排好了人替他上课,可是第二天当我走到教室门前时,看到他又来上课了。

站在讲台上的他尽管憔悴,满脸的疲惫,但还是一如既往地认真、严谨。那一刹那,我禁不住眼角湿润了。

孙宇天老师的爸爸肝癌晚期,她作为家里的独生女,才刚刚结婚,还没经历过人生的风雨,没有体味过世间的沧桑。这些事让年轻的她猝不及防。父亲只有孤身一人,她不知该怎么办。和我商量之后请假回去为父亲治病,安置父亲的生活。请假两周期间,每天让代理班主任在教室里和她视频,通过视频与学生交流,了解学生的状况。

张贝贝老师班里有个孩子处于青春叛逆期,和家长关系紧张,在学校反复工作无果后,把孩子接到自己家里,每天就像自己家的孩子一样照顾、呵护、陪伴,殊不知她才是个刚结婚的小姑娘,才刚开始过二人世界的甜蜜生活。这个学生在她家一住就几个月,一直到顺利参加完中考。

聂丽萍老师小腿骨折了,只因为带的是毕业班,一天假没请,每天由姐姐推着轮椅把她送到学校,同学们再把她扶到讲台上。她把断了的腿搁到椅子上,用一条腿站着讲课,一站就是半个学期。拖着一条断腿,还不误她天天听师傅的课,参加集备搞教研。

曹宇晶老师生了双胞胎儿子,学校考虑她还在哺乳期,负担过重,带一个班的语文,她主动要求带两个班,表示希望学校信任她,绝不会耽误工作。

杨小丽老师四十多岁了,工作热情年轻人都佩服。不管冬夏每天早晨6:40带着上幼儿园的儿子准时出现在教室,她的儿子团团就在教室的窗口露出小脑袋向里张望,看着自己的妈妈,这是我们老师最常见的一个场景。这是另外的一种守护,是一个孩子对妈妈的守护!

郝霞老师与爱人长年两地分居,一个人带着孩子住在学校里。

作为班主任的她每天早早到教室,顾不上管自己的孩子。上小学一年级的儿子每天自己起床、穿衣、洗漱,之后带着饭卡自己去食堂吃早点,吃完早点再给妈妈买一份,送到教室里。每次看着他稚嫩的背影,手里拎着给妈妈的早点,总让我的心头升起无限的怜惜之情。

第二中学有五对教师夫妻,这十名教师都是学校的骨干,一个比一个能干。刘金民副校长、董丽媛老师夫妻双双都是班主任,孩子就只能交给父母了。李金锋副校长、刘凤莲老师夫妻俩是全校师生公认的把一切都献给学校的人,是最美教师。张玉文老师连续几年不回老家探亲,把所有的时间包括节假日都奉献给了学校的篮球队,硬是在学生人数少、基础弱、底子薄的学校里培养出了一支自治区篮球冠军队,在自治区十四运上夺得了冠军,给全市完成了三块金牌任务,为康巴什区争得了荣誉。

教学处主任廖雪花老师在等待做CT时批改作业,做数学题,被周围的人拍了照片,发在朋友圈,一个朋友发照片给我,调侃我,说你看你把老师逼的。我认真地告诉他,不是我逼的,是我的老师不用扬鞭自奋蹄的精神。

李莉副校长一直带两个班的英语,本应减一个班的课,可是家长、学生不答应,舍不得这样的好老师。学校管理工作完全就是额外的,不喊苦,没有累,想方设法力求工作完美。

陈智芳副校长年底就退休了,到现在还是拖着病体带着两个班的数学站在讲台上。

第二中学这七年,我是一名校长,其实更多的时候我是一名语文教师。只要学校工作需要,我随时站在讲台上。不上课的时候每学期听课达到近200节。2016年那年,正好中秋和国庆相距比较近,我利用这两个小长假,做了子宫切除术,等到老师们发现好几天没看见我的时候,我已经回来上班了。

每一位老师为学校的发展添上自己一抹鲜亮的底色，才有了今天多姿多彩的第二中学。

教师倾情付出，换来的是家长的赞誉，学生的热爱。

去年初三新转来个学生，是个问题学生。家境优越，从小宠溺，学习习惯极差，喜欢游戏，还患有抽动症，管理难度特别大。尽管这样，没有一个老师排斥他，嫌弃他，坚持用宽容和爱来包容、理解、感化。他的实验中考也得了满分！考试之后他和老师说了这样一句话："老师，我发现当老师得有信念！"老师很诧异这话出自一个孩子之口："为什么？""因为这是一项改变人的工作，我在以前的学校不好好学习，沉湎于游戏，交的朋友也不好。可现在我变了，是咱们老师让我改变的。尤其是这些天那么多老师从早到晚陪我做实验，那么辛苦，我真感动！"

有一年教师节，我看到学生给彭玉霞老师的留言是："温山软水，不及你眉眼间半点柔情。献给我最亲爱的彭老师。"

我曾经收到学生最让我感动的一份礼物是她朋友圈里的一段话："初中一堂语文课，入迷似地不自觉想要听你讲更多。夏日阳光下的粉笔头在黑板上沙沙写下的诗歌，人文和历史像天外之音般引人入胜。我永远不会忘记那一刻文学带给我的巨大的震撼和沉思……由此写作成了我当时最喜欢的事……到今天我仍然感激，感激你当时在我心中种下的种子令我如今能以幽默和虔诚回击生活的本质。从始而终，你是我永远爱戴敬重并钦佩的人，谢谢你！"

有时我问自己，在今天，经济飞速发展的时代，物质诱惑太盛，贪图享乐成风，有很多浮躁和功利人。是什么让第二中学教师甘守清贫，无私奉献？

也许是因为我们从事的工作有价值吧，我们用自己的生命影响和改变另一个生命。

也许是对学生的那份热爱和得到学生的爱的回报吧。因为我看到小彭老师在看到学生给她的留言时悄悄擦去眼角的泪花。

也许是学校风清气正的工作氛围的营造吧。七年来，学校用美好的理想、坚定的信念鼓舞人；用科学民主的管理、公平公正的氛围团结人；用骨干力量率先垂范、以身作则示范人。在一个优秀的充满正能量的团队里让我们每一天的生活忙碌、充实、快乐！

也许源于我们对康巴什这片厚土的热爱吧！康巴什是一片教育的沃土。区委、区政府重视教育、支持教育，社会各界关注教育、尊重教育。大环境为教育工作者提供了一个干事创业的平台和机会，作为教育者的梦想和情怀在这里得以实现。

第二中学虽然是一所年轻的学校，但这是一所正在蓬勃发展力争上游的学校，这是一所极具潜力富有生机的学校，因为她有一个优秀的教师群体。他们以渊博的学识、精湛的教艺、良好的师德风范影响和培养了一批批学生。在鄂尔多斯教育快速发展的今天，教育尤为先进的东康地区，优秀的第二中学人凭着"竹杖芒鞋轻胜马，一蓑烟雨任平生"的洒脱，"数风流人物，还看今朝"的豪情，"幸福都是奋斗出来的"务实开创更加美好的未来。最后借用毛泽东的诗词表达我此刻的心情：人生易老天难老，岁岁春光。今又春光，第二中学杏花分外香。踏遍青山求学处，风景这边独好！

在康巴什读书的莘莘学子，也有着同样的满意情怀，看看学生怎么说？

十几年前来康巴什上初中的温东升这样回忆康巴什教育：和康巴什的第一次遇见，一转眼已然过去了 10 个年头。从 2012 年 9 月来到康城求学，那一年我 12 岁。现如今我也从当初小学毕业的那个稚嫩少年成为一名应届大学毕业生，告别了学生的身份，走向社会。下班的时候时常路过母校的校门口，总会有回忆涌上心头。还记得2012年刚来康巴什这座城市的时候，周围的住宅区只有园丁小区零星的几家住户，现如今周边的住宅区灯火通明；昔日放学回家路上一片冷清的康巴什，如今车水马龙，人潮涌动，一点一滴氤氲着人间烟火气的美好。作为一个目睹康巴什十年巨变的普通市民，康巴什这十年真真切切地让我感受到了作为一个鄂尔多斯人的自豪；作为接受过康巴什教育的个体，康巴什教育这十年翻天覆地的变化让我感受到蓬勃的生命力如滚滚浪潮。康巴什蒙古语的意思是"康老师"，这十年，他在用行动诠释着属于他的真正含义。现如今的康城结合康巴什实际，响应党和国家方针政策，深化教育改革，着力推动"基础教育名城"建设，开拓教育名城新局面。现如今的康城在鄂尔多斯人民心目中是一张活力迸发、特色鲜明的教育名片。越来越多的人选择让自己的孩子来康城接受教育。就在前不久的首届教育局局长高峰论坛上，鄂尔多斯市康巴什区教育局"构建家校社协同共育的双减改革之路"入选新时代十年基础教育改革创新案例。在发展教育的路上不断探索创新，取得丰硕成果。2020年康巴什区荣获基础教育国家级优秀教学成果推广应用示范区及自治区中小学心理健康教育示范区；2021年4月"构建融合德育课程，落实学生核心素养"典型案例被评为全国基础教育优秀工作案例等一系列荣誉。康巴什区教育的影响力和知名度的不断攀升，使之成为地区经济社会发展的重要引擎，成为鄂尔多斯教育乃至内蒙古教育的一张亮丽名片。康巴什区教育的成功离不开这些年为教育工作辛勤付出的每一位老师，正是这样一群有爱的青年老师用认真负责、严谨治学的态度，育人育德。在康巴什区"立足全区教师成长需求，完善教师培养制度体系，分层分批培养专业化高素质教师队伍"的要求下，爱岗敬业，付诸行动，为康巴什的教育添砖加瓦，为打造

中国基础教育名城贡献自己的力量。世间情万千,唯有师恩情谊不可磨灭,时时铭记。观八纮而览四方,古往今来,师恩情谊始终贯穿贤士子弟的求学历程,成为莘莘学子成长道路上重要的伙伴,是良师亦是益友。我很庆幸自己也能够在康巴什区一中读书时遇到了我的语文老师。在我的印象中,她兢兢业业、认真负责。她是同学们眼中雷厉风行而又心思缜密的渊博学者;是同学们在伤心难过时可以倾诉和寻求安慰的对象;是能够在关键时刻拉学生一把的好老师;她虽然笑脸不多,作风严厉,但在严肃的外表下是一颗炽热的心。她脸上严肃认真的表情让人敬畏,笑起来却又牙齿白白的,那样美丽又那样亲切。20出头的年纪,成为一名语文老师,对待学生无微不至,教导有方;对待工作踏实负责,竭尽心力。我还记得有一次学期末考试,在经历了前面接连几次考试失利的情况下取得了一份让我满意的成绩,在上学时期,我的成绩忽高忽低、心浮气躁。因为毛毛躁躁的原因没少受过老师的批评,但是在期末的表彰大会的奖状后面却有这样暖心的文字:东升,平时很能骂你,但是在此为你装奖状时心情激动,准旗人,千万不要骄傲。也要记住多记、多学,少说。李老师的这张便利贴也成了我在日后学习道路上时刻提醒自己、鞭策自己的一剂强心针。李老师对我的关心不是独一份的,她对待每一位学生都尽心尽力,像春日里的一束阳光照耀在我们每个人身上。不过,她只是一群康巴什教育人的缩影。有一群人,他们向下扎根,却向上托举起孩子们的梦想;有一群人,他们青丝变白发,将知识的光与热送往每个人的心中;有一群人,他们走出校园又踏入校园,挥洒青春力量……无数的他们汇聚成一个共同的名字:老师。也正是因为这样言传身教的很多好老师,他们以德立身、以德立学、以德施教,用向上向善的精神力量指引学生迈向更辽阔的人生之路。老师的脚步,很短,很短,走了一生,都没走出过三尺讲台；老师的脚步，很长，很长，每个飞到远方的孩子，都只是老师行走一步的脚印。今年的毕业季，当年和我一起从康城走出去的孩子们，很多人选择和我们的老师一样投身于康巴什的教育事业，学高为师，身正为范，薪火相续，生生不息，所谓传承莫过于此。也正是数以千计的康巴什区教育工作者用更加饱满的精神状态、踏实的工作作风、更加强烈的创新意识、全心投入、开拓奋进，扎实工作，努力开拓康巴什区教育体育工作新局面。当初来到康巴什上学的那一年，康城的一切都是那么的陌生。甚至一度埋怨父亲让自己脱离舒适的学习环境和社交圈。但是现在回过头来，感觉一切都是最好的安排。我很庆幸自己能够成为康巴什教育的第一批走向社会的学子中的一分子，虽不是投身于家乡的教育事业，但是现如今走向社会的我未来也会在属于自己的岗位上，为家乡建设贡献属于自己的一份力量。相信在我们的共同努力下，康巴什的明天会越来越好，属于新一代的未来会更加璀璨夺目。希望下一个十年，我们一同感受康巴什这座城市的教育文化魅力，津津乐道其为人称道的人文环境和浓厚的教育氛围。也希望未来的康巴什教育能够成就更多的人，为莘莘学子的梦想助力，为鄂尔多斯的教育事业书写上浓墨重彩的一笔。"十年树木，百年树人"，我们一同相约下一个十年，静待花开！"康老师"，谢谢您！康巴什，不负遇见！

人民的满意是教育工作者最大的心愿。康巴什教育近20年发展，硕果累累，金秋九月，康老师们获得市级表彰，全市十佳校园长：康巴什实验中学校长李强、康巴什区第五小学校长蔡成瑞。全市优秀教育工作者：康巴什区青少年发展中心王晓燕、康巴什区第十幼儿园马翠琴。全市优秀教师名单：康巴什区高级中学张淑琰、康巴什区第一小学（北校区）肖阳、康巴什区第三小学贺康、康巴什区第六小学高东、康巴什区

第四小学冯旭。全市优秀班主任：康巴什区第二中学金晶、康巴什区第三中学屈弘毅、康巴什区第一小学张红霞、康巴什区实验小学宋文帅。康巴什教育再为辛勤的教育工作者们颁发荣誉的肯定。康巴什区功勋校（园）长：康巴什区第一中学校长王玉琼、康巴什区第一小学校长王蕾蕾。康巴什区模范校长：康巴什区第八小学校长刘小霞、康巴什区实验小学校长红岩。康巴什区优秀校（园）长：康巴什区第二中学校长李金峰、康巴什区蒙古族幼儿园园长白乌云娜、康巴什区第三小学校长王跃。以及康巴什区功勋"康老师"、康巴什区模范"康老师"、康巴什区优秀"康老师"、康巴什区优秀教育工作者、康巴什区优秀班主任等荣誉！

新时代，新征程！加快建设教育强国，为党育人、为国育才，努力培养担当民族复兴大任的时代新人是教育人肩负的光荣使命！自古以来，众多有识之士对教育强国都有深刻的思考与积极的探索。郑观应在《盛世危言》中指出"学校者，人才所由出；人才者，国势所由强，故泰西之强，强于学，非强于人也"，认为学校教育培养人才，人才是国力强盛的重要因素，而西方国家的强盛在于其先进的教育和学说。在《创设储才学堂折》中，张之洞指出"国势之强由于人，人材之成出于学"，阐述了教育、人才与国家富强的密切关系。今天的中国正以全新的姿态跃居世界之林，新时代新征程，如何办好人民满意的教育，需要我们以立德树人为根本、以高质量发展为主线、以创新驱动为动力，正确解决补短板与强质量、尊重规律与顺应民意的辩证关系。时代赋予康巴什的是教育的初心和前进的使命和汗水谱写芳华，把爱心和担当凝结成不竭动力，不断推进"西部教育名城"建设，推动康巴什教育的影响力逐步从西部向全国各地延伸，为建设"中国基础教育名城"奠定了良好基础。

弦歌不辍，芳华待灼。未来，康巴什区教育体育局将全面贯彻新发展理念，推动中国基础教育名城规划有效落实，进一步提高人民群众获得感、幸福感，为助力地区经济社会高质量发展做出新的更大贡献！

附录　中华人民共和国成立初期康巴什地区的学校教育简况

　　中华人民共和国成立后的30多年内,康巴什所属的这片土地曾有过12所学校,其中3所公立学校、9所村级民办学校。3所公立学校为:康巴什中心学校,格丁盖小学,马王庙小学。9所村级民校为:哈巴格希村小学、寨子塔村民校、布尔洞村小学、达汉壕民校、乌兰什里村小学、马王庙东联民校、马王庙七社教学点、马王庙村办初中、乌兰什里民族小学。

　　本书编者在走访中,以当事人的回忆,记录了其中11所学校的教育简况。

康巴什中心学校

康巴什中心学校的历史,按时间顺序可以分为五个阶段。

第一阶段　中华人民共和国成立前的私塾教育。

当时,住房较多的村落,必有私塾1所。教师多为晋陕商人。这些人入伊盟经商赔本,但精通文字,往往改业教书。村民为了子女识字,几户联合请先生办私塾。这些教书先生每年佣金30元至40元。私塾崇尚儒学,教材为四书五经。私塾设备简陋,多为木炕桌或泥台子,规模也不大,一个先生教几个或几十个学生。1940年后,由于战乱,康巴什地区私塾急骤减少,到1949年已所剩无几。中华人民共和国成立后,几个私塾被人民政府接收,合并改建成公办学校,也就是后来的康巴什中心学校和其他小学。

第二阶段　中华人民共和国成立初期的初级小学(1951年至1957年)。

1951年,在康巴什的大地主"谢门哈赖"旧址,建起了康巴什公立初级小学,大院内还有乡政府机关、油坊、供销合作社。学制为初级小学1—4年级,复试班。学校有六七十个学生,年龄普遍偏大。配备教师一名,第一任教师是崔万胜,第二任是韩廷玉。第三任是薛风祥,后来又增加了尚志广、康连两位教师。

1957年初,国家财政紧张,关停了部分学校,该校被撤。学校学生分流到伊旗阿镇二完小和附近的格丁盖、马王庙学校。

第三阶段　刘来喜创办民校(1961年至1968年)。

1961年,刘来喜在伊旗一中简师班培训后,回乡在乡政府附近"蔺毛儿"旧居办起了村办民校,1—4年级复式班教学。校址几度搬迁,教师轮换几人。

第四阶段 "文革"期间创办"康巴什五七干校"(1968年至1978年)。

1968年,根据毛主席的"五七"指示,在旧公社大院刘来喜民校的基础上,创办了"康巴什五七干校",小学1—5年级,附设初中班,初中班设到7年级。当时课本不全,语文和政治课主要学"毛选"和毛主席语录。学生参加社会实践和生产劳动较多。年龄大一点的学生到砖窑烧砖,用于修建校舍。学校占用附近生产队的部分土地,作为校田,称为师生劳动教育基地,收获作为勤工俭学收入,学校还开设各种专业班,如农机班、红医班、畜牧班、会计班等。学校成立了毛泽东思想文艺宣传队,经常下乡演出。学校可以推荐学生上高中,高中给各校下达录取指标。

第五阶段 改革开放后,命名为"康巴什中心学校"。

1978年学制改革,教育事业走上正轨,该学校被命名为"康巴什中心学校",小学学制五年,初中三年,全校设1—8年级。初中升高中,由教育局统一考试择优录取。鼎盛时期,学校教职工30多名,学生300多人。

1996年秋,学校撤销初中班,变为完全小学,设1—5年级。

2008年8月,学校被撤销,学生并入康巴什新区的北京师范大学鄂尔多斯附属小学。最后一任校长是刘向晨。学校教师部分退休,大部分转入哈巴格希街道办事处及社区任职。

(王挨喜)

格丁盖小学

一、学校延续概况

伊金霍洛旗原康巴什公社格丁盖小学,是1943年,由格丁盖知名人士张继雄创办的,起初为私立小学。张继雄的父亲张步程早有创办学校、教化后代的愿望,不幸于1939年去世。为完成父亲遗愿,张继雄经过三年多时间的努力,办起这所学校,起名为步程小学。

最早,步程小学初建在格丁盖张继雄寨子东侧,是一处三合院。北面为两座教室,东西为师生宿舍、伙房,均为土木结构。课桌、凳子全用土坯垒砌。冬季取暖靠炕炉和土灶。照明用麻油灯,教室曾用过气灯。教师没有专用的办公室,多在自己宿舍备课。课程基本与当时的私塾教学内容相仿。学校院内有一篮球场、秋千架、木质单双杠。学校附近三里内学生走读,其余住校。住校生交粮、油、土豆、菜、炭供伙食、取暖。教师、学生伙食同样,象征性收取学费。

据伊金霍洛旗志记载,步程小学建校时有学生30多人,学习内容为《三字经》《百家姓》等。1945年,学生27人,课程设置有国语、算术两科。1946年,学生增加到70多人,一至四年级,计三个班,课程增设常识和体育课。

1949年,该校停办。1950年秋恢复,改名为格丁盖初小。学校有教师1人,学生30余人,分一、二、三年级,进行复式教学。11月初,全旗结合秋征粮,发动了民教民冬学运动。在冬学的基础上,每学区建立一所民办公助小学。1952年秋,伊旗文教科接管民校12处,冬学10处。当时全旗有完全小学和初小共28所,其中包括格丁盖初小。此时,格丁盖学校已成为政府公立小学。

大约在1958年,在原校址东边增建了5间教室,仍为土木结构,其中一间为教办室。三、四、五年级西区原有教室,其中东区西侧一教室仍是土坯垒桌凳。老师办公用上煤油罩灯,教室无夜间照明设备。宿舍、伙房仍在西区。东区无围墙。篮球场移到东区,新做了篮球架,单双杠。西区秋千、单双杠损坏。篮球架东边有了简易足球场。这期间的课程已按国家教学大纲安排,有了正规课本。格丁盖学生以走读为主,乌兰什里、茅庵渠、达汉壕、布尔洞的学生以住校为主。每生每年学费在1元上下。书费按定价,不超5角。

1964年,伊旗政府拨款22000元,新建了格丁盖完全小学。暑期动工,拆除旧校舍,新建校区东移约1里。当年秋交付使用。此次新建,教室为砖、土、木混合结构,门面为砖墙,四角砖垛,里边土坯,里生外熟,共三排。北边一排一至四年级教室,中间西排五、六年级,东排教办和老师宿舍。前排为土木结构学生宿舍,四面围墙。伙房、水井、炭房在东南角。东南角与原格丁盖乡政府旧址连通,院内正房为老师家属房。校舍窗户全为木框下班门窗。教师办照明仍为罩子油灯,教室无灯,宿舍为煤油灯。院内篮球场、篮球架、单双杠是新做的,足球场在围墙外西南侧,有了木制球门。第一次用上用气针打气的篮球和足球。那种用皮条、内胆、外皮组成的篮球、足球退出教学舞台。教办门前垒一个土乒乓球台,体育课还有了排球项目。这时的学费在1元5角上下。教师工资20多元到30多元不等。大约在1968年,校区大门南侧增建了几间教师家属房。

“文革”初期,教学工作虽受到影响,但一年级招生继续,只是六年级毕业班因初中不招生无法升学。“文革”中后期,全旗大办代帽中学,格丁盖小学于1970年至1979年设初中班,即一至七年级为初中毕业。

1979年至1983年,设一至八年级。

1977年,格丁盖小学搬迁至五队,校舍全部为砖木结构,木框玻璃门窗。2005年,格丁盖小学停办。

二、教师工作情况

建校初期,教师由张继雄出资聘请。张继雄二姨太崔莹芬曾担任教师。崔莹芬为专心教育,不惜将自己的孩子送他人看管。大约1947年,张家子弟张继华从陕坝师范毕业,回村任教,步程小学才有了名副其实的专业教师。张继华是张继雄一手培养的本家弟子,在原伊盟一中初中毕业后,送至陕坝师范深造,为的就是以后承担步程小学的教学重任。张继华不负重托。没有课本,自编教材,包括体育、唱歌、图画,都是他一人承担。学校的后勤伙食由炊事员负责,每晚熄灯后,张继华备完课,带领男女学生会主席查寝室,主要检查有无炉子漏烟现象,学生身体有无异常,防止隐患。张继华还自编剧本,配上当地小调,组织学生排练演出,活跃学校文化生活。据后人回忆,张继华对待学生就像自己的孩子一样。1956年,张继华调离该校。他把自己的青春年华奉献给格丁盖少年学子,为格丁盖教育事业做出重要贡献,被村民们称为该地教书育人第一师。

从1950年将步程小学收归国办,更名为格丁盖初小开始,政府陆续为格丁盖学校调配教师。从1960年开始,学校趋向正轨,校长、教导主任、少先大队辅导员等管理人员基本齐备。至2005年撤校,共有14位老师担任过校长。从1947年至2005年,在格丁盖小学任教的教师和临时代课教师及工勤人员,有近百人。有的老师是小时从该校上学,学成后又返回母校服务。有的老师坚守教育岗位30年。

建校初期,学校条件差,教学设备简陋。乐器方面,当时有一台大鼓,锣、镲各一把。学校唯一的风琴,大多数老师不会弹。大约1962年,阎真乐老师到来,才会弹,也教会了其他老师弹琴。这台风琴,一直用到20世纪70年代。阎真乐老师那时20来岁,爱好乐器。他自己买了一把二胡,晚上经常在宿舍门前拉曲子,美妙的声音在学校周边回荡,给乡亲们留下了深刻印象。体育设施教具短缺,体育课多以做操、跳高、跳远、跳绳、跑毽子、做游戏为多。篮球、足球是高年级才组织的。1963年,买来一张棕垫,增加了前后滚翻运动项目。每年"六一"儿童节,学校组织运动会。排球是1964年搬入新校区才见到的。中华人民共和国成立初期,学生们曾用锅底黑、煮兰自制墨汁、墨水。用白泥加工粉笔。教鞭、黑板擦都是学生自己制作。有的学生还自制毛笔。三年困难时期,写毛笔字用的麻纸又黑又厚,照不见仿影。练习本纸质差,铅笔字很难看清楚,老师改判作业很费劲。

在格丁盖任教的老师,配偶多无工作,户口也不在本村。这些家属、子女要在村里某个生产队落户,分口粮、分自留地。在最困难的时期,凡为教师分的粮食和副食,村民们都挑上等的给,斤秤足够,村民们没有任何意见。那些自留地,也多数是村里代耕代种,秋天收割执抖为成粮送老师家。老师们是不养家畜的,他们的食用肉油需向村民购买。村民们也都挑上等的给老师。也有的村民让孩子给老师提几个鸡蛋,送一束肉,一筐菜,教师与学生、村民的关系十分友好。有的教师调走后,村民们仍会慕名找到家中,送点土特产。老师们非常自觉,主动给付钱,只多付不少付。那种发自内心的真情厚谊,现在想起来,非常珍贵。

"文革"以前,教师们都备有针线包。学生穿着简易,多数没有衬衣裤。如外衣破了,肉皮就会露出来。这时,老师就取来针线,当场缝好。如果是裤子破了,则要回寝室脱下来,因为只有一条裤子,只能让同学将破裤交老师缝补,自己盖上被子等着,待缝补好再换上。这种事是经常有的,当时的老师犹如学生的父母。那个年代,穿不打补丁衣服的学生很少。

三、学生成长情况

格丁盖小学从1943年建校,至2005年撤校,延续60多年,为本村及周边茅庵渠村、乌兰什里村、达汉壕村、布尔洞村培养了一大批人才。据不完全统计,从该校毕业的学生,考取大专以上的40多人,中专、技工学校的60多人。在党政机关、教育、卫生、工矿等企事业单位工作的有140人。这些人员,大多数勤奋工作,爱岗敬业,成为本单位的骨干或优秀积极分子,有的走上科级、县处级领导岗位,有的成为本行业学科带头人,为国家、社会做出应有贡献。

四、格丁盖学校的历史作用

文明在于教化。早在民国时代的张步程先生深深懂得这一真谛,在其子张继雄刚步入学龄时,就送到绥远城国立学校求学。张步程过早离世后,张继雄未完成学业就接替父亲重担,并在抗日战争最艰苦的年代创办成立了格丁盖学校。可见,这父子两深知教育对于国家和民族的重要意义。

曾在格丁盖小学上学的贺国锁回忆:中华人民共和国成立前,绥远国民政府派员来格丁盖小学视察教育工作,看到该校教学秩序井然,教师敬业执教,学生专心求学,园内书声琅琅,夸赞该校是"沙漠里的一盏启明灯"。中华人民共和国成立后,郡王旗人民政府及时将该校收归国有,为中华人民共和国成立后当地建设和发展培养预备了人才。中华人民共和国成立初期的大部分村、乡干部都是在该校读过书的。

格丁盖小学有三个发展高峰期。第一高峰期是1950年至1960年。中华人民共和国成立后广大农民有了土地,可以靠辛勤劳动为生,但大部分没有文化,都渴望儿子能识字、会算账。好不容易家门口有了学校,政府又鼓励贫下中农子女上学,他们纷纷将子女送进学校。看到自己的孩子回家读书的声音,他们个个脸上泛出喜悦的光彩。达汉壕有一名女生已经26岁,也与其他孩子上了一年级。据说,当时在该校,父子同上一年级的不算稀罕事。可见，人民群众求和愿望多么强烈。格丁盖学校正是圆了人民群众的这一梦想。当时的学校，不仅是教授学生的场所，同时又是宣传社会主义新思想的阵地。如破除迷信、崇尚科学；男女平等、婚姻自由等观念，首先在学校兴起。老师成了村民们的典范，学校成为一面红旗。

第二高峰期是1964年至1966年。虽然是三年困难时期，但政府还是新建了校舍，学生一开始数量下降，很快又恢复。以前辍学的学生也返回学校复读。从后来的情况看，这几年毕业的学生，大部分找到了工作。

第三高峰期是1970年至1983年。经过"文革"初期的乱象后，政府和人民群众都认识到，学校秩序不正常，学生不上课是错误的。恰逢设立初中班，入学考试又不严，本村及周边村的学生都回到了学校上学。这一时期，教师质量也是最高的。此时期毕业的学生，升入大、中专的安排了工作，其他的多数自谋职业，为改革开放后市场经济的发展提供了人才和知识保障。这一时期毕业的学生，思想解放，敢想敢干，好多年轻人进城定居，将子女送入教学质量更好的学校读书。最后，格丁盖小学的生源骤减，完成了一个村级小学的历史使命。

（郭义昌　解虎林）

马王庙小学

一、学校的沿革

中华人民共和国成立前,在红庆庙二社的乔来银主办了一家私塾,雇用了老师李文和、奥凤华、杨子清等人,校名叫乔家村私塾房,教学内容是《三字经》《百家姓》、算盘计算等课程。

中华人民共和国成立后,大约在1950年,三区政府主办教育,红庆庙在喇嘛庙上利用庙宇办起了公立学校。据访问当地人,他们说,当时教师2人,校长姓薛,名字记不住了,另一名教师叫张慧枝,当时学生20—30名。后来又在马王庙六社麻家村办了一所扫盲班,办了一年多,扫盲班撤销。

1952年,三区政府成立了马王庙公办初级小学,设1—4年级,校长赵德荣,教师3人,一个仍是薛,一个是陈喜荣,后又调来马存荣。学生人数100名左右。

1957年,初级小学修建为三合院,后排为教师和学生宿舍。左右两排为教室和伙房。之后几年陆续调入多名教师,学校增设了篮球场、双杠、单杠、跳远坑、小手球架等体育活动设施。

从1961年开始,学生人数超过100人,学费一般是1元—1.5元。教师工资是20—30元不等。高小毕业后推举到格丁盖学校上学。

1968年,学校迁往水保站。

2010年,马王庙村大移民,学生只有6—10名。

2011年,马王庙小学撤销。

二、学校的业绩及社会影响

中华人民共和国成立初期,教师办公照明用的是麻油灯和煤油灯,安的火炉子。对面是学生宿舍,晚上值勤老师定时查看宿舍,看有无漏烟之处,确保学生安全。马王庙小学从1967年至1968年办成了完全小学,学校的音、体、美全给予配备。学校排演的小节目《捉特务》《五哥放羊》《自由婚姻》等,在当地群众中也产生了很大的影响。

马王庙小学自成立以来,不管是在政治运动时期,还是在自然灾害入经济困难时期,师生都勤奋好学,积极劳动,勤工俭学,从未放弃教学和学业,使小学学业基本全面普及,形成了全社会重视教育的良好风气。

（杨占成）

哈巴格希村小学

哈巴格希村小学的前身是康巴什大队的民校。1949年至1983年，康巴什大队隶属伊克昭盟伊金霍洛旗康巴什人民公社。当时创办的学校叫康巴什大队民校。1983年，体制改革，康巴什人民公社改制为哈巴格希乡人民政府，康巴什大队随之改为哈巴格希村，康巴什大队的民校才被正式称为哈巴格希村小学。

一、私塾建立

民国初，康巴什朱家圪堵有一秀才名叫朱三太。朱三太在郡王旗王爷府工作，任王爷府管家。他看到家乡没有学校，村民子弟上学难，民国二十二年（1933年），朱三太在自己家中创办了一所私塾，自任先生，时有学生二十多名，后学生增加到三十多名。1935年又聘请了陕西神木县闫云山任教员。

办学形式为冬学，即农忙放假，农闲开学。1940年朱三太被保安团叛兵打伤，因出血太多，身体日渐不支，不幸早逝，私塾从此中断。

二、扫盲教育

20世纪50年代，全国开展大规模扫盲运动。1952年，康巴什大队在朱家圪堵朱家大院办起了扫盲班、识字班、夜校、读报组、业余识字班等多种形式开展扫盲教育，朱林光、杨树林任教师。经过三年多的扫盲教育，青壮年文盲基本扫清。此后，扫盲教育继续巩固和发展。

"文革"后，随着国家"科教兴国"策略的确立和"两基"达标工作的进展，农村扫盲工作再度受到重视，各"村""社"又建起了扫盲班。哈巴格希村以社划分建起了6个扫盲班,利用晚上和星期天教学。1998年通过了国家、自治区"两基"达标验收。

三、小学教育发展历程

1955年,康巴什大队第一所民办小学在第一生产小队朱家圪堵建立,校名"朱家圪堵民校"。时有学生30多名,教师2名。一至四年级复式制。校址设在中华人民共和国成立初期原乡政府旧院。首任校长朱林光。

1963年,康巴什大队"六队民校"在蔺毛儿旧居建立,一至四年级复式制。1968年并入康巴什公社"五七学校"。

1973年,"朱家圪堵民校"迁址于朱家圪堵西坡。增设了五年级转为五年制完全小学。

1975年,"朱家圪堵民校"再次迁址本生产队白家村(自然村)西坡,更名为"康巴什大队民校"。同年,康巴什大队四队"雷家坡民校"建立,设有五个教学班,学生30多名,教师4名。1986年撤校并入"康巴什大队民校"。

1983年,随着行政体制改革公社改为乡,大队改为村,小队改为社,学校更名为"哈巴格希村小学"。

1985年,上级部门对学校进行了全面整顿。为了提高教学质量和教师的教育教学能力,学校采用了"请进来、走出去"的办法,请康巴什中心学校的优秀教师讲课,到伊旗一、二完小听课,学习教育理论,掌握先进教法,教学质量有了很大的提高。"四率"指标达到了上级部门的规定和要求。

20世纪90年代,随着教育体制改革的发展,哈巴格希村小学教育出现了前所未有变化,进入历史最好发展时期。

1993年,哈巴格希村小学得到各级党组织部门领导的高度重视和社会各界的资助,全体教师和村民出工、出调到资,利用假期对学校进

行全面翻修,由原来土木结构的教室换成了砖木结构,新建校舍2100平方米,增建了图书室和阅览室。哈巴格希村委会为学校赠送了1000多册图书,订阅各种报刊。伊旗教育局为学校配备了办公桌椅四套,学生桌凳八十套,乡教办为学校配备了篮球架、单双杠、乒乓球案等体育活动器材,还有简单的教学仪器。这些设施,使学校的办学条件得到了很大的改善,促成了教育质量的提高。同年哈巴格希村小学被伊旗党委、政府命名为旗级"文明学校"。

1994年9月10日,朱万喜被伊旗党委、政府评为旗级"优秀校长"。

1996年5月,白成祥被伊旗教育局评为旗级"教学能手"。

1997年9月10日,朱万喜被伊旗党委政府评为旗级"先进德育工作者"。

1997年—1998年正是经济困难时期。当时,社会上掀起以"再难不难教育,再穷不穷学校,再苦不能苦了孩子"为宗旨的捐资助教活动。伊旗教育局、伊旗农业银行、乡党委、政府、乡教办主要领导带头,荣原公司经理郝士伟牵头,连续两年为哈巴格希村小学共捐资35000元。学校新修了体育活动场所,硬化了校院,增加了图书和教学仪器,新建了男女生厕所,进一步改善了办学条件。同时,还对家庭困难的学生实行了资助和免费上学。

进入90年代,哈巴格希村小学在历年全乡统考成绩名列第一,在全旗统考中成绩显著,"四率"指标均达到100%,超过了上级部门所规定的标准,"两基"达标工作中做出了成绩,受到上级部门领导的好评。

2003年康巴什划归东胜区,基层学校全部撤销并入康巴什中心学校。哈巴格希村小学留高奋祥一人,保留1个班(一年级)改为教学点。2005年,哈巴格希村小学并归康巴什中心学校。

四、学制、课程

从1955年开始一直实行五年一贯彻,秋季招生。小学全年上课时间不少于40周，放假期不超过12周。小学开设课程有语文、算术、唱歌、体育课等，四、五年级加设自然、地理、历史。小学各年每周设周会课1节。

"文革"后小学开设的课程有语文、数学、音乐、美术。四、五年级增设政治、地理、历史、自然常识。各年级增设思想品德课。每课时45分钟。

1996年，四、五年级开设英语课。（哈巴格希村小学撤销了五年级）

五、民办教师待遇

康巴什村民校建校早，教师待遇较差。20世纪50年代—60年代，民办教师同生产队队员一样实行工分制。70年代改为工分加现款补贴，每天记一个工，年终参加生产队的分红，每月另加3元的补贴。20世纪80年代后实行民办公助政策，民校教师实行工资制，从每月17.5元逐渐增加至94元，少数具备一定条件的民办教师分批转为国家正式教师。

（朱万喜）

寨子塔村民校

寨子塔村民校初建于1962年冬季。那一年,贾文光老师离开了他的原工作单位——康巴什大队朱家圪堵小队教学点,回到了寨子塔大队一队,在自己的家中创办了民校,成为寨子塔村民校。

民校开设1—2年级两年班,生源来自马王庙大队十队和寨子塔大队一、二两个生产小队的学生。教学条件十分简陋,一座土炕炉台的大房子,学生带上自家的坐垫,用木板搭起写字台,就成为教室,学生就在里面上课。贾文光老师未成家,家中有年迈的父亲,还有二哥,他们一起生活起居。白天父亲在生产队干农活,他在家里给学生上课,早中晚又要做饭、休息,学生都是些不懂事的孩子,一天下来等到放学了,家就不成家的样子了。等到第二年春节过后,时至1963年春季,搬到二队队房教学。

队房的教学条件依然简陋,下课了学生要在外面打闹玩耍,一个老师又要备课和批改作业,还要照看外面的学生。队房外场面上有生产队全年的收成粮草和牲畜,防火安全也是一大问题。就这样,勉强坚持在冬季学期结束。

1964年开春,民校又搬到大队队房的会议室上课。一间大房子设了4个年级,计4个班,复式教学。大队建在三队地界,原地名又叫王维渠。这时生源扩大到1—4年生产队,不管路远的路近的学生,全部跑校,时间上基本都是两头见不到太阳。

教学上,一个老师教4个年级,有时老师教高年级学生,低年级学生不能说话，低头静静地听，或写作业。教低年级学生时，高年级学生也是如此。班级和教学内容混成一团。有时高年级学生也给低年级学生上课，多数是学习班长代替老师。这样的教学条件和环境持续到1965年冬季结束。

1966年春季开学时，学校搬迁至寨子塔二队地界的新建学校，是由当时任大队支书的奇文成（蒙古族）负责召集各生产队配工、配料，建起了一个单独的教学场所。教室是土木结构，3室5间，1间办公，4间分为2个教室。四年级复式教学。1966年至1976年期间，教师人员也有调整和更换，任职时间有长有短，有的教师回生产队担任队长，有的考学深造。

1976年春季开学时，回乡高中生贾志荣经大队、学区、乡党委推荐和考核，定为教师并负责学校所有工作（校长）。当时教师两人，二队回乡青年王泊顶替她哥王奋华教书。后又招考一名叫张继华的老师，由原来的4个年级扩大到5个年级。原有的1间办公室改为五年级教室，教师办公搬在一个不足3平方米的炭房里。这时，学校有史以来总算有了1间单独教室了。

可时间不凑巧，天公不作美。1976年的雨水比往年大得多，雨水冲刷着陈年的泥土结构，学校成了危房。1978年春天，大队新任支书杨文青、学校负责人贾志荣、学区干事韩福海3人，共商解决学校危房的事情。经商定，出资400元，购买门窗木料、门面砖、玻璃等，杨文青负责协调各生产队配工、配料、打土墙等，贾志荣负责带领师生买柁、梁，挖土坯，拉运。

经过两年的准备，在1980年春开始动工修建，所有参与修建人员都是毫无报酬，当义工。当时正值联产承包，人心不安，但大家克服了重重困难，终于在8月份完工，建起了一所280平方米的教学场所。学校设立5个班级，教师由原来的3人增至5人。建起了篮球场、足球场，打了一眼属于师生自己吃用的深水井。

　　1990 年，由于门窗木料的风化，原来的门面砖是当地手工烧制，出现粉碎和短缺，学校又进行修建。学区出资 4000 元，修建总负责人是高二正老师。新建学校延续到 2000 年，好多学生去了东胜和伊旗阿镇上学，因而开始撤校并校。寨子塔村民校和其他基层民校一样，从此结束了他的教育使命。

（贾志荣）

布尔洞村小学

布尔洞村小学始建于1958年，在本村西郭家壕离志祥家开设学堂，任课老师有李恩祥、郭志祥、杨培先、王奋连。

1961年，学校搬迁到阿布亥庙，任课老师有李恩祥、贾玉秀。

1962年，在布尔洞大队，新建土木结构教室两间，办公室1间，复式班教学。课桌是从阿布亥庙搬来的供桌，木制流动黑板，学生坐在土炕上学习。任课教师有李恩祥、白彩琴、郭双正。

1967年，又扩建教室3间。

1973年，由于人口多年增长，学校不能满足本村孩子上学需求，又重新建设新校区，为砖木结构教室七间，办公室1间，宿舍1间。

1976年，成立初中班，任课老师有贾有富、刘平正、郭宏清、孙有仁等。

2005年，布尔洞村小学撤校，合并到康巴什中心小学。

（王埃喜）

达汉壕民校

　　达汉壕民校是哈巴格希乡达汉壕村民办的一所全日制民校,成立于1956年初。那时该村共有8个生产队,400多村民。当时办学时没有校舍,借用三队村民郭五柱的两间土房作教室。学生自带小炕桌,坐在炕上就读。当年招收学生20余名,设1个一年级班,首任教师兼校长贾玉秀。

　　1957年秋,因学生人数增加,原有的校舍满足不了办学需求,民校又搬迁到一队。借用一队村民高万发的土房继续办学,设两个班,1—2年级,学生人数增加到30多人。还是学生自带小炕桌,坐在炕上就读。这一年秋,又分配李恩祥任教,老师由原来的贾玉秀1人增加到2人。

　　1958年秋,达汉壕村与布尔洞村合并,相随学生人数增加,原有的校舍又满足不了孩子上学的需求,学校又搬迁到布尔洞的阿道亥庙办学。学校设3个班,1—3年级。学校有校长贾玉秀和教师李恩祥,学生40余名,进行复式班教学。

　　1959年秋,为了改善学校条件,达汉壕村民正式修建了土木结构的校舍,2个上柱房,1个单间房,共计5间校舍。土台桌,土台凳,有少部分木制桌凳。学校设1—4年级,同年贾玉秀离校,分配郭增义到民校任教,并兼校长,贾宗飞也到了民校任教,当年学生人数40余名。

　　1960年,分配王进财担任民校校长,郭增义为代课老师,贾宗飞调离学校,当年学生人数70余名。

　　1967年初,"文化大革命"已经开始。当年秋季,民校增加了1个班,设1—5年级,复式班教学。之后几年,更换和调入了几名教师。

1972年秋,学校人数增加到100多人,大队又重新修建了民校,新建校舍18间。其中包括教室、办公室、库房,全部是土木结构。同年上级又调入国家教师王成保任教,大队又配备郭占年、王义任教,校长由王进财继续担任。之后几年又有教师更换。

1977年秋,民校又增设了1个初一班,由原来的1—5年级变为1—6年级。

1978年秋,民校又增设了1个初二班,学生人数增加到120多人。

1979年秋,教育局投资部分资金,民校勤工俭学也投资部分钱,大队出工,又重新修建了学校。这次共修建了23间校舍,全部都是半砖木结构的平房。同年民校又新增学前班1个。

1980年秋,达汉壕民校的初中班撤销。

1983年秋,达汉壕民校的学前班撤销。

1996年秋,达汉壕民校由原来的5个班减为3个班,设1—3年级。

1999年,教育局拨款,又一次修建达汉壕民校。这次修建了160平方米的砖木结构的校舍。

2001年秋,达汉壕民校在生源不足,停学,部分学生转入康巴什新区的学校上学,教师也随之与康巴什中心学校合并。

达汉壕民校为完成国家的普及教育和义务教育,做出了重要贡献。王进财校长被评为全盟先进教育工作者。达汉壕民校为国家培养出各类有用人才。如,高俊莲博士后,在北京农科院工作。马春博士后,后来在美国斯坦福大学学习与工作。他们的启蒙教育,都是从达汉壕民校开始的。

（高二正）

乌兰什里村小学

乌兰什里村小学于1960年建校,校长为赵文亮,教师有杨生才等。学校设1—3年级。

1965年至1971年,校长为赵文亮。学校设1—5年级。

1971年至1974年,校长为乔润喜。学校设1—5年级。

1974年至1977年,校长为白占荣。学校设1—5年级。

1977年至1981年,校长为郭大荣。学校设1—7年级。

1982年至1998年,校长为马海荣。学校设1—5年级。

1998年以后,乌兰什里村小学撤销,师生并入格丁盖小学。

(王埃喜)

马王庙东联民校

马王庙东联民校是于1970年办起的。当时那个年代，响应"纪要"精神"小学不出村、初中不出队、高中不出社"的要求，农业生产队大办民办小学，选用有知识的青年担任教师。那时对于民办教师的待遇是每天记一个工，参加生产队的分红，每月另加5元的补贴。

当时办这所民校，条件非常艰苦，仅用生产队的一个破烂不堪的库房作为教室，用土坯垒成课桌，十分简陋。当时只有一名教师，张进财。面对这样艰苦的环境，他没有退缩，仍然默默无闻、兢兢业业地工作着，为党和人民奉献着自己的青春。

1972年，随着学生人数的增加，年级增高，原来的教室已赶不上需要。学区的区长林怀礼看到这种情况，号召把原来八队、十队的民校撤销，全部学生与教师集中到九队修建了民校。大队领导马在元负责，三个生产队的社员们用土木建起了500多平方米的教室与办公室，新建了操场。学校命名为"东联民校"，设立五个班，在原有老师（张进财、王成喜、越世荣）基础上，又增加了马桂香、高建雄两名有知识的青年教师。学校的设备进行了更新，制作了50多套课桌与办公桌。学生人数增加到70多人，每天早上全体师生进行升旗仪式，个个心情舒畅，扬眉吐气。

1979年，马王庙大队办起了民办初中班，张进财、高建雄调到了该校任职，后又考入了几名新教师。1982年，响应教育部门的指示精神，农村教学点撤并到了马王庙公办学校，原民办初中的旧址。从此，马王庙九队结束了队办民校的历史。

马王庙七社教学点

　　康巴什公社马王庙七社教学点的成立,它的由来和背景,一方面是群众对教育事业的真心愿望,因为我们的老前辈就有几个上过私塾,能说古道今;另一方面是"文革"时期学习毛主席著作,背诵老三篇、老五篇,上过学的人几天就熟读如流,让人羡慕不已,都渴望自己的孩子能上学。再加上70年代初,中央大力提倡在农村牧区普及小学教育,扫除文盲,要求把学校办在贫下中家门口,受到群众热烈拥护。当时我所在的大队组织队办民校,由群众推举教师,我被推举为民办教师。于是我于1971年9月1日正式任教。从那时起,马王庙七社教学点一直坚持到1994年,是全乡最后撤销的一个教学点。

　　1971年9月1日正式开学,当时学生书本自带,桌凳自备。教育在队房炕上,学生自抱大小不等的小桌子,小柜子。1972年放暑假,生产队自筹劳力,盖了土木结构的两间房,一个作为办公室,一个是复式班教室,桌凳用土垒台子。1974年冬季,七社与六社合并为一个民校,大队买下两间旧土木结构的房子里,教师3人,学生33名,教师为张子华、张俊彦、杨占成。1977年又分为两个民校,我社原民校房被队里办了加工房,民校又搬在生产队东沙塔新社房,1间社库房。1979年,又盖了两间土木结构的校舍,1980年搬进了新民校。民校先后经过7次搬迁,1994年合并于马王庙公办学校。从这个教学点走出了3名大学生,6名中专生。以上就是七社教学点的大概情况。

（张占成）

马王庙村办初中

1979年，当地没有初中，马王庙的学生升级后，好多家庭经济状况不好，上不起学，村民们想让大队办一个初中班。面对这样的状况，马王庙大队党支部书记白虎则召开了村民大会，会上研究决定，在马王庙村办一所民办初中班，受到广大村民的热烈拥护。

可当时资金来源比较困难，大队领导便发动群众进行集资助学，筹集了部分款项，又在各公办学校搞了部分桌凳，办起了马王庙第一所民办初中班。学生有70多名，教师有张进财、张秀琴、马万青、张子华、杨占山、刘宽则、高建雄。这所村办初中的建成，给10个生产队的农民家庭解决了没钱供子女上学的难题，得到乡亲们的一致赞扬和好评。

1983年，随着教育制度的改革和发展，对于村一级的学校，全部撤销。接着原来在水保站的马王庙公办学校搬迁到了马王庙村办初中的旧址，教师张进财、张秀琴、马万青、张子华调到了该校任教，马万青调到了布尔台学校，刘宽则自谋职业了。

经过教育改革，马王庙学校又步入正常轨道，在全国改革开放和教育改革的大背景下，坚持常规教育，逐步改革创新，教育又有了新发展，取得了明显成绩。

（张占成）

后 记

　　本书重点介绍了康巴什开发建设以来教育事业的发展历程,从只有1所学校的星星之火开始,康巴什区全面推进教育大跨步发展。以时间为轴记录了起步中的康巴什教育、发展中的康巴什教育、走向完善的康巴什教育和今天文化底蕴深厚的教育之城。展现了康巴什教育从无到有,从有到强的壮大轨迹,这离不开康巴什区委、政府高度重视教育,优先发展教育,全力保障教育,让教育与这座城市同呼吸、共命运。本书收录了《康巴什教育》杂志期刊所记录的多篇文章和图片,编者采访了康巴什区的相关领导和在教育战线上耕耘的校长和教师,以及社会各界人士对教育的回顾及感悟。在此,谨向对本书征集、编辑、出版工作给予大力支持的所有人员、部门、编者致以真诚的感谢。

　　本书由政协鄂尔多斯市康巴什区委员会与鄂尔多斯学研究会共同确定了全书内容、撰写风格,并做了最后审定。奇海林、何永刚构思、确定了目录和编写体例。本书编者在繁忙工作之余,倾心付出,第一章由孟慧执笔,第二由章王世禹执笔,第三章由韩佳颖执笔,第四章由韩佳颖和王世禹共同完成,第五章由杜水龙整理。

　　成书过程中,时任鄂尔多斯市教体局局长阿拉腾乌拉等给予悉心指导。

　　全书由韩佳颖统稿,吕锋审定。

　　借此,向所有为此书做出过贡献的人们表示诚挚谢意。

由于受历史资料限制,本书难以完整再现康巴什教育发展的全部历程,只能以局部窥全局。由于编写仓促,编者拙笔,水平有限,书中难免有疏漏与错误,敬请批评指正!

编　者
2023 年 10 月